Zig Ziglar

Der totale Verkaufserfolg

Zig Ziglar

Der totale Verkaufserfolg

Verkaufen kann man alles:
Strategie, Situation und Ausstrahlung entscheiden

REDLINE | VERLAG

9. Auflage 2024

Bibliografische Information der Deutschen Bibliothek
Die Deutsche Bibliothek verzeichnet diese Publikation in der Deutschen
Nationalbibliografie.
Detaillierte bibliografische Daten sind im Internet über http://dnb.ddb.de
abrufbar.
ISBN 978-3-636-01290-6

Unsere Web-Adresse:
www.redline-verlag.de

Umschlaggestaltung: ZERO Werbeagentur GmbH, München
Satz: HJR, Jürgen Echter, Landsberg am Lech
Druck: CPI books GmbH, Leck
Printed in Germany

Für Bill Cranford,

der mir zum Start in die Welt der Verkaufstätigkeit verhalf und mich unerbittlich dazu anspornte, mich zu vervollkommnen. Er ist mein Freund, Bruder, Mentor und Golfpartner. Ein prächtiger Kerl und wirklich feiner Mensch.

Inhalt

Der totale Verkaufserfolg ist ein *Arbeitsbuch*. Scheuen Sie sich deshalb nicht, für Sie besonders wichtige Kapitel, Abschnitte, Sätze mit Leuchtstiften anzuzeichnen. Das nachstehende ausführliche Inhaltsverzeichnis soll Ihnen dabei eine bessere Übersicht gewährleisten.

Inhalt

Inhalt

Inhalt

Inhalt

11

Inhalt

Inhalt

Inhalt

Inhalt

Inhalt

Inhalt

Inhalt

Inhalt

Inhalt

Inhalt

Inhalt

Vorwort

Während der letzten 36 Jahre war es mein Privileg, mich in ebenso vielen echten Verkaufssituationen zu befinden, wie es einem Menschen überhaupt nur möglich ist, der sich *Verkäufer* nennen darf; ich verkaufte Waren, Produkte oder Dienstleistungen. Es war mein Privileg, neben einigen der besten Redner und Verkaufsberater Amerikas auf der Bühne zu stehen und von ihnen zu lernen. Ich denke an Elmer Wheeler, Charlie Cullen, Frank Bettger[*], Fred Herman, Charles Roth, Dick Gardner, J. Douglas Edwards und Percy Whiting. Ferner umfasst die Liste Namen wie Cavett Robert, Rod Motley, Ken McFarland, Dan Bellus, Joe Ratten, Charlie Jones, Hal Krause, Mike Frank, Lra Hayes, Heartsill Wilson, Judge Ziglar, Thorn Norman, Bill Gove, John Hammond, Larry Wilson – und viele andere.

In diesen 36 Jahren war ich ein eifriger Sammler. Ich sammelte Berge von Material von vielen hervorragenden Beratern. Ich sammelte unzählige Verkaufsartikel aus Zeitungen und Zeitschriften. Und ich lernte vieles, indem ich großartigen Verkäufern über die Schulter blickte. Meine Bibliothek umfasst Werke und Handbücher der größten Autoren und Verkaufsberater der letzten 50 Jahre, und ich besitze über tausend Stunden Tonaufnahmen von ihnen und anderen Rednern. Leider muss ich gestehen, dass ich in manchen Fällen nicht mehr weiß, aus welchen Quellen meine Informationen stammen. Sollten mir diesbezüglich Fehler oder Unterlassungen unterlaufen, bitte ich die jeweiligen Autoren im voraus um Verzeihung.

Ihre eigene Persönlichkeit, lieber Leser, Ihre Überzeugung und Glaubwürdigkeit bei der Anwendung der Prinzipien und Methoden, die in diesem Buch erwähnt werden, werden ausschlaggebend für den Erfolg sein. Eines darf ich Ihnen aber versprechen; die geschilderten Techniken und Methoden haben nicht nur bei mir, sondern auch bei unzähligen andern Verkäufern gewirkt. Allerdings – und das werde ich auch

---

[*] Von Frank Bettger sind im Oesch Verlag erschienen: «Lebe begeistert und gewinne» und «Erlebte Verkaufspraxis» (s. Verlagsinformation im Anhang).

später immer wieder betonen – werden Sie viele von ihnen auf *Ihre spezifische Situation* übertragen müssen. Deshalb sollten Sie sich beim Lesen immer wieder fragen: «Inwiefern hilft mir diese Information im Hinblick auf mein Produkt und meine Kundschaft?»

Werden Sie wieder zum Schüler, wenn Sie sich in *Der totale Verkaufserfolg* vertiefen. Ich wage zu behaupten, dass es mein Lebenswerk war, diese Informationen zusammenzutragen und sie in die meiner Ansicht nach wirkungsvollste Form zu kleiden. Eingedenk dieser Tatsache darf ich auch behaupten, dass Sie kaum alle Informationen beim ersten Durchlesen verarbeiten können.

Außerdem vermute ich, dass Ihnen bei der Lektüre des Buches eine gewisse Analogie zum Köder des Fischers bewusst werden wird. Viele Verkaufsbücher werden geschrieben, um den «Fischer» – eben den Verkäufer – zu ködern; sie helfen dem Verkäufer kaum, den «Fisch» – nämlich den Kunden – an die Angel zu kriegen. *Der totale Verkaufserfolg* aber wurde verfasst, um Ihnen als «Fischer» zu helfen, Ihren «Fisch» zu fangen. Gleichzeitig soll sich Ihr «Fisch», also Ihr Kunde, der Tatsache bewusst werden, dass er sich in guten – in Ihren Händen befindet.

Ich bin der festen Überzeugung, dass – wenn Sie die in diesem Buch dargelegten Ideen und Konzepte «kaufen» und die entsprechenden Techniken und Methoden anwenden – wir uns *bestimmt* GANZ OBEN WIEDERSEHEN – auf der obersten Sprosse der Verkaufsleiter!

Zig Ziglar

DIE «CHEFIN DES HAUSES» ALS VERKÄUFERIN

WIE VIEL SOLLEN WIR INVESTIEREN?

Wir zogen im Jahr 1968 nach Dallas, und ich übernahm sofort einen Kurs in Verkaufstechnik und Motivation. Ich unterrichtete von neun Uhr morgens bis neun Uhr abends, von Montag bis Samstag. Ich hatte so viel zu tun wie noch nie zuvor in meinem Leben. Und außerdem war es auch an der Zeit, uns nach einem Haus umzusehen, denn wir konnten auf die Dauer ja nicht in einem Motel leben. Meine Frau Jean und ich diskutierten unser zukünftiges Haus bis in alle Einzelheiten, und endlich einigten wir uns auf einen «vernünftigen» Betrag, den wir in ein Eigenheim zu investieren gewillt waren. Ich weiß, dass dieser Betrag «vernünftig» war, denn schließlich hatte Jean mir versichert, er sei wirklich «vernünftig». (Insgeheim konnte ich mich allerdings des Eindrucks nicht erwehren, die Summe hätte eine verblüffende Ähnlichkeit mit dem Entwicklungshilfe-Budget der gesamten Welt!)

Nachdem wir uns also auf diese Summe geeinigt hatten, die wir in unser Haus investieren wollten, meinte sie: «Zig, angenommen, wir finden unser Traumhaus. Weißt du, genau das, was wir möchten. Wieviel *mehr* könnten wir dann riskieren?» Weitere Diskussionen waren unausweichlich. Wir redeten und redeten und redeten, und schließlich begann sich eine Summe von weiteren 20 000 Dollar abzuzeichnen.

Und so machte sich Jean auf die Häuserjagd, und ich meine, sie gab sich wirklich Mühe – sie sah sich immerhin *zwei* Häuser an. Als sie das zweite betrat, wurde die Jagd abgeblasen. Sie hatte gefunden, wonach sie gesucht hatte.

WIE VIEL DARF ES KOSTEN?

Als ich an jenem Abend in unser Motelzimmer zurückkehrte, saß Jean auf dem Rand des großen französischen Bettes. Und obwohl sie wirklich *nur* dasaß, vibrierte das ganze Bett! Noch nie hatte ich sie derart aufgeregt erlebt. Sie schoss auf mich zu und rief: «Liebling, ich habe unser Traumhaus gefunden. Es ist einfach fantastisch! Vier herrliche Schlafzimmer, ein riesiger Garten hinter dem Haus, wo du deinen pfeilförmigen Swimmingpool anlegen kannst, von dem du schon immer geschwärmt hast, Einbauschränke in allen Zimmern und vier Badezimmer!»

Ich nutzte eine kurze Pause, um endlich meine Frage loszuwerden:

«Langsam, Jean! Wieviel kostet dieses Haus?» – «Liebling, du wirst es nicht glauben, bevor du es gesehen hast. Aber du wirst begeistert sein! Das Wohnzimmer ist riesengroß, mit sichtbarem Balkenwerk und einem hohen, schrägen Dach. Die Garage ist so riesig, dass beide Wagen und alles andere Gerät darin Platz finden. Und das schönste, Liebling: da ist noch ein kleiner Raum, vielleicht drei auf drei Meter, wo du dir dein Büro einrichten kannst, um all die Dinge zu schreiben, die du schon lange gern schreiben wolltest. Und unser Schlafzimmer ist so gewaltig groß, dass du mir einen motorisierten Staubsauger wirst kaufen müssen! Ich sage dir, das ist daaaas Haus!»

Ich (wieder unterbrechend): «Wie viel kostet dieses Haus?» Nun sagte sie es mir. Es kostete 18 000 Dollar mehr, *mehr* als das *Maximum*, das schon 20 000 über dem lag, was wir eigentlich auslegen konnten! Ich: «Dieses Haus können wir uns einfach nicht leisten!»

Jean: «Ja, Liebling, ich weiß, reg dich bloß nicht auf. Weißt du, wir haben ja keine Ahnung, was Häuser hier in Dallas so kosten, und deshalb habe ich den Bauherrn gebeten, morgen abend nach deinem Kurs mit uns hinzufahren; dann können wir es uns beide anschauen und uns vielleicht eine Vorstellung von den Preisen in dieser Gegend machen.»

LASSEN SIE SICH VON IHREM KUNDEN NICHT TÄUSCHEN

Ich: «Na gut, ich kann es mir ja ansehen, aber damit hat es sich, das garantiere ich dir.»

Als wir am folgenden Abend vor dem Haus vorfuhren, war mir klar, dass ich ein Problem hatte. Als wir das Haus betraten, wusste ich, dass ich mich in großen Schwierigkeiten befand! Das Haus war wunderschön, genau so, wie ich es selbst gebaut hätte, wenn ich der Architekt gewesen wäre. Ich wollte das Haus haben – sofort und unter allen Umständen –, aber zwischen den Dingen, die wir haben möchten, und den Dingen, die wir haben können, liegen manchmal Welten.

Als ich mir meiner Situation in ihrer ganzen Tragweite bewusst war, begann ich Jean und den Bauherrn vorsichtshalber so zu behandeln, wie Ihre Kunden Sie im Laufe Ihrer ganzen Verkäuferlaufbahn behandelt haben und Sie auch weiterhin behandeln werden, solange Sie in diesem Beruf tätig sein werden.

Obwohl ich an diesem Haus interessiert, ja von ihm geradezu *begeistert* war, *tat ich so, als wäre ich daran überhaupt nicht interessiert*. Der Grund dafür ist einleuchtend. Ich stand Todesängste aus, Jean und der Bauherr würden mich dazu bringen, etwas zu tun, was ich an und für sich tun wollte, was zu tun ich geradezu befürchtete, was zu tun ich aber eigentlich gar nicht in der Lage war. Ich meine, ein Haus kaufen, von dem ich hundertprozentig überzeugt war, es wäre zu teuer für mich. Und um mich vor mir selber zu beschützen, tat ich so, als ob ich überhaupt kein Interesse daran hätte.

Sehr oft wird Ihr bester potenzieller Kunde beinahe hartnäckig eine Verabredung mit Ihnen verweigern, weil er «Ihre oder seine Zeit nicht über Gebühr in Anspruch nehmen will». Oft ist er aber gerade deswegen Ihr *bester* potenzieller Kunde, weil er weiß, dass er das Produkt, die Ware oder Dienstleistung, die Sie anbieten, will oder benötigt – oder beides.[1] Zu diesem bestimmten Zeitpunkt glaubt er aber, nichts unternehmen zu

---

[1] Der Einfachheit halber spreche ich im Weiteren statt von «Produkt, Ware oder Dienstleistung» einfach von «Produkt».

können; deshalb will er der Versuchung widerstehen, sich etwas vorführen oder sich in ein Verkaufsgespräch verwickeln zu lassen. Dann flüchtet er sich in die Ausrede, er wolle seine oder Ihre Zeit nicht damit vergeuden, sich etwas anzusehen, was er ja *sowieso* nicht kaufen könne.

Der «Manöver» – Abschluss

Lassen Sie sich von ihm nicht «ausmanövrieren». Es ist ein großer Unterschied, ob ein Kunde sagt: «Ich bin nicht interessiert» oder ob er sagt:

«An und für sich hätte ich schon Interesse, aber ich glaube, ich kann mir das im Augenblick nicht leisten, und deshalb ist es sinnlos, wenn ich mir das jetzt anschaue.» Sehr oft ist dieser Kunde in der genau gleichen Lage, in der ich mich befand, als ich durch die Eingangstür jenes Haus betrat, von dem Jean so begeistert war.

Nun würde ich meine Frau nie beschuldigen, insgeheim Schauspielunterricht genommen zu haben, aber angesichts dessen, was nun folgte, habe ich sie doch stark im Verdacht, genau das getan zu haben. In der Diele hing ein schöner Kronleuchter. Als wir eintraten, sagte sie kein Wort, blieb aber unvermittelt stehen. Es dauerte wohl kaum mehr als eine Sekunde. Dann drehte sich sie ein wenig zu mir um, lächelte und ging weiter. Und mehr brauchte sie auch nicht zu tun. Dieser Wink mit dem Zaunpfahl genügte.

Der «Besitzer»-Abschluss

Als wir das Wohnzimmer betraten, ließ sie sich mit deutlich gesteigerter Begeisterung vernehmen: «Schau nur, wie groß dieses Wohnzimmer ist, Liebling. Sind diese Sichtbalken nicht einfach fantastisch?» Ohne auf Antwort zu warten, fuhr sie fort: «Und schau mal, das ist *dein* Kamin mit all diesen Regalen für *deine* Bücher (Nun besitze *ich* plötzlich alles! Das ist raffinierte Psychologie!) Ich sehe schon, wie du am Sonntagnachmittag mit einem Auge das Fußballspiel verfolgst und mit dem anderen *dein* knisterndes Kaminfeuer beobachtest.»

Ohne die kleinste Atempause einzulegen, eilte sie weiter in unser Schlafzimmer und sagte: «Und jetzt hier, Liebling, schau nur, wie groß es ist. Da ist mehr als genug Platz für unser französisches Bett, und die beiden Stühle und den Tisch könnten wir dort drüben aufstellen. Das wäre doch einfach perfekt! Du weißt doch, wie gerne wir morgens aufstehen und gemeinsam den Kaffee und noch ein wenig Ruhe genießen. Und hast du *deinen* Kleiderschrank gesehen? Da ist sogar für dich, der du so unordentlich bist, genügend Platz.»

Und so ging es weiter: «Nun schau dir das an!», sagte sie, als sie die Tür zum Garten öffnete und mit weitausholender Geste erklärte: «Jede Menge Platz!»

Daraufhin stürmte sie zur Garage hinüber und machte das Tor auf:

«Schau nur! Platz genug für die beiden Autos, und hier ist dieser drei mal drei Meter große Raum, wo du dir *dein* langersehntes Büro einrichten kannst.» Wieder im Haus drin, fuhr sie fort: «Schau dir dieses Schlafzimmer an. Susanne wird in ein paar Jahren von zu Hause wegziehen, und dann können wir hier unser Gästezimmer einrichten, wie wir es immer haben wollten.»

Nach vollendetem Rundgang drückte sie meine Hand, sah mir in die Augen und fragte: «Was meinst du nun dazu, Liebling?»

Der «Verlegenheits»-Abschluss

Frage: Was sollte ich sagen? Ich konnte offensichtlich nicht sagen: «Es gefällt mir nicht», denn dies hätte nicht der Wahrheit entsprochen. Und so antwortete ich eben: «Ich mag das Haus, mein Schatz. Daran gibt es nichts zu rütteln: es ist ein wunderschönes Haus. Aber du weißt ganz genau, dass wir uns das nicht leisten können.»

Ob dies ihren Mut gekühlt oder ihre Begeisterung gedämpft habe? Nicht im geringsten! Sie sah mich an und flötete mit einem Augenzwinkern:

«Zig, das weiß ich doch; ich wollte ja nur, dass du etwas wirklich Schönes siehst – (Pause). Und nun gehen wir uns etwas *Billiges* anschauen.» (Sie glauben doch nicht allen Ernstes, sie würde versuchen, mich mit diesem alten Verlegenheits-Trick dazu zu bringen, ein schönes Haus zu kaufen? Oder vielleicht doch?)

An jenem Abend sprachen wir nicht mehr über das Haus. Wir führen in unser Motel zurück und gingen schlafen. Am folgenden Morgen war ich schon aufgestanden und putzte mir eben die Zähne (zweifellos sind Sie mit mir der Meinung, mit einer Zahnbürste im Mund sei man einigermaßen behindert, wenigstens was das Sprechen anbetrifft), als sie ins Badezimmer kam und fragte: «Wie lange werden wir wohl in Dallas wohnen?» «Grummelgurgel Jahre», antwortete ich. Sie konnte natürlich kein Wort verstehen und fragte deshalb nochmals: «Wie lange?»

Nun legte ich die Zahnbürste weg und sagte: «100 Jahre lang. Ich bin jetzt 42, und da ich 142 Jahre alt werde, macht das genau 100 Jahre.» Jean: «Nein, ich meine *wirklich*.» Ich: «Ich auch, ich auch.»

SIE TREIBT MICH IN DIE ENGE

Jean: «Zig, glaubst du, wir werden 30 Jahre lang hier leben?» Ich: «Das will ich meinen! Mir gefällt Dallas, es liegt zentral für meine Reisen, und ich ziehe nicht gerne um – wir werden mindestens 30 Jahre lang hier bleiben. Aber wieso gerade 30 Jahre?»

«Liebling, wenn wir genau 30 Jahre lang hier wohnen, wie viel machen dann diese 18 000 Dollar pro Jahr aus?» (Sie vergisst – absichtlich oder nicht – die Summe, auf die wir uns ursprünglich für ein Haus geeinigt hatten. Sie vergisst natürlich auch die 20 000, die wir zusätzlich abgesprochen hatten. Und sie vergisst auch Zinsen, Versicherungen und Steuern.)

Ich: «18 000 Dollar auf 30 Jahre, das wären 600 pro Jahr.» Jean: «Wie viel macht das im Monat aus?» Ich: «Nun, 50 Dollar.» – «Und wie viel wären das pro Tag?» Ich: «Komm, mein Schatz, du kannst ebenso gut rechnen wie ich. Das macht 1,70 Dollar pro Tag. Aber was sollen diese Fragen überhaupt?» Jean: «Liebling, darf ich *noch* eine Frage stellen?»

Als sie so dastand, mit einem Zwinkern in den Augen und einem «Passauf-Liebling»-Lächeln auf den Lippen, da wusste ich, dass ich hereingelegt werden sollte. Und ich konnte nichts dagegen tun.

Ich: «Aber sicher.» Jean: «Sag, mein Lieber, würdest du es dir 1,70 Dollar pro Tag kosten lassen, wenn du nicht einfach *irgendeine*, sondern eine *glückliche* Frau hättest?» Dreimal dürfen Sie raten, wo wir jetzt wohnen!

Aus dieser kleinen Geschichte kann man allerhand lernen. Erstens: Ich wusste, was meine Frau mit mir vorhatte, und war dennoch machtlos dagegen, wenn ich mich nicht vollkommen unbeliebt machen wollte. Wie die meisten Leute, mit denen Sie es in einem Verkaufsgespräch zu tun haben werden, dachte auch ich nicht im Traum daran, meine Frau so zu behandeln. Eine wirklich gute Methode ist in der Hand eines guten Verkäufers (man kann nicht eine Art Mensch und eine ganz andere Art Verkäufer sein) in der Tat beinahe unwiderstehlich.

Der Abschluss «1902»

Übertragen Sie diese Geschichte nun auf Ihre ganz persönliche Situation. Ich nenne diese Methode, die meine Frau an mir ausprobierte, den Abschluss «1902», weil ein Mann namens Frederick Sheldon ihn im Jahr 1902 in seinem Buch beschrieben hat. Jean wusste davon, weil sie hie und da an einigen meiner Unterrichtsstunden teilgenommen hatte. Sie erinnerte sich daran und übertrug die Methode nun unmittelbar auf ihre eigene Situation und auf ihre Bedürfnisse.

ÜBERHÖREN SIE GEWISSE DINGE

Lektion zwei, die aus dieser Geschichte hervorgeht: Jean hatte offensichtlich aus irgendeinem unersichtlichen Grund ein Hörproblem entwickelt, das ich noch nie zuvor bemerkt hatte. Wie oft hatte ich gesagt: «Zu viel Geld; können wir uns nie leisten; kein Interesse; können wir uns nicht leisten; kein Interesse.» Heute bin ich davon überzeugt, dass sie kein einziges Wort mitbekommen hatte. Ihr Entschluss stand fest: sie wollte *dieses*

Haus, und sie wollte nichts hören, was dagegen sprach. Meiner Meinung nach *sollte jeder Verkäufer ein bisschen schwerhörig sein, wenn ein Kunde sagt, er habe kein Interesse.*

Überlegen Sie sich einmal Folgendes: wenn ein Kunde sagt, «zu teuer» oder «kein Interesse», dann will er damit nur zum Ausdruck bringen, dass er seinen «großen» Haufen Geld nicht gegen Ihren «kleinen» Strauß von Vorteilen eintauschen möchte. Verhalten Sie sich in solchen Fällen wie meine Frau und werden Sie ein wenig «schwerhörig».

In die gleichen Überlegungen hinein passt die Tatsache, dass Jean nie zu streiten begann oder widersprach. Die ganze Zeit über blieb sie liebenswürdig und bewundernswert optimistisch, sie würde ihre Sache verkaufen können. Sie brachte nie Einwände vor, wenn ich von Geld sprach, und das ist gut so, denn Einwände rufen oft Widerstände hervor, und es ist schwierig, gleichzeitig Widerstand zu leisten und einen positiven Einfluss auszuüben.

Die Variante «Sich-etwas-leisten-können»

Lektion drei. Jean ist Optimistin und weiß, dass auch ich Optimist bin. Sie war felsenfest davon überzeugt, ich könnte mir diese weitere Summe leisten, indem ich noch ein Engagement als Redner annahm oder noch einen Verkauf abschloss. Auch Sie müssen Optimist sein und davon ausgehen, dass sich Ihr Kunde den Kauf leisten kann. Es ist eine unumstößliche Tatsache, dass *die Erwartung des Verkäufers* in vielen Fällen *einen unmittelbaren Einfluss auf die Entscheidung des Kunden hat. Erwarten* Sie bei jedem Verkaufsgespräch einen Abschluss. (Mehr dazu später!)

Lektion vier. Jean stellte mir eine Menge Fragen, die mich offensichtlich zum Entschluss veranlassten, dass wir das Haus nicht nur kaufen *könnten,* sondern es kaufen *sollten.* Auch Sie können mehr verkaufen, wenn Sie weniger erzählen, dafür umso mehr fragen. Dieser sokratischen Methode (nach Sokrates) vertrauen Ärzte, Rechtsanwälte, Buchhalter, Detektive und *erfolgreiche* Menschen aus allen Sparten des Lebens.

IHR ZIEL WAR KLAR

Lektion fünf. Jean war klar, dass sie ein 18 000-Dollar-Geschäft abschließen musste. Noch bevor sie auf Häuserjagd ging, hatte sie bereits die Summe «verkauft», die wir anlegen wollten, und sie hatte mir sogar die Idee «verkauft», weitere 20 000 Dollar zu investieren. Als hervorragende Verkäuferin wusste sie, dass es sinnlos war, mit mir über bereits getroffene Entscheidungen zu diskutieren.

Die Aufgabe war klar. Sie musste ein 18 000-Dollar-Geschäft abschließen. Wenn Sie im Immobiiengeschäft tätig sind und der Kunde Ihnen sagt, er könne bis zu 140 000 Dollar in ein Haus investieren, dann haben Sie praktisch soeben ein Geschäft über 140 000 Dollar abgeschlossen. «Verkaufen» müssen Sie dann nur noch insofern, als Sie Ihrem Kunden ein bestimmtes Haus an einem bestimmten Ort zu «verkaufen» haben, und Sie müssen nur noch dafür sorgen, dass der Besitzer das Angebot des Verkäufers annimmt, das in der Regel immer unter dem geforderten Verkaufspreis liegt.

Ihre eigentliche Verkaufstätigkeit beginnt erst dann, wenn Sie gefunden haben, was der Kunde will und braucht, aber zu einem Preis von 170 000 Dollar anstelle der 140 000 Dollar, die er Ihnen als Maximum genannt hat. Wenn Ihnen absolut klar ist, dass Sie ein 30 000- und nicht ein 140 000-Dollar-Geschäft abschließen müssen, wird Ihnen Ihre Aufgabe viel leichter fallen. An und für sich hat Ihr Kunde für 140 000 Dollar gekauft, und Sie hatten damit wenig oder überhaupt nichts zu tun. Seine *Bedürfnisse* machten den Kauf zwingend.

Die gleiche Uberlegung lässt sich auf jedes andere Produkt auf dem Markt anwenden. Wenn Ihr Kunde bereit ist, die Summe X zu investieren, seine Bedürfnisse aber eine solche von X+ Y erfordern, verkaufen Sie in Wirklichkeit nur noch die Differenz Y zu jener Summe, die Ihr Kunde von Anfang an auszugeben gewillt war.

Jean stand nun also vor der Aufgabe, die besagten 18 000 Dollar zu verkaufen. Sie wusste, dass ich an finanziellen Magenbeschwerden leiden würde, wenn wir über die 18 000 Dollar *plus* die 20 000 Dollar *plus* die ursprünglich vereinbarte Summe *plus* Steuern, Versicherungen und Zinsen sprächen.

Deshalb operierte sie mit den 18 000 Dollar *extra* und zerlegte sie in so kleine Bissen, dass ich keinen finanziellen Magenbitter benötigte. J. Douglas Edwards nannte diese Methode «Vereinfachung bis zum Lächerlichen».

Jean wusste, dass ich ihr innerhalb gewisser Grenzen beinahe alles gewähren würde, was sie haben wollte, und sie wusste auch, dass ich voller Optimismus darauf vertraute, das Haus bezahlen zu können. Und schließlich hatte sich meine Frau lange genug mit unserem Budget herumgeschlagen und wusste, dass man das Geld zum Leben in täglichen Portionen ausgibt, ganz egal, wie oder wie oft man bezahlt wird. Deshalb rechnete sie den Betrag auf Tagesportionen um und sprach von Zahlen, von denen sie annahm, ich würde sie verstehen und könne damit fertig werden. *Auf diese Weise wurde das «Warum» wir kaufen sollten nicht zu einem Stolperstein für das «Wie» wir kaufen konnten.* Ein sehr wichtiger Punkt: Zerlegen Sie einen hohen Betrag in kleine «Bissen», die sich Ihr Kunde leisten kann. Machen Sie es ihm *leicht*, etwas zu kaufen.

BRINGEN SIE ETWAS ÜBER IHRE KUNDEN IN ERFAHRUNG

Lektion sechs. Natürlich können Sie von Ihren Kunden nicht so viel wissen, wie meine Frau über mich wusste. Aber Sie sollten sich im Voraus möglichst viele Informationen über sie verschaffen. Und Jean wusste natürlich auch Bescheid über meine Wunschträume. So war ihr zum Beispiel bekannt, dass ich einst als Kind in einem Wutanfall gesagt hatte, ich würde mir einmal einen Swimmingpool bauen, und zwar einen riesigen. Und das kam so:

Als ich noch ein Junge war und in Yazoo City, Mississippi, wohnte, lud mich einmal ein Freund in den Country Club ein, der den einzigen Swimmingpool im ganzen Ort besaß. Es war ein heißer Sommertag, und ich fuhr mit meinem Rad zum Club. Mein Freund tauchte nicht auf, aber da ich mich bereits zum Baden umgezogen hatte, konnte ich der Versuchung nicht widerstehen und tauchte ins kühle Nass. Ein Clubmitglied kam auf seiner Golfrunde am Pool vorbei und sah mich. Da er wusste, dass ich nicht Mitglied war, warf er mich hinaus. Er «lud mich ein», am folgenden Tag in seinem Büro die Angelegenheit zu besprechen. Noch nie in meinem Leben hatte ich eine solche Angst ausgestanden. Ich hatte Angst, hinzugehen, aber noch mehr Angst, nicht hinzugehen. Ich rechnete damit, wegen meines «Verbrechens» hinter schwedische Gardinen zu kommen.

Er war sehr streng mit mir. Genauer gesagt, ich weinte, als ich sein Büro verließ. An jenem Tag legte ich ein Gelöbnis ab, wie es Kinder so oft tun:

«Eines Tages werde ich mir einen Swimmingpool bauen, aber einen, der viel größer ist als derjenige im Country Club von Yazoo City, Mississippi.»

Ich hatte dies in einem Augenblick des Zorns gesagt, ohne eigentlich daran zu glauben. Viel später dann, als das Leben immer netter zu mir wurde und ich in meiner beruflichen Laufbahn Erfolg hatte, nahm mein alter Traum wieder Gestalt an, und 1969 bauten wir hinter unserem Haus wirklich einen Swimmingpool, der genau einen halben Meter länger ist als derjenige im Country Club von Yazoo City.

Was ich damit sagen will, ist sehr einfach. Bringen Sie im Voraus möglichst viel über Ihren Kunden in Erfahrung, und schlagen Sie aus Ihrem Wissen Kapital. Lernen Sie, mit Untertönen in der Stimme zu arbeiten. Zerlegen Sie den Preis in kleine «Bissen». Legen Sie Optimismus an den Tag, und seien Sie ruhig ein bisschen schwerhörig. Stellen Sie Fragen, um das Problem zu erkennen, und führen Sie Ihren Kunden zu einem Entschluss. Finden Sie heraus, womit er sein Problem lösen kann, und zeigen Sie ihm, wie er es mit Ihrem Produkt bewältigen kann.

DREI DINGE, DIE UNSER HAUS NICHT HATTE

Lektion sieben. Als wir von Columbia, South Carolina, nach Dallas zogen, hatte ich mit Jean unter anderem ausgemacht, beim Kauf unseres nächsten Hauses würde ich Dinge wie Stil, Ort, Materialien und «kleine Extras», die unser Heim persönlich und wohnlich machen, weitgehend ihr überlassen. Ich selbst wollte nur drei Bedingungen stellen. Erstens wollte ich den besagten Swimmingpool. Zweitens beanspruchte ich einen kleinen Raum als Büro für mich. Und drittens sollte das Haus über eine kreisförmige Zu- und Wegfahrt verfügen.

Als wir unser Haus kauften, bot es in der Tat allerhand; drei Dinge hatte es jedoch nicht. Sie wissen natürlich, was fehlte. Aber Jean, die gewitzte «Verkäuferin», wies aufmerksam darauf hin, wo wir den Swimmingpool bauen könnten, wo mein Arbeitszimmer eingerichtet würde und wie die kreisförmige Zufahrt angelegt werden müsste.

Und auch das ist sehr wichtig. Oft wird sich ein Kunde bei Ihnen nach ganz bestimmten Dingen erkundigen. Wenn Sie ihm genau das anbieten können, was ihm vorschwebt, ist das kein Problem. Aber vergessen Sie nicht, *dass viele Leute nicht wissen, was sie wollen, weil sie nicht wissen, was überhaupt zu haben ist.* Wenn Sie also den Wünschen eines Kunden nicht hundertprozentig Rechnung tragen können, dürfen Sie auf keinen Fall annehmen, die Sache sei so endgültig, dass nicht auch etwas anderes in Betracht käme.

Wir alle haben schon einmal etwas kaufen wollen, es aber nicht gefunden und uns in der Folge für etwas anderes entschieden, was uns vielleicht noch viel mehr Freude bereitet hat. Bloß weil unser Haus nicht über *meine* drei Dinge verfügte, war es noch längst kein schlechtes Haus. Jean wies nur darauf hin, dass wir sie später hinzufügen könnten, und obendrein erst noch nach unseren eigenen Vorstellungen. Mit anderen Worten: Verhelfen Sie Ihrem Kunden mit Ihrer Fantasie zu dem, was er haben will. Denken Sie daran:

Sie können im Leben alles erreichen,
was Sie wollen, wenn Sie nur genügend
anderen Menschen helfen zu erreichen.
was diese haben wollen.

Wichtig! Sehr wichtig!

Der Titel dieses Buches verrät, dass es für Verkäufer bestimmt ist und vom Verkaufen handelt. Das erste Kapitel zeigt aber mit aller Deutlichkeit, dass es sich mit *Überzeugungskraft* befasst und deshalb eine große Hilfe für *jedermann* darstellt, der andere Menschen von irgendetwas überzeugen muss.

Wenn Sie möglichst viel Gewinn aus diesem Buch schlagen wollen, brauchen Sie nur genau das zu tun, was meine Frau mit mir getan hat. Sie müssen meine Worte und mein Produkt auf Ihre spezifische Verkaufssituation übertragen. Auf diese Weise profitieren Sie von zwei Welten – von den Informationen, die auf meine eigene Erfahrung und auf intensive Recherchierarbeit zurückgehen, und vom Wissen, das Sie im Hinblick auf Ihr Leben, Ihr Produkt, Ihre Kunden und Ihre Verkaufssituation erworben haben.

Das Buch ist in einem leichten Ton gehalten, in welchem auch Dialog und Humor nicht zu kurz kommen. Außerdem enthält es über 700 Fragen und über 250 verschiedene Methoden und Abschlussvarianten, die in knapp 100 Geschichten, Analogien und Anekdoten verpackt sind.

DAS BUCH, DAS NIE ZU ENDE GELESEN WIRD

Beim ersten Mal rate ich Ihnen, rasch vorwärts zu lesen und mit einem Bleistift all jene Stellen zu markieren, die Ihre Aufmerksamkeit fesseln. Analysieren Sie nicht lange, sondern lesen Sie so rasch wie möglich vorwärts, damit Sie die Zusammenhänge erfassen und einen Überblick gewinnen.

Für den zweiten Durchgang werden Sie auch noch einen Notizblock benötigen. Überschreiben Sie Ihre Bemerkungen mit den gleichen Titeln, wie in diesem Buch; ersetzen Sie aber meinen Namen durch Ihren eigenen. Dann haben Sie *Ihre Geheimnisse des totalen Verkaufserfolges*! Unterbrechen Sie die Lektüre beim zweiten Durchgang immer wieder und halten Sie jene Gedanken schriftlich fest, die Ihnen für Ihre Laufbahn als Vertreter oder für Ihr Leben besonders wichtig erscheinen. Nun geht es nicht mehr darum, wie schnell Sie lesen können, sondern darum, was Sie aus dem Buch herausholen.

Beim dritten Mal werden Sie noch tiefer schürfen können, und Sie werden Ihrem eigenen «Buch» weitere Seiten und Ideen anfügen. Auch dieses dritte Mal wird Sie einiges an Zeit kosten, aber vergessen Sie nicht: Sie *investieren* Zeit, Sie *verschwenden* sie *nicht*. Übrigens empfehle ich Ihnen, vor allem am Morgen früh, am Abend spät und an Wochenenden zu lesen. *Verschwenden Sie nicht Zeit dafür, die Sie Ihrer Verkaufstätigkeit widmen sollten.* (Das Buch wird immer für Sie da sein, Ihr Kunde vielleicht nicht!)

Beim vierten Lesen werden Sie sich der mehr als 700 Fragen noch bewusster werden. Als ich die *Geheimnisse* schrieb – wobei die Dialoge und Methoden oft meine eigenen Erfahrungen widerspiegeln –, fielen mir diese Fragen absolut spontan ein. Als ich dann das Manuskript überarbeitete, wurde mir klar, dass dieses Verkaufen mithilfe von Fragen einfach in meiner Natur liegt. Wenn Sie das Buch mehrmals lesen, können Sie sich diese Methode langsam aneignen, vielleicht ohne sich dessen bewusst zu werden. Ihr Umsatz wird sich beträchtlich steigern.

Legen Sie *Der totale Verkaufserfolg* auch nach dem vierten Mal nicht einfach beiseite. Gehen Sie die verschiedenen Fragen, Verfahren, Methoden und Abschlussvarianten von Zeit zu Zeit wieder durch, damit Sie Ihnen allmählich in Fleisch und Blut übergehen.

«KÖNIG» KUNDE
WIRD ZUM GEWINNER

BLEIBEN SIE DRAN!

HALT! Lesen Sie kein Wort weiter, bevor Sie nicht Ihr Schreibzeug zur Hand haben. *Der totale Verkaufserfolg* ist zwar leicht und amüsant zu lesen, aber er wird Sie von A bis Z in einen Lern- und Motivationsprozess einbeziehen, der es Ihnen erlauben wird, mehr zu verkaufen, unabhängig davon, *was* Sie verkaufen. Und dazu benötigen Sie Ihr Schreibzeug, denn Sie werden auf jeder Seite dieses Buches und auf jedem Blatt Ihrer Notizen bestimmte Stellen einkreisen oder unterstreichen und Bemerkungen anbringen müssen, die für das wiederholte Durcharbeiten von Bedeutung sind. Ich möchte Sie nicht in erster Linie informieren oder unterhalten, sondern Sie zu aktiver Mitarbeit anspornen, die Ihnen Anregungen und finanzielle Vorteile bringen soll.

Wenn Sie Ihr Schreibzeug nun nicht bereithalten, gestatten Sie mir eine Frage: Haben Sie dieses Buch nur gekauft, weil Sie neugierig waren auf den Verfasser oder auf ein Wunder hoffen oder weil Sie in Ihrer beruflichen Laufbahn vorankommen wollen, indem Sie Ihre Verkaufserfolge steigern und Ihre Kunden überzeugen?

Trifft Letzteres zu – was ich natürlich hoffen möchte –, dann haben Sie Glück, denn dieses Buch verrät Ihnen *bewährte* Verfahren und Methoden, mit denen Sie genau soviel Erfolg haben werden wie andere, FALLS Sie wirklich lernen und etwas tun wollen. Ein großes FALLS, zugegeben, aber es wird darüber entscheiden, ob Sie viele Ihrer künftigen Verkaufsgespräche mit oder ohne Erfolg abschließen können.

ES IST NICHT EINFACH

Es braucht Einsatz, wenn Sie sich zu einem erfolgreichen, professionellen Verkäufer entwickeln wollen, währenddem Sie sich Ihre Kundschaft aufbauen, statt ihr einfach etwas zu verkaufen. Es braucht Einsatz, viel Einsatz, wenn Sie Ihr Verkaufspotenzial vollständig ausschöpfen wollen.

Es genügt nicht, dieses Buch einfach zu lesen. Dennoch kann ich Ihnen versichern, dass auch ein einmaliges Lesen Ihnen schon viel bringen wird. Sie werden mit Gedanken, Ideen und Eindrücken konfrontiert, welche Sie in vielen Dingen bestärken werden, die Sie bereits empfunden und geglaubt haben, ohne sie aber artikulieren zu können. Sie werden aussagekräftige Redewendungen und Wörter kennen lernen, die Ihnen zu mehr Durschlagskraft verhelfen. Sie werden lernen, Ihr schon vorhandenes Wissen besser zu nützen, und *Sie werden wahrscheinlich mehr Erfolge verzeichnen, noch bevor Sie das Buch zu Ende gelesen haben.* Sie werden mit neuen Erkenntnissen der Psychologie vertraut gemacht, dank denen Sie besser verstehen werden, *weshalb* Ihre Kunden auf gewisse Methoden und Techniken eben so und nicht anders reagieren.

Dies ist von ganz besonderer Bedeutung, denn wenn Sie wissen, wie man etwas tut – und es dann auch tun –, werden Sie immer Arbeit haben. Wenn Sie aber wissen, *weshalb* etwas getan wird, werden Sie der Chef oder – in unserem Fall – der beste Vertreter sein.

Und was vielleicht von noch größerer Bedeutung ist: Sie werden Verhaltensweisen und Empfehlungen im Zusammenhang mit der Verkaufstätigkeit und dem Vertreterberuf kennen lernen, die Ihre Produktivität und Ihre langfristige Laufbahn im aufregendsten Beruf (meine eigene Ansicht und diejenige der meisten *wirklich* erfolgreichen Vertreter) nicht nur in Amerika sofort beeinflussen werden.

ÜBERZEUGEN – DANN ABSCHLIESSEN

Die frustrierendste Erfahrung macht ein Vertreter wohl dann, wenn ihm sein Kunde in allen Dingen zustimmt: Ja, das Produkt ist gut; es wird sparen helfen; ja, er braucht es und möchte es gerne haben; ja, eigentlich kann er es sich leisten; aber nein danke, er wird es nicht kaufen. Dieses Verhalten lässt oft darauf schließen, dass der Kunde wohl von den Vorzügen des Produktes überzeugt – oder wenigstens scheinbar überzeugt, jedoch nicht zum Kauf bewegt worden ist.

Aristoteles gilt als einer der größten Denker aller Zeiten, und dennoch glaubte er an eine Sache, in der er sich vollkommen im Irrtum befand. Er war des Glaubens, zwei verschiedene Gewichte aus dem gleichen Material würden aus gleicher Höhe mit unterschiedlicher Geschwindigkeit zur Erde fallen. Dies wurde auch an der Universität von Pisa gelehrt. Jahrhunderte später focht Galileo Galilei diese Theorie an und behauptete das Gegenteil. Seine Kollegen und Studenten waren sehr überrascht, dass Galilei die Lehre des großen Aristoteles anzuzweifeln wagte, und forderten ihn auf, den Beweis anzutreten.

Also stieg Galilei mit zwei verschiedenen Gewichten aus dem gleichen Material auf den Schiefen Turm von Pisa. Er liess die beiden Gewichte gleichzeitig fallen, und sie schlugen im genau gleichen Augenblick auf dem Boden auf. Er *überzeugte* Studenten und Kollegen einwandfrei davon, dass er Recht, Aristoteles dagegen Unrecht hatte. Was aber – glauben Sie – wurde weiterhin an der Universität von Pisa gelehrt?

Ja, die Professoren lehrten weiterhin die Theorie von Aristoteles. Galilei hatte sie zwar *überzeugt*, aber nicht *überredet*.

Nun stellen sich folgende Fragen:

1. Wie überredet man Leute?
2. Was ist Überredung?

Die Antworten lauten:

1. Man «erzählt» den Leuten (Kunden) nichts, sondern «stellt ihnen Fragen».
2. Überredung bedeutet « *von vornherein mit Erfolg beraten*».

Anhand des folgenden Beispiels möchte ich Ihnen diese Frage-Methode erläutern. Wie noch so oft in diesem Buch geht es darum, die Rolle des Verkäufers so zu verstehen, dass er als

«Berater» oder «Kundengehilfe» auftritt, der *wirklich* im voraus «gute Ratschläge gibt».

Der «Überredungs»-Abschluss

Die folgenden Fragen mögen lächerlich einfach klingen. Es ist aber sehr wichtig, dass Sie sie beantworten, denn dadurch werden Ihre Gedankengänge in bestimmte Bahnen gelenkt und der Grundtenor für das ganze Buch angestimmt. Ihre Antworten haben unmittelbaren Einfluss auf Ihr Verhalten und damit auf Ihren Erfolg als Verkäufer. Nehmen Sie nun bitte Ihren Bleistift und beantworten Sie die Fragen *der Reihe nach*.

Frage: Verkaufen Sie ein ziemlich gutes   Ja ❏ Nein ❏
            Produkt?

Frage: Verkaufen Sie ein außerordentlich   Ja ❏ Nein ❏
            gutes Produkt?

Frage: Verkaufen Sie ein Produkt, das ein   Ja ❏ Nein ❏
            oder mehrere Probleme löst?

Frage: Glauben Sie, Anspruch auf einen   Ja ❏ Nein ❏
            Gewinn zu haben, wenn Sie ein
            Produkt verkaufen, das ein Problem löst?

Frage: Glauben Sie, Anspruch auf den   Ja ❏ Nein ❏
            doppelten Gewinn zu haben, wenn
            Sie zwei Produkte verkaufen, die
            zwei Probleme lösen?

Die Chancen sind groß, dass Sie alle Fragen mit Ja beantwortet haben. Damit haben Sie eigentlich nur ausgedrückt, Sie seien in Ihrem Innersten der Ansicht, Sie würden umso mehr Gewinn verdienen, je mehr Probleme Sie lösen. Und so soll es auch sein.

Frage: Sind Sie schon seit mindestens   Ja ❏ Nein ❏
            einem Jahr als Vertreter tätig?

Frage: Falls ja, haben Sie immer noch das   Ja ❏ Nein ❏
ganze Geld, das Sie innerhalb der
letzten zwölf Monate als Vertreter
verdient haben?

Ich gehe wohl kaum fehl in der Annahme, dass Sie die letzte
Frage mit Nein beantwortet haben.

Frage: Gibt es Kunden, denen Sie vor   Ja ❏ Nein ❏
mehr als einem Jahr etwas verkauft
haben und die dieses Produkt immer noch benützen oder sich an
seinen Vorzügen erfreuen?

Wenn Sie mit Ja geantwortet haben – und dies ist wahrscheinlich der Fall, stellt sich die nächste Frage: Wer war nun der
eigentliche Gewinner, Sie oder Ihr Kunde? Angenommen, es
sei der Kunde: wer sollte nun wem danken, wenn das Geschäft
zustande gekommen ist?

Die Chancen stehen ziemlich gut, dass Sie Ihren Gewinn
oder Ihre Provision ganz oder aber zum größten Teil kurz nach
(wenn nicht sogar vor) dem Verkaufsabschluss ausgegeben
haben. Ebenso hoch stehen die Chancen, dass Ihr Kunde das,
was Sie ihm verkauft haben, über Wochen, Monate oder sogar
Jahre hinweg benützt und davon profitiert hat. Wenn Sie ein
einwandfreies Produkt anbieten, das ein Problem lösen kann,
und wenn Sie es zu einem angemessenen Preis verkauft haben,
dann macht Ihr Kunde das beste Geschäft.

Frage: Wenn Sie etwas verkaufen, tun Sie
dann jemandem etwas *an*, oder tun
Sie etwas für jemanden?

(Dies ist eines der wichtigsten und grundlegendsten Probleme,
denen ich in diesem Buch auf den Grund gehe. Ihre Anwort
verrät *eindeutig*, wo Ihr Herz und Ihre Interessen in der Welt
des Verkaufens liegen.)
Haben Sie in Ihrem Innersten tatsächlich den Eindruck,
durch das Verkaufen würden Sie Ihrem Kunden etwas *antun*,

dann sind Sie ein Manipulator. *Manipulieren* bedeutet ungefähr: eine Handlung durch Beeinflussung kontrollieren; etwas willentlich in betrügerischer Absicht verfälschen. Gewiss, auch Manipulatoren können Dinge verkaufen, aber in den 36 Jahren meines Berufslebens habe ich nicht einen einzigen Manipulator kennen gelernt, der in diesem Beruf wirklich *Erfolg* gehabt hätte. (Meine Definition von Erfolg werden Sie später noch kennen lernen.)

Haben Sie tief in Ihrem Innern das Gefühl, durch das Verkaufen etwas für Ihren Kunden zu tun, dann könnte dieses Buch eine wertvolle Ergänzung für Ihre Fachbibliothek darstellen. Sie werden ganz beträchtlich davon profitieren, weil Sie wirklich daran interessiert sind, dass auch andere in den Genuss von Vorteilen kommen, Die Welt des Verkaufens steht der Welt des Sports oft diametral gegenüber. Ich selbst kämpfte während zwei Jahren im Ring, und eigentlich gab es nur einen Grund, weshalb ich aufgab: Die Ringrichter trampelten ständig auf meinen Händen herum! Eine der ersten Lektionen, die mir mein Trainer beizubringen versuchte, war die folgende: «Zig, finde heraus, wo der Gegner seine Schwächen hat, und nütze sie aus; finde heraus, wo seine Verteidigung Schwachstellen aufweist, und schlage Kapital daraus.» Bei jeder Art Wettbewerb und Zweikampf sucht man die Schwächen des Gegners, um sie auszunützen. Auch beim Verkaufen suchen Sie die empfindlichen Stellen (die Bedürfnisse) Ihres Gegners (des Kunden), doch Sie helfen ihm, sie zu *überwinden*, indem Sie ihm Ihre Artikel oder Dienstleistung verkaufen. Ja, *wenn Sie Ihrem Kunden etwas verkaufen, tun Sie ihm nicht etwas an, sondern Sie tun etwas für ihn.* Schlussfolgerung: Wenn wir professionelle Verkäufer sein wollen, bedienen wir uns aller rechtmäßigen Mittel, um den Kunden zu *seinem* Vorteil zu einem Kauf zu überreden.

GEWINNER UND FRIEDLICHER SIEGER – «KÖNIG» KUNDE

Mit den Fragen, die Sie vorher beantwortet haben, wollte ich Ihnen klar machen, dass wirklich der Kunde der eigentliche Gewinner ist. (Selbstverständlich setze ich voraus, dass Ihr

Produkt einwandfrei ist, einen angemessenen Preis kostet und seinen Zweck auch erfüllt.) Nun wollen wir einmal in der umgekehrten Richtung vorgehen und annehmen, ich hätte Ihnen diese Fragen nicht gestellt, sondern einfach zu Ihnen gesagt: «Tja, mein lieber Freund, so ist es nun eben. Jedermann weiß, dass der Kunde der große Gewinner ist.» Viele von Ihnen hätten mir zugestimmt, noch mehr hätten sich aber wahrscheinlich ins Fäustchen gelacht und gedacht:

«Ja, natürlich ist der Kunde der große Gewinner, aber auch ich bin dabei nicht schlecht weggekommen!»

Mein Vorgehen ist einfach und klar. Ich habe nicht versucht, Ihnen etwas zu «erzählen» oder zu «verkaufen». Hätte ich das getan, wäre ich ziemlich sicher auf Widerstand gestoßen. Indem ich Ihnen aber die Fragen gestellt habe, können Sie nicht mit den Antworten unzufrieden sein, denn sie stammen ja von *Ihnen*.

Nun wollen wir dies auf Ihre Situation mit Ihrem Kunden übertragen. Wenn Sie nach dieser Methode vorgehen, Ihrem Kunden also Fragen stellen, überredet er sich letztlich selber. Es gibt keine Auseinandersetzungen, und die Aussicht, dass er etwas kauft – und das ist ja Ihr Ziel –, steht viel besser. Versuchen Sie es mit dieser Methode. Sie funktioniert.

WARUM ER NICHT KAUFT ODER NICHT KAUFEN WILL

Es dürften vor allem fünf Gründe sein, weshalb die Leute nichts von Ihnen kaufen wollen. Nämlich: kein Bedürfnis; kein Geld; keine Eile; kein Verlangen; kein Vertrauen. Da *jede* einzelne dieser «Ausreden» Sie ein Geschäft kostet und da *jeder* einzelne dieser «Gründe» Ihren Kunden der Vorteile beraubt, die er bei einem Kauf zu erwarten hätte, bedeutet ein misslungener Abschluss für Käufer *und* Verkäufer einen Verlust.

Aus diesem Grund wollen wir etwas näher auf diese «Ausreden» eingehen, herausfinden, was sich dahinter verbirgt, und uns dann entsprechend wappnen, damit wir unsere eigene Leistung und somit auch unseren Dienst am Kunden verbessern können. Dies bedeutet für Sie auch mehr Provision, weil mehr Kunden von Ihnen profitieren.

Der *erste* der fünf Gründe lautet: Ich kaufe nichts, denn ich glaube nicht, dass ich das brauchen kann, was Sie verkaufen. Wenn alle Leute nach dem uralten Grundsatz handeln würden, «Man soll nur kaufen, was man benötigt», wären Sie und alle anderen Verkäufer in argen Nöten. Ich sage dies deshalb, weil die meisten Leute doch wesentlich mehr von allem haben, als sie eigentlich benötigen. (Wie viele Kleider, wie viele Autos, wie viel Wohnraum, wie viel Fernsehapparate braucht man *wirklich*?) Zu unserem Glück kaufen wir aber, was wir haben möchten oder begehren – und dies gilt auch für die meisten Ihrer Kunden.

Was bedeutet es nun eigentlich, wenn ein Kunde Nein sagt? In vielen, ja vielleicht in den meisten Fällen sagt ein Kunde Nein, weil er zu wenig weiß, um Ja sagen zu können. Doch mehr darüber zu einem späteren Zeitpunkt.

Der *zweite* Grund, weshalb die meisten Leute nichts kaufen, ist, dass sie kein Geld haben – und es gibt wirklich Leute, die kein oder zu wenig Geld haben. Sie können nun alle erdenklichen Methoden ausprobieren, aber Sie können einfach kein Geld aus der Luft greifen. Nun, ich möchte Sie keinesweges enttäuschen, vor allem nicht, wenn Sie noch nicht lange in diesem Geschäft tätig sind. Wenn es um Geld geht, werden Leute sogar lügen, wenn sie Ihnen gegenüber behaupten, sie hätten zu wenig oder kein Geld, um etwas von Ihnen zu kaufen. (Bestimmt hatten Sie diesen Verdacht auch schon beim einen oder anderen Ihrer eigenen Kunden.)

Der «Ich-will-es»-Abschluss

Die folgende Geschichte mag dies bestätigen. Vor vielen Jahren, als ich noch ganz neu im Geschäft war, besuchte ich eine Familie Funderburk in Lancaster County, South Carolina, auf ihrer Hühnerfarm. Ich präsentierte der Frau des Hauses und einigen ihrer Bekannten, die zufällig anwesend waren, ein ganzes Set von Kochtöpfen. Im Verlauf meiner Erklärungen kam ich auch in die Küche, wo ich feststellen konnte, wie viele

Kochtöpfe in diesem Haushalt eigentlich nicht vorhanden waren. Ein Satz Kochtöpfe wurde dringend benötigt. Zwei volle Stunden lang gab ich mir alle Mühe, aber ich hatte keinen Erfolg. Frau Funderburk wiederholte mit unheimlich anmutender Regelmäßigkeit: «Kein Geld, viel zu teuer, das können wir uns nicht leisten!»

Und dann machte irgendwie irgendwer eine Bemerkung über schönes Porzellan. Kaum war das Wort gefallen, leuchteten Frau Funderburks Augen auf wie der sprichwörtliche Weihnachtsbaum, und sie fragte: «Haben Sie auch Porzellan?» Ich (lächelnd): «Nun, zufällig habe ich das schönste Porzellan der Welt!» (So sah ich es wenigstens!) Frau Funderburk: «Können Sie mir etwas zeigen?» Ich (bereits auf dem Sprung zu meinem Auto): «Ja, Sie haben Glück.»

Kurze Zeit später verließ ich das Haus der Funderburks. Die Porzellanbestellung in meiner Tasche belief sich auf eine wesentlich höhere Summe, als die Kochtöpfe gekostet hätten. Und obendrein hatte ich eigentlich gar nichts «verkaufen» müssen. Es ging nur noch darum, Frau Funderburks bevorzugtes Design auszusuchen und die finanziellen Angelegenheiten zu regeln.

Meine Kundin hatte nun dieses Porzellan gekauft, das viel mehr kostete als die «viel zu teuren» Kochtöpfe, die sie sich «nicht leisten konnte». Frage: Hatte Frau Funderburk nun gelogen, als sie zu mir sagte, sie hätte kein Geld? Eine interessante Überlegung, nicht wahr? Im Grunde genommen *hatte* sie gelogen – denn ich bin nun einmal unerschütterlich der Ansicht, dass eine Lüge eine Lüge ist und bleibt.

Doch versetzen wir uns nun einmal in die Kundin hinein, um ihre Gedankengänge und Empfindungen nachzuvollziehen und ihr *helfen* zu können. (Dies ist wichtig, vollkommen unabhängig davon, ob Sie Porzellan, Autos, Computer oder etwas anderes verkaufen.)

Als Frau Funderburk sagte, sie hätte kein Geld und könnte sich die Kochtöpfe nicht leisten, dachte sie bei sich selbst weiter: «Ich habe kein Geld für diese Kochtöpfe, weil ich sie *nicht haben will!»* Und so sagte sie in ihren Augen eigentlich die Wahrheit, obwohl sie einen Teil davon so leise gesprochen hatte, dass niemand sie hören konnte.

Der Schlüssel zu solchen Situationen liegt darin, den wahren Grund ausfindig zu machen, weshalb ein Kunde nicht kaufen will. In diesem Fall lag er nicht in einem Mangel an Geld, sondern in einem Mangel an *Begehren*. Frau Funderburk kaufte das Porzellan aus drei Gründen: 1. Sie wollte es wirklich besitzen. 2. Sie brachte mir als Mensch Vertrauen entgegen. 3. Ich beharrte höflich, aber mit Nachdruck auf meiner Rolle als neugieriger «Kundengehilfe», und so verriet sie mir mit der Zeit ihren Wunsch, nicht Kochtöpfe, sondern schönes Porzellan zu besitzen.

DIE LEUTE KAUFEN, WAS SIE BEGEHREN

Als sie mein schönes Porzellan sah, sagte sie (zu sich selbst): *«Ich habe Geld für dieses Porzellan, weil ich es haben will!»* In Tat und Wahrheit hätte sie die Kochtöpfe ja dringend benötigt und sie wohl auch für den Rest ihres Lebens täglich benützt. Das schöne Porzellan hingegen kam vermutlich nur äußerst selten auf den Tisch. *Aber sie wollte es nun einmal haben.* Ein ganz wichtiger Punkt:

> *Die Leute kaufen das, was sie begehren,*
> *wenn sie es mehr begehren als das Geld,*
> *das es sie kostet.*

Fassen wir kurz zusammen: Die Leute kaufen in den meisten Fällen, was sie wirklich *begehren* – nicht das, was sie eigentlich benötigen. Es liegt an Ihnen und in Ihrer Verantwortung, die konkreten Vorzüge Ihrer Artikel und Dienstleistungen auf ehrliche Art zu verkaufen, sodass die Leute immer und immer wieder von Ihnen kaufen *wollen*.

SIE KÖNNEN IHRE KUNDEN UNTERSTÜTZEN – UND VORWÄRTS KOMMEN

Der *dritte* Grund, weshalb viele Leute nichts kaufen, ist ganz einfach der: *Es eilt ihnen* nicht. Es spielt ihnen überhaupt keine Rolle, ob sie heute oder erst in einem Jahr kaufen. Sie überlegen sich oft: «Wieso soll ich heute kaufen? Ich bin nun 39 und mein ganzes Leben lang ohne dieses epochemachende Produkt ausgekommen. Der wird doch wohl nicht zum letzten Mal in dieser Stadt gewesen sein?» Oder: «Der wird doch auch später wiederkommen. Seine Firma wird doch nicht morgen Konkurs machen. Weshalb nur diese Eile?» Dieses «Keine-Eile-Haben» ist ein Argument, dem nur schwer beizukommen ist. Da es ein sehr wichtiges Ziel ist, einen Kunden so sehr zu begeistern, dass er *heute* noch kauft, werden wir uns in *Der totale Verkaufserfolg* noch häufig mit diesem Einwand beschäftigen.

Der «Braut»-Abschluss

Es gibt eine sehr wirksame Methode, die Leute über diesen schwierigen Punkt hinwegzubringen. Zu Beginn meiner Verkäuferlaufbahn habe ich gelernt, meinen Kunden Recht zu geben, und es hat sich gelohnt. Wenn sich nach intensiven Bemühungen keine Fortschritte abzuzeichnen begannen, pflegte ich lächelnd zu sagen: «Wissen Sie, lieber Kunde, wenn ich so über Ihre Lage nachdenke und mich an ähnliche Situationen in meinem Leben erinnere, bin ich geneigt, Ihnen Recht zu geben. Vielleicht sollten Sie noch warten. Das war bei mir genau so: als meine Frau und ich heirateten, machten wir einen finanziellen Fehler. Eine Hochzeit kostet Geld, und wenn man Geld ausgibt, macht man unter Umständen einen Fehler.

Hätten wir noch 20 Jahre gewartet, hätten wir uns eine traumhafte Hochzeitsreise leisten können. Dass wir eine Familie gegründet haben, war ein Fehler. Sie kostete – und kostet immer noch – viel Geld. Hätten wir nur zehn oder 15 Jahre gewartet, hätten wir unseren Kindern viel mehr bieten können. Als wir unser erstes Haus kauften, war dies ein Fehler. 20 oder 30 Jahre später hätten wir uns eine richtige Villa bauen können. Das einzige Problem, lieber Kunde, ist das folgende: Wenn Sie immer warten, bis alle Umstände perfekt zusammenpassen, ergeht es Ihnen möglicherweise wie den beiden Leutchen in diesem Gedicht:

Da seht nur, die Braut geht am Stock zum Altar;
die Schritte sind schleppend, schlohweiß ist ihr Haar.
Den Bräutigam schiebt man im Rollstuhl einher,
sein Mund lächelt zahnlos, sein Antlitz bleibt leer.
Was ist das nur für ein seltsames Paar?
Wer sich darum kümmert, dem wird alsbald klar:
sie hatten beschlossen, getraut wird erst dann,
wenn feststeht, dass «man es sich leisten kann».[1]

Nach einer kurzen Pause fuhr ich dann ruhig weiter: «Lieber Kunde, es ist nur sehr selten der ‹ideale› Zeitpunkt für irgendetwas, und wenn Sie warten, bis alle Ampeln auf dem Weg zur Stadt grünes Licht zeigen, werden Sie für den Rest Ihres Lebens zu Hause sitzen bleiben! Ein chinesisches Sprichwort sagt: Eine Reise von tausend Meilen beginnt mit einem einzigen Schritt. Wir beide wissen, dass Sie dieses Produkt erst besitzen können, wenn Sie sich dazu entschließen, es zu kaufen. Im Augenblick müssen Sie nur entscheiden, ob Sie die erste Zahlung leisten können, und Sie haben ja bereits angedeutet, dass dies kein Problem ist. *Gibt es also irgendeinen Grund, weshalb Sie Ihre Familie und sich selbst nicht in diesem Augenblick so gut behandeln sollten, wie es ihr und Ihnen zusteht?»*

Der «Wahl»-Abschluss

Bei einem direkten Verkauf lächeln Sie und fragen: «Soll ich dafür sorgen, dass die Ware so schnell wie möglich geliefert wird, oder wäre es Ihnen lieber, wenn Sie sie erst in zwei Wochen erhalten?» Bei einem Verkauf über den Ladentisch lächeln Sie und fragen: «Möchten Sie es gleich mitnehmen oder möchten Sie, dass sich unser Hauslieferdienst darum kümmert?» *(Das ist eine echte «Wahl». Diese Taktik erweist sich in sehr vielen Fällen als vorteilhaft. Lassen Sie Ihren Kunden niemals zwischen etwas und nichts wählen.)*

---

[1] Aus *Timid Salesmen Have Skinny Kids* von Judge Ziglar, frei übersetzt von Dieter W. Portmann.

SIE KAUFEN – WENN SIE ETWAS *WIRKLICH* HABEN WOLLEN

Und hier ist der vierte Grund, weshalb viele Leute nichts von Ihnen kaufen: Sie wollen das, was Sie verkaufen, wirklich nicht haben. Die meisten Verkäufer – und ich möchte mich hier nachdrücklich mit einschließen – können sich nicht vorstellen, dass überhaupt jemand das nicht haben will, was sie anbieten. Und das ist gut so! Würden Sie nicht so denken, wären Sie – von wenigen Ausnahmen abgesehen – garantiert kein erfolgreicher Verkäufer.

Sie sollten so felsenfest an Ihr Produkt glauben, dass Sie auf keinen Fall verstehen könnten, dass jemand *nicht* haben will, was Sie verkaufen. Der Alltag beweist natürlich, dass es solche Leute gibt. Wir werden später diesen Fall der Ablehnung gründlich miteinander besprechen, denn es ist wichtig, dass Sie einsehen, dass der Kunde *Ihr Angebot, nicht Sie* persönlich abgelehnt hat.

Die Variante «Jetzt oder nie»

In diesem Zusammenhang denke ich unwillkürlich an ein Erlebnis, das mir ganz zu Beginn meiner Verkaufstätigkeit widerfahren ist. Ich hatte einer Witwe im Städtchen Elgin, South Carolina, eine Reihe von Kochtöpfen vorgeführt. Nachdem ich ihr den Preis genannt hatte, glaubte ich, sie würde einen Herzanfall erleiden. Sie stöhnte laut und sagte: «Ach, das könnte ich doch nie im Leben kaufen! Ich bin doch Witwe und lebe ganz allein. Jeden Morgen frühstücke ich mit meinem Sohn und seiner Frau, die im Haus nebenan wohnen. Den Lunch nehme ich in der Fabrik ein, und abends esse ich nicht. Ich arbeite sechs Tage in der Woche. Ich könnte die Kochtöpfe also höchstens am Sonntag benützen. Sehen Sie, bald werde ich pensioniert, und dann habe ich nur noch meine Rente, die nicht sehr hoch ist. Es wäre also wirklich verrückt, wenn ich auch nur daran denken würde, diese Kochtöpfe zu kaufen!»

Sie zählte alle Gründe der Welt auf, die gegen einen Kauf sprachen. Dann schaute sie mich an, schenkte mir ein strahlendes Lächeln und sprach:

«Wissen Sie, eigentlich habe ich mir mein Leben lang einen Satz schöner Kochtöpfe gewünscht. Und wenn ich jetzt nicht bestelle, werde ich es nie mehr tun. Ich werde sie nehmen!»

Sie hatte wirklich gute Gründe, nicht zu kaufen, doch da war ihr lebenslanger Wunsch, einmal so schöne. zusammenpassende Kochtöpfe zu besitzen. Und damit verbunden war die sehr reelle Befürchtung, *nie* welche zu haben, wenn sie sie nicht *jetzt kaufte*, das heißt, sie hätte etwas für sie persönlich Wichtiges verpasst oder «verloren». Es ist eine psychologisch begründete Tatsache, dass «die Angst vor einem Verlust größer ist als das Begehren nach Gewinn».

Die Rolle, die ich bei diesem Geschäft gespielt hatte, bestand nur darin, zur richtigen Zeit mit dem richtigen Produkt am richtigen Ort zu sein. Zudem schwieg ich, während sie ihre Einwände formulierte. Dies half ihr und trug dazu bei, dass sie sich *selbst* zum Kauf *überredete*.

Bis zu jenem Zeitpunkt war ich der Auffassung gewesen, wirklich an meine Kochtöpfe zu glauben. Mein Gespräch mit dieser Witwe, die von Besitz *geträumt* hatte, machte mir damals erst klar, wie wichtig der Glaube und das Begehren nach Besitz wirklich sind. Wie schade wäre es für Sie *und* Ihre Kunden, ein Geschäft zu verpassen, denn Ihr eigener Glaube und Ihr Wunsch, dem Kunden zum Besitz Ihres Produktes zu verhelfen, sind nicht annähernd so innig und tief wie der Glaube und das Begehren Ihres Kunden.

DIE KUNDEN KAUFEN – WENN SIE VERTRAUEN HABEN

Der *fünfte* Grund, weshalb ein Kunde nicht kauft, ist der wichtigste: Kein Vertrauen. Er ist sehr schwer zu identifizieren, denn es wird Ihnen kaum jemand klar und deutlich ins Gesicht sagen: «Hören Sie. Sie wissen doch ganz genau. dass Sie mich anlügen. Warum geben Sie es nicht einfach zu? Sie wissen doch, dass Ihr Produkt nicht all das halten kann, was Sie mir von ihm versprechen.»

Ihr Kunde wird Sie kaum einen Lügner *nennen,* wenn er aber *glaubt* oder *den Eindruck hat,* Sie würden lügen, wird das Ergebnis das gleiche sein: Er wird nichts kaufen. In den meisten Fällen ist dieses Gefühl des Misstrauens sehr schwach, aber wenn es überhaupt vorhanden ist, könnte und wird es Sie wahrscheinlich ein Geschäft kosten.

Laut einer Untersuchung des New York Sales and Marketing Club kaufen 71 Prozent der Leute Ihnen etwas ab, weil sie Sie mögen, Sie respektieren und Ihnen vertrauen. Zwischen Ihnen und Ihrem Kunden müssen gewisse Bande gewoben werden, bevor ein bedeutendes Geschäft zustandekommen kann.

Wichtiger Punkt: Sie müssen dieses Verhältnis von Vertrauen und Respekt mit Ihrem Kunden herstellen, wenn Sie ein echter professioneller Verkäufer[1] sein wollen. Eigentlich sollte dies selbstverständlich sein, doch weil ich befürchte. dass dem nicht so ist, will ich es nochmals klar und deutlich sagen: *Man kann nicht eine Art von Mensch und eine andere Art von Verkäufer sein. Es müssen alle Bereiche Ihres Lebens miteinander in Einklang stehen, wenn Sie beim Aufbau ihrer Verkäuferlaufbahn optimale Ergebnisse erzielen wollen.* Dies ist einer der Hauptgründe, weshalb wir uns in diesem Buch mit dem ganzen Menschen und nicht nur mit dem *Verkäufer* in Ihnen befassen.

Leona M. Helmsley, die Präsidentin der Harley and Helmsley Hotelgruppe. sagt es auf ihre Weise: «Ich stelle nicht Leute ein, denen man sagen muss, sie sollten freundlich sein. Ich stelle freundliche Leute ein.» Aufgrund umfangreicher und absolut seriöser Untersuchungen darf man feststellen, dass amerikanische Firmen in zunehmendem Maß und sehr *rasch* dazu neigen, jene Stellenbewerber zu bevorzugen, die als Grundlage für ihre Karriere eine solide moralische Integrität bieten können. Und dies gilt insbesondere auch für die Karriere eines Verkäufers.

Ein überzeugender, doch unmoralischer Verkäufer kann vielen Leuten billige oder nutzlose Artikel oder Dienstleistun-

---

[1] Anm. d. Ü.: Wie im Amerikanischen spreche ich der Einfachheit halber von «Verkäufern», ohne darüber hinwegtäuschen oder hinwegsehen zu wollen, dass es ebenso viele und ebenso erfolgreiche «Verkäuferinnen» gibt.

gen zu überhöhten Preisen andrehen. Wenn dies geschieht, haben wir nicht einen oder zwei, sondern drei Verlierer.

Der Kunde verliert Geld und ein gewisses Maß an Vertrauen in die Menschheit. Der Vertreter verliert den Selbstrespekt und opfert jede mögliche erfolgreiche Laufbahn einem zeitweiligen finanziellen Gewinn. Und der Berufsstand der Vertreter verliert Prestige und das Vertrauen der Allgemeinheit, wenn irgendeines seiner Mitglieder das Wohlwollen der Offentlichkeit missbraucht, indem es dank professionellen Fertigkeiten einem gutgläubigen, nicht oder falsch informierten Kunden minderwertige Ware zu übertriebenen Preisen verkauft.

Ich bin *fest* davon überzeugt, dass Ihre Laufbahn als Verkäufer – oder Fachmann in einem anderen Beruf – mit dem Zeitpunkt Ihrer Verantwortlichkeit begonnen hat. Wenn Integrität genauso ein Teil von Ihnen ist wie Ihr Kopf, dann werden Sie leichter und schneller, vor allem aber auch länger Erfolg haben. Und deshalb werde ich immer wieder darauf hinweisen, dass *das wichtigste Element des Verkaufsvorgangs der Verkäufer ist.*

GLAUBWÜRDIGKEIT: DER SCHLÜSSEL ZU EINER ERFOLGREICHEN VERKÄUFERLAUFBAHN

UNSER GESCHMACK UND UNSERE WÜNSCHE SIND SICH ÄHNLICH

Verkäufer aus allen Ecken unserer Welt pflegen gerne zu sagen: «Ja, aber meine Lage ist anders, meine Kunden sind anders, meine Produkte sind anders.» Dem *mag* so sein, doch es gibt beinahe unglaublich viele Ahnlichkeiten, und davon möchte ich Sie mit dem folgenden «Frage-und-Antwort-Spiel» überzeugen.

1. Strecken Sie drei Finger Ihrer rechten (für Linkshänder: linken) Hand auf.
2. Nennen Sie die erste Blume, die Ihnen in den Sinn kommt.
3. Denken Sie an ein bestimmtes Möbelstück.
4. Denken Sie sich eine bestimmte Farbe aus.
5. Denken Sie sich eine Zahl zwischen 1 und 10 aus.

1. Die Chancen stehen 96 zu 4, dass Sie Daumen, Zeige- und Mittelfinger aufgestreckt haben.
2. Mit ungefähr 50-prozentiger Wahrscheinlichkeit haben Sie an eine Rose gedacht.
3. Die Chancen stehen 1 zu 3, dass Sie an einen Stuhl gedacht haben.
4. Aus den Dutzenden von Möglichkeiten haben Sie mit einer Wahrscheinlichkeit von über 60 Prozent «rot» ausgewählt.
5. Die Chancen stehen ungefähr 1 zu 4, dass Sie die Zahl 7 gewählt haben.

Damit will ich Folgendes sagen: Es gibt ungeheuer viele Ähnlichkeiten in unseren Gewohnheiten und Denkweisen. Es gibt auch unzählige Ähnlichkeiten in Bezug auf das, was unsere Kunden – ganz egal, was sie tun und wo sie leben – vom Leben erwarten. Ein Ziel dieses Buches ist es, diese Ähnlichkeiten aufzuspüren und aus ihnen Kapital zu schlagen, damit wir andere Menschen dazu überreden können, in ihrem eigenen besten Interesse zu handeln.

Mein Freund und Beraterkollege John Hammond lässt seine «Schüler» aufstehen und mit der Hand jenes kleine, verkaufstötende Teufelchen von den Schultern wischen, das ihnen zuflüstert: «Deine Situation ist ganz *anders*, deshalb gilt dies nicht für dich!»

Ich empfehle Ihnen, das auch zu tun. Diese Methoden und Verfahren brauchen nicht getestet zu werden. Sie funktionieren, wenn Sie sie *beherrschen* und anwenden.

DAS «GESETZ DES DURCHSCHNITTS»

Dazu habe ich eigentlich nicht viel zu sagen. Wahrscheinlich hat Ihnen Ihr Chef bereits ganz am Anfang gesagt: «Wenn Sie genügend Leute besuchen, werden Sie etwas verkaufen. Das Gesetz des Durchschnitts wird Ihnen helfen.» Mir wollte man sogar weismachen, man könne einen Bestellblock am Schwanz eines Hundes festbinden, und wenn dieser lange genug durch die Stadt laufe, würde ihn jemand anhalten und eine Bestellung aufgeben! Natürlich war dem Urheber dieser Phrase klar, dass er übertrieb, aber etwas bringt sie doch zum Ausdruck: Besuche bedeuten Verkäufe, keine Besuche bedeuten keine Verkäufe. So weit bin ich einverstanden.

Dieses Gesetz vom Durchschnitt mag im Großen und Ganzen recht zuverlässig sein, gelegentlich führt es aber in die Irre. Wenn Sie sich zum Beispiel mit einem Fuß in einen Kessel mit Eiswasser, mit dem anderen in einen solchen mit kochendem Wasser stellen, werden Sie sich im Durchschnitt nicht wohl fühlen. Und Sie können auch in einem See mit einer «durchschnittlichen» Wassertiefe von 15 Zentimetern ertrinken.

Mein alter Freund und Kollege Mike Frank, der statistisch nachweisbar über 19 000 so genannte «warme» Besuche absolviert hat, weist darauf hin, das Gesetz des Durchschnitts könne mit drei Mitteln besiegt werden:

1. Man muss *genügend* Besuche machen. 2. Man muss bei jedem Besuch möglichst effizient sein. Und 3. Man soll sich bei jedem Besuch – am besten schriftlich – merken, was man gut gemacht hat, was man besser hätte tun können und wie man beim nächsten Besuch noch besser abschneiden könnte.

Der «nächste» Abschluss

Bestimmt sind Sie ebenso wenig wie andere Vertreter am Gesetz des Durchschnitts interessiert. *Frage:* Was erwarten Sie denn von Ihrem nächsten Verkaufsgespräch? Einen Auftrag, nehme ich an. Und vom übernächsten und von demjenigen danach?

Sie haben es gemerkt: Sie kümmern sich einen Deut um das Gesetz des Durchschnitts! Sie sind genau wie jener alte Farmer bei mir zu Hause. Er wollte nicht das ganze Land – aber er wollte das Land, das an seinen Besitz angrenzte. Sie wollen wahrscheinlich auch nicht *jedes Mal* etwas verkaufen, aber Sie wollen beim *nächsten* Mal etwas verkaufen. Dieses Buch soll Ihnen helfen, beim *nächsten* Mal etwas zu verkaufen, und zwar so, dass Ihr neuer Kunde bereit und sogar bestrebt ist, Ihnen beim Aufbau Ihrer Karriere zu helfen.

GLAUBWÜRDIGKEIT IST ENTSCHEIDEND

Ich habe gesagt, man könne nicht eine Art von Mensch und eine andere Art von Verkäufer sein. Lassen Sie mich das anhand eines Beispiels erläutern. Ich möchte Ihnen nicht zu nahe treten, aber glauben Sie mir, ich könnte einem Zwölfjährigen viele der Methoden und Techniken beibringen, die Sie kennen und bei Ihren Verkaufsgesprächen anwenden. Dennoch würde er in diesem Stadium des Spiels kaum viel von

Ihren Produkten verkaufen, und zwar aus folgenden Gründen: Können Sie sich vorstellen, dass ein Zwölfjähriger zu einem Kunden sagt: «Sehen Sie, unsere Marktanalyse hat ergeben, dass der durchschnittliche Verkaufspreis für ein Haus in dieser Gegend in den vergangenen zwölf Monaten bei 96 500 Dollar lag. Unsere Berechnungen gehen nun aber davon aus, dass der augenblickliche Markttrend und die Wohnungssituation in der Stadt über die nächsten neun Jahre hinweg zu einer Wertsteigerung von 11 Prozent führen werden …»? Und können Sie sich vorstellen, dass unserem Zwölfjährigen ein Kunde gegenübersitzt, der antwortet: «Ja, das ist richtig, junger Mann, ich glaube, ich kaufe dieses Haus für 96 500 Dollar, das Sie mir gestern gezeigt haben»? Nicht, dass der Kunde ihm nicht glauben würde, aber da wäre doch ein gewisses Etwas von Glaubwürdigkeit, das zu wünschen übrig ließe, nicht wahr?

Nun würde noch viel mehr an Glaubwürdigkeit fehlen, wenn Sie als Erwachsener nicht die richtige Art von Mensch wären. Kurz: Wenn Sie einen Charakterfehler haben, wenn es Ihnen an Integrität mangelt, werden Ihnen viele hoffnungsvolle Geschäfte durch die Lappen gehen. Ihr Angebot muss unglaubliche Vorzüge aufweisen, wenn Sie trotz mangelnder Integrität erfolgreich etwas verkaufen wollen. Und selbst dann wäre der Erfolg nur von kurzer Dauer, denn keine Firma, die ein Produkt mit echten Vorzügen auf den Markt bringt, würde diesen Vorteil dadurch zunichte machen, dass sie Vertreter mit charakterlichen Mängeln oder Fehlern einstellt.

WIE HOCH IST IHRE KOMMISSION?

Bevor wir weitergehen, müssen Sie diese Frage beantworten. Wie viel Kommission erhalten Sie in ihrem Gebiet durchschnittlich für Geschäfte, die Sie *beinahe* abschließen? Mit *beinahe* meine ich ein Geschäft, das so weit gediehen ist. dass der Kunde bereits seinen Kugelschreiber gezückt hat. Wie viel?

Ich wette, Sie erhalten gleich viel wie ich in meinem Gebiet, nämlich *null und gar nichts*! «Beinahe» zählt eben nicht. Sie *müssen* Ihr Geschäft abschließen, damit Sie eine Kommission einstreichen können, ganz egal, wo auf der Welt Sie leben. Keine Firma auf der ganzen Welt wird Ihnen *einen Teil* der

Kommission auszahlen, wenn Sie *beinahe* ein Geschäft getätigt hätten.

Zweifellos gehört es zu den frustrierendsten Erlebnissen eines Verkäufers, wenn er *so* nahe vor einem Abschluss steht, dass er ihn beinahe mit Händen greifen kann, und dann doch leer ausgeht. Ich persönlich würde es vorziehen, wenn mein Kunde sagen würde: «Ich will nichts kaufen, und das ist mein letztes Wort.» Wenn man seinem Ziel sehr oft so nahe kommt, könnte man glatt die Wände hochgehen.

PSYCHOLOGIE (GESUNDER MENSCHENVERSTAND) IST MIT IM SPIEL

Dieses Buch befasst sich nicht mit Psychologie, aber ich kann Ihnen garantieren, dass es ohne eine gewisse Portion Psychologie (gesunden Menschenverstand) nicht möglich ist, ein echter, professioneller Verkäufer zu werden. Ein Satz, auf den wir immer wieder stoßen werden, lautet:

> *Sie können im Leben alles erreichen,*
> *was Sie wollen, wenn Sie nur genügend*
> *anderen Menschen helfen, zu erreichen,*
> *was diese haben wollen.*

Wenn Sie jemals auch nur einen einzigen Verkauf abgeschlossen haben, brauche ich Ihnen nicht beizubringen, *wie* das geschieht. Was ich *verbessern* möchte, ist die Anzahl Ihrer Erfolge im Vergleich zur Anzahl der Besuche und Demonstrationen. Zu diesem Zweck müssen Sie drei wichtige Dinge begreifen. Erstens: *Gute Abschlüsse sind auf gute Verkaufsgespräche zurückzuführen, und gute Verkaufsgespräche können nur gute Menschen führen.* Frage: Sind Sie ein «guter Mensch»? Zweitens: Dieses Buch soll Ihnen helfen, das zu entwickeln, was ich einen «Abschlussinstinkt» nenne. Drittens: Sie werden viele neue spezifische Abschlussvarianten kennen lernen.

Dieser Instinkt, der bei Frauen viel ausgeprägter ist als bei Männern, ist beim Verkaufen sehr wichtig und kann von Männern und Frauen entwickelt werden. Wenn Ihr Kunde jene Kaufsignale erkennen lässt, die seine nahe Kaufbereitschaft verraten, müssen Sie instinktiv nachfassen und zu jenem «Kundengehilfen» werden, von dem wir noch sprechen werden. Sie müssen ihm helfen, seine Probleme zu lösen, was mit Ihrem Produkt möglich ist.

Wenn Sie Ihre Abschlussquote um 10 Prozent erhöhen könnten (und 10 Prozent sind absolut realistisch, wenn ich von der Annahme ausgehe, dass Ihre jetzige Quote unter 60 Prozent liegt), könnten Sie Ihren Umsatz ganz erheblich steigern, oder Sie hätten wesentlich mehr Zeit für andere Kunden.

Nehmen wir einmal an. Sie seien im direkten Verkauf tätig und sprächen jeden Tag mit 20, jedes Jahr also mit rund 1 000 Leuten. Eine Steigerung um 10 Prozent würde demnach 100 Verkäufe mehr bedeuten. Ihre zusätzlichen Geschäfte und damit Ihr zusätzliches Einkommen könnten Ihren Lebensstil spürbar beeinflussen, wobei Ihr geschäftlicher Kostenaufwand ungefähr gleich bliebe. Eine Steigerung Ihrer Abschlussquote um 10 Prozent *könnte* eine Erhöhung Ihres *Nettoeinkommens* um 20 Prozent bedeuten, wenn Ihre jetzige Abschlussquote bei 50 Prozent liegt.

Wenn Sie Ihre Effizienz um 10 Prozent steigern, bedeuten diese zusätzlichen 100 Abschlüsse fünf volle Arbeitswochen, ohne dass Sie eine einzige Minute mehr auf Ihre Arbeit verwenden müssten. In diesen fünf Wochen könnten Sie anderen Beschäftigungen nachgehen, die Ihnen am Herzen liegen, oder Sie könnten sich beruflich weiterbilden, um danach in Ihrer Firma ein paar Sprossen weiter nach oben klettern zu können. Natürlich könnten Sie diese Zeit auch mit Ihrer Familie verbringen, ein Faktor. der in der heutigen Gesellschaft immer mehr an Bedeutung gewinnt und geradezu ein *Muss* bedeutet, wenn Ihr Erfolg total sein soll.

MIR DEM ABSCHLUSS ALLEIN IST ES NICHT GETAN

Wenn wir schon vom Abschluss sprechen, möchte ich auf etwas hinweisen, was mir ungeheuer wichtig erscheint. Aus irgendeinem unerklärlichen Grund ist der Abschluss zum A und O des Verkaufens erhoben worden. Viele Leute bilden sich ein, sie könnten ihre Erfolgsquote um ein Vielfaches steigern, wenn sie nur die richtigen Abschlusstechniken beherrschten. Natürlich kann man mehr verkaufen, wenn man diese Techniken anzuwenden versteht. Dennoch bin ich der Ansicht, dass *der Abschluss selbst keineswegs mehr oder weniger wichtig ist als irgendeine andere Phase des Verkaufsvorganges.*

Wie wollen Sie ein Geschäft abschließen, wenn Sie keine Kunden haben? Oder wenn Sie nicht wissen. wie man eine Verabredung trifft? Wenn Ihre Einführung oder Ihre Präsentation ungenügend ist, werden Sie in unserer modernen Gesellschaft nicht viele Leute dazu bringen, etwas zu kaufen, egal wieviele Abschlussvarianten Sie ausprobieren. Sie ernten höchstens eine Absage oder, was noch schlimmer ist, einen murrenden Kunden. Der Abschluss ist also in der Tat nur *ein* Bestandteil des ganzen Vorgangs, und da er nun einmal an letzter Stelle kommt, wurde ihm ein viel zu hohes Gewicht beigemessen. Dies mag verblüffend klingen, wenn Sie sich an den Titel dieses Buches und an seinen Aufbau erinnern. Ich möchte aber einfach die Dinge im richtigen Licht erscheinen lassen: Sie müssen in allen Phasen des Verkaufs effizient arbeiten, wenn Sie sich eine erfolgversprechende Laufbahn aufbauen wollen.

Wie oft musste ich von Verkäufern hören, Sie kämen zwar an die Kunden heran, könnten Verabredungen treffen und ein gutes Gespräch führen, aber kein Geschäft abschließen. Interpretation: *sie können nicht verkaufen.* John M. Wilson pflegte zu sagen: «Es gibt keinen guten Verkäufer, der schlecht abschließen kann.» Ein anderer Verkaufsberater drückte es anders aus: «Ein Verkaufsgespräch ohne Abschluss ist wie ein Einseifen ohne anschließende Rasur.» Lieber Leser, wenn Sie ein Geschäft nicht abschließen können, können Sie nicht verkaufen. *Punkt.*

Gestatten Sie mir einen Vergleich mit einem populären amerikanischen Spiel, dem Baseball. Wenn Sie einen *qualifizierten Kunden* finden, erreichen Sie das erste Mal, die Anlaufstelle. Wenn Sie die *Verabredung* treffen, dürfen Sie auf das zweite Mal vorrücken. Wenn Sie eine *gelungene Präsentation* bieten, gelingt Ihnen der Sprung auf das dritte Mal. Wenn Sie danach aber nicht weiterkommen, haben Sie nur Zeit *verschwendet,* Ihre eigene ebenso wie die Zeit des Kunden. Wenn

Sie nicht *mit dem Abschluss das Ziel* erreichen, haben Sie für niemanden etwas Konstruktives getan.

Im Verkauf muss man genau gleich wie im Baseball *alle* Anlaufstellen berühren. Selbst wenn der Schläger den Ball aus dem Stadion hinauskatapultiert, gewinnt er keinen Punkt, falls er auch nur eine einzige Anlaufstelle auslässt.

Der Abschluss bildet also sozusagen den Punkt, und dieser ist wichtig, weil er *investierte* Zeit in *genutzte* Zeit verwandelt. Ich bestehe darauf: der Abschluss ist keinesfalls wichtiger als irgendeine andere Phase des Verkaufs, ohne Abschluss ist aber alles andere Verschwendung.

Der Abschluss beruht weitgehend auf einer soliden Verkaufstechnik, und deshalb räume ich der Psychologie und Ihrer Einstellung in diesem Zusammenhang so viel Platz ein.

«KLEINE» DINGE BESTIMMEN ÜBER ERFOLG ODER MISSERFOLG

Die «kleinen» Dinge entscheiden im Verkauf ebenso über Erfolg oder Misserfolg wie in allen anderen Bereichen des Lebens. Sagen Sie Ihrer Frau, sie gleiche einem Frühlingsmorgen, und Sie können sich alle möglichen Pluspunkte notieren. Sagen Sie ihr aber, sie gleiche dem letzten Tag eines langen und harten Winters, und Sie werden ein Problem haben!

Die Ergebnisse *werden* anders aussehen, wenn diese «kleinen» Dinge für Sie sprechen: auf Hochglanz polierte Schuhe; ein gutsitzender Anzug mit frischen Bügelfalten; gut frisiertes Haar; eine dezent abgestimmte Krawatte mit gutem Knoten; ein aufgewecktes, sauber rasiertes Gesicht; ein frisches und einwandfreies Make-up; zur Gelegenheit passende Kleidung; ein freundliches Lächeln und höfliches Benehmen; Rücksicht auf die Zeit des Kunden. Ob sie rauchen oder Kaugummi kauen, ob Sie Ihrem Kunden auch einmal eine kleine Aufmerksamkeit zukommen lassen, all das und tausend andere «kleine» Dinge entscheiden über *Erfolg oder Misserfolg*.

Die Liste ist endlos, und dennoch sind es in letzter Konsequenz in den allermeisten Fällen einige dieser «kleinen» Dinge, die Ihrem Kunden verraten, dass Sie an das glauben, was Sie tun, dass Sie daran interessiert sind, ihm zu Diensten zu stehen, dass Sie wirklich davon überzeugt sind, ihm das beste Produkt zu einem vorteilhaften Preis anzubieten. Wenn all diese Dinge für Sie sprechen, wird die Frage nicht lauten: «Werden Sie Erfolg haben?», sondern: «Wann werden Sie Erfolg haben, und wie groß wird er sein?»

WANN SOLLTEN SIE ZUM ABSCHLUSS KOMMEN?

Diese Frage wird sehr häufig gestellt. Die Antworten darauf sind höchst mannigfaltig: möglichst früh, möglichst oft, möglichst spät. Diese Ratschläge erweisen sich in den meisten Fällen als gut, aber es gibt eine große Ausnahme. Sie können es zu früh versuchen und sich damit jede Aussicht verderben, später noch Erfolg zu haben. Frage: Was oder wann ist «zu früh»? Antwort: «Zu früh» ist es dann, wenn Sie den Abschluss suchen, bevor Sie Ihrem Kunden eine klare Vorstellung vom Wert Ihres Angebotes vermittelt haben.

Unabhängig vom Produkt, das Sie anbieten, der Kunde *kauft die Vorteile*, die Ihr Produkt aufweist. Wenn Sie Ihren Kunden davon überzeugen können, dass Ihr Produkt genau das ist, was er braucht, wird er es kaufen. Wenn Sie in ihm den Wunsch nach Besitz erwecken, wird er die notwendigen finanziellen Mittel irgendwie auftreiben.

Wenn Sie einen Abschluss suchen, bevor Sie dieses Wertgefühl vermittelt haben, wird Ihr Kunde den Eindruck haben, es mit einem jener «superschnellen» Verkäufer zu tun zu haben, die nur darauf aus sind, etwas zu verkaufen und möglichst rasch zum nächsten Kunden zu gelangen, ohne sich um seine eigenen Wünsche und Bedürfnisse zu kümmern. Er wird glauben, Sie seien nur an dem interessiert, was *Sie selber* wollen, und in der Folge wird sich eine Wand zwischen Sie und Ihren Kunden schieben. Und diese Wand müssen Sie dann wieder abbauen, bevor Sie etwas verkaufen können; ein schwieriges Unterfangen, aber wenn es Ihnen nicht gelingt, werden Sie oft ohne Auftrag nach Hause zurückkehren müssen.

Dies schließt nun durchaus nicht aus, dass Sie Ihrem Kunden gegenüber nicht schon bald nach Beginn des Gesprächs durchblicken lassen, Sie würden auf einen Auftrag hoffen. Als ich für eine Lebensversicherungsgesellschrift arbeitete, pflegte ich ein Geschäft in zwei Gesprächen zu tätigen. Beim ersten Besuch sammelte ich möglichst viele Informationen über den Kunden und versuchte mir ein Bild über seine Bedürfnisse in Bezug auf Pension und Schutz für die Familie zu machen (ich qualifizierte den Kunden). Beim zweiten Mal brachte ich einen Vorschlag mit, präsentierte die ganze Angelegenheit, vermittelte das Gefühl für den Wert dieser Versicherung und versuchte *dann erst*, das Geschäft abzuschließen.

Der «Fairness»-Abschluss

Beim zweiten Besuch entnahm ich meinen Unterlagen jeweils den in der Regel ziemlich komplizierten Vorschlag und ein weißes Blatt Papier. Mit diesem Blatt in der Hand pflegte ich dann zu sagen: «Sehen Sie, hier habe ich ein Blatt Papier. Es ist unbeschrieben, und deshalb kann man nichts verstehen oder missverstehen. Ich habe auch einen Vorschlag für Sie, und der ist ziemlich kompliziert. Ich habe ihn eigens für Sie ausgearbeitet, bis in alle Einzelheiten hinein. Ich möchte Ihnen aber zunächst etwas versprechen.

Ich halte meine Erklärungen ebenso einfach und klar wie dieses Blatt Papier. Wenn mir das nicht gelingt, begreife ich, dass Ihnen die Entscheidung schwer fallen wird. Deshalb verspreche ich Ihnen, dass der Vorschlag nach meinen Erklärungen ebenso klar sein wird wie dieses Blatt. Und dann werde ich Sie um eine Entscheidung bitten. Wenn Sie dann der Ansicht sind, es sei in Ihrem Interesse, den Vorschlag anzunehmen, bitte ich Sie, ja zu sagen. Wenn Sie jedoch glauben, es sei in Ihrem Interesse, nein zu sagen, dann sagen Sie bitte einfach nein. *Ist das ein fairer Vorschlag*, lieber Kunde?»

Und dann passierte etwas Interessantes. Meine Abschlussquote ging um rund 10 Prozent hinauf, mein Geschäftsvolumen nahm aber bedeutend stärker zu, weil ich viele Kunden wesentlich weniger oft besuchen musste und so viel mehr Zeit für neue Kunden hatte.

Verkaufen mit gesundem Menschenverstand

Kunden «ändern» ihre Meinung nicht

Denken Sie einmal darüber nach. Wenn ein Kunde nein sagt, stehen die Aussichten wenigstens hundert zu eins, dass Sie ihn nicht dazu bringen können, seine Meinung zu ändern. Ich weiß, was Sie jetzt denken, aber ich sage es noch einmal. Wenn ein Kunde nein sagt, stehen die Aussichten wenigstens hundert zu eins, dass Sie ihn nicht dazu bringen können, seine Meinung zu *ändern*.

Und denken Sie: «Langsam, bis jetzt hatte ich den Eindruck, Sie sähen die Dinge ziemlich klar. Aber nun gehen unsere Meinungen auseinander, denn 98 Prozent aller Geschäfte klappen erst, nachdem mein Kunde mindestens viermal nein gesagt hat.» Ich zweifle keinen Augenblick daran, dass Sie Recht haben.

Die «neue Entscheidung»

Ich bat Jean, meine Frau zu werden, und sie sagte nein. Ich fragte sie ein zweites Mal; sie sagte nein. Beim dritten, vierten und fünften Mal lautete die Antwort: nein. Beim sechsten Mal sagte sie ja. Nein, sie hatte ihre Meinung nicht geändert. Sie machte etwas sehr Einfaches. Aufgrund *neuer* Informationen, welche die Angelegenheit in einem *neuen* Licht erscheinen ließen, gelangte sie zu einer *neuen* Entscheidung.

Bevor Sie einen Kunden dazu bringen, seine Meinung zu *ändern*, müssen Sie ihm zuerst das Zugeständnis abringen, er habe Unrecht gehabt und einen Fehler begangen, als er nein sagte. Nun, wie oft haben *Sie* in den letzten zwölf Monaten zugegeben, dass Sie Unrecht hatten, dass Sie einen Fehler machten? Nächste Frage: Wenn es für Sie schon hart ist zuzugeben, dass Sie im Unrecht waren, wie wollen Sie dann Ihren Kunden dazu bringen, sein Unrecht, seinen Fehler zuzugeben?

Wenn ein Kunde nein sagt und Sie darauf erwidern: «Aaach, kommen Sie, Sie wissen doch genau, dass Sie das früher oder später kaufen, unterschreiben Sie hier», dann versuchen Sie – aus dem Blickwinkel des Kunden – doch nur, ihm das Eingeständnis abzuringen, er habe Unrecht gehabt und es sei nicht sehr klug gewesen, nein zu sagen. Einen Kunden so weit zu bringen, dass er seinen «Fehler» zugibt, ist wohl ein Ding der Unmöglichkeit. Sie werden ihn nur irritieren und gegen sich aufbringen. Auf diese Weise können Sie ihn *nicht* davon überzeugen, von Ihnen etwas zu kaufen.

«NEIN» BEDEUTET OFT «ICH WEISS NICHT»

Nein, der Kunde wird seine Meinung nicht ändern, aber er wird gern aufgrund *neuer* Informationen eine *neue* Entscheidung treffen. Beispiel:

«Warum haben Sie mir nicht gesagt, das Haus liege außerhalb der Stadtgrenzen und ich müsse der Stadt aus diesem Grund keine Steuern bezahlen?» Oder: «Warum haben Sie mir nicht gesagt, man könne beide Seiten bedrucken? Auf diese Weise können wir sparen, obwohl der Preis pro Blatt etwas höher zu stehen kommt?» In beiden Fällen ist der Kunde bereit, aufgrund neuer Informationen eine neue Entscheidung zu treffen. Und *weil* dies so ist, *müssen Sie versuchen, das Geschäft abzuschließen, sobald Sie Ihrem Kunden den Wert klar gemacht oder in ihm den Wunsch nach Besitz erweckt haben, aber bevor Sie ihm alle Informationen geben.* Es wäre ein schwerer Fehler, alle Informationen zu vermitteln, bevor Sie einen Abschlussversuch unternehmen. Gewisse Kunden sagen beim ersten Mal grundsätzlich und automatisch nein, damit sie nicht glauben, sie hätten es Ihnen «zu leicht» gemacht – und sie hätten sich vor dem Kauf nicht gründlich informiert. Und was noch wichtiger ist: sie haben Angst, dumm dazustehen, wenn sie eine rasche Entscheidung treffen, die sich im Nachhinein als falsch erweist. Jene Kunden, die zunächst nein sagen, wollen damit oft nur sagen: «Geben Sie mir noch mehr Informationen. Ich möchte *sicher* sein, die *richtige* Entscheidung zu treffen, wenn ich ja sage. Machen Sie es mir doch leichter, etwas zu kaufen.» Und genau das ist Ihre Aufgabe als Verkäufer – machen Sie es Ihrem Kunden leichter, etwas zu kaufen.

WIE VIEL SIE BEZAHLEN

Versetzen Sie sich in die Lage des Kunden, lieber Leser, und beantworten Sie mir die folgende Frage: Würden Sie einem Verkäufer 100 Dollar für ein Produkt bezahlen, das Ihrer Überzeugung nach nicht mehr als 50 Dollar wert ist? Ja? Nein? Die Antwort lautet natürlich nein. Zweite Frage: Wenn Sie mit einem Kunden verhandeln, glauben Sie dann wirklich, er würde Ihnen 100 Dollar für etwas bezahlen, das seiner Überzeugung nach nur 50 Dollar wert ist? Ja? Nein? Dritte Frage, wieder an Sie als Kunde: Nehmen Sie an, der Verkäufer bombardiere Sie mit zehn seiner besten, wirksamsten und stärksten Abschlusstechniken. Würden Sie unter diesen Umständen 100 Dollar für etwas bezahlen, was Ihrer Überzeugung nach nur 50 Dollar wert ist Ja? Nein? Ich wette, Ihre Antwort ist immer noch nein. Und eigentlich ist das eine ziemlich dumme Frage, nicht wahr?

Vierte Frage: Nehmen Sie an, der Verkäufer mache auf Gefühlsduselei, er erwecke in Ihnen Schuldgefühle, möchte Ihnen etwas aufdrängen, weil Sie ihm, seiner Familie oder jemandem anders helfen müssten. Würden Sie ihm *dann* 100 Dollar für etwas bezahlen, das Ihrer festen Überzeugung nach nur 50 Dollar wert ist? Ich bin sicher, Ihre Antwort lautet immer noch nein.

WESHALB DER KUNDE NEIN SAGT

Wenn ein Kunde nein sagt. meint er damit, dass er kein Geld hat – und dann nützt Ihnen alle Verkaufserfahrung der Welt nichts –, oder er will damit sagen: «Ich habe keine Lust, mehr für dieses Produkt auszugeben, als es meiner Meinung nach wert ist.»

Die Sache ist einfach. Wenn Sie auf Ihren Kunden Druck ausüben, erzeugen Sie bloß Widerstand. Sein Nein bedeutet höchstwahrscheinlich nur, dass das Produkt *seiner* Meinung nach den Preis, den Sie dafür haben wollen, nicht wert ist.

Nun können Sie in den meisten Fällen *den Preis nicht wesentlich ändern oder herabsetzen, aber Sie können den Wert des Produktes drastisch erhöhen.* Zu diesem Zweck müssen Sie aber weitere Informationen vermitteln. Dazu braucht es in der Regel viel Vertrauen und Gesprächsbereitschaft zwischen Verkäufer und Kunde. Aus diesem Grunde bezweckt dieses Buch unter anderem, Ihnen zu zeigen, wie man auf meisterliche Art den Wert eines Produktes in den Augen eines Kunden erhöhen kann.

JEDER ABSCHLUSS SOLLTE LEHRWERT HABEN

*Jede Abschlussvariante
sollte einen gewissen Lehrwert enthalten, mit dessen
Hilfe Sie den Wert des Produktes in den
Augen des Kunden erhöhen können.*

Sobald der Wert dem Preis entspricht, haben Sie einen Kunden. Solange der Wert *in den Augen des Kunden* dem Preis nicht entspricht oder ihn sogar übersteigt, haben Sie es nicht mit einem echten Kunden zu tun. Dann werden Technik, Überzeugungskraft und Druck nichts fruchten.

Übersteigt der Wert des Produktes in den Augen des Kunden den Preis, haben Sie es mit einem «heißen» Kunden zu tun; *aber auch in diesem Fall müssen Sie das Geschäft erst noch abschließen.*

Vergessen Sie nicht, dass da immer noch die Angst des Kunden ist, er könne mit seinem Ja einen Fehler begehen, obwohl der Wert des Angebotes den verlangten Preis offensichtlich übersteigt. Deshalb betone ich immer wieder, dass der Verkäufer und seine persönliche Integrität bei so manchem Abschluss die entscheidende Rolle spielen. Mit anderen Worten: Wenn Sie die *richtige* Person sind, das *richtige* Produkt verkaufen und bei einem Kunden mit dem *richtigen* Motiv die *richtige* Variante wählen, stehen Ihre Chancen, das Produkt zu verkaufen, unendlich viel besser.

VERKAUFEN SIE NICHT ZU VIEL

Als Verkäufer laufen wir manchmal Gefahr, dass wir im Überschwang einer Präsentation oder aus lauter Frustration einen Abschluss nach dem anderen suchen, doch leider ohne Erfolg. Dann erliegt ein schwächerer Verkäufer gern der Versuchung, zu viel zu verkaufen, weil seine Integrität nicht makellos ist oder weil er in erster Linie in möglichst kurzer Zeit möglichst viel Gewinn einstreichen will.

Wer zu viel verkauft, wird unweigerlich verlieren. Die Geschichte eines katholischen Mädchens, das sich in einen Baptisten-Jungen verliebte, mag dies veranschaulichen. Eines Abends kehrte das Mädchen nach einem Stelldichein in absoluter Hochstimmung nach Hause. Die Mutter erkannte sofort, dass ihre Tochter bis über beide Ohren verliebt war, und beschloss, mit ihr ein ernstes Wort zu reden. Klipp und klar verlangte sie, das Mädchen dürfe den Jungen nie mehr sehen, denn Katholiken und Baptisten könnten miteinander keine Ehe eingehen. Das Mädchen brach in Tränen aus und gestand, es würde den Jungen lieben, und ob Mama nicht «etwas unternehmen» könne?

Mama ließ sich erweichen und heckte einen Plan aus. Gemeinsam wollten sie den Jungen dazu überreden, Religionsunterricht zu nehmen und zum katholischen Glauben überzutreten: dann würde einer Ehe nichts mehr im Wege stehen. Es fiel den beiden nicht schwer, dem Jungen die Idee zu «verkaufen», denn er hatte sich ja bereits in das «Produkt» verliebt. Kurze Zeit später liefen die Hochzeitsvorbereitungen auf vollen Touren.

Ungefähr eine Woche vor dem großen Termin kam das Mädchen eines Abends in Tränen aufgelöst nach Hause. Schluchzend trug es seiner Mama auf, die ganze Hochzeit abzublasen, den Pfarrer zu benachrichtigen und die Geschenke zurückzugeben. Schließlich gelang es der Mutter, eine Frage anzubringen: «Sag mal, Kind. was ist denn geschehen? Ich habe gemeint, wir hätten ihn zu einem guten Katholiken gemacht?» Unter Tränen kam die Antwort: «Das ist es ja eben, Mama. Wir haben zu viel verkauft. Nun wird er Priester!» Die Moral: Verkaufen Sie nicht zu viel!

UNTERLASSUNGEN HABEN ÄHNLICHE FOLGEN

Im Jahr 1974 wurde einer meiner Träume wahr. Ich konnte mir zu Hause ein hübsches Arbeitszimmer einrichten. Zu Traum und Zimmer gehörte auch ein echtes Ledersofa.

Ich erinnerte mich an das alte Ledersofa im Wartezimmer meines Zahnarztes zu Hause in Yazoo City. Jedes Mal, wenn ich dort saß, pflegte ich auf die Armlehne zu drücken, und das sanfte «Zischen» versetzte mich in höchstes Entzücken. Nichts «zischte» so schön wie echtes Leder, und dieses «Zischen» mochte ich in meinem neuen Arbeitszimmer nicht missen. Jean und ich fuhren in die Stadt und betraten ein großes Möbelgeschäft. Ein netter Verkäufer empfing uns und geleitete uns in die entsprechende Abteilung. Als ich ein Ledersofa sah, das mir gefiel, erkundigte ich mich nach dem Preis. Ich war angenehm überrascht, denn es kostete nur ungefähr halb so viel, wie ich erwartet hatte. Als ich meinem Entzücken darüber Ausdruck verlieh, dass ich ein echtes Ledersofa zu einem so vorteilhaften Preis erstehen könne, versicherte mir der Verkäufer, es handle sich in der Tat um ein bemerkenswert günstiges Angebot, und deshalb würden sie so viele dieser Sofas verkaufen.

Ich setzte mich und lehnte mich zurück. Es war wirklich bequem. Ich drückte die Armlehne, und da war es, dieses «Zischen». Ich stand wieder auf und ging um das Sofa herum. Nochmals tat ich meine Freude kund, für so wenig Geld ein echtes Ledersofa kaufen zu können. Und nochmals betonte der Verkäufer, ich hätte wirklich Glück, dieses Sofa sei ein Superangebot. Und da sagte ich ihm, ich würde es kaufen.

Nun brauchte ich noch ein Kaffeetischchen, das zu diesem Sofa passte. Auf dem Weg zur entsprechenden Abteilung kamen wir an einem anderen Ledersofa vorbei, das dem soeben gekauften sehr ähnlich war. Ja, eigentlich gefiel es mir noch fast besser, und so ging ich hin, setzte mich und wusste am Ende wirklich nicht, welches mir besser gefiel. Also erkundigte ich mich nach dem Preis. Auch dieses Mal war ich überrascht, denn es kostete beinahe doppelt so viel wie das erste. Auf meine logische Frage antwortete mir der Verkäufer mit einem einzigen, lakonischen Satz:

«Dieses hier ist *ganz* aus Leder.»

Ich: «Nun hören Sie, woraus ist denn das andere, das ich gerade gekauft habe? Ich war der Meinung, es wäre aus Leder.» Verkäufer: «Es *ist* ganz aus Leder – überall dort, wo Sie mit ihm in Kontakt kommen. Sitz, Arm- und Rückenlehnen sind aus echtem Leder. Die Unterseite der Lehnen und Sitze aber und die ganze Rückseite sind aus Kunstleder.» Und beflissen fügte er hinzu, niemand würde den Unterschied bemerken, und – mit Verlaub – ich hätte ihn ja auch nicht bemerkt. Und überdies wäre es genau gleich dauerhaft wie das echte Leder und sähe auch gleich gut aus.

Ich: «Warum haben Sie denn nicht gleich gesagt, dass das von mir gekaufte Sofa nicht ganz aus Leder ist?» Verkäufer: «Ich wollte es Ihnen ja sagen, aber dann haben wir immer wieder von anderen Dingen gesprochen – aber ich wollte es Ihnen bestimmt noch sagen, denn ich gehöre nicht zu jenen Verkäufern, die ihre Kunden täuschen.»

Frage an Sie, liebe Leser: Was glauben Sie, welches der beiden Sofas ich gekauft habe? Oder bin ich vielleicht gar ohne Sofa nach Hause gefahren? Wenn Sie letzteres annehmen, haben Sie den Nagel auf den Kopf getroffen. Ich habe in diesem Geschäft nicht nur an jenem Tag nichts gekauft, ich habe es in den zehn Jahren seither nicht einmal mehr betreten.

Nun fragen Sie sich vielleicht zu Recht: Hätte ich das Sofa gekauft, wenn er mir die ganze Geschichte von Anfang an erzählt hätte? Nein, ich hätte jenes halb aus echtem, halb aus Kunstleder gemachte Sofa nicht gekauft. Ich hatte mir mein ganzes Leben lang ein echtes Ledersofa gewünscht, und ich hatte mir soeben das Arbeitszimmer meiner Träume eingerichtet. Punkto Sofa wäre ich unter keinen Umständen auf einen Kompromiss eingegangen. Hätte ich vielleicht das teurere aus echtem Leder gekauft? Wahrscheinlich nicht beim *ersten* Besuch, denn es war sehr teuer. Ich hätte mich vermutlich noch in anderen Geschäften umgesehen und dann *wahrscheinlich* das teurere gekauft. Jedenfalls wäre ich bestimmt irgendwann wieder in jenes Möbelgeschäft gegangen, um vielleicht etwas anderes zu kaufen.

Auch dieser Punkt ist sehr einfach: Indem er mir etwas verschwiegen hatte, log mich der Verkäufer an. Es war sonnenklar, dass ich der Auffassung war, das erste Sofa wäre ganz aus Leder. Indem er mich nicht über den wahren Sachverhalt aufklärte, belog er mich. Als ich das echte Ledersofa sah und mein Interesse bekundete, hoffte er vielleicht schon auf die doppelte Kommission, doch seine Gier oder Unehrlichkeit verdarben ihm ein sofortiges Geschäft und obendrein jede Aussicht auf ein späteres. Es klingt vielleicht banal, ist aber dennoch wahr: Ehrlichkeit währt am längsten, und *nur* mit Ehrlichkeit kann sich ein Verkäufer eine gute Laufbahn aufbauen.

Die Moral: *Belügen oder täuschen Sie Ihre Kunden nicht, indem Sie ihnen etwas verschweigen.*

ABSCHLÜSSE LAUFEN WIDER UNSERE NATUR

Von all den Fertigkeiten, die wir uns aneignen müssen, läuft diejenige des Abschließens vielleicht am meisten wider unsere Natur. Dies gilt möglicherweise in besonderem Masse für Verkäufer der älteren Generation. Schon von Kindesbeinen an brachte man uns bei, nicht um alles zu bitten, was wir sehen oder haben möchten. Man lehrte uns, Betteln gehöre sich nicht und sei ein Ausdruck von Egoismus. Wir sollten warten, bis man uns etwas anbot.

In der Welt des Verkaufens drängte man uns aber immer wieder dazu. den Abschluss zu suchen. den Kunden zum Kaufen zu ermutigen. Und da ein Verkäufer offensichtlich vom Verkauf profitiert. schienen dies ziemlich egoistische Beweggründe zu sein. Das ist mit ein Grund. weshalb ich weiter vorn das Beispiel von Aristoteles und Galilei angeführt habe, denn es beweist, dass *Sie egoistisch oder zumindest gleichgültig sind, wenn Sie sich nicht um einen Auftrag bemühen, denn bei einem ehrlichen Verkauf ist der Kunde der große Gewinner.*

Nochmals, die Fähigkeit des Abschließens ist nicht *natürlich*, sondern *erworben*. Zum Glück kann diese Fertigkeit sehr weit entwickelt werden, wenn Ihnen diese Gedankengänge einmal eingeleuchtet haben und Sie bereit sind, entsprechende Anstrengungen zu unternehmen.

VERKAUFEN SIE NICHTS, VERLIEREN BEIDE

Verkäufer lösen im Grunde genommen Probleme. Wenn Sie Ihrem Kunden die Lösung für sein Problem anbieten und er nichts kauft, verliert er viel mehr als Sie. Wenn Sie diese Tatsache akzeptieren und einsehen, dass *Verkaufen einen Lehrwert für den Käufer hat* und dass *Abschließen für Sie die hohe Schule bedeutet*, wird Ihre Laufbahn von Erfolg gekrönt sein. Ihr persönlicher Gewinn wird größer sein, weil Ihre Kunden in hohem Masse von Ihnen profitieren.

Als Verkäufer muss Ihnen folgendes klar sein: Jede Abschlussvariante. die Sie lernen und anwenden, sollte Ihrem Kunden *einen Grund, eine Ausrede liefern, etwas zu kaufen,* oder sie sollte ihm wenigstens *Informationen vermitteln,* damit er bewusst in seinem eigenen Interesse handeln kann. Wenn Sie diese Tatsache einsehen und akzeptieren, wird Ihnen auch der nächste Schritt klar: ein Abschluss hilft nicht *Ihnen,* sondern *Ihrem Kunden.*

Wenn Ihnen das Umdenken in diesem wichtigen, ja sogar entscheidenden Punkt gelingt, werden Sie mehr kritische Geschäfte abschließen können. Dies ist für Ihre Laufbahn von Bedeutung, denn eine hohe Abschlussquote ist von vielen kleineren Dingen abhängig. Die Einstellung Ihren Kunden gegenüber ist zweifellos kein kleinerer Punkt, und ich kann Ihnen versichern, dass sie auf den Saldo Ihres monatlichen Bankauszugs einen nicht unwesentlichen Einfluss hat. Wenn Sie Ihre Empfindungen und Überzeugungen nicht auf Ihre Kunden übertragen können, wird Ihnen manch knappes Geschäft durch die Finger gleiten, und Sie können Ihr volles Potenzial nicht entfalten. Mein alter Freund und Kollege Cavett Robert drückt dies in folgenden Worten aus:

> *Der Kunde lässt sich mehr durch die*
> *Tiefe Ihrer eigenen Überzeugung als*
> *durch die Höhe Ihrer Logik überzeugen.*

VERNÜNFTIGER RAT EINES PSYCHIATERS

Im September 1980 legte mein Freund, der inzwischen leider verstorbene Psychiater John Kozek aus Dunedin, Florida, kräftig mit Hand an den Bau seines Hauses. für das er in eigener Person als Architekt und Bauherr zeichnete. Mit Staub und Schweiß bedeckt, stand er auf einem Gerüst unter der Decke und gab seinen Arbeitern in griechischer Sprache Anweisungen. als der Vertreter einer Fensterfirma hereinkam. John rief ihm von hoch oben einen englischen Gruß zu. Der Vertreter ignorierte ihn, weil er ihn für einen Arbeiter hielt. Er wandte sich vielmehr an Frau Kozek und begann seine farbigen Glasfenster anzupreisen. Maria erklärte ihm, er müsse mit ihrem Mann sprechen. was der Vertreter auch gerne tun wollte. Als sie ihm sagte, er hätte seine Chance wohl schon verpasst, war er sehr überrascht. Dann wies sie nach oben auf das Gerüst, auf welchem John arbeitete.

John riet mir, allen Verkäufern folgende Empfehlung weiterzugeben:

«Seien Sie mit allen Leuten freundlich, denn Sie wissen nicht immer, mit wem Sie gerade sprechen.»

CINDY BEFOLGTE DIESEN RAT

Im Januar 1983 arbeitete meine Tochter Cindy als Kosmetikberaterin im Sakowitz Department Store, einem großen, renommierten Warenhaus. Plötzlich bemerkte sie einen Mann, der offenbar darauf wartete, bedient zu werden. Wenn ein Mann in der Kosmetikabteilung auftauchte, pflegten sich die Verkäuferinnen in der Regel sofort auf ihn zu stürzen, doch dieser Mann sah nicht so aus. als ob er zu den Stammkunden von Sakowitz gehören würde. Seine Schuhe waren abgetragen, und die Löcher in seinen Strümpfen waren von weitem zu sehen; sein Haar war ungepflegt, und die schmutzigen Kleider hingen lose um den hageren Körper. Nun, insgesamt erweckte er bei den gelangweilten Verkäuferinnen nicht den Eindruck, er hätte in der Kosmetikabteilung – und ganz besonders an diesem Stand mit seinen sehr teuren Artikeln – in einem vornehmen Warenhaus etwas verloren. Offenbar vergaßen sie die alte Weisheit, dass Kleider Leute machen.

Zwei Dinge veranlassten Cindy, sich höflich und rasch um diesen Kunden zu kümmern. Erstens ist Cindy ein sehr nettes Mädchen – auch wenn ich das selbst von meiner Tochter sage – und eine ausgezeichnete Verkäuferin, die *jedermann* eine Chance gibt zu kaufen, was er will und braucht. Und zweitens bemerkte sie, dass der Mann einen Zettel in der Hand hatte. Es war ihr klar, dass sie es mit einem Ehemann zu tun hatte, der für seine Gattin Einkäufe besorgte. Und sie hatte Recht. Die Liste umfasste nur drei Artikel, aber sie kosteten insgesamt an die 100 Dollar. Das Geschäft war in wenigen Minuten abgewickelt, und der Mann war sehr freundlich und bewies ausgezeichnete Umgangsformen.

Der Schein kann trügen: sein Äußeres sprach nicht unbedingt für diesen Mann, aber er war ein zahlungskräftiger Kunde. Ich rate Ihnen deshalb dringend: *Nehmen Sie grundsätzlich an*, Sie hätten es mit einem guten Kunden zu tun, der ein echtes Problem (Bedürfnis) hat, das Sie lösen können. Seien Sie nett zu den Leuten, zu *allen* Leuten. Sie haben nichts zu verlieren, aber eine Menge zu gewinnen.

VERKAUFEN IST ÄHNLICH WIE GOLFSPIELEN

Um Ihr Produkt möglichst wirkungsvoll zu präsentieren, sollten Sie mit Ihrem stärksten Schlag beginnen, mit demjenigen, der Ihrer Meinung nach am überzeugendsten und kraftvollsten ausfällt. Sparen Sie Ihren zweitbesten Schlag für den Endspurt auf. Es ist sehr oft so, dass Ihr Kunde den Anfang und den Schluss mithört, nicht aber das, was Sie in der Mitte erwähnen. Auf diese Weise können Sie sicher sein, dass Ihr Kunde die beiden stärksten Aussagen Ihrer Präsentation mitbekommt.

Dahinter verbirgt sich eine einfache Wahrheit: *Ihr Kunde kauft keine kalten, harten Tatsachen, sondern für ihn angenehme Vorteile.* Vergessen Sie nicht: Verkaufen ist ähnlich wie Golfspielen. Wenn Sie beim Golf gewinnen wollen, müssen Sie jeden Schlag so ausführen, dass er Sie für den nächsten in eine vorteilhafte Position bringt. Wenn Sie bei *diesem* Schlag (Geschäft) keinen Erfolg haben, spielt es keine Rolle, in welcher Position Sie sich befinden, weil Sie unter Umständen gar keine Gelegenheit zu einem nächsten Schlag mehr haben werden.

Wenn Ihnen zu viele Geschäfte durch die Finger gleiten, werden Sie bald kein Geld mehr haben und aus dem Geschäft raus sein. Also immer schön der Reihe nach. Konzentrieren Sie sich auf dieses Geschäft, aber achten Sie darauf, es so zu erledigen, dass Sie in der Lage sind, auch ein nächstes abzuschließen. Nur so können Sie eine Laufbahn als Verkäufer aufbauen.

MIT STIMMBILDUNG ZUM VERKAUFSERFOLG

DER KASSETTENRECORDER ALS HILFSINSTRUMENT

Wenn Sie Ihre berufliche Laufbahn optimal aufbauen möchten, sollten Sie etwas tun, was 95 Prozent aller Verkäufer in der Regel vergessen. Sie befassen sich nie damit, wie sie ihre Stimme wirkungsvoller einsetzen können. Sie geben sich keine Mühe, ihre Stimme auszubilden und zu modulieren. Ich möchte Ihnen in diesem Kapitel ein paar Tipps geben, wie Sie mithilfe Ihrer Stimme größere Erfolge beim Verkaufen verbuchen können.

Viele Leute benützen einen Kassettenrecorder, um zu hören, was andere Leute zu sagen haben. Als Verkäufer haben Sie aber selbst einiges zu sagen! Benützen Sie Ihren Kassettenrecorder deshalb zur Ausbildung und Entwicklung Ihrer Stimme und Ihrer Verkaufstechnik, damit das, was Sie sagen, noch mehr Gewicht erhält. Zu diesem Zweck sollten Sie nicht nur Ihre Präsentation aufzeichnen, sondern auch Gespräche, in denen Sie Einwände abblocken müssen, und Verkaufsabschlüsse. Hören Sie sich dann mehrmals an, *was* Sie gesagt und *wie* Sie es gesagt haben.

Sie werden mit Erstaunen feststellen, dass – ungeachtet Ihrer Erfolge – vieles, was Sie sagen, überflüssig ist und dass Sie häufig sehr monoton sprechen. Wenn es möglich ist, ein *echtes* Verkaufsgespräch mit einem *echten* Kunden aufzuzeichnen, sollten Sie das nicht versäumen. Anderenfalls sollten Sie Ihre Präsentation wenigstens in einem Rollenspiel auf Band festhalten. Sie werden in jedem Fall einigermaßen überrascht sein zu hören, wie schlecht Sie auf Fragen oder Einwände reagieren und wie oft Sie zwar hörten, was der Kunde sagte, dabei aber überhörten, was er eigentlich damit sagen wollte. Viele dieser Fehler können Sie mithilfe Ihres Kassettenrecorders korrigieren.

WÜRDEN SIE SICH SELBST ETWAS ABKAUFEN?

Zeichnen Sie Ihre Präsentation auf, hören Sie sich das Band an und fragen Sie sich dann: «Wenn ich mich selbst mit dieser Präsentation besuchen würde, könnte ich mich dazu überreden. etwas von mir zu kaufen?» Wenn ich Verkäufern dazu rate, sich selbst auf Band aufzunehmen, höre ich immer wieder den gleichen Einwand: «Ja. aber Zig. ich *klinge* doch gar nicht so. Das bin nicht ich, der auf diesem Band spricht!» Natürlich sind Sie es! Zugegeben, es gibt immer gewisse Verzerrungen. besonders wenn Sie mit einem billigen Gerät mit schlechtem Mikrofon arbeiten, aber die Verzerrungen sind nie so stark. wie Sie glauben möchten.

Der Grund dafür ist sehr einfach. Wenn Sie sprechen und Ihre eigene Stimme hören, empfangen Sie den Schall in erster Linie durch Schwingungen über die Knochen. Wenn Sie sich aber eine Tonbandaufzeichnung anhören, empfangen Sie den Schall durch die Luft über das Trommelfell. Zeichnen Sie also ruhig Ihre Präsentation auf Band auf, denn so, wie Sie sich dann hören, hört Sie auch Ihr Kunde. Um möglichst wirkungsvolle Methoden im Umgang mit Ihren Kunden zu entwickeln, *müssen* Sie einfach wissen, wie diese Sie hören. Tonbandaufnahmen machen dies möglich.

STIMMVARIATIONEN VERÄNDERN
DIE BEDEUTUNG

Um Ihnen zu zeigen, was Sie mit Ihrer Stimme alles tun können, nehme ich einen einfachen Satz mit acht Wörtern und gebe diesem Satz dann acht verschiedene Bedeutungen. Der Satz lautet: «Ich sagte nicht, er habe das Geld gestohlen.» (1) Dabei handelt es sich um eine schlichte Aussage. (2) «ICH sagte nicht, er habe das Geld gestohlen.» Damit deute ich an, dass es zwar gesagt wurde, aber nicht von mir. (3) «Ich SAGTE nicht, er habe das Geld gestohlen.» Ich habe es möglicherweise *angedeutet*, aber nicht *gesagt*. (4) «Ich sagte NICHT, er habe das Geld gestohlen» ist eine eindeutige Verneinung, dass ich so etwas gesagt habe. (5) «Ich sagte nicht, ER habe das Geld gestohlen.» Damit bringe ich zum Ausdruck, *jemand anders* habe es gestohlen. (6) «Ich sagte nicht, er habe DAS Geld gestohlen.» Er mag Geld gestohlen haben, aber nicht dieses *bestimmte* Geld. (7) «Ich sagte nicht, er habe das GELD gestohlen.» Er hat vielleicht *wirklich etwas* gestohlen, aber sicher nicht das Geld. (8) «Ich sagte nicht, er habe das Geld GESTOHLEN.» Möglicherweise hat er das Geld nicht gestohlen, sondern nur *geliehen*. Stets die gleichen acht Wörter, die aber mit einigen wenigen Stimmvariationen acht völlig verschiedene Sachverhalte wiedergeben.

Der Abschluss mit «Stimmvariation»

Bestechend am Ganzen ist die Tatsache, dass es sich dabei um eine erlernbare *Fertigkeit* handelt. Es ist vielleicht ein bisschen schwerer, als es auf den ersten Blick aussieht, aber wenn Sie zehn Tage lang je 15 Minuten opfern, werden Sie die Grundlagen beherrschen. Meiner Meinung nach ist *dies die wichtigste unentwickelte Fertigkeit, auf die Sie sich konzentrieren müssen, wenn Sie sich als wirklich professioneller Verkäufer profilieren wollen.*

Beginnen Sie an Ihrer Stimme zu arbeiten, indem Sie Ihren Kassettenrecorder zur Hand nehmen und diesen einzelnen Satz üben. Hören Sie sich nach der ersten Aufnahme ab und überprüfen Sie, ob Sie Ihr Ziel erreicht haben. Wenn nicht, üben Sie immer weiter, bis der Satz genau so klingt, wie Sie ihn haben wollen. Gehen Sie die ganze Reihe durch, bis die acht Sätze verschiedene Dinge aussagen. Lassen Sie sich nicht entmutigen, auch wenn Sie ein Dutzend Nächte daran zu arbeiten haben.

Wenn Sie mit Ihrer Aufnahme zufrieden sind, machen Sie die Probe aufs Exempel. Spielen Sie die Sätze einem Kollegen oder Freund vor und sehen Sie, ob diese aus den acht Sätzen klug werden. Geben Sie nicht auf, bevor Sie sich jedermann klar verständlich machen können. Dann ist es an der Zeit, Ihre Präsentation und Ihre Verkaufstechniken wieder aufzuzeichnen. Löschen Sie Ihre allererste Aufnahme nicht, damit Sie Ihre Fortschritte kontrollieren können – die sich ja auch in den Verkaufszahlen widerspiegeln.

Stimmvariationen und Tempoänderungen tragen dazu bei, die Aufmerksamkeit Ihres Kunden zu behalten. Das ist wichtig, denn wenn er nicht zuhört, wird er die notwendigen Informationen verpassen, aufgrund derer er seine Entscheidung treffen muss. Unter diesen Umständen wird er gezwungenermaßen nein sagen, und Sie werden beide verlieren.

EINWÄNDE GEGEN DEN PREIS – WAS NUN?

Befassen wir uns nun mit einem gewichtigen Einwand, dem viel besser zu begegnen ist, wenn Sie mit Ihrer Stimme richtig arbeiten können. Es handelt sich um einen Einwand, dem praktisch jeder Verkäufer im Laufe seiner Karriere immer wieder begegnet. Immer wieder gibt es Kunden, die sehr direkt oder eher diskret durchblicken lassen, der Preis entspreche doch nicht ganz ihren Vorstellungen oder das Produkt sei einfach übertrieben teuer.

DEN PREIS RECHTFERTIGEN ODER DIE AUSSAGE BEKRÄFTIGEN

Wenn ein Kunde angriffslustig und kategorisch erklärt: «DIESER PREIS IST JA LÄCHERLICH!», wiederholen Sie beinahe wörtlich, was er gesagt hat: «Der Preis (Pause) ist *lächerlich*?» (Modulieren Sie Ihre Stimme so, dass der Satz wie eine Frage klingt.) Diese Stimmvariation ist wichtig, denn in diesem Fall handelt es sich um eine «kühne» Herausforderung Ihres Kunden. Sie schaffen damit eine Situation, die nicht Sie dazu zwingt, Ihren Preis zu rechtfertigen, sondern die den Kunden dazu zwingt, seine Aussage zu bekräftigen und zu verteidigen. Da besteht ein riesengroßer Unterschied. Im einen Fall befinden Sie sich in der Defensive, im anderen aber in der Offensive, Und es besteht ein wesentlicher Unterschied, was die Resultate angeht.

Es ist einfach, aber nicht leicht. Ich fordere Sie heraus: nehmen Sie Ihren Kassettenrecorder, nehmen Sie die gleichen

Worte auf, und hören Sie genau hin, was Sie gesagt haben. Üben Sie ruhig 20-mal, bis Ihre Stimme genau den richtigen Unterton erhält. Schwierig, aber es lohnt sich!

Nehmen wir an, der Kunde sagt: «Nun, ich glaube, der Preis entspricht nicht ganz meinen Vorstellungen.» Zunächst gilt es herauszufinden, ob wirklich der Preis das Problem ist oder ob noch etwas anderes mitspielt. Zu diesem Zweck stellen Sie einfach Fragen. Verkaufsberater John Hammond ist Tausenden von Einwänden *erfolgreich* entgegengetreten, indem er fragte: «Wenn ich Ihnen beweisen könnte, dass der Preis mehr als gerechtfertigt und das Produkt jeden Cent wert ist, würden Sie dann heute noch von meinem Angebot Gebrauch machen?»

Jetzt muss der Kunde eine verbindliche Aussage in Bezug auf den Preis machen, obwohl er *in Wirklichkeit* irgendeinen anderen Einwand hat, den Sie herausfinden könnten und müssten. In einem solchen Fall wird er antworten: «Tja, nein, wohl kaum.» Und nun kann der Verkäufer nachfassen: «In diesem Fall zögern Sie aus einem anderen Grund. Darf ich erfahren, was dieser Grund ist?» *Diese Methode eignet sich hervorragend dazu, den wirklichen Einwand ans Tageslicht zu fördern.*

Wenn der Kunde in der Tat Einwände gegen den Preis hat, fahren Sie wie folgt weiter: «Darf ich fragen, gefällt Ihnen das Produkt?» Oft wird die Antwort lauten: «Ja, es gefällt mir, aber mir scheint, der Preis ist ein wenig zu hoch.» Sie (mit sanfter Stimme): «Glauben Sie, dass man *zu viel* für etwas bezahlen kann, was einem *wirklich* gefällt?» Nun ist der Ball wieder beim Kunden.

Wenn es sich um einen verhältnismäßig billigen Artikel handelt, erklärt sich Ihr Kunde vielleicht bereit, ihn zu kaufen, denn diese Frage, die ihn zum Überlegen zwingt, veranlasst ihn möglicherweise zu einer positiven Antwort. Wenn es etwas Teures ist, wird er vermutlich einen Augenblick überlegen und dann sagen: «Ja, es gefällt mir. Aber ich glaube auch, dass man zu viel für etwas bezahlen kann, so sehr es einem auch gefällt. Ich würde zum Beispiel nicht 50 000 Dollar für einen Cadillac ausgeben, auch wenn ich liebend gern einen hätte.»

Der «Verlustangst»-Abschluss

Nun geht es um etwas sehr Elementares. Gestatten Sie mir deshalb eine Wiederholung: *Die Angst, etwas zu verlieren, ist größer als der Wunsch, etwas zu gewinnen.* Sie müssen Ihrem Kunden klar machen, dass er bei Ihnen in guten Händen ist, dass er nichts verlieren wird (weder Geld noch «Gesicht»), wenn er Ihnen etwas abkauft, dass er aber etwas verlieren wird (Vorteile des Produktes), wenn er nichts von Ihnen kauft.

Sagen Sie zum Beispiel zu Ihrem Kunden: «Der Preis kümmert Sie nur ein einziges Mal, nämlich an dem Tag, an dem Sie kaufen. Die Qualität kümmert Sie aber während der ganzen Lebensdauer des Produktes. Und nun überlegen Sie sich doch einmal: *Was ist besser, etwas mehr zu bezahlen, als man erwartet hat, oder etwas weniger zu bezahlen, als man eigentlich sollte?* (Warten Sie die Antwort ab.) Die Antwort ist doch einfach. Wenn Sie etwas mehr bezahlen, als Sie erwartet haben, handelt es sich um Beträge von ein paar Cents. Bezahlen Sie aber weniger, als Sie eigentlich sollten, und erfüllt das Produkt Ihre Erwartungen nicht, verlieren Sie alles.»

John Ruskin machte im Zusammenhang mit Preisen eine sehr scharfsinnige Beobachtung: «Es ist unklug, zu wenig zu bezahlen. Wenn Sie zu viel bezahlen, verlieren Sie ein bisschen Geld; das ist alles. Wenn Sie zu wenig bezahlen, verlieren Sie manchmal alles, weil das, was Sie gekauft haben, Ihre Erwartungen nicht zu erfüllen vermag. Das ungeschriebene Gesetz des Geschäftsausgleichs verbietet es, wenig zu bezahlen und viel dafür zu bekommen ... das ist einfach unmöglich. Wenn Sie das billigste Angebot annehmen, lohnt es sich, eine gewisse Risikozulage einzukalkulieren, und wenn Sie das tun, können Sie sich etwas besseres leisten.» Das ist doch sinnvoll, nicht wahr?

DIE SACHEN SIND NICHT WERTLOS – NOCH NICHT

Lassen Sie mich diesen Sachverhalt anhand eines Beispiels verdeutlichen. Wenn Sie männlichen Geschlechts sind, beantworten Sie die folgende Frage für Ihre Frau, Mutter oder Schwester: Kennen Sie jemanden, bei dem zu Hause in einer

Schublade irgenwelche Kosmetikartikel herumliegen, die noch nie benutzt worden sind? Ja? Nein? (Wetten, die Antwort ist ja!) Wahrscheinlich ist mit diesen Sachen alles in bester Ordnung, und doch liegen sie seit Monaten unbenutzt in besagter Schublade. Niemand benutzt sie, und niemand wird sie benutzen, aber sie sind noch *ein bisschen zu wenig* ausgetrocknet, als dass man sie einfach wegwerfen könnte. Und so bleiben sie halt weitere sechs Monate da liegen, bis man sie dann guten Gewissens wegwerfen kann, weil sie völlig unbrauchbar geworden sind.

Frage: Wäre es nicht besser gewesen, etwas mehr statt etwas weniger auszulegen und dafür genau das zu kaufen, was man wirklich benötigt und benutzt hätte? Die Mehrkosten hätten sich im Rahmen von ein paar Cents bewegt. Auf diese Weise ist nun aber alles verloren, was in diese Kosmetikartikel investiert worden ist. Wenn Sie Zufriedenheit und persönlichen Stolz mit einberechnen (und die Damen fühlen sich doch viel wohler, wenn sie korrekt und hübsch zurechtgemacht sind), machen Sie doch nur dann ein echtes Geschäft, wenn Sie auf Qualität setzen, nicht wahr?

DAS SOLL EIN VORTEILHAFTES GESCHÄFT SEIN?

Ich gehe wohl kaum fehl in der Annahme, dass wir alle schon einmal auf ein so genanntes «Sonderangebot» hereingefallen sind. Sie sahen ein exklusives Sonderangebot für Damenschuhe. Gucci-Schuhe zum einmaligen Ausverkaufspreis von – unglaublich! – nur 59,95 Dollar, statt 169 Dollar! Das erste Angebot dieser Art, seit es Schuhe gibt!

Da kann keine Frau widerstehen. Hinein ins Geschäft und die herrlichen Gucci-Schuhe anprobiert! Gut, Sie tragen zwar Größe 38, und diese hier sind Größe 37! Nun, durch das Tragen werden sie sich bestimmt noch ein wenig ausweiten, die fünf, sechs Probeschritte im Laden drin fallen ziemlich geziert aus, eingentlich sind sie schon zu klein. Aber ein solches Angebot! Ich kann über 100 Dollar sparen! Und schließlich passen sie in der Farbe genau zu meinem neuen Kleid und zu meiner neuen Tasche. Natürlich, *die Vernunft* sagt Ihnen, Sie sollten diese

Größe nicht kaufen, aber *die Gefühle* angesichts dieses Sonderangebotes überwältigen Sie.

Sie bezahlen also die 59,95 und verlassen mit Ihren 169-Dollar-Schuhen den Laden – die Schuhe natürlich in der Tasche. Da sie so schön sind, heben Sie sie für den sonntäglichen Kirchgang auf. Wenn Sie dann hineinschlüpfen und Ihre Füsse schmerzhaft eingeengt werden, beschließen Sie gegen Ihr besseres Wissen, hart zu bleiben, denn es war ja wirklich ein einmaliges «Sonderangebot».

Sie überleben die Predigt, erinnern sich aber an kein einziges Wort von der Kanzel.

Sie haben Ihre Schuhe nur ein einziges Mal getragen. Und dafür sind 60 Dollar doch ein stolzer Preis. Frage: Wäre es nicht besser gewesen, den regulären Preis zu bezahlen und dafür Schuhe in Ihrer Größe zu kaufen, die Sie monatelang hätten tragen können?

ICH AUCH

Ich weiß, wie Ihnen zumute ist. Mir erging es nicht anders. Der Anzug zum regulären Preis von 279,95 Dollar sollte – sage und schreibe – nur 149,95 Dollar kosten! Ich trug damals Größe 54, und der Anzug war nur Größe 52. Aber ich wollte ja ohnehin abnehmen, und für einen solchen Anzug konnte ich schon ein bisschen leiden. Brauche ich noch weiter zu erzählen? Ich trug ihn einmal, und danach fiel er den Motten zum Opfer, bevor ich mein Bäuchlein losgeworden war.

Die gleiche Überlegung gilt auch dann, wenn Sie Ihre Kunden zu einem Kauf überreden wollen. Aber vergessen Sie nicht: Wenn Sie einem Kunden ein besseres Produkt verkaufen wollen, *muss* es sich für ihn wirklich bezahlt machen. Sonst zählen am Ende Sie beide zu den Verlierern.

Der «Kosten»-Abschluss

Stellen Sie die folgende Frage, wenn ein Kunde vom Preis spricht: «Wenn Sie sich selbst davon überzeugen könnten (sagen Sie *niemals* «Wenn ICH Sie überzeugen könnte», denn er will sich durch *Sie* von *gar nichts* überzeugen lassen!), dass der Preis mehr als fair ist, hätten Sie dann etwas dagegen, sich heute noch zum Kauf zu entschließen?» Wenn er diese Frage bejaht, ist die nächste, sehr wichtige Frage fällig. Sie mustern Ihren Kunden und sagen: «Da Ihnen offensichtlich der Preis keine Ruhe lässt, möchte ich sicher gehen, dass wir uns richtig verstehen. Machen Sie sich wirklich Gedanken über den Preis, oder bereiten Ihnen die *Kosten* Sorgen?» Mit großer Wahrscheinlichkeit wird Ihr Kunde erstaunt fragen:

«Was soll das heißen, Preis oder Kosten? Was ist der Unterschied?»

NUR GLAUBEN, WAS MAN SIEHT

Legen Sie nun Ihren Notizblock bereit. Kunden glauben in der Regel nur, was sie *sehen*. Zudem tragen schriftliche Aufzeichnungen auch zu besserem Verständnis bei. Wenn ich nun meinem Kunden den oben erwähnten Unterschied erkläre, benutze ich folgendes Beispiel (Sie sollten natürlich ein eigenes finden, das auf Ihre Situation zugeschnitten ist):

«Lieber Kunde, 1971 ging ich mit meinem sechsjährigen Sohn ein Fahrrad kaufen. Im Fachgeschäft verlangten sie stolze 64,95 Dollar für ein solches Vehikel. Damals waren 64,95 Dollar viel Geld, und es hätte wohl kaum ein besonnener Vater riskiert, so viel für das Fahrrad eines sechsjährigen Jungen auszulegen.

Also gingen wir in ein Warenhaus, dabei überlegte ich mir Folgendes: ‹Es wird sowieso kaputtgehen, wenn er fahren lernt, und ein billigeres Fahrrad wird dazu gut genug sein.› Wir kauften eins für 34,95 Dollar – wesentlich günstiger.

Sechs Wochen später mussten wir die Lenkstange ersetzen. Sie hätte normalerweise 4,50 Dollar gekostet, aber das Fahrrad stand noch unter Garantie. Zwei Monate später war abermals eine neue Lenkstange fällig, und da die Garantie in der Zwischenzeit abgelaufen war, kostete uns der Ersatz 4,50 Dollar. Weitere sechs Wochen später musste der ganze Kettenantrieb ersetzt werden. Die ganze Reparatur kam auf etwas über 15 Dollar zu stehen. Wiederum einige Wochen später versagten die Kugellager ihren Dienst, und die neuen kosteten 5 oder 6 Dollar.

Nun sah ich keinen Ausweg mehr und gab auf. Im Fachgeschäft erstand ich anschließend ein Fahrrad zu 64,95 Dollar.»

«BILLIGES» KOSTET MEHR

«Vergleichen wir nun Preis und Kosten. Der Preis des «günstigen» Fahrrades belief sich auf 34,95 Dollar, derjenige des Fahrrades aus dem Fachgeschäft auf 64,95 Dollar. Und nun zu den Kosten. Das billige Fahrrad kostete mich 34,95 Dollar plus 4,50 Dollar plus 15 Dollar, insgesamt also 54,45 Dollar. Mein Sohn konnte sechs Monate lang damit fahren – die Zeit, in der es kaputt war, nicht eingerechnet.

Das Fahrrad aus dem Fachgeschäft kostete 64,95 Dollar, und es leistete meinem Sohn zehn Jahre lang gute Dienste. Das billige Fahrrad ‹kostete› uns 9 Dollar *pro Monat*, das teurere hingegen 6,50 Dollar *pro Jahr*! Wir mussten nur einige Male neue Reifen kaufen, und das hatte mit der Dauerhaftigkeit oder Qualität des Fahrrades nichts zu tun.»

Anmerkung: Was Sie während des Sprechens auf Ihrem Notizblock aufzeichnen, könnte ungefähr so aussehen:

«Sehen Sie nun! Der *Preis* des billigeren Fahrrades war wesentlich günstiger (34,95 Dollar bzw. 64,95 Dollar), die Kosten lagen aber um ein Vielfaches höher (9 Dollar pro Monat bzw. 6,50 Dollar pro Jahr). So, darf ich nun meine Frage wiederholen: Sprechen Sie vom Preis oder von den Kosten? Der Preis kümmert Sie nur ein einziges Mal; mit den Kosten müssen Sie sich aber herumschlagen, solange Sie das Produkt haben. (*Falls* der nächste Satz auf Ihr Produkt zutrifft, sollten Sie ihn als Abschluss verwenden.) Andere Produkte schlagen vielleicht unseren Preis, wenn es aber um die Kosten geht, gewinnen wir. Sie leben offenbar kostenbewusst. Gibt es also irgendeinen Grund, weshalb Sie nicht sofort von den denkbar niedrigsten Kosten profitieren sollten?»

KLAPPT ES DENN MIT DIESER METHODE?

Bill Egan, der Buick- und Datsun-Händler in Bradley, Illinois, meint: Ja! Als Bill jüngst von einer geschäftlichen Verabredung zurückkam, berichtete ihm einer seiner Mitarbeiter, ein älteres

Ehepaar säße schon seit längerer Zeit in einem der Büros; die beiden wären schon zum dritten Mal da und bekundeten offensichtlich Interesse an einem neuen Wagen. Es sei nun schon der dritte Verkäufer, der sich um sie bemühe, bisher aber ohne Erfolg. Bill hatte sich diesen «Kosten»-Abschluss auf seinem Tonbandgerät angehört und beschloss nun, es einmal damit zu versuchen. Alsbald entwickelte sich das folgende Gespräch.

Bill: «Bei einem Eintausch werden Sie 9 600 Dollar drauflegen müssen.» – «Der Preis ist zu hoch.» (Offenbar war in diesem Fall die Dame tonangebend.) Bill (mit leiser Stimme und entsprechend fragender Betonung): «Der Preis ist zu hoch?» Dame: «Ja, dieser Preis ist zu hoch.» Bill: «Gestatten Sie mir eine Frage, gnädige Frau. Sprechen Sie vom Preis oder von den Kosten?» Mann und Frau staunten Bill verständnislos an. Dame: «Was wollen Sie damit sagen?» (An diesem Punkt angelangt, wusste Bill, dass er schon einen kleinen Fortschritt erzielt hatte.)

Bill: «Haben Sie etwas dagegen, wenn ich Ihnen diese Frage anhand einer kleinen Geschichte erkläre? Vor ein paar Monaten wollte ich den Boden rund um meine Garage hier neu asphaltieren lassen. Ich führte zunächst mit verschiedenen Firmen Vorgespräche, wie Sie es jetzt hier auch tun, denn ich wollte sicher sein, für mein Geld auch wirklich das beste zu erhalten. Ich nehme an, dass wir alle das wollen, nicht wahr? (Die Dame stimmte zu.) Nun, ich verstehe nicht viel von Asphalt, Belägen und Straßenbau, aber ich wusste doch, dass die Dicke der Kiesunterlage weitgehend den Preis bestimmt. Wie viele Leute entschied ich mich für den besten *Preis*.

Der langen Rede kurzer Sinn: nach knapp zwei Wochen bemerkte ich die ersten Risse und Blasen im Asphalt. Ich schritt den ganzen Belag ab: überall das gleiche Bild. Nach einem Jahr brach der Asphalt auf, und die Reparaturen für jene Arbeit, die ich ja schon bezahlt hatte, kosteten mich nochmals 6 000 Dollar. Und das meine ich nun eben. Der *Preis* ist eine einmalige Angelegenheit. Die *Kosten* können aber immer weiterlaufen, solange Sie das bestimmte Produkt haben. Frage: Ist es nicht besser, einmal einen angemessenen Preis zu bezahlen und dann Ruhe zu haben, als ständig weiterzahlen zu müssen für ein Produkt, das wahrscheinlich nicht so gut ist wie dasjenige, das Sie sich eben angeschaut haben?»

Hier hielt Bill inne. Er blickte sie an, sie blickte ihn an. Und dann erklärte sie ohne weiteren Kommentar: «Gut, ich nehme den Wagen.» Wie mir Bill verriet, hatte er damit nicht nur das Geschäft abgeschlossen, sondern einen Wagen verkauft, der einige Hundert Dollar teurer war als ein anderes Auto an einem anderen Ort. Und Bill hatte das Ehepaar bloß vom Unterschied zwischen Preis und Kosten überzeugen müssen.

Bei diesem Geschäft spielten mehrere Faktoren mit. Erstens war das Paar eindeutig an jenem bestimmten Wagen interessiert, sonst wäre es nicht zum dritten Mal bei Bill aufgekreuzt. Zweitens: Bill arbeitete mit seiner Stimme, einem ausgezeichneten Ruf als Autohändler und einem Notizblock während des Gesprächs. Drittens: mithilfe eines einfachen Vergleichs machte er seinen Punkt klar und gewann damit das Interesse der Kundschaft. Und viertens: Er stellte eine Frage, welche die Kunden dazu veranlasste, ihre eigenen Schlüsse zu ziehen. Einmal mehr ein Erfolg, weil der richtige Mann mit der richtigen Technik gearbeitet und das richtige Produkt unter richtigen Umständen echt interessierten Kunden verkauft hat.

Der nächste Punkt ist wieder sehr einfach. Wäre es nicht doppelt schade gewesen – für das Ehepaar, das offensichtlich diesen Wagen haben wollte, genauso wie für Bill, der ihn verkaufen wollte –, wenn das Geschäft mangels solider Verkaufstechnik und Überzeugungkunst nicht zustande gekommen wäre?

DER PREIS IST ZU HOCH

Im letzten Kapitel von *Der totale Verkaufserfolg* werde ich mich ausführlich mit der Aussage befassen, wonach kein Verkäufer «normal» ist, wenn er wirklich außerordentlich fähig ist. Diese Aussage möchte ich nun auch auf die Käufer ausdehnen, denn auch sie sind nicht «normal», wenn sie sich dazu anschicken, einen Kaufvertrag zu unterzeichnen. Es ist erwiesen, dass die Pulsfrequenz eines Kunden in den meisten Fällen merklich steigt, wenn er eine Bestellung über einen höheren Betrag unterzeichnet. Irgendetwas geht in ihm vor, was sich auf seine Gefühle auswirkt. Wenn wir uns des Ausmaßes dieser Wirkung voll bewusst sind, können wir auf die Gefühle des Kunden mehr Rücksicht nehmen und folglich bessere Verkäufer werden.

Sie dürfen nicht vergessen, dass viele Leute ganz automatisch sagen, der Preis sei zu hoch. Dadurch hoffen sie oft, einen besseren Preis aushandeln zu können.

Hier ist noch ein anderer Vorschlag. wie Sie diesem Einwand begegnen können: «Ich bin froh. dass Sie sich wegen des Preises Gedanken machen, denn der Preis ist einer unserer interessantesten Vorteile. Würden Sie mir zustimmen, dass der Wert eines Produktes dadurch bestimmt wird, was es für Sie in der Praxis tun kann, und nicht dadurch, was Sie dafür bezahlen?» (Warten Sie auf die Antwort.) «Gut, dann wollen wir doch einmal sehen, was unser Produkt für Sie tun kann.»

Oder (auf den gleichen Einwand): «Sehen Sie, unsere Firma stand vor der Wahl, unser Produkt so billig wie möglich herzustellen und zu Schleuderpreisen auf den Markt zu bringen oder auf Qualität zu achten, damit es unseren Kunden wirklich und auf lange Zeit dient. Und so haben wir versucht, uns in Ihre Lage zu versetzen. Wir waren sicher, Sie würden es lieber mit einer Firma zu tun haben, die alles nur Erdenkliche in ihr Produkt hineinsteckt, als mit einer solchen, die mit billigem Material und billigen Produktionsverfahren etwas Zweit- oder Drittklassiges herstellt. Den meisten Leuten – und bestimmt auch Ihnen – ist es klar, dass gute Dinge nicht billig sind und billige Dinge meist nicht gut. Und Sie wollen doch sicherlich etwas kaufen, das Ihnen auf lange Sicht gute Dienste leistet, nicht wahr?»

DER KUNDE VERGISST DEN PREIS – NICHT ABER DIE QUALITÄT

Ich glaube, es ist für Sie sehr wichtig, daran zu denken, dass der Kunde den Preis mit großer Wahrscheinlichkeit bald vergisst – vor allem, wenn ihm das Produkt gefällt. Ein Beispiel: Sie haben bestimmt mehrere Anzüge oder Kleider, die Sie *wirklich gern* tragen. Wenn Sie sie schon vor längerer Zeit gekauft haben, gehe ich jede Wette ein, dass Sie heute nicht mehr wissen, wieviel sie damals gekostet haben.

Die Leute vergessen den Preis; schlechte Qualität oder schlechte Wahl werden sie aber nie vergessen. Und in der Regel schieben sie ein schönes Stück Schuld dem Verkäufer zu. Einen Teil davon können Sie möglicherweise auf die Branche abschieben, in der Sie tätig sind, allzu viel Schuld bedeutet aber, dass Sie nicht sehr lang auf diesem Gebiet tätig sein werden.

Der «Qualitäts»-Abschluss

Wenn Sie «kleine Fische» verkaufen (wie Bürsten, Seife, Kosmetika), lohnt es sich für Sie kaum, sehr viel Zeit auf die bisher erwähnten Taktiken im Zusammenhang mit Preiseinwänden zu verschwenden. Ich möchte Ihnen deshalb eine rasche und dennoch äußerst wirkungsvolle Variante vorstellen. Mit ihr können Sie auch einen zögernden Kunden überzeugen, der bei einem Ladentisch-Geschäft etwas gegen den erhöhten Preis einzuwenden hat.

Dämpfen Sie Ihre Stimme, schauen Sie dem Kunden in die Augen und sagen Sie: «Wissen Sie, unsere Firma hat schon vor Jahren eine grundlegende Entscheidung getroffen. *Wir beschlossen, es würde einfacher sein, ein einziges Mal den Preis zu rechtfertigen als sich immer wieder für schlechte Qualität entschuldigen zu müssen.* (Kurze Pause.) Und Sie sind sicher auch froh, dass wir uns dafür entschieden haben, nicht wahr?»

Wenn Sie «kleine Fische» verkaufen, kommen Sie vielleicht mit diesem einen Abschluss über die Runden. In Situationen, in denen es um hohe Geldbeträge geht, kann er unter Umständen das Tüpfelchen auf dem i bedeuten. Aus diesem Grund kann ich Ihnen nur dringend raten: Üben Sie, üben Sie so lange, bis Ihnen die Sätze und die richtigen Betonungen in Fleisch und Blut übergehen. Wenn es Ihnen gelingt, verfügen Sie über ein ausgezeichnetes Werkzeug, mit dem Sie Ihren Kunden zu etwas überreden können, was Ihnen *und* ihm zum Vorteil gereicht.

Die Variante «Er hat auf alles eine Antwort»

Wenn Sie im direkten Verkauf tätig sind, haben Sie bestimmt auch schon Situationen erlebt, in welchen Sie einem Einwand nach dem anderen entgegentreten mussten. Sie sind mit sämtlichen Fragen zurande gekommen. Und dann sagt der Kunde (z. B. zu seiner Frau): «Ach, Susan, es ist doch egal, was du sagst, er hat auf alles eine Antwort!» Im Klartext ausgedrückt bedeutet das: «Nun, Sie haben Ihre Hausaufgaben in der Tat gründlich erledigt. Ich kann fragen, was ich will, Sie haben auf alles eine Antwort bereit!»

BEFRIEDIGEN SIE IHR EGO – ODER MACHEN SIE DAS GESCHÄFT

Falls – oder besser: *wenn* – dies je geschehen sollte, stehen Sie vor einer wichtigen Entscheidung. Sie können Ihr Ego befriedigen oder aber das Geschäft machen. Beides ist unmöglich. Wenn Ihr Kunde sagt: «Sie haben auf alles eine Antwort!» können Sie lachen und erwidern: «Tja, in der Tat, *letzten Monat habe ich am meisten verkauft – und im Monat zuvor ...*» Sie können die Sache aber auch anders anpacken und das Geschäft abschließen.

Dämpfen Sie also Ihre Stimme, schauen Sie Ihrem Kunden in die Augen und sagen Sie: «Ich schätze diese Bemerkung und nehme sie gern als Kompliment entgegen. In Wirklichkeit stehe ich aber vielen Fragen und Einwänden, welche die Kunden vorbringen, ohne Antwort gegenüber. Aus diesem Grund bin ich so froh darüber, dass ich das Produkt verkaufe, das *Ihr* Problem *lösen kann*. Und das ist schließlich, was für Sie zählt, nicht wahr?» (Und nicken Sie während des Redens mit dem Kopf.)

Damit werden Sie Erfolg haben, *falls* Sie aufrichtig sind *und* an das glauben, was Sie da sagen!

Sie könnten zweifellos dem schlimmsten Ganoven in Ihrer Stadt die Sätze, Methoden und Techniken beibringen, welche professionelle Verkäufer auf der ganzen Welt mit Erfolg anwenden. Die Wirkung dieser Sätze und Methoden würde aber durch die *Glaubwürdigkeit* der Person, die sie anwendet, beträchtlich eingeschränkt. Es *ist* wahr – der wichtigste Faktor des Verkaufsvorgangs ist der Verkäufer.

Spitzenleute auf dem Gebiet des Verkaufs schaffen durch ihre aufrichtige und klare Kommunikationsfähigkeit eine Grundlage des *Vertrauens.* Sie sorgen dafür, dass dieses Vertrauen erhalten bleibt, indem sie persönlich die Verantwortung für den Geschäftsabschluss übernehmen, das heißt, sie garantieren für ausgezeichneten Service auch auf längere Dauer und setzen das Hilfspersonal ihrer Firma möglichst wirkungsvoll ein. Sie beweisen absolute Integrität durch ihre Beharrlichkeit und ihre Überzeugung, dass ein Geschäft für Sie so lange nicht erledigt ist, bis das Produkt installiert ist und zufriedenstellend fünktioniert.

DER ECHTE PROFI VERKAUFT UND LIEFERT

MEIN ERSTER «VERKAUF»

Ich war damals, im Jahr 1947, erst seit ungefähr drei Monaten im Geschäft, als ich ein bisschen Psychologie in meine erste eigentliche Verkaufsstrategie einbaute. Viele Dinge waren damals noch schwer erhältlich, so zum Beispiel gute, schwere Kochtöpfe. Wir brachten so viele Aufträge herein, wie nur möglich war, aber die Lieferfristen betrugen manchmal einen bis drei Monate. Der Zweite Weltkrieg lag noch nicht allzu weit in der Vergangenheit, und während rund vier Jahren hatte man überhaupt keine massiven Kochtöpfe mehr kaufen können. Erfahrene Verkäufer kamen sich vor wie im Schlaraffenland, aber ich als Neuling hatte noch schwer zu kämpfen.

Eines Tages klopfte ich an die Tür eines Herrn Anderson, von Beruf Autobahnpolizist. Seine Frau bat mich herein und meinte, ihr Mann sei mit Herrn Boulware, dem Nachbarn, draußen im Garten, aber sie selbst und Frau Boulware würden sich meine Kochtöpfe gern einmal ansehen. In der guten Stube drin gelang es mir, Frau Anderson zu überzeugen, die beiden Männer wären an meiner Demonstration bestimmt auch interessiert.

Um keinen Preis der Welt konnte ich dann allerdings die beiden Herren davon überzeugen, meine Vorführung ernst zu nehmen. Ich kochte in meinen Töpfen Äpfel ohne Wasser und auf kleiner Hitze, daneben Äpfel in ihren Kochtöpfen nach alter Väter Sitte. Als ich ihnen dann die Äpfel vorsetzte, staunten alle vier über den verblüffenden Unterschied. Die beiden Männer waren aber offensichtlich der Überzeugung, ich wolle ihnen etwas andrehen, und so gaben sie vor, überhaupt kein Interesse zu haben.

Der «Gegenteil»-Abschluss

Da war mir klar, dass ich verspielt hatte, und deshalb beschloss ich, es einmal mit dem «Gegenteil» zu versuchen. Ich putzte die Töpfe, packte sie wieder ein und sagte: «Ich danke Ihnen, dass ich meine Kochtöpfe vorführen durfte. Ich wünschte nur, ich könnte sie Ihnen heute zum Kauf anbieten. Aber irgendwann wird man sie bestimmt kaufen können.»

Und sofort zeigten die beiden Ehemänner lebhaftes Interesse an meinen Kochtöpfen. Sie sprangen von ihren Stühlen auf und wollten wissen, wann es denn so weit wäre. Ich entgegnete, das entziehe sich meiner Kenntnis, aber ich würde bestimmt an sie denken, wenn sie auf den Markt kämen. Aber sie bohrten weiter: «Und wenn Sie uns vergessen, wie werden wir es dann erfahren?» – «Nun, ich glaube – nur um sicher zu gehen –, es spricht nichts dagegen, dass Sie jetzt eine Anzahlung auf einen Satz leisten; die Firma wird Ihnen die Töpfe dann zustellen, wenn sie zur Auslieferung bereit sind. Es kann aber einen, vielleicht sogar drei Monate dauern.» Und schon griffen die beiden nach ihrer Brieftasche und legten die Anzahlung auf den Tisch. Ungefähr sechs Wochen später erhielten sie ihre Kochtöpfe. (Bitte beachten Sie unbedingt, dass ich mich während meiner ganzen Präsentation strikt an die Tatsachen gehalten habe.)

Es liegt offenbar in der menschlichen Natur, dass sie immer nach Dingen strebt, die schwer oder gar nicht zu haben sind. In diesem Fall half mir ein wenig Verkaufspsychologie lediglich, aus dieser Tatsache Kapital zu schlagen.

Zwei Punkte sind wichtig. Erstens: Diese Variante des «Gegenteils» ist sehr wirkungsvoll, aber zweitens: Sie müssen absolut aufrichtig und *peinlich darauf bedacht* sein, immer ein ehrliches Spiel zu spielen. Sonst ertappt man Sie als Betrüger, und Ihre Kunden verlieren das Vertrauen in Sie. Und was vielleicht noch wichtiger ist: Sie verlieren Ihren Selbstrespekt und büßen an Selbstvertrauen ein, was sich unmittelbar auf Ihren Umsatz auswirken wird.

EINMAL SCHUHE POLIEREN, BITTE

In jedem von uns steckt ein kleiner Verkäufer, und man kann auch praktisch alles zum Verkauf anbieten. Die folgende Geschichte mag beweisen, was man mit seiner Stimme und einigen Verkaufsmethoden, über die wir gesprochen haben, alles anfangen kann. Im Winter 1976 musste ich im Flughafen von St. Louis umsteigen. Ein Blick auf meine Schuhe zeigte mir, dass sie etwas Pflege dringend nötig hätten, ein Blick auf meine Uhr verriet mir, dass ich genügend Zeit dazu hatte. Das freute mich, denn meiner Meinung nach arbeiten auf dem Flughafen von St. Louis die besten Schuhputzer der Welt.

Als ich mich den kleinen Kabinen näherte, stand eben ein Herr vom dritten Sitz auf. Der junge Schuhputzer winkte mir zu: «Kommen Sie, die Reihe ist an Ihnen.» Ich setzte mich und studierte die Preise, während der junge Geschäftsmann noch die finanziellen Angelegenheiten mit seinem vorherigen Kunden regelte. Damals standen die Preise wie folgt: Normal 75 Cent, mit Schuhcreme 1 Dollar, mit Spucke 2 Dollar. Ich entschloss mich für «normal» und einen Vierteldollar Trinkgeld.

Als Johnny (ein Namensschild verriet mir, dass er so hieß) sich mir zuwandte, fragte er: «Wie hätten Sie es denn gerne?» – «Normal», antwortete ich. Er trat einen Schritt zurück, musterte mich von oben bis unten und wiederholte: «Normal?!» (Seine Stimme modulierte eine Frage und schien gleichzeitig zu sagen: «Sie machen wohl einen Witz?»)

Da wusste ich, dass meinen Schuhen eine ungewöhnliche Behandlung bevorstand, aber ich wollte mich von diesem kleinen Schuhputzer nicht aufs Kreuz legen lassen. «Ja, einfach normal. Ihr Jungs arbeitet doch so fantastisch, ich weiß, dass meine Schuhe danach Superglanz aufweisen werden!» Er sagte keinen Ton, und seine Miene blieb unbeweglich. Er griff nach der Lederseife und bearbeitete beide Schuhe großzügig damit. Dann langte er nach dem Tuch, um die Schuhe zu trocknen.

Als er mit dem ersten fertig war, rieb er mit den Fingern über das Leder und erzeugte ein Geräusch, das wohl meilenweit zu hören war. Dann meinte er halb fragend, halb feststellend: «Das sind Bally-Schuhe, nicht wahr?» – Ich: «Ja, richtig.» – Johnny:

«Oh, die sind in der Tat schön.» – Ich: «Das sollen sie auch sein.» – Johnny: «Die kosten aber recht viel, nicht wahr?» – Ich: «Ja, das tun sie, aber das ist mir egal, denn es sind die bequemsten Schuhe, die ich je getragen habe.» – Johnny: «Das sind *wirklich* schöne Schuhe.»

Der «Scham»-Abschluss

In der Zwischenzeit hatte er auch den anderen Schuh getrocknet und griff nun zur Schuhcreme. Bevor er sich erneut ans Werk machte, befühlte er den Stoff meines Hosenbeins und sagte: «Ich habe noch nie einen so eigenartigen Stoff gesehen.» Er hatte Recht, es handelte sich wirklich um einen ungewöhnlichen Anzug. Der Verkäufer hatte mir gesagt, er komme aus Irland und wäre für wenigstens fünf Jahre gut. Eigentlich war er zu billig, denn ich trage ihn nun schon seit sieben Jahren, und man sieht es ihm kaum an.

Ich erzählte Johnny die ganze Geschichte, worauf er ausrief: «Mann, das *ist* ein schöner Anzug! Der hat bestimmt eine Menge Geld gekostet?!» Ich erklärte ihm, die Anzüge dieses Fabrikanten seien in der Tat ziemlich teuer, und mit diesem Stoff sei er noch viel teurer gewesen. Ich hatte denn auch 200 Dollar *mehr* dafür bezahlt als für jeden anderen Anzug, den ich zuvor gekauft hatte; aber ich war sehr zufrieden damit.

Unterdessen hatte Johnny die Creme aufgetragen und polierte nun die Schuhe mit jenem altbekannten klatschenden Geräusch. Als Schuhputzer mit einiger Erfahrung (zwei Jahre in der US-Navy) verstehe ich einiges vom Schuhepolieren. So weiß ich zum Beispiel, dass ein Schuhputzer, der beim Polieren zu klatschen beginnt, die Schuhe deswegen nicht besser poliert; damit verfolgt er zwei ganz andere Absichten. Er «würzt» sozusagen seine Arbeit und hält damit den Kunden bei der Stange, sofern er auch wirklich gute Arbeit leistet. Und zweitens macht er damit die Leute in seiner Umgebung darauf aufmerksam, dass in seiner Kabine drin etwas Besonderes vorgeht. Damit lockt er seinen nächsten Kunden an, und ein *professioneller* Verkäufer wird nie verfehlen, das zu tun.

Als Johnny eben wieder einmal geklatscht hatte, hielt er inne, blickte zu mir auf und sagte: «Wissen Sie, es ist schon ein bisschen beschämend! (Pause.) Da gibt ein Mann über 100 Dollar für ein Paar Schuhe aus, er gibt sogar mehrere 100 Dollar für einen Anzug aus, und dies nur, um möglichst gut auszusehen. (Pause.) Und dann will er keinen einzigen Dollar mehr ausgeben für den schönsten Schuhglanz der Welt, der das ganze Bild noch abgerundet hätte!» (Pause.) Ich: «Also spuck schon drauf, Mann, spuck schon drauf!» (Auf gefällige, humoristische Weise hatte er mich beschämt, um mir einen besseren Glanz zu verkaufen. Er setzte diesen *zusätzlichen* Dollar ins richtige Licht, indem er auf den Preis der Schuhe und des Anzugs anspielte.)

VERKAUFEN SIE – UND LIEFERN SIE DANN

Er vollendete sein Werk, und es hatte sich gelohnt! Ich weiß nicht, wie Sie es haben, aber ich meine, ein Vierteldollar als Trinkgeld auf 75 Cent geht in Ordnung. Wer aber würde einen Zwei-Dollar-Glanz nur mit einem Vierteldollar belohnen? Wer etwas auf sich hält, kann sich das nicht leisten! Ich gab Johnny also zu den 2 Dollar noch einen dritten und ging oder besser gesagt: schwebte davon; ich fühlte mich wie ein König und dachte bei mir: «Warum um alles in der Welt putzt dieser Junge nur Schuhe?»

Dann blickte ich auf die Uhr: genau zehn Uhr. Das ist nun sehr wichtig, denn als ich mich hingesetzt hatte, war es drei Minuten vor zehn gewesen. Ich saß drei Minuten lang in Johnnys Stuhl. Ich gab ihm 3 Dollar. Das macht sagenhafte 60 Dollar pro Stunde. Ist Ihnen klar, dass Ärzte und Rechtsanwälte so viel verdienen?

Ich kann zwar nicht Gedanken lesen, aber ich glaube, ich weiß, was Sie denken. 60 Dollar pro Stunde macht 480 Dollar pro Tag. So viel wird er nun bestimmt nicht machen, halbieren wir also die Summe. Das sind 240 Dollar. Halbieren wir sie nochmals: 120 Dollar. Und nochmals (wobei das wohl kaum mehr erforderlich ist): das sind nun 60 Dollar pro Tag. Und das macht nun immer noch über 18 000 Dollar pro Jahr, nur mit Schuhepolieren!

Aber halt! Da sind noch zwei Dinge, die Sie wirklich verstehen müssen. Erstens: Er ist ein *professioneller* Verkäufer. Auf seinem Namensschild ist auch sein «Titel» zu lesen: «Schuhologe». Meines Wissens dürfte er der einzige in den USA sein. Und er ist *gut*.

Zweitens: *Er liefert auch, was er verkauft.* Kurz, Johnny ist einfach fantastisch als Schuhputzer. Doch wie wir gleich sehen werden, ist damit die Geschichte noch nicht zu Ende.

Der «Extra»-Abschluss

Ungefähr ein Jahr später musste ich wieder in St. Louis zwischenlanden, und selbstverständlich suchte ich unverzüglich wieder die Ecke mit den Schuhputzern auf. Ich hatte eine kleine Reisetasche bei mir und stellte sie in der Nähe ab, bevor ich mich setzte. In der Zwischenzeit war das Preisgefüge ein wenig ins Wanken geraten. «Normal» kostete nun 1 Dollar «mit Schuhcreme» figurierte nicht mehr auf dem Angebot, und «mit Spucke» hieß nun «Hochglanz», kostete aber immer noch 2 Dollar. Als Johnny mich nach meinen Wünschen fragte, wollte ich das Spiel etwas abkürzen und sagte deshalb: «Das Beste, was Sie zu bieten haben.» Er lächelte, sagte: «OK» und machte sich an die Arbeit.

Ich habe schon vor langer Zeit herausgefunden, dass die Leute bessere Arbeit leisten, wenn man sie genau so behandelt wie ein guter Bauer seine Kühe. Ich weiß nicht, wie viel *Sie* von Kühen verstehen, aber ich möchte Ihnen zwei Dinge verraten. Erstens: Ich weiß aus eigener Erfahrung – ich war damals acht Jahre alt –, dass Kühe nicht einfach Milch «geben». Man muss jeden Tropfen erkämpfen. Zweitens: Menge und Qualität der Milch einer Kuh hängen unmittelbar davon ab, wie man sie behandelt.

Gehen Sie in den Stall, versetzen Sie einer alten Kuh ein paar Hiebe und sagen Sie ihr, sie produziere zu wenig, der Butterfettgehalt ihrer Milch sei niedriger denn je und sie würde Ihrer Meinung nach ihr Futter nicht mehr verdienen. Versetzen Sie ihr einen Tritt in die Flanke und drohen Sie ihr, sie müsste den Weg ins Schlachthaus antreten, wenn die Produktion nicht sofort steige.

Ob die Kuh ihrerseits mit einem Tritt antwortet oder nicht, eines kann ich Ihnen garantieren: Sie werden nicht annähernd mehr so viel Milch erhalten, und das bisschen wird menschlichen Ansprüchen wahrscheinlich nicht mehr genügen. Die Aufregung der Kuh wird buchstäblich einen chemischen Prozess in ihrem Körper auslösen, woraufhin die Milch so sauer oder bitter wird, dass man sie nicht mehr trinken kann.

Versuchen Sie es mal auf andere Weise: Gehen Sie in den Stall, sagen Sie der Kuh freundlich guten Tag und schenken Sie ihr vielleicht sogar ein paar Streicheleinheiten. Sagen Sie ihr, sie sei Ihre schönste Kuh, und schmeicheln Sie ihr ein bisschen. Sagen Sie ihr, Sie seien mit ihrer Produktion zufrieden und hätten das Gefühl, sie würde noch besser werden. Auf diese Weise wird nicht nur die Produktion, sondern auch die Qualität der Milch spürbar steigen.

KOMPLIMENTE VERBESSERN DIE LEISTUNG

Als Junge durfte ich dies Mal um Mal erleben. Meine Mutter liebte alle Tiere, ganz besonders aber Kühe. Wenn sie eine kaufte, gab sie ihr einen Namen, hegte und pflegte sie und behandelte sie wie ein Mitglied der Familie. So kamen mehrmals Kühe in den Stall, die nur 12 Liter pro Tag ergaben (was in den 30er und 40er Jahren dem Durchschnitt entsprach), und wenige Wochen später produzierte die gleiche Kuh täglich 15 bis 18 Liter.

Vielleicht fragen Sie sich, was das alles mit Schuheputzen und Umsatzsteigerung zu tun habe. Nun, das ist klar: ich wusste, dass Johnny sich noch mehr Mühe geben würde, wenn ich ihn noch etwas anspornte. Also begann ich ihm zu schmeicheln. Ich sagte ihm, er arbeite ausgezeichnet und sein Glanz sei einmalig. Und wie er meine Schuhe polierte! Da ich sein einziger Kunde war und ihn so umwarb, wollte er gar nicht mehr aufhören. Schließlich unterbrach ich ihn, weil ich gehen musste.

Als ich aufstand, meinte ich beiläufig zu Jonny, er liebe seine Arbeit ganz offensichtlich. Begeistert erklärte er mir, es sei sein größtes Vergnügen, einen Kunden mit schmutzigen Schuhen daherschlurfen und nachher förmlich entschweben zu sehen.

«Ja», sagte er, «ich putze gern Schuhe, in erster Linie mag ich aber den Umgang mit Menschen. Ich habe es mit allen möglichen Arten zu tun. Die meisten sind aber sehr nett, und ich spreche gerne mit ihnen.» Mein Kommentar: «Ja, Sie arbeiten wirklich ausgezeichnet, nicht nur als Verkäufer und Werbefachmann, sondern auch als fantastischer Profi-Schuhputzer.» Johnny strahlte über das ganze Gesicht, und als ich mich anschickte wegzugehen, sagte er: «Darf ich Sie etwas fragen?» – «Sicher.» – «Haben Sie nicht eine Reisetasche dabei?» – Ich: «Ja, warum?» – Johnny: «Bleiben Sie die Nacht über in St. Louis? (Ich nickte.) Haben Sie vielleicht noch ein zweites Paar Schuhe in dieser Tasche? (Ich nickte erneut.) Sehen Sie, es wäre doch wirklich schade – (Pause) heute abend in St. Louis hätten Sie wunderbar glänzende Schuhe, und morgen früh ... Es dauert nur eine Minute!»

LIEFERN SIE, WAS SIE VERKAUFEN

Als ich diesmal wegging, hatte Johnny 5 Dollar verdient! Aber eben:

Johnny ist ein echter Profi, und *er liefert, was er verkauft.* Aus irgendeinem unerklärlichen Grund scheinen viele Leute anzunehmen, ein professioneller Verkäufer trage einen dreiteiligen Anzug und ein teures Köfferchen und verkaufe Versicherungen, Computer oder Grundstücke.

Ich habe viele wirklich hervorragende Verkäufer aus diesen Bereichen kennengelernt, bei manchen anderen stimmten aber bloß der dreiteilige Anzug und das teure Köfferchen. Man kann aber auch ein äußerst fähiger Verkäufer wie Johnny sein und nur Schuhglanz verkaufen. Der wahre Profi kennt sein Produkt, seine Arbeit und seine Kundschaft. Er lernt, mithilfe von richtigen Worten und Körpersprache seine Kunden zu überzeugen. Und er ist mit äußerster Gewissenhaftigkeit darauf bedacht, alles – *und vielleicht noch etwas mehr* – zu liefern, was er verkauft.

Der «Noch mehr»-Abschluss

Nicht minder bedeutend ist die Tatsache, dass Johnny sich nicht mit dem einen Verkauf zufrieden gab. Er erkannte die Möglichkeit, noch ein zweites Geschäft abzuschließen, und er packte die Gelegenheit beim Schopf. Ich habe hoffentlich klar genug ausgedrückt, dass ich in keiner Weise beleidigt war, als er auch meine anderen Schuhe noch putzen wollte. Wenn Sie einmal mit einem ersten Geschäft das Vertrauen Ihrer Kunden gewonnen haben, sind Sie in der Lage, ihnen wirklich zu dienen. Der erste Auftrag ist ein Vertrauensbeweis. Wenn Sie noch andere Produkte verkaufen, die Ihre Kunden regelmäßig brauchen, können Sie ihnen einen Dienst erweisen, Zeit, Buchungen und Inventarprobleme ersparen, indem Sie ihnen *helfen*, die Anzahl ihrer Lieferanten zu verringern.

Das soll natürlich nicht heißen, dass Sie jedem Kunden bei jedem Besuch eine vollständige Produktlinie verkaufen sollen. Was ich damit sagen will, ist Folgendes: wenn Sie an Ihre Produkte glauben und der Kunde ähnliche benötigt, können Sie sich *und* ihm einen Gefallen tun, wenn Sie ihm – vor allem beim zweiten und bei späteren Besuchen – auch die anderen Produkte anbieten.

Die Variante «Trübsinniger Jack»

Meine Geschichte erlebt aber noch eine weitere Fortsetzung. Vor einigen Monaten war ich erneut auf dem Flugplatz von St. Louis. Es war ein regnerischer Tag, und ich wollte mir wieder von Johnny die Schuhe putzen lassen. Diesmal war er aber nicht da. Als ich mich setzte, trat einer seiner Kollegen zu mir und sagte: «Nun, ich nehme an, Sie möchten ‹normal›?» Ich schaute ihn überrascht an und erwiderte: «Das kann ich kaum glauben! Warum bieten Sie mir ‹normal› und nicht ‹Hochglanz› an?» – «Bei diesem Regenwetter haben die Leute keine Lust, 2 Dollar für ‹Hochglanz› auszugeben, nur um ihn dann ins Wasser fallen zu sehen.» Nun hatte er bei mir seinen Namen: Trübsinniger Jack! Ich fragte zurück:

«Schützt ‹Hochglanz› meine Schuhe denn nicht am besten?» – Trübsinniger Jack: «Das schon!» – Ich: «Weshalb haben Sie es mir dann nicht angeboten?» – «Weil die Leute eben an solchen Tagen nicht 2 Dollar für auf Hochglanz polierte Schuhe übrig haben.» Nun kam ich in Fahrt: «Guter Mann, wenn ‹Hochglanz› die Schuhe am besten schützt und Ihr Geschäft an solchen Tagen ohnehin schlecht läuft, müssten Sie sich doch eigentlich erst recht Mühe geben, möglichst viel ‹Hochglanz› zu verkaufen, oder nicht?» – Trübsinniger Jack: «Da haben Sie vielleicht Recht.» Er war kaum aus seinem Trübsinn aufzuscheuchen.

«Wie wäre es, wenn ich Ihnen ein paar Tipps gäbe, wie sie doppelt so viel ‹Hochglanz› verkaufen könnten?» – Trübsinniger Jack (mit einem Anflug von Interesse): «Das wäre schon ein tolles Ding! Was würden Sie mir raten?» – «Nun, wenn sich der nächste Kunde zu Ihnen setzt, betrachten Sie zunächst einmal seine Schuhe. Dann blicken Sie zu ihm auf, lächeln und sagen: ‹Wenn mich nicht alles täuscht, gehören Sie zu den Kunden, die nur das beste von dem haben möchten, was wir anzubieten haben.›» Als er diese Worte hörte, legte er endlich eine gewisse Begeisterung an den Tag und rief aus: «Mann, sagen Sie das bitte noch einmal!» Und das tat ich dann auch.

ÄNDERN SIE DEN STATUS QUO

Ich habe Jack seither nicht wieder gesehen und weiß deshalb nicht, wie die Geschichte ausgegangen ist. Eines aber weiß ich: Sie können alles in Ihrem Geschäftsleben ändern, wenn Sie Ihre *Einstellung* darüber ändern. Mit anderen Worten: *Wenn Sie mit dem Status quo nicht zufrieden sind, ändern Sie Ihre Einstellung, und alles wird wieder in Ordnung sein!* Unabhängig davon, was Sie verkaufen, ein wenig Optimismus und Erwartungsfreude in Ihrer Präsentation wird Ihren Umsatz und damit Ihren Gewinn vergrößern. *Wenn das, was Sie verkaufen, gut ist, weshalb sollten Sie dann zögern, es Ihren Kunden mit schwungvollem Optimismus anzubieten?*

Vergessen Sie im Umgang mit Ihren Kunden nicht, dass die meisten Leute einfach nicht gerne Entscheidungen treffen. Es geht ihnen ähnlich wie jenem Mann, den sein Psychiater fragte:

«Es fällt Ihnen also offenbar schwer, sich zu entscheiden. Stimmt das?» Der Mann blickte verwirrt auf und antwortete: «Ja und nein.» Kunden treffen nicht gerne Entscheidungen. Deshalb sind Sie ja der Verkäufer. Sie müssen ihnen Informationen geben, damit sie darauf vertrauen können, die *richtige* Entscheidung zu treffen.

Ja, die Psychologie spielt bei all unserem Tun eine große Rolle. Ich empfehle Ihnen deshalb, Ihre Verkaufsfähigkeiten und Methoden zu entwickeln. Ich empfehle Ihnen ganz besonders, mithilfe Ihres Kassettenrecorders zu lernen, wie Sie Ihre Stimme wirkungsvoll einsetzen können. Setzen Sie auch Ihre Gefühle ein, seien Sie motiviert und vervollkommnen Sie Ihre Fertigkeiten, dann werden wir uns GANZ OBEN WIEDERSEHEN!

DER KRITISCHE SCHRITT BEIM VERKAUFEN

Schon ganz zu Beginn unseres Buches haben wir festgestellt, dass die Ehrlichkeit und Integrität des Verkäufers die entscheidenden Punkte des Verkaufsvorgangs bilden. Wenn ich von Ehrlichkeit spreche, geht es mir nicht darum, dass Sie Ihre Rechnungen bezahlen und nur gedeckte Schecks ausstellen. Wenn Sie heute, im Zeitalter des Computers, in Dallas einen ungedeckten Scheck überreichen, weiß man das morgen schon in allen anderen Städten des Landes. Und wenn Sie Ihre Rechnungen nicht bezahlen, wird das der Öffentlichkeit auch nicht allzu lange verborgen bleiben.

Wenn ich von Ehrlichkeit beim Verkaufen spreche, gehe ich noch einen Schritt darüber hinaus, und zwar einen entscheidenden Schritt. Die beiden folgenden Geschichten werden Ihnen klar machen, was ich damit meine.

SIE MÜSSEN GLAUBEN

Im Jahr 1963 war ich der Topverkäufer von Kochtöpfen für die Saladmaster Corporation in Dallas, Texas. Wir wohnten damals in Columbia, South Carolina, und das Geschäft lief blendend. Einer meiner Kollegen aber, der das gleiche Produkt in der gleichen Stadt vertrieb, nagte schon beinahe am Hungertuch. Eines Tages saßen wir bei einer Tasse Kaffee in seiner Küche und sprachen über sein immer schlechter gehendes Geschäft.

Ich: «Bill, ich weiß genau, wo dein Problem liegt.» – Bill: «Wo denn, Zig?» – «Dein Problem ist sehr einfach. Du versuchst, psychologisch Unmögliches möglich zu machen.» – «Was redest du denn da?» – Ich: «Du versuchst, ein Produkt zu verkaufen, an das du nicht mit allen Fasern deines Herzens glaubst.» – «Das ist ja verrückt! Schau mal, wir haben doch mit Abstand die besten Kochtöpfe im ganzen Land! Die sind einfach fantastisch! Und, unter uns gesagt, Zig, ich ging vor vier Jahren von meiner alten Firma weg und kam zur Salad-master Corporation, weil deren Produkte eben die besten sind. Außerdem war ich bei meiner alten Firma in der Geschäfts-leitung und begann hier wieder als einfacher Verkäufer, weil ich an dieses Produkt glaube.»

Ich: «Komm, Bill, erzähl mir nicht solchen Unsinn! Ich kenne dich und weiß, dass du selbst nicht glaubst, was du da sagst.» – Bill (ein wenig aufgebracht): «Du kannst sagen, was du willst, aber ich *weiß*, dass ich an unser Produkt glaube.» – Ich: «Bill, ich kann einwandfrei beweisen, dass du nicht *wirklich* an dein Produkt glaubst.» Ich deutete in Richtung seines Kochherdes.

Bill: «Aaaah, du meinst, weil ich in Pfannen der Konkurrenz koche?» – Ich: «Ja, genau.» – Bill: «Zig, vergiss das. Das hat überhaupt nichts damit zu tun. Ich werde mir schon einen Satz unserer Kochtöpfe zulegen, aber du weißt, dass ich Probleme gehabt habe. Wir hatten einen Unfall mit unserem Wagen und waren monatelang auf geliehene Autos, Taxis und Busse ange-wiesen. Du weißt doch, dass man als Verkäufer kaum überle-ben kann, wenn man nicht 24 Stunden im Tag einen Wagen zur Verfügung hat. Und zudem lag meine Frau wochenlang im Spital, und das kostete mich viel Zeit und Geld. Wenn du nun noch all die Sorgen mit einberechnest, wirst du wohl verstehen, weshalb bei uns alles drunter und drüber lief! Und damit noch nicht genug: wir werden unsere Jungs wahrscheinlich wegen einer Mandeloperation ins Spital bringen müssen, und wir haben nicht einmal eine Versicherung! Du hast schon Recht, wenn du sagst, wir sollten unsere eigenen Kochtöpfe haben, und wir werden auch bestimmt welche kaufen, aber nicht ausgerechnet jetzt!»

VERKAUFEN IST EIN ÜBERTRAGEN VON GEFÜHLEN

«Bill, wie lange arbeitest du nun bei dieser Firma?» – Bill: «So ungefähr fünf Jahre.» – Ich: «Und welche Ausrede hattest du letztes Jahr, und das Jahr zuvor, und vor drei Jahren? (Pause.)

Der kritische Schritt beim Verkaufen

Ich will dir einmal erklären, was passiert, wenn es zur Entscheidung kommt, wenn du dem Kunden die entscheidende Frage stellst und er ‹es sich noch überlegen muss›, ein *Ja* bedeutet volle Kommission, ein *Nein* keine Kommission.

Ich sehe das Bild vor mir und werde es dir beschreiben. Der Kunde denkt laut, wenn er sagt: ‹Ich weiß nicht, Bill. Natürlich brauchen wir ein paar gute Kochtöpfe. Ich weiß nicht, wie meine Frau in den alten Dingern überhaupt noch etwas Anständiges kochen kann, aber jetzt ist einfach nicht der richtige Augenblick, neue zu kaufen. Meine Frau lag im Spital, unser Auto wurde zu Schrott gefahren, meine Jungs müssen sich vermutlich einer Mandeloperation unterziehen, und wir haben nicht einmal eine Versicherung!›

Natürlich werden nicht die gleichen Ausreden auftauchen, die du mir gegenüber angebracht hast. Wir wissen aber beide, dass die gleichen Entschuldigungen vorgebracht werden, deren du dich selbst in den letzten fünf Jahren bedient hast. Du bist ein guter Verkäufer, Bill, und ich weiß genau, was du tust, wenn jemand mit einer solchen Ausrede einen Kauf ablehnt. Du sitzt mit einem erzwungenen Lachen da und sagst dir: ‹Denk positiv, Bill, denk positiv!› Dabei denkst du in deinem Innersten die ganze Zeit über: ‹Ich weiß, wie es Ihnen geht. Deshalb habe ich selbst auch noch keine neuen Kochtöpfe.›

Ich möchte dir etwas sagen, Bill. Das Klügste, was du je in deinem Leben machen kannst, wird sein, einen Satz deiner eigenen Kochtöpfe zu kaufen, selbst wenn du deine Möbel verpfänden musst. Pass auf, Bill (und das sage ich *allen* meinen Lesern: Sie können hier aufhören zu lesen, Sie brauchen auch nichts von dem zu glauben, was ich sonst noch sage in diesem Buch – wenn Sie den folgenden Satz vorbehaltlos akzeptieren, werden Sie sofort bedeutend mehr von dem verkaufen, was Sie anzubieten haben):

Verkaufen ist im Grunde genommen ein
Übertragen von Gefühlen auf den Gesprächspartner.

Wenn ich (der Verkäufer) in dir (dem Kunden) für mein Produkt die gleichen Gefühle erwecken kann, die auch ich empfinde, wirst du es kaufen, ganz egal, auf welche Weise du das Geld dafür auftreiben musst.

Um aber ein Gefühl übertragen zu können, muss man selbst ein Gefühl empfinden. Wenn du einen Kunden dazu überreden willst, etwas zu tun, was du selbst noch nie getan hast, wird er es spüren. Natürlich wird es jedem Verkäufer hie und da gelingen, etwas zu verkaufen, an das er nicht glaubt; wenn du aber eine brillante Karriere einschlagen willst, musst du deinem Produkt sozusagen *verfallen* sein. Du musst dran glauben, denn es ist so, wie mein Freund Bernie Lofchick, wohl der großartigste Verkäufer, den ich kenne, zu sagen pflegt: ‹Wer glaubt, kann Geschäfte abschließen!›»

SIE HABEN ES SELBST ERLEBT

Wie oft haben Sie es schon erlebt, dass junge, unerfahrene Verkäufer in Ihre Firma eingetreten sind? Sie haben weder das wissenschaftliche noch das psychologische oder technische Rüstzeug, um mit all den bekannten Einwänden fertig zu werden, aber wie sehr glauben sie doch an das Produkt, das sie verkaufen! Sie sind felsenfest davon überzeugt, ein Kunde beginge den größten Fehler seines Lebens, wenn er nicht sofort etwas kaufen und davon profitieren würde. Ergebnis: Solche «Neulinge» verkaufen so viel, dass den «alten Hasen» Hören und Sehen vergeht. Das ist meiner Ansicht nach der Beweis dafür, dass ein unerfahrener, aber überzeugter Verkäufer einem erfahrenen, aber nicht überzeugten haushoch überlegen ist. *Wenn Sie überzeugen wollen, müssen Sie selbst überzeugt sein.*

KAUFEN SIE ES – UND SIE KÖNNEN ES VERKAUFEN

Wie ist es bei Ihnen? Sind Sie von den Vorzügen Ihrer Ware überzeugt? Wenn Sie Opel verkaufen und selbst BMW fahren, wird Sie das teuer zu stehen kommen. Glauben Sie an das, was Sie verkaufen – oder erweisen Sie sich selbst, Ihrer Firma, Ihren Freunden, Ihren «Opfern» und dem gesamten Berufsstand einen großen Gefallen: Wechseln Sie das Produkt oder den Beruf! Ihr Misserfolg ist programmiert. Sobald Sie auf eine Tätigkeit überwechseln, der Sie sich mit Ehrlichkeit und

Begeisterung widmen können, wird es für Sie auf der Erfolgsleiter nach oben gehen. Natürlich gibt es da gewisse Ausnahmen: wenn Sie Lokomotiven, millionenteure Computer oder Jumbo-Jets verkaufen, werden Sie kaum einige davon besitzen müssen, nur um zu beweisen, dass Sie daran glauben!

Um diesen Punkt zu verdeutlichen, möchte ich folgende Aussage machen, von der ich selbst restlos überzeugt bin: Wenn Sie nicht glauben, dass Ihre Kunden zu den Verlierern gehören, wenn sie *nicht* kaufen, dann verkaufen Sie das falsche Produkt. Wenn Sie ihnen einen gewissen Verlust nicht nachfühlen können, werden Sie nie so effizient und überzeugend sein, wie es möglich wäre. Verkaufen *ist* ein Übertragen von Gefühlen, und Ihre Kunden lassen sich durch Ihren Stolz und Glauben an Ihr Produkt viel eher überzeugen als durch irgendwelche andere «Beweise» für die Qualität Ihres Produktes.

Solange Sie nicht wirklich das Gefühl haben, niemand verkaufe ein besseres Produkt als Sie, werden Sie nicht vollkommene Ehrlichkeit ausstrahlen und nicht Ihre optimale Leistungsfähigkeit erreichen. Und in diesem Fall werden Sie am meisten verlieren, weil Ihnen viele Geschäfte im letzten Augenblick entgehen werden.

Charles Roth drückte dies seinerzeit so aus: viele Leute glauben, die drei magischen Worte *Geschäft ist Geschäft* gäben ihnen das Recht, ihre Mitmenschen anzulügen, zu bestehlen, zu berauben und ganz allgemein zu vergewaltigen. Und der Kunde hat eben Angst, dass so etwas auch ihm widerfahren könnte.

Roth meinte, *ein ruhiger, selbstsicherer, positiv eingestellter und beruhigend wirkender Verkäufer, der auf der Grundlage von Aufrichtigkeit und Integrität arbeitet, sei am besten in der Lage, die Ängste des Kunden zu beschwichtigen und mit ihm ein Geschäft abzuschließen.* Ja, Ehrlichkeit ist nicht nur ein Begriff der Moral, sondern auch der Praxis.

Der Abschluss des «Glaubenden»

Ich verkaufte Bill also seine Kochtöpfe. Verstehen Sie mich nicht falsch: er kaufte sie sich natürlich selbst ab. Und die Folge davon war: Mit dem zusätzlichen Umsatz, den Bill in jener Woche noch erzielte, konnte er sie auch gleich bezahlen! Und der Grund ist einfach: Von jenem Augenblick an konnte er dem Einwand «ich kann es mir nicht leisten» mit Verstand *und* Herz begegnen, denn auch er hatte seine Kochtöpfe gekauft, als er es sich eigentlich nicht leisten konnte. Er verstand nun, was in seinen Kunden vorging, und brachte ihnen nicht Sympathie, sondern Einfühlungsvermögen entgegen (auf den Unterschied werden wir im nächsten Kapitel zu sprechen kommen).

Bill *verstand* die Gefühle seiner Kunden, hatte selbst aber nicht die gleichen Gefühle, weil er seine Kochtöpfe gekauft hatte. Er hatte selbst ein Opfer gebracht und konnte ihnen nun frei in die Augen blicken und sagen: «Ich weiß, wie Ihnen zumute ist, aber ich weiß aus eigener Erfahrung, dass sich das Opfer lohnt. Sie werden es nie bereuen.» Und die Folgen waren verblüffend. *Sein Umsatz schoss in die Höhe, weil er nun aus einem unmittelbar mit seinem Herzen verbundenen Glauben heraus verkaufte.*

Man muss einfach an seine Sache glauben. Meiner Meinung nach bedeutet *Ehrlichkeit, dass wir so felsenfest und inbrünstig an das glauben, was wir verkaufen, dass wir nicht verstehen können, warum andere Leute es nicht kaufen wollen.* Wenn wir so fest glauben, wird der Funke auf unsere Kunden überspringen. Sehr wahrscheinlich haben Sie auch schon zu hören bekommen: «Ich weiß nicht, weshalb ich Ihnen diesen Auftrag gebe. Es waren diese Woche schon sechs oder sieben andere Verkäufer da, und sie sind nicht mit mir ins Geschäft gekommen.» Oft wissen diese Leute in der Tat nicht, weshalb, doch es liegt letztlich daran, dass sie Ihnen vertrauen, weil Sie so überzeugt wirken. Sie haben das Gefühl, sie könnten sich auf Ihre Integrität und Ihre Fairness verlassen. Sehr oft basiert dieses Vertrauen auf dem Ruf, den Sie sich im Laufe der Jahre aufgebaut haben, *und* auf diesem tiefen Glauben an Ihr Produkt, der auf Ihren Kunden *übertragen* wird.

WER GESCHÄFTE ABSCHLIESSEN KANN, BESITZT SELBST, WAS ER VERKAUFT

Lebensversicherungen behaupten, sie könnten mit einer Fehlerquote von nur 5 Prozent voraussagen, wie viel Umsatz 100 ihrer Agenten mit mindestens einjähriger Erfahrung im folgenden Jahr machen werden, und zwar ohne Umsatzzahlen des letzten Jahres. Ihre Prognose beruht einzig auf der Anzahl und Größe der Lebensversicherungen, welche diese Agenten für sich selbst abgeschlossen haben. Verkaufen ist eben ein übertragen von Gefühlen. *Der entscheidende Punkt beim Verkaufen ist diese Ehrlichkeit, Ihre vollständige Überzeugung und der tiefe Glaube, dass Ihr Produkt wirklich das beste für Ihren Kunden ist.*

Als ich meine Karriere als Verkaufsberater begann, erzählte ich meinen «Schülern» oft von jenem Erlebnis mit Bill und seinen Kochtöpfen. Unter ihnen befand sich ein junger Mann, der voller Begeisterung Feuermelder verkaufte. Nachdem er diese Geschichte gehört hatte, wurde ihm bewusst, dass er anscheinend nicht an sein Produkt glaubte, weil er selbst keine solche Alarmanlage bei sich zu Haus installiert hatte. Er holte dieses Versäumnis unverzüglich nach und schrieb mir später: «Wissen Sie, im ersten Monat, nachdem ich die Anlage bei mir eingebaut hatte, verkaufte ich so viel mehr, dass ich aus den Kommissionen meine eigene Anlage bezahlen konnte.»

Nochmals zum «Besitzer»-Abschluss

Viele andere Verkäufer, die von Autos über Kosmetika und Versicherungen bis zu Seife alles verkaufen, können diese Erfahrung bestätigen. Wenn Sie sich einmal gefühlsmäßig *und* finanziell so weit engagiert haben, dass Sie sagen können: «Ich glaube so fest an mein Produkt, dass ich es selbst gekauft habe», können Sie dieses Gefühl auf Ihre Kunden übertragen. *Wer Geschäfte abschließen kann, besitzt selbst, was er verkauft.*

Wenn ein Kunde nun den so wohlbekannten Einwand vorbringt, können Sie mit voller Überzeugung darauf hinweisen, Ihr Produkt sei so gut, dass es wirklich ein Opfer *wert* sei.

Es wäre natürlich geheuchelt und daher nicht besonders überzeugend, wenn Sie Ihr eigenes Produkt selbst *nicht* gekauft hätten.

Nochmals: Wenn Sie Opel verkaufen, sollten Sie Opel fahren. Dies gilt nicht unbedingt für Jumbo-Jets, Lokomotiven und Ähnliches. Doch im Allgemeinen sollten Sie so fest an Ihr Produkt glauben, dass Sie es selbst notfalls auch unter größeren Opfern – kaufen sollten, wenn es irgendwie möglich ist.

Und ich möchte noch einmal betonen: Sind Sie nicht ehrlich der Auffassung, Ihr Kunde sei der Verlierer, wenn er nicht kauft, dann wird Ihnen der ganz große Erfolg in Ihrem Beruf versagt bleiben. Wie soll auch ein Kunde «verlieren», wenn Sie selbst nicht «gewinnen», indem Sie Ihr eigenes Produkt besitzen? Was immer Sie verkaufen, sollte in Ihrem Haus, Wagen oder Büro nicht zu übersehen sein. Dadurch sagen Sie nämlich:

«Ich glaube daran.» *Wer Geschäfte abschließen kann, besitzt selber, was er verkauft.*

Sie sollten aber nicht nur an Ihr Produkt, sondern auch an Ihre Firma glauben und ihr gegenüber loyal sein. Ihre Tüchtigkeit wird auch durch Ihre Einstellung zur Firma und zur Geschäftsleitung beeinflusst werden. Es gehört durchaus dazu, dass Sie überall und jederzeit auf Ihre Firma und ihren guten Ruf hinweisen. Wer hat schon Vertrauen in einen Menschen, der ständig übel über seine Frau, seine Stadt, seine Firma oder deren Mitarbeiter redet?

Glauben Sie an Ihr Produkt *und* an Ihre Firma. Übertragen Sie diesen Glauben auf Ihre Kunden, und Sie werden nicht nur mehr, sondern auch leichter verkaufen, und Ihre Kunden werden Ihnen neue Kunden bringen. So kann man eine erfolgreiche Karriere aufbauen.

DAS GROSSE «E» BEIM VERKAUFEN

Der Psychologe H. M. Greenberg, Präsident der Marketing Survey and Research Corporation in Princeton, New Jersey, unterzog 18 600 Leute einem speziellen Test und fand heraus, dass nur einer von fünf sich dazu eignete, zu einem hervorragenden Verkäufer ausgebildet zu werden. Er stellte auch fest, dass jemand, der als Verkäufer Außergewöhnliches leisten soll, eine ganz bestimmte Persönlichkeit haben muss. Und diese bestimmte Persönlichkeit verlangt nach Anerkennung durch die Kunden, mit der sie es zu tun hat.

Wenn ein Verkäufer einen Kunden anruft und dieser ihm eine Verabredung gewährt, sagt er damit: «Ich kaufe, kommen Sie herein und erzählen Sie Ihre Geschichte.» Wenn der Kunde dann auch etwas kauft, sagt er damit dem Verkäufer: «Ich vertraue Ihnen. Ich glaube, Sie erzählen mir die Wahrheit, also nehmen Sie schon die Bestellung auf.»

Nach Dr. Greenberg muss der Spitzenverkäufer in erster Linie deshalb etwas verkaufen, weil jedes Geschäft ihn in seinem Können und in seinen Fähigkeiten bestätigt und ein Versagen sein Selbstwertgefühl anzuschlagen droht. Er mag den Konflikt; er gewinnt gern, und er verkauft gern. Ein wirklich hervorragender Verkäufer braucht seine Persönlichkeit, sein Ego, aber Dr. Greenberg warnt vor Verkäufern, die von ihrem Ego beherrscht werden, denn er wird so ziemlich alles tun, um zum Erfolg zu kommen. Das Ergebnis ist eine Katastrophe, für den Kunden ebenso wie für den Verkäufer. Der Kunde wird oft missbraucht, und der Verkäufer wird nie jene Karriere aufbauen können, zu der er eigentlich fähig wäre. In manchen Fällen mag er kurzfristig Erfolg haben, aber er wird schließlich seinen Schnellverfahren, seinen falschen Darstellungen und seinen Übertreibungen zum Opfer fallen und die Stadt oder das Produkt wechseln müssen. Dr. Greenberg betont, wer eine echte Laufbahn als Verkäufer aufbauen wolle, müsse nebst seinem Ego auch über sehr viel *Einfühlungsvermögen* verfügen.

EINFÜHLUNGSVERMÖGEN IST NICHT GLEICH SYMPATHIE

Viele Leute kennen den Unterschied zwischen Einfühlungsvermögen und Sympathie – auf die Welt des Verkaufens bezogen – nicht. Und dabei ist dieser Unterschied sehr wichtig, denn wenn wir Einfühlungsvermögen mit dem Ego verbinden, besteht kaum die Gefahr, zu viel verkaufen zu wollen.

Sympathie bedeutet, dass man die gleichen Gefühle empfindet wie ein anderer Mensch. Einfühlungsvermögen bedeutet, dass man die Gefühle des anderen Menschen *versteht*, selbst aber nicht die gleichen Gefühle empfindet.

Ein Beispiel: Wenn Sie einen seekranken Schiffspassagier sehen, der sich über die Reling beugt, beweisen Sie, dass Sie für ihn Sympathie empfinden, wenn Sie sich zu ihm gesellen. Einfühlungsvermögen beweisen Sie dann, wenn Sie nachempfinden können, wie dieser Passagier sich fühlt, und ihm ein feuchtes Tuch und Tabletten gegen die Reisekrankheit bringen, um ihm bei der Lösung seines Problems zu helfen. Sie sind selbst nicht an seinem Problem beteiligt und können dadurch jederzeit die notwendige Distanz gewinnen, um bei der Lösung behilflich zu sein.

Eltern mit zu viel Sympathie lassen ihre Kinder alles tun und haben, was sie selbst als Kinder nicht tun und haben konnten, und ziehen so oft verwöhnte, undisziplinierte und untüchtige Kinder heran.

Der Grund, weshalb die meisten Ärzte ihre Familienangehörigen nicht selbst behandeln, liegt darin, dass sie zu sehr am Problem beteiligt sind, um die notwendige Distanz zu gewinnen und objektiv nach einer Lösung zu suchen.

Einfühlungsvermögen ist etwas anderes. Sie verstehen das Problem und wissen genau, wie es dem Kunden zumute ist; weil Sie aber nicht die gleichen Gefühle empfinden, können Sie das Problem sozusagen aus der «Totalen» beurteilen und eine oder mehrere Lösungen anbieten. Ziel dieses Kapitels ist es, Ihnen zu zeigen, wie Sie als Käufer *und* als Verkäufer denken müssen. Als echter Profi müssen Sie imstande sein, blitzschnell die Seiten zu wechseln. Wenn Sie die Gedanken und Gefühle Ihres Kunden kennen, werden Sie mehr verkaufen, weil Sie sich ihm besser mitteilen können.

VERWECHSELN SIE DIE SITUATION NICHT

Vieles von dem, was ich sage, entspricht normalem gesundem Menschenverstand. Einiges mag in Tat und Wahrheit sogar «alter Käse» sein. Doch bevor Sie irgendetwas aus diesem Grund zurückweisen, möchte ich Sie daran erinnern, dass *gewisse Methoden oder Informationen alt sind, weil sie gut sind.* Würden sie keine guten Ergebnisse zeitigen, wären solche Methoden nicht alt, sondern schon längst vergessen. Wir verflechten viel altes mit viel neuem Material, weil Sie vielleicht noch nicht alles kennen, und auch *wenn* Sie schon alles kennen, gilt immer noch die alte Weisheit:

Vielleicht muss man uns das nicht sagen, aber man muss uns immer wieder daran erinnern.

Es sollte eigentlich selbstverständlich sein, dass Sie als Verkäufer Ihre eigene Situation nie mit jener des Kunden verwechseln sollten. Vergessen Sie nicht, dass Ihre Bedürfnisse, Wünsche, Vorlieben und Ihre Zahlungsfähigkeit nichts mit den Bedürfnissen, Wünschen, Vorlieben und der Zahlungsfähigkeit Ihres Kunden zu tun haben.

Nehmen wir zum Beispiel an, Sie seien Konfektionsverkäufer mit eher ausgefallenem persönlichen Geschmack. Wenn ein konservativ angezogener Geschäftsmann einen neuen Anzug braucht, werden Sie unbedingt darauf achten müssen, was er trägt. Dann müssen Sie überlegen, was er will und braucht. Wenn er sich für einen teuren Anzug interessiert, den Sie sich selbst nicht leisten könnten, bedeutet das noch lange nicht, dass Sie ihm einen billigeren aufschwatzen sollten. Im Gegenteil.

Wenn Sie sich andererseits selbst etwas Schöneres leisten könnten als Ihr Kunde, dürfen Sie natürlich nicht versuchen, ihm etwas zu verkaufen, was seinen finanziellen Rahmen sprengt. Rümpfen Sie Ihre Nase keinesfalls über einen billigen Anzug zu reduziertem Preis, weil Sie selbst nie so einen tragen würden. Für Ihren Kunden bedeutet er vielleicht bereits einen gewissen Luxus.

Dieses Prinzip gilt überall, ganz egal, was Sie verkaufen. *Verwechseln Sie Ihre Situation nicht mit seiner.* Bemühen Sie sich, Ihr Produkt mit *seinen* Augen zu sehen. Das ist Einfühlungsvermögen – und das gehört zum Erfolgsrezept eines guten Verkäufers.

EIFRIG WAR ER – PROFESSIONELL UND EINFÜHLEND ABER NICHT

Eine gute Methode im falschen Augenblick kann katastrophal sein, denn es gibt so etwas wie den hundertprozentig falschen Moment, in dem man versucht, auch ein erstklassiges Produkt anzubieten. Zweifellos eines der schlimmsten Erlebnisse dieser Art widerfuhr mir kurz nach unserem Umzug nach Dallas. Unser Sohn Tom war damals knapp vier Jahre alt. Eines Nachmittags war er plötzlich verschwunden. Wir suchten ihn bei den Nachbarn und auf den Straßen in der ganzen Umgebung. Dann sprang ich in meinen Wagen und führ bis zur nächsten Kreuzung, wo sich ein kleines Shopping-Center befindet. In der Zwischenzeit telefonierte meine Frau allen Freunden und Bekannten in der Gegend. Doch alles ohne Ergebnis.

Wir suchten und suchten eine ganze Ewigkeit, die wahrscheinlich kaum mehr als 20 Minuten dauerte; dann bekamen wir es mit der Angst zu tun. Ich rief die Polizei an, die sich in kürzester Zeit in die Suche einschaltete. Ich stieg nochmals in mein Auto, fuhr nochmals durch das ShoppingCenter und alle Straßen der näheren Umgebung und rief aus dem offenen Fenster ständig nach Tom. Mehrere Nachbarn wurden so auf unser Problem aufmerksam und beteiligten sich an der Suche.

Alle paar Minuten schaute ich wieder zu Hause rein. Bei einer solchen Gelegenheit begegnete ich einem Angestellten einer lokalen Überwachungsorganisation, wie es sie heute überall gibt.

Ich erklärte ihm, wir vermissten unseren Sohn, und bat ihn, uns zu helfen. Und was tat er? Er begann, mir die Dienstleistungen seiner Organisation anzupreisen. Nachdem ich meinen Schock überwunden hatte, brüllte ich ihn – gleichermaßen ungläubig, frustriert und wütend an, zuerst solle er bei der Suche nach Tom mithelfen, *dann* könnten wir über seine Dienstleistungen diskutieren.

ER BEWIES ÜBERHAUPT KEIN EINFÜHLUNGSVER-MÖGEN

Er hätte keinen schlechteren Zeitpunkt wählen können. Mit diesem Beispiel möchte ich nur zeigen, dass Zeitgefühl verbunden mit Einfühlungsvermögen für einen Verkaufserfolg unabdingbar sind. Spürsinn für die Bedürfnisse und Interessen des anderen sind von größter Bedeutung. Hätte sich der Angestellte jener Überwachungsgesellschaft an der Suche beteiligt, hätte er in 20 Minuten vermutlich das einfachste Geschäft seines Lebens abschließen können. Dann hatten wir nämlich Tom gefunden.

Wenn ich jemanden anrufe, egal ob aus privaten oder geschäftlichen Gründen, pflege ich nach der Begrüßung grundsätzlich zu fragen: «Störe ich Sie gerade, oder hätten Sie vier (oder sieben oder neun – denn *alle* anderen reden immer von fünf, zehn oder fünfzehn) Minuten Zeit für mich?» Dies ist meiner Ansicht nach nicht nur ein Gebot der Höflichkeit, sondern auch für meine Absichten ganz sinnvoll. Wenn mein Kunde nämlich an etwas anderes denkt, sind meine Chancen, ihm etwas zu verkaufen, viel geringer.

Wenn Ihr Kunde Ihnen beim persönlichen Gespräch offensichtlich nicht zuhört, rate ich Ihnen dringend, Ihre Präsentation zu unterbrechen und zu sagen: «Ich glaube, ich habe einen schlechten Zeitpunkt erwischt. Wäre es Ihnen lieber, ein andermal über meinen Vorschlag zu sprechen, oder soll ich weiterfahren?» Es ist schwer, etwas zu verkaufen, wenn der Kunde nicht aufpasst. Solche Worte bringen ihn zu Ihrer Präsentation zurück, wenn er einfach seinen Gedanken nachgegangen ist. Wenn ihn wirklich ein anderes Problem beschäftigt, wird er Ihnen Ihre Liebenswürdigkeit danken und sich mit

Ihnen auf einen späteren Termin verabreden. Und dann wird er sich bis zu einem gewissen Grad verpflichtet fühlen, Ihnen seine ganze Aufmerksamkeit zu widmen.

Die Variante «Mit einem Lächeln»

Als *Verkaufsberater* empfehle ich Ihnen: Versuchen Sie Ihrem Kunden in der entscheidenden Phase Ihrer Präsentation ein Lächeln und Zustimmung zu entlocken. Damit verbessern Sie Ihre Aussichten, etwas zu verkaufen. Der Grund dafür ist einfach: *Ihr Kunde muss zuerst Sie «kaufen», bevor er Ihr Produkt kaufen will.* Ein freundliches Lächeln oder ein herzhaftes Lachen ist ein recht guter Hinweis darauf, dass er Sie als Person akzeptiert und sehr wahrscheinlich kauft, was Sie anzubieten haben. Und es ist unwahrscheinlich, dass Ihr Kunde mit einem Lächeln im Gesicht schlecht über Sie oder Ihr Produkt denkt.

Als *Verkäufer* bin ich davon überzeugt, dass Sie sich unmöglich so vollkommen auf das konzentrieren können, was Sie tun, *ohne* hie und da mit Ihrem Eifer und Ihrer Begeisterung einen Kunden in Rage zu bringen. Das kann und wird wohl geschehen, *doch* darf es so selten passieren, dass Sie eindeutig wissen, wer ein Problem hat, nämlich *nicht Sie, sondern Ihr Kunde.* Ich werde Ihnen später Tipps geben, wie Sie einen solchen Kunden beruhigen und erst noch ein Geschäft machen können.

Die folgenden zwei Beispiele beweisen eindrücklich, *dass Sympathie Sie und Ihren Kunden etwas kostet, Einfühlungsvermögen hingegen Ihnen und Ihrem Kunden etwas bringt.*

SYMPATHIE KOMMT SIE TEUER ZU STEHEN

Vor vielen Jahren – ich war noch nicht lange mit meinen Kochtöpfen unterwegs – besuchte ich eine Bauernfamilie, die am Abend zuvor meiner Demonstration beigewohnt hatte. Wir saßen in der Küche, und nachdem ich meine Präsentation beendet hatte, hob der Bauer eine Hand hoch und sagte: «Mr. Ziglar, was ich Ihnen jetzt sage, wird Ihnen nicht viel bedeuten, denn *Sie* haben ein Badezimmer in Ihrem Haus. Aber meine

Frau und ich sind seit mehr als 20 Jahren verheiratet, und in 20 Jahren habe ich ihr immer wieder versprochen: ‹Nächstes Jahr lassen wir uns ein Badezimmer einbauen.› Immer wieder war es ‹nächstes Jahr›, denn ein Jahr war die Ernte schlecht, im nächsten war das Baby krank und im dritten musste ich einen neuen Traktor kaufen. Seit mehr als 20 Jahren kämpfe ich für dieses Badezimmer, und jetzt endlich habe ich das Geld dafür.» (Er klopfte auf seine Brieftasche.) «Und jetzt kriegt kein Mensch – weder Sie noch jemand anderer – auch nur einen Cent davon, bis dieses Badezimmer fertig ist.»

WER VERKAUFT WEM?

Nun möchte ich Folgendes sagen: *Bei jeder Präsentation wird etwas verkauft. Entweder verkauft der Kunde Ihnen die Tatsache, dass er nichts kaufen kann oder will, oder Sie verkaufen ihm, dass er kaufen kann und kaufen sollte.* In jenem Fall und in jenem Moment meiner Laufbahn als Verkäufer war ich hoffnungslos überfordert. Jener Bauer war ein äußerst raffinierter Verkäufer, und er hatte obendrein noch einen prächtigen Kunden (mich), der nur allzu gern kaufte, was ihm angeboten wurde. Ich empfand nämlich Sympathie für ihn, und zwar aus folgendem Grund: Als ich noch ein Junge war, hatten wir «fließendes Wasser», das heißt man musste «hinausgehen und es holen» – Sie verstehen, was ich meine. Als der Bauer auf jene kalten und nassen «Reisen» anspielte, die mit solchen WCs außer Haus verbunden sind, führen mir kalte Schauer den Rücken hinunter, obwohl es August war! Ich empfand so viel *Sympathie* für seine Situation, dass ich sein Badezimmer *auf keinen Fall* gefährden wollte. Deshalb gab ich klein bei und zog mich zurück.

Ich verabschiedete mich sehr nett und freundlich, denn Bill Cranford, mein Freund und erster Verkaufsberater, hatte mir Folgendes beigebracht: «Wenn ein Geschäft nicht klappt, solltest du das Gespräch so beenden, dass der nächste Verkäufer wieder leichten Zugang zum Kunden findet.» Ich war überzeugt, wir hätten uns auf freundschaftlicher Basis voneinander getrennt, denn er lud mich sogar auf eine Tasse Kaffee ein, wenn ich wieder einmal in seiner Nähe wäre.

Zwei Tage später traf ich in den Straßen der kleinen Stadt Lancaster, South Carolina, die Schwester dieses Bauern. Obwohl das im Jahr 1948 war, erinnere ich mich Wort für Wort an unser Gespräch. (Sie hatte übrigens ein rechtmäßiges Interesse an diesem Geschäft, denn wenn er etwas gekauft hätte, wäre sie in den Genuss einer Prämie gekommen.)

Schwester: «Was war denn nur los zwischen Ihnen und meinem Bruder?» – Ich: «Was soll denn los gewesen sein?» – «Er ist so wütend auf Sie, dass Sie sich hüten sollten, ihm wieder unter die Augen zu kommen.» – Ich: «Er? Wütend auf mich? Auf einen so netten Menschen? Warum denn?» – «Nun, er wollte diese Kochtöpfe haben, und Sie haben ihm keine verkauft!» – Ich: «Dann fahre ich gleich noch einmal hinaus!» – «Zu spät. Er vertraut Ihnen nicht mehr!»

HÖREN SIE ZU, WAS DER KUNDE SAGEN WILL – NICHT NUR, WAS ER SAGT

Lange Zeit konnte ich das Problem nicht begreifen. Erst allmählich dämmerte mir, was passiert war. Ich hatte alles mitbekommen, was der Bauer *gesagt* hatte, aber nichts von dem, was er eigentlich *sagen wollte*. Lassen Sie mich Ihnen das erklären.

Ich hatte meine Kochtöpfe vorgeführt und über jeden vernünftigen Zweifel bewiesen, dass sie Geld und Arbeit sparen würden. Der Bauer und seine Frau hatten sieben Kinder im Alter von zwei bis sechzehn Jahren. Es war nicht zu übersehen, dass es eine große Familie war, denn man kann nicht einfach sieben kleine Kinder in einem kleinen Haus verstecken.

Der Bauer hatte anlässlich der Demonstration von den Vorteilen meiner Kochtöpfe gehört. Am folgenden Tag, als ich sie bei ihm zu Hause vorführte, *sagte* er: «Ich habe über 20 Jahre lang gearbeitet, um das Geld für unser Badezimmer zusammenzukriegen. Ich habe es hier, in meiner Tasche. Und nun kriegt kein Mensch – weder Sie noch jemand anderer – auch nur einen einzigen Cent davon, bis dieses Badezimmer fertig ist.» *Das sagte er, aber es ist nicht das, was er eigentlich sagen wollte,* nämlich: «Mr. Ziglar, ich habe mich nun über 20

Jahre lang abgemüht, das Geld für unser Badezimmer zusammenzusparen, doch jetzt habe ich das Problem endlich gelöst.» (Er klopfte dabei sogar auf seine Brieftasche.) Seine Körpersprache und sein Zuhause sagten aber auch:

«Schauen Sie, ich habe sieben Kinder, und ich will ihnen möglichst gutes und nahrhaftes Essen für möglichst wenig Geld vorsetzen. Meine Frau arbeitet sich als Mutter von sieben Kindern und als Bäuerin ebenfalls beinahe zu Tode. Haben Sie *irgendetwas* anzubieten, das ihr ein bisschen Arbeit abnimmt, den Kindern nahrhafteres Essen bietet und mir etwas Geld einspart?»

Das wollte er sagen, und das sagte auch seine Umgebung! Ich war aber so vollständig in meine *Sympathie* für ein Problem versunken, *das er schon gelöst hatte*, dass ich sein viel größeres Problem aus den Augen verlor oder gar nicht sah, nämlich: den Kindern möglichst gutes Essen bieten und seiner Frau ein wenig Arbeit abnehmen. Wenn man sich nicht vollkommen auf die Bedürfnisse eines Kunden konzentriert, wird man ihm keine Lösung dafür anbieten. Meine Sympathie kostete mich ein Geschäft, und – was noch viel wichtiger ist – sie brachte einen Kunden um ein Produkt, von dem er sehr viel profitiert hätte.

ES HÄTTE JA AUCH SEIN KÖNNEN ...

Natürlich gibt es noch andere Möglichkeiten. So hätte zum Beispiel meine Vorführung «faul» sein können. Meine Kochtöpfe hätten dem Nährwert der Speisen schaden können; sie hätten der Frau des Bauern die Arbeit nicht erleichtern können; sie hätten keine finanzielle Ersparnis gebracht; kurz: Ich hätte den Mann belügen können. Oder der Bauer hätte all dies *denken* können, als ich so einfach das Feld räumte. Wäre ich von meinem Produkt wirklich überzeugt gewesen und hätte ich mich genügend um die Sorgen des Bauern gekümmert, hätte er spüren müssen, dass ich nicht so leicht aufgeben und mich intensiver um einen Abschluss bemühen würde. Tatsache ist nun aber einmal, dass meine Kochtöpfe so waren, wie ich sie angepriesen hatte. Sie boten all die Vorteile, die ich erwähnt hatte. Der Bauer hatte aber vielleicht den Eindruck, als

Verkäufer sei ich nur an einem schnellen Geschäft und ein paar leicht verdienten Dollar interessiert, und als ich sah, dass dies nicht möglich war, hätte ich ungefähr Folgendes gesagt: «Tja, dann lassen Sie es eben sein. Ich gehe einfach ein Haus weiter, wo ich es leichter haben werde.»

Bitte verstehen Sie, ich konnte wahrlich beim besten Willen nicht wissen, was er nun gedacht oder nicht gedacht hatte; ich zähle bloß verschiedene Möglichkeiten auf. Es gibt sogar noch eine weitere: Als ich mein Ego ein wenig zur Schau stellte und um einen Auftrag bat, um dann abgewiesen zu werden, glaubte der Bauer möglicherweise, ich sei meinen eigenen Gefühlen gegenüber zu empfindlich, hätte aber zu wenig Gespür für seine Bedürfnisse und hätte mich deshalb so rasch zurückgezogen, als er meinem Selbstgefühl einen leichten Dämpfer versetzt hatte. Interpretation des Bauern: Zig interessiert sich nur für sich selbst, nicht für die Lösung meiner Probleme. Sollte dies der Fall gewesen sein, ist wohl offensichtlich, dass *ein Verkäufer, der nur an sich selbst denkt, kaum mit großen Aufträgen nach Hause fährt*!

Wie gesagt, der Möglichkeiten sind viele, das Ergebnis bleibt jedoch stets das gleiche. Mir entging ein Geschäft und die damit verbundene Kommission. Dem Bauern und seiner Familie entgingen die Vorteile, in deren Genuss sie hätten kommen können, wenn ich im Umgang mit diesem Kunden genügend Berufserfahrung und Kompetenz an den Tag gelegt hätte.

EINFÜHLUNGSVERMÖGEN ZAHLT SICH AUS

Jay Martin, ein guter Freund aus Memphis, Tennessee, ist Präsident der National Safety Associates, einer Firma, die Rauch- und Feuermelder verkauft. Von ihm stammt die folgende Geschichte. Eines Abends arbeitete er mit einem seiner jungen Vertreter. Dieser präsentierte einem Kunden seine Artikel in ausgezeichneter Art und Weise. Am Schluss stellte er die berühmte Frage. Daraufhin lehnte sich der Kunde, ein älterer Mann, der wohl kaum mehr als die Volksschule besucht hatte, in seinem Sessel zurück, verschränkte die Arme und sprach: «Nun, mein Sohn, Sie haben doch sicher von meinem

Pech gehört.» Da dem nicht so war, begann der alte Mann zu erzählen.

DIESER KUNDE HATTE WIRKLICH PROBLEME

«Nun, wir waren vor ein paar Monaten mit unserem Auto unterwegs, als so ein Idiot, der uns beim Überholen auf unserer Straßenseite entgegenkam, frontal mit uns zusammenstieß. Unser Auto erlitt Totalschaden, und meine Frau und ich landeten im Spital. Ich selbst wurde nach knapp zwei Wochen entlassen, aber der eine Knöchel wird wohl immer steif bleiben. Ich reise mit Stoff, und da ich nicht mehr so gut gehen kann, ist mein Umsatz beträchtlich gesunken; und das tut weh!

Meine Frau war während mehr als sechs Wochen im Spital, und in dieser Zeit hat ihre Firma ihren Arbeitsplatz wegrationalisiert; und nun ist sie arbeitslos. Wenn man so lange Zeit von zwei Löhnen gelebt hat und dann unvermittelt nur noch auf einen angewiesen ist, dann gibt das schon Probleme! Die Spitalrechnung kam für uns beide auf über 20 000 Dollar zu stehen. Die Versicherung wird wahrscheinlich schon irgendwann bezahlen, aber es kostet schon Nerven, bis es so weit ist.

Damit noch nicht genug. Letzte Woche kam unser Sohn aus dem Militärdienst nach Hause. In der ersten Nacht nahm er eine Kurve zu schnell, stürzte eine Böschung hinunter, raste in eine Tankstelle hinein, zerstörte unser zweites Auto und eine mächtige Reklamesäule im Wert von 6 000 Dollar. Die Versicherung wird wohl den Wagen bezahlen, aber ich weiß nicht, ob sie auch die Kosten für die Reklamesäule übernimmt. Wenn wir wirklich selber für diese 6 000 Dollar aufkommen müssen, sind wir in einer ziemlich üblen Lage, das kann ich Ihnen sagen!

Und obendrein brachten wir gestern abend meine Schwiegermutter in eines der teuersten Altersheime in der ganzen Umgebung. Ihr einziger anderer Verwandter ist ein Bruder, und der wird nicht viel für sie tun. Er hat seit über einem Jahr nichts von sich hören lassen, und wir wissen nicht einmal, wo er sich zur Zeit befindet. Also wird auch diese Last an mir hängen bleiben.»

Die Variante «Einfühlungsvermögen»

Angesichts solcher Probleme kann man mit seinem eigenen Leben wohl wieder ganz zufrieden sein. Wenn Sie der Verkäufer wären und diesem Kunden in seiner schwierigen Lage viel Sympathie entgegenbrächten, würden Sie vielleicht sagen: «Ach, das ist ja schrecklich, und wahrscheinlich haben Sie mir das Schlimmste noch verschwiegen! Aber kann Ihnen die Regierung nicht irgendwie helfen? Oder das Rote Kreuz? Oder die Nachbarn? Oder die Kirche?» *Das* wäre Sympathie; Jay Martins Verkäufer bewies aber nicht Sympathie, sondern Einfühlungsvermögen.

Einfühlungsvermögen erlaubt Ihnen, sich gefühlsmäßig über die Sache zu stellen und eine Lösung für das Problem anzubieten. *Sie versetzen sich in die Lage des Kunden, und dort fällt ja letzten Endes die Entscheidung über ein Geschäft. Ihre Chancen auf Erfolg sind wesentlich größer, wenn Sie die Angelegenheit aus der Sicht Ihres Kunden sehen und Ihre Präsentation von seinem Standpunkt aus machen können.*

Und genau das tat offensichtlich der junge Verkäufer. Er schaute seinen Kunden an und sagte: «Sagen Sie, gibt es abgesehen von all diesen Problemen noch einen anderen Grund, weshalb Sie sich und Ihre Familie nicht mit einem dieser Rauch- und Feuermelder schützen sollten?»

Auf diese Frage hin brach der alte Mann in einen hysterischen Anfall aus. Er brüllte vor Lachen, schlug sich auf die Schenkel und antwortete:

«Nein, mein Sohn, das sind die einzigen Gründe, weshalb ich heute keine Alarmanlage kaufe!» (Und in diesem Augenblick glaubte er wohl selbst nicht, dass er etwas kaufen würde.)

Der «Action»-Abschluss

Der Verkäufer hatte einen strategisch sehr geschickten Zug gemacht. Er hatte alle Einwände so früh wie möglich entdeckt und konnte sich nun während der Präsentation oder ganz zu Anfang des Verkaufsgesprächs entsprechend darauf einstellen.

Als der Verkäufer hörte, dass keine weiteren Gründe gegen einen Kauf sprächen, zögerte er keinen Augenblick, griff zu seinem Koffer (Jay Martin nennt das eben die «Action») und nahm einen Feuermelder heraus. Er hielt ihn gegen die Wand, damit der Mann ihn genau sehen konnte, und sprach: «So gut ich rechnen kann, haben Sie zurzeit Schulden von rund 30 000 Dollar – (Pause) – und auf 300 mehr kommt es nun auch nicht mehr an.» (Wiederum Pause, gefolgt von den entscheidenden Sätzen, die ihm das Geschäft einbrachten.) Er senkte seine Stimme, schaute dem Mann in die Augen und sagte ruhig: «Sehen Sie, Feuer ist in *jedem* Fall verheerend. In *Ihrem* Fall aber könnte es das Ende bedeuten!» Die Methode war eines Fachmannes würdig, die Logik war bestechend. Er hatte das Geschäft in der Tasche.

Er benützte den Grund, den der alte Mann *gegen* einen Kauf angeführt hatte, als Argument *für* den Kauf. *Egal was Sie verkaufen, die Chancen stehen in jedem Fall mindestens zehn zu eins, dass der Grund eines Kunden gegen den Kauf als Grund für den Kauf verwendet werden kann.* Dieser letzte Satz ist meiner Meinung nach so wichtig, dass wir uns noch etwas näher damit befassen wollen.

Die Variante «Ich kann es mir nicht leisten»

1978 fegte ein schweres Hagelwetter über Dallas hinweg. Die Winde tobten, die Hagelkörner prasselten hernieder, und es goss wie aus Eimern. Am folgenden Morgen verriet uns ein kunstvolles Wasserzeichen an der Wohnzimmer- und Küchendecke, dass wir ein echtes Problem hatten. Der Dachdecker kam und schätzte den Schaden auf gut 3500 Dollar. Wenn ich nun gesagt hätte, wir könnten uns dies nicht leisten, hätte er mir als guter Verkäufer wahrscheinlich entgegnet: «Gut, angenommen, Sie können sich diese Reparatur nicht leisten. Glauben Sie nicht, dass es Sie nach den nächsten zwei oder drei Gewittern noch teurer zu stehen kommen wird, neue Möbel zu kaufen, die Wände neu zu streichen, die Decken neu zu isolieren und das Dach obendrein doch reparieren zu müssen?»

Ich wiederhole: Sie haben gute Aussichten, ein Argument des Kunden gegen einen Kauf als Argument *für* einen Kauf verwenden zu können. «Was?! 10 Dollar für das Auswuchten eines Reifens? Für so etwas habe ich einfach kein Geld!» – «Wenn diese 10 Dollar nicht drin sind, wie wollen Sie sich dann einen neuen Reifen leisten, der viel teurer ist und schon bald ersetzt werden muss?»

«Prämien! Mann, ich kann mir keine weiteren Lebensversicherungsprämien mehr leisten! Die Versicherungen haben mich ohnehin schon zum armen Mann gemacht!» Ein Argument, das Sie bestimmt schon tausendmal gehört haben. Ich würde zunächst erwidern: «Ich kenne keine einzige Witwe, die der Ansicht wäre, das Leben ihres Mannes sei zu hoch versichert gewesen.» Und dann würde ich sagen: «Wenn Sie jetzt bei voller Arbeit die Prämien nicht bezahlen können, wer bezahlt dann Ihrer Familie die Rechnungen für Lebensmittel, wenn Sie nicht mehr da sind und dafür arbeiten können?»

Meine Verkäufer – und auch ich – begegnen nach einer Präsentation diesem Einwand immer wieder: «Ich kann es mir nicht leisten.» Wir raten unseren Leuten, ihre Kunden anzuschauen und mit sanftem Lächeln zu erwidern: «Wenn es Ihnen mit Ihrer Behauptung ernst ist, Sie könnten sich die paar Dollar für diesen Kurs über Verkaufsberatung nicht leisten, dann möchte ich Ihnen empfehlen, alle notwendigen Schritte zu unternehmen, um den Kurs besuchen zu können. Und warum? Sehen Sie, die verschiedenen Verfahren und Abschlussmethoden werden Ihnen helfen, mehr zu verkaufen. Und übrigens, wie manches Geschäft müssten Sie zusätzlich abschließen, um Ihre ganzen Investitionen in diesen Kurs wieder zurückzubekommen?»

Wenn Sie sich gründlich mit den Begriffen Einfühlungsvermögen und Ego auseinander setzen, werden Sie entdecken, dass ich nur Folgendes ausdrücken will: «Versetzen Sie sich in die Lage Ihres Kunden, *identifizieren* Sie das Problem, beteiligen Sie sich an der Lösung, und Ihr Umsatz wird steigen.»

Dieser Aktenkoffer sieht aus wie dein Kollege Bernie

Vor einigen Jahren rief mich Jean aus der Stadt an, wo sie ihre – oder unsere – Weihnachtseinkäufe besorgte. Sie hatte einen Aktenkoffer gesehen, der ihr sehr gefiel, und sagte mir nun aufgeregt am Telefon: «Liebling, dieser Aktenkoffer sieht genau wie dein Kollege Bernie aus!»

Was Jean damit sagen wollte, ist einfach: Hätte dein Kollege Bernie Lofchick aus Winnipeg einen Aktenkoffer kaufen müssen, hätte er wohl eben diesen gewählt und gesagt: «Dieser hier passt zu mir. Er *sieht aus* wie ich.» Einfühlungsvermögen ist die Fähigkeit, den Empfindungen des anderen Menschen auf den Grund zu kommen und seine Wünsche und Bedürfnisse mit seinen Augen zu betrachten. Und genau das tat Jean, als sie diesen Aktenkoffer kaufte. Sie bewies Einfühlungsvermögen.

Einfühlungsvermögen brauchen Sie oder sollten Sie haben, wenn Sie Ihrem Freund, Ihrem Ehepartner, Ihren Kindern, Ihrem Chef oder Ihrem Angestellten irgendein Geschenk machen wollen. Sie müssen sich überlegen, was jene Person wählen würde oder gerne haben möchte, wenn sie selbst etwas kaufen würde.

Wenn Sie als Verkäufer im Detailhandel tätig sind, kann Einfühlungsvermögen Ihren Umsatz mächtig steigern, wenn Sie mit Kunden zu tun haben, die für jemand anderen einkaufen. Ein Beispiel: Der Psychologe Erwin S. Weiss aus Cleveland, Ohio, behauptet, Großeltern gäben am liebsten Geschenke, an die man sich erinnert, Eltern schenkten vorwiegend praktische Dinge, und junge Leute verschenkten in erster Linie Dinge, die ihre momentanen Interessen befriedigen. Ein aufmerksamer Verkäufer, der über diese Informationen verfügt, kann die Zeit des Kunden, die ihn die Wahl kostet, und seine eigenen Bemühungen auf jene Artikel konzentrieren, die den Ansprüchen des Geschenkkäufers am nächsten kommen.

EINFÜHLUNGSVERMÖGEN VERBESSERT DAS TEAMWORK

Ted Lamb aus Prescott, Arizona, ist ein sehr erfolgreicher Chevrolet-Händler. Im Jahr 1982, als die Autoindustrie unter einer schweren Rezession litt, verkaufte er im Vergleich zum Vorjahr 69 Prozent mehr Wagen und erhöhte den Dollarumsatz um 68 Prozent. Lambs bestes Jahr als Chevrolet-Händler war ausgerechnet das Jahr 1982.

Wenn man sich um das Wie und Warum eines solchen Erfolges kümmert, entdeckt man verschiedene Faktoren, die dazu beigetragen haben. Erstens ist Ted ein hart arbeitender Optimist, der bürgerlich denkt und auf die Familie ausgerichtet ist. Er ist ein ideenreicher Geschäftsmann und besitzt ungeheuer viel Einfühlungsvermögen.

Zweitens muss in jeder erfolgreichen Firma unter den verschiedenen Abteilungen ein Geist der Einheit und des Teamworks herrschen. Dies gilt ganz besonders für die Autobranche, wo der Zusammenarbeit zwischen Verkauf und Service allergrößte Bedeutung zukommt. Nur allzu oft treten Missverständnisse auf, weil die Verkäufer nicht begreifen, weshalb die Werkstatt nicht alle vernünftigen und unvernünftigen Kunden sofort und zu hundertprozentiger Zufriedenheit bedienen kann. Ebenso können die Mechaniker nicht verstehen, weshalb die Verkäufer immer wieder «unmögliche» und oft «unsinnige» Wünsche in Bezug auf den Service vorbringen.

Bei Lamb Chevrolet gibt es keine derartigen Missverständnisse, weil Ted vor mehreren Jahren ein wohl einmaliges Verfahren einführte. In gewissen Abständen tauschen der Werkstattchef und der Chefverkäufer (die übrigens gleich viel verdienen) für ein paar Tage ihre Arbeitsplätze. Auf diese Weise gewinnt jeder Einsicht in die alltäglichen Aufgaben, Verantwortlichkeiten und Herausforderungen des anderen. Und dabei entwickelt ein jeder sehr viel Einfühlungsvermögen in die Rolle seines Kollegen. Wenn er dann wieder an seinen angestammten Platz zurückkehrt, bringt er viel mehr Verständnis und Wertschätzung für die Arbeit und die Probleme des anderen auf.

Dieses Verfahren bringt drei Gewinner hervor. Jeder der beiden Abteilungsleiter gewinnt neue Erkenntnisse über seine eigene, vertraute und über die fremde, nicht vertraute Arbeit seines Kollegen. Der Kunde gewinnt, weil er in *beiden* Abteilungen besser bedient wird. Und Lamb Chevrolet gewinnt, weil die Firma dank des Teamgeistes in allen Abteilungen die Kunden besser bedienen kann, was wiederum bedeutet, dass sie *mehr* Kunden zu bedienen hat.

DIE RICHTIGE EINSTELLUNG

Wenn man sich sorgfältig dem Aufbau einer Karriere als Verkäufer widmen will, kommt der Entwicklung einer richtigen Einstellung eine ziemlich bedeutende Rolle zu. Ich möchte hier allerdings nur vier Aspekte kurz streifen, die meiner Meinung nach sehr wichtig sind, wenn Sie ein Geschäft nicht nur beinahe, sondern *ganz* abschließen wollen. Zunächst wollen wir uns Ihrer Einstellung ganz allgemein zuwenden, dann Ihrer Einstellung sich selbst gegenüber, das heißt dem Bild, das Sie von sich selbst haben. Drittens folgt Ihre Einstellung gegenüber den Kunden, mit denen Sie es zu tun haben werden, und den Abschluss bildet Ihre Einstellung gegenüber dem Beruf des Verkäufers.

POSITIVES DENKEN KANN FRUSTRIEREND SEIN

Als eifriger Verfechter des positiven Denkens begegne ich häufig Leuten, die vollkommen verworrene Vorstellungen von diesem Begriff haben. Oft meinen sie, positive Denker würden glauben, mit positivem Denken könne man alles erreichen. Das ist natürlich Unsinn. Mit positivem Denken können Sie nicht einfach alles erreichen, aber es wird Ihnen helfen, alles *besser* zu tun als mit negativem Denken.

Egal, wie positiv mein Denken wäre, ich könnte den Boxweltmeister im Schwergewicht niemals k.o. schlagen. Ja, ich glaube nicht einmal, dass ich Ihren Blinddarm entfernen könnte, ohne Ihr Leben in größte Gefahr zu bringen. Eines weiß ich aber mit Sicherheit: Wenn Sie und ich auf einer einsamen Insel abseits jeglicher Zivilisation wären und Sie an akuter Blinddarrnentzündung litten, wäre es Ihnen bestimmt lieber, wenn ich die Angelegenheit mit einer positiven Einstellung in Angriff nähme!

Sie würden sich ganz sicher viel wohler fühlen, wenn ich voller Begeisterung ausriefe: «Ich bin zwar kein Arzt, aber ich habe viel gelesen und viele Fernsehsendungen mitverfolgt; deshalb bin ich zuversichtlich. Letzte Woche sah ich drei Blinddarmoperationen, und zum Glück habe ich ein sehr scharfes Messer bei mir und starke Medikamente gegen Infektionen. Ich bin fest davon überzeugt, dass ich auch ohne große Erfahrung Ihren Blinddarm entfernen kann, und ich bin absolut sicher, dass Sie davonkommen werden!»

Dies wäre Ihnen sicherlich lieber, als wenn ich Sie traurig ansähe und sagte: «Mann, nun müssen Sie sterben!» Nebenbei bemerkt, ich glaube kaum, dass auch nur einer von 100 Ärzten Ihnen aufgrund meiner positiven Einstellung bessere Überlebenschancen einräumen würde.

SIE KÖNNEN ES SCHAFFEN – NÄMLICH SO

Realistisch gesehen ist es durchaus möglich, dass rein positives Denken und Motivation ohne nähere Anleitung zu Frustration führen kann. Wenn Sie jemand ohne Ausbildung oder Anleitung losschickt, bloß weil er der Ansicht ist, Sie hätten das Zeug dazu, dann fallen Sie unter Umständen auf die Nase und werden frustriert.

Lassen Sie mich kurz erklären, wie ich die Sache sehe. Positives Denken ist eine optimistische Hoffnung – die sich nicht notwendigerweise auf irgendeine Tatsachen gründet–, dass Sie Berge versetzen können. *Ich habe erlebt, wie positives Denken Berge versetzt hat.* Positiver Glaube ist die gleiche, diesmal aber begründete optimistische Hoffnung, dass Sie Berge versetzen können. *Ich habe erlebt, dass positiver Glaube noch viel größere Berge versetzt hat.*

Dieses Buch handelt von positivem *Glauben.* Es gibt Ihnen *Gründe* zu glauben, Sie könnten diese Berge versetzen (mehr verkaufen). Und die Spielregeln für besseres Verkaufen sind sehr einfach: *Ich verspreche Ihnen gar nichts, ohne Ihnen einen Plan und ein Verfahren mit auf den Weg zu geben, um ein Versprechen möglich zu machen.*

Dieses Buch und das Wissen, das Ihnen Ihr Vorgesetzter oder Ihre Firma mit auf den Weg gibt, rüstet Sie mit den

Informationen aus, die notwendig sind, wenn Sie mehr verkaufen wollen. Ja, wir können Sie theoretisch sogar in einem Buch oder in einem Kurs mit jeder nur erdenklichen Situation konfrontieren. Und mit welchem Erfolg? Am ersten Tag, an dem Sie auf Reisen gehen, wird die Theorie von einem Kunden zerpflückt, der das Buch nicht gelesen oder den Kurs nicht besucht hat.

Er bringt eine Frage oder einen Einwand vor, den wir übersehen hatten. Mit solchen Situationen können Sie nur auf eine Art fertig werden: mit Ihrer persönlichen Erfahrung, die Sie in der Praxis im direkten Kontakt mit Ihren Kunden sammeln. Die Informationen dieses Buches, die genauen Instruktionen, die Ihnen der Verkaufsberater Ihrer Firma erteilt, und Ihre praktische Erfahrung ergeben erst jene wirkungsvolle Kombination, die aus Ihnen den Profi macht, der Sie gerne sein möchten.

AUF IHRE EINSTELLUNG KOMMT ES AN

Ihre Einstellung und alles andere an Ihnen wird durch das beeinflusst oder kontrolliert, was in Ihr Denken aufgenommen wird. *Was in Ihr Denken aufgenommen worden ist, bestimmt, was Sie sind und wie Sie sind. Indem Sie ändern, was in Ihr Denken aufgenommen wird, können Sie ändern, was Sie sind und wie Sie sind.*

Wahrscheinlich erwarten Sie vom Leben die meisten Dinge, die auch alle anderen Menschen von ihm erwarten: Gesundheit, Reichtum, Sicherheit, Freunde, Seelenruhe, Glück und was es sonst noch Schönes gibt. Haben Sie nicht all diese Dinge – oder wenigstens nicht in dem Ausmaß, wie Sie sie gerne haben möchten –, gibt es zwei Möglichkeiten.

Erstens: Sie sind vielleicht noch zu jung und haben einfach noch nicht genügend Zeit gehabt. (Wenn Sie über 30 sind, verstecken Sie sich hoffentlich nicht hinter diesem Vorwand.) Zweitens – und viel wahrscheinlicher:

Ihr *Verhalten* führt nicht zu den gewünschten Ergebnissen. In diesem Fall ist wohl klar, dass Sie *Ihr Verhalten ändern* müssen, wenn Sie Ihre Ziele erreichen wollen. Weniger klar ist möglicherweise die Tatsache, dass Sie zunächst Ihr Denken ändern müssen, bevor Sie Ihr Verhalten ändern können. Aber bevor Sie Ihr Denken ändern können, müssen Sie ihm neue Impulse verleihen.

Wenn wir wirklich haben wollen, wovon wir sprechen, müssen wir positive Ziele in unser Denken programmieren. Und diese Impulse kommen von *positiven* Freunden und Kollegen. Weitere Impulse *müssen* aus anderen Quellen stammen: Wir müssen die *richtigen* Bücher lesen, die *richtigen* Tondokumente hören, Weiterbildungs- und Motivationskurse besuchen. «*Kaufen*» Sie den folgenden Gedanken, und Sie werden mehr *verkaufen*, ganz egal, was Sie verkaufen:

> *Ihre Geschäfte gehen nicht dort draußen wirklich*
> *gut oder schlecht. Ihre Geschäfte*
> *gehen in Ihrem eigenen Denken eben gut*
> *oder schlecht.*

Beispiel: In diesem Augenblick sind Sie zur besten Zeit am besten Ort, um möglichst viel zu vekaufen. (Ja, das ist realistisch. Die einzige Zeit, die Sie haben und der Sie sicher sind, ist die Zeit, die Sie *gerade jetzt* haben. Da Sie eben jetzt dort und nicht anderswo sind, können Sie nur dort etwas verkaufen; Sie sind also zur richtigen Zeit am richtigen Ort.)

Wie viele Miesmacher und falsche Propheten verkünden immer wieder den Zusammenbruch aller Geschäfte. Unfehlbar verheißen sie alle vier, fünf Jahre die große «Rezession». Der Redner Don Hutson aus Memphis, Tennessee, betont, die Medien hätten in letzter Zeit genau 18 Rezessionen angekündigt, von denen dann auch zwei eingetroffen wären. Wenn die nächste angekündigt wird, werden Sie sich entscheiden müssen, ob Sie daran teilnehmen wollen oder nicht.

Auf meinen Reisen begegne ich allen möglichen Leuten, die vom billigsten Kinkerlitzchen bis zum millionenteuren Computer alles nur Erdenkliche verkaufen. Unabhängig von Firma, Industriezweig und Landesgegend gibt es solche, die sehr erfolgreich sind, solche, die ganz gut zurechtkommen, und solche, die vor dem Ruin stehen. Das Geschäft steht allen offen, wenn aber die Bedinungen sonst für alle gleich sind, wird der Verkäufer mit einem guten Selbstbild und einer positiven

Einstellung den Löwenanteil einstreichen, während für den anderen eben nur ein kleiner Rest übrig bleibt.

Der «Drauflos»-Abschluss

Ein ausgezeichnetes Beispiel für eine richtige Einstellung ist die Geschichte von Calvin Hunt aus Victoria, Texas. Calvin ist einer der ganz Großen im Lebensversicherungsgeschäft in den USA. Als äußerst ideenreicher und bürgerlich denkender Amerikaner arbeitet er mit allen möglichen Gags, um seine Geschäfte anzukurbeln. So lädt er zum Beispiel jedes Jahr irgendeinen bekannten Redner in seine Stadt ein. Die vordersten Sitzreihen des Hörsaales reserviert er für seine Kunden, die übrigen stellt er dem allgemeinen Publikum zur Verfügung. Und die Veranstaltung ist natürlich für alle Besucher kostenlos.

Calvin schließt nicht selten Lebensversicherungen ab, deren Prämien sich weit über 100 000 Dollar belaufen. Wenn er sich von seinem Chauffeur 20 oder 120 Meilen weit zu seiner nächsten Verabredung fahren lässt, bereitet er die Präsentation vor und kümmert sich dabei auch um die kleinsten Kleinigkeiten.

Im Jahr 1982 – so erzählte er mir – hätten sich die meisten seiner Kollegen über ein Geschäftstief beklagt und sich folglich nicht mehr so viel Mühe gegeben. Er gab zu, dass die Geschäfte schon nicht eben brillant liefen, aber über die Hälfte seiner Konkurrenten hätten sich auch nicht mehr darum bemüht, das Geschäft anzukurbeln. Mit ungefähr 90 Prozent der Geschäftsmöglichkeiten und nur rund 50 Prozent der Konkurrenz rechnete sich Calvin einen gewaltigen Aufschwung aus. Und seine riesigen Erfolge in jenem Jahr gaben ihm recht. Es kommt eben auf die Einstellung an.

IHRE EINSTELLUNG ZU SICH SELBST

Wenn Sie wirklich daran interessiert sind, sich eine Karriere als Verkäufer aufzubauen, müssen Sie zunächst daran gehen, ein gesundes Bild von sich selbst aufzubauen. Einer meiner väterlichen Berater zu Beginn meiner eigenen Karriere, Dr. Emol Fails, pflegte zu sagen: *Du baust dir kein Geschäft auf – du baust dir Leute auf, und die Leute bauen dann dein Geschäft auf.*

Wenn wir vom Geschäfteabschließen sprechen, müssen wir einfach der Tatsache Rechnung tragen, dass viele Verkäufer feige sind. Sie reden und reden und reden, trauen sich aber einfach nicht, die entscheidende Frage zu stellen, weil sie Angst haben, abgewiesen zu werden. Der sehr erfolgreiche Verkaufsberater Chris Hegarty sagt, 63 Prozent aller Verkaufsgespräche endeten ohne eine konkrete Anstrengung vonseiten des Verkäufers, das Geschäft abzuschließen.

Der Verkäufer, der selbst das ganze Gespräch bestreitet, hofft verzweifelt darauf, dass der Kunde seine Präsentation unterbricht und sagt: «Gut, ich kaufe.» Auf diese Weise umgeht er das Risiko, sein Ego aufs Spiel zu setzen, indem er einen direkten Abschluss sucht und mit einer ebenso direkten Absage rechnen muss.

VERKÄUFER ODER BESUCHER VON BERUF

Ich war im Laufe meiner Karriere bei unzähligen Verkaufsgesprächen dabei und habe immer wieder erlebt, wie der Verkäufer ununterbrochen weitergeredet hat, ohne jemals die direkte Frage nach einem Auftrag zu stellen. Ich habe sogar Kunden fragen hören: «Sie wollen mir doch am Ende nicht etwas verkaufen?» Worauf der Verkäufer sofort zum Rückzug geblasen und geantwortet hat: «Ach, neeein, nein!» Da kann man sich wirklich fragen, wofür sich solche Leute halten und was sie eigentlich zu tun glauben! Offenbar halten sie sich für Besucher von Berufes wegen. Sollten auch Sie dieser Meinung sein, wird dieses Kapitel für Sie sehr wichtig sein.

Von mir aus gesehen ist doch der Zweck eines Verkaufsgesprächs, einen Auftrag zu erhalten, gleichgültig, ob Sie die Leute besuchen oder diese zu Ihnen kommen. Und doch enden 63 Prozent aller Verkaufsgespräche im Nichts, ohne dass sich der Verkäufer *direkt bemüht* hätte, ein Geschäft abzuschließen, weil er zu wenig Selbstvertrauen und Angst vor einer abschlägigen Antwort hat.

Das Bild, das Sie von sich selbst haben, ist so wichtig, wenn Sie Ihr Verkaufstalent und Ihren Umsatz verbessern wollen, dass ich einen Moment lang abschweifen möchte, um Ihnen den Gedanken zu «verkaufen», dass Sie unbedingt etwas für Ihr Selbstbild tun müssen. Wenn Sie damit Probleme haben – und Sie sind der *einzige* Mensch, der *wirklich* weiß, ob Sie welche haben oder nicht –, rate ich Ihnen dringend, etwas dagegen zu unternehmen.

Eine der zahlreichen Möglichkeiten, mit denen Sie Ihr Selbstbild aufpolieren können, besteht darin, einen Rhetorikkurs zu besuchen. Die Fähigkeit, sich vor einem Publikum frei und ungezwungen auszudrücken, gehört wohl zu den besten vertrauensbildenden Maßnahmen, die ein Mensch ergreifen kann. Bestimmt werden irgendwo in Ihrer Nähe solche Kurse angeboten.

Eine weitere Möglichkeit besteht darin, zu einem Experten, zu einem echten Profi in dem von Ihnen gewählten Beruf des Verkäufers zu werden. Dieses Buch enthält über 100 verschiedene Abschlüsse. Machen Sie sich diejenigen zu eigen, die spezifisch auf Sie und Ihre Verkaufssituation zugeschnitten sind. Auswendig lernen allein hilft aber nicht viel. Sie müssen Ihnen in Fleisch und Blut übergehen. Feilen Sie sie auf Ihre Bedürfnisse zurecht, und Ihr Vertrauen wird gestärkt. Sie werden sich ein besseres Bild von sich selbst machen, weil Sie wissen, dass Sie die meisten Verkaufssituationen im Griff haben. Mit wachsendem Erfolg werden Sie Ihren Beruf noch mehr lieben, denn wenn Sie eine positive Einstellung bewahren wollen, müssen Sie *wissen*, was Sie tun.

VERGEWISSERN SIE SICH, DASS DIE LUFT REIN IST

Vielleicht gelingt es mir, Ihnen mit dem folgenden Beispiel zu zeigen, wie absolut notwendig Ihr Selbstvertrauen ist, wenn Sie als Verkäufer auf der Erfolgsleiter nach oben kommen wollen. In diesem Beispiel geht es um Immobilien, es könnte aber ebenso gut um ein anderes Produkt oder um einen anderen Verkäufer gehen, der Ihnen in die Quere kommt.

Gehen wir davon aus, dass Sie ein armseliges Bild von sich selbst besitzen. Sie sind eines schönen Morgens in Ihrem Gebiet unterwegs und entdecken in einem Garten ein Schild mit der Aufschrift: VERKAUF DURCH DEN BESITZER. Sie umrunden den Häuserblock dreimal, um sich einwandfrei davon zu überzeugen, dass die Luft rein ist. (Man soll ja schließlich vorsichtig sein, nicht wahr?) Wenn Sie dann so weit sind, klopfen Sie an die Tür (zaghaft, versteht sich von selbst). Die Dame des Hauses öffnet, und Sie beginnen mit Ihrer Präsentation. Nach zwei, drei Sätzen unterbricht Sie die Frau und sagt: «Moment mal! Ich möchte Sie etwas fragen. Handeln Sie mit Immobilien? Antworten Sie nur mit Ja oder Nein.» Auf Ihr schüchternes Ja hin bekommen Sie zu hören: «Ich bin daran nicht interessiert. Ich sage Ihnen das gleiche, was ich schon den beiden letzten Immobilienhändlern hier an meiner Tür gesagt habe. Ich verkaufe dieses Haus selbst. Ich habe jeden Baum und jeden Strauch in diesem Garten selbst angepflanzt, und ich gebe Ihnen nicht Tausende von Dollar dafür, dass Sie mein Haus verkaufen, wenn ich doch so viel mehr darüber weiß, als Sie je wissen werden. Und überhaupt, ich will nichts mehr davon wissen!» Und damit knallt Sie Ihnen die Tür ins Gesicht.

EIN SCHLECHTES SELBSTBILD IST DAS PROBLEM

Vergessen Sie nicht, Sie haben ein schlechtes Bild von sich selbst. Sie mögen sich nicht besonders, und die alte Dame mag Sie mit Sicherheit auch nicht! Nun stehen die Chancen hundert zu eins, dass Ihre *Reaktion* lautet:

«Ich armer Kerl! Niemand mag mich!» Und nun tun Sie das einzige, was Ihnen übrig bleibt: Sie gehen eine Tasse Kaffee trinken. Uber der ersten Tasse wird Ihnen klar, dass Sie eigentlich noch eine zweite brauchen. Und erst jetzt werden

Sie allmählich reif für ein paar «interessante» Schlüsse. «Warum habe ich bloß nicht vorher daran gedacht? Es ist doch so offensichtlich! Ich fahre jetzt zurück zum Büro, erledige noch die paar Anrufe und all den Schreibkram. Ich kann ja doch nichts verkaufen, solange ich noch so viele andere Dinge im Kopf habe. Am Montagmorgen fahre ich dann nochmals hin, mit klarem Kopf! Und dann wollen wir mal sehen! Und schließlich haben wir schon Mittwoch.»

Gestatten Sie mir, Ihnen Folgendes zu sagen: 98 Prozent der Menschen, die Dinge aufschieben, haben Probleme mit ihrem Selbstbild. Sie wollen einfach nicht hingehen und jene negative Antwort riskieren, mit der jeder Verkäufer auf der ganzen Welt bei jedem Besuch rechnen muss. Menschen weisen Verkäufer ab – Pulte tun dies nicht; ein Verstecken hinter dem Schreibtisch, hinter einem Golfschläger oder von mir aus hinter einer *weiteren* Planungssitzung bietet also Sicherheit. Verstehen Sie mich nicht falsch. Ich bin dafür, dass man plant und sich um Einzelheiten kümmert, aber von einem gewissen Augenblick an bedeutet Planen eine Flucht vor möglichen weiteren Absagen. *Wenn Sie überorganisiert sind und immer mehr Berichte über immer weniger Geschäfte schreiben, dann ist es höchste Zeit, etwas zu unternehmen.*

EIN GUTES SELBSTBILD IST DIE LÖSUNG

Nehmen wir unser Beispiel von vorhin noch einmal auf, diesmal aber mit einer wesentlichen Änderung: Sie haben jetzt ein gutes, gesundes Bild von sich selbst. Alles spielt sich wieder genau gleich ab wie vorher. Nur reagieren Sie jetzt anders, wenn die Frau Ihnen die Tür vor der Nase zuschlägt. Sie verstehen, dass *nicht Sie, sondern die Dame ein Problem hat*; es liegt nicht daran, dass Sie untauglich sind. Folglich gehen Sie die Straße hinunter und halten nach einem Kunden Ausschau, der kein Problem hat!

«*Er* (oder *sie*) macht mich wahnsinnig!» Bestimmt haben auch Sie diesen Satz schon gehört – oder selbst gesprochen. Doch hier gibt es etwas klarzustellen. Mein Freund Bob George sagt: «Man kann nicht in der Suppe rühren, wenn keine im Topf ist.» Andere Leute können Ihnen keinen «Wahnsinn» einimpfen, aber wenn er in Ihnen drin ist, können sie ihn «aufrühren», *sofern Sie es zulassen.* Es liegt an Ihnen zu entscheiden, ob Sie die Leute zu sich einladen wollen oder nicht, um Ihnen zu sagen, wie Sie denken, handeln oder fühlen sollen.

AUS MEINEM VERKAUFSTAGEBUCH

Anhand eigener Erfahrungen möchte ich den Punkt verdeutlichen: *Das Bild, das ein Verkäufer von sich selbst hat, übt einen unmittelbaren Einfluss auf seinen Verkaufserfolg aus.* Als junger Verkäufer hatte ich oft einen ersten Kunden in einem Haus, einen anderen im Haus nebenan und einen dritten 20 Meilen weiter weg zu besuchen. Ich sprach beim ersten Kunden vor, und wenn ich dort kein Glück hatte, machte ich von einer verblüffenden Fähigkeit Gebrauch. Ich konnte damals nämlich ein Haus *von außen* betrachten und dann beurteilen, ob ich den «psychologisch richtigen Moment» für einen Besuch erwischt hatte oder nicht. In meiner Fantasie sah ich die Bewohner beim Essen, beim Mittagsschläfchen oder bei einem Familienkrach. Ich «sah» 1 000 Gründe, jetzt *nicht* im Nachbarhaus vorzusprechen.

Ich setzte mich also in meinen Wagen, um die 20 Meilen zu meinem dritten Kunden zu fahren. Und es fiel mir nicht schwer, diesen Entschluss zu rechtfertigen: Ich musste unterwegs «planen», was ich bei meinem nächsten Kunden sagen würde. (Schließlich war ich bei meinem ersten Besuch abgewiesen worden, weil ich nicht sorgfältig «geplant» hatte, was ich sagen sollte.) Ich rechtfertigte also meine 20-Meilen-Fahrt mit «Arbeit».

Was ich sagen will, ist klar und wird ihnen hoffentlich helfen. Ich hatte mich selbst abgewiesen. Der Kunde im ersten Haus hatte mich abgewiesen, und ich wollte im Haus nebenan nicht wieder abgewiesen werden. Also nochmals: *Polieren Sie Ihr Selbstbild auf, und Ihre Leistungen als Verkäufer werden sich steigern.*

Die anderen können Ihnen nur ein Gefühl der *Unterlegenheit geben, wenn Sie es zulassen.*

Wenn Sie ein gesundes Bild von sich selbst haben, können Sie so oft von einem Kunden zum nächsten gehen, wie Sie wollen, unabhängig davon, wie Sie empfangen werden. (Ich gebe ja gern zu, dass *jeder* Mensch nur eine gewisse Anzahl von Absagen schlucken kann. Aus diesem Grund rate ich Ihnen immer wieder, etwas für Ihr Selbstbild zu tun und sich regelmäßig Tonbandaufnabmen anzuhören, hauptsächlich dann, wenn Sie mehrmals hintereinander ziemlich unsanft abgewiesen wurden.)

Als Verkäufer wird es Ihnen für Ihr Image sehr viel nützen, wenn Ihnen klar ist, *dass niemand auf dieser Erde Ihnen ein Gefühl der Unterlegenheit einimpfen kann, wenn Sie es nicht zulassen.* Wenn Sie erst einmal das richtige Bild von sich selbst haben – und darauf hin versuche ich mit allem, was ich schreibe und aufzeichne, direkt oder indirekt zu arbeiten –, wird Ihre berufliche *und* Ihre private Welt besser für Sie aussehen.

Ich spreche natürlich nicht von einem dick aufgeblasenen Selbstbewusstsein, welches Ihnen ununterbrochen suggeriert: ICH BIN DER GRÖSSTE. (Das ist sogar das Gegenteil eines gesunden Selbstbewusstseins. Wer sich mit diesen Worten in die Brust wirft, beweist in den allermeisten Fällen ein schlechtes Bild von sich selbst.)

Alle erstklassigen Verkäufer haben ein starkes (nicht ein aufgeblasenes) Ego. Sie sind nicht mehr erstklassig, wenn sie sich ihrem Ego ausliefern! Ich spreche von einem guten Selbstbild, einem Sich-selber-Akzeptieren. Wenn Sie sich selbst mit all Ihren Fehlern und Mängeln akzeptieren können, wird es Ihnen leichter fallen, andere Menschen – und damit auch Ihre Kunden – zu verstehen und sich ihnen mitzuteilen (ich sage nicht: mit ihnen *einverstanden sein*). Das Bild, das Sie von sich selbst machen, *ist* wichtig; arbeiten Sie also an einem guten Bild von sich selbst, und Ihre Laufbahn wird steiler und schneller nach oben führen.

Egal, an welchem Punkt Sie sich zurzeit befinden und welches Bild Sie augenblicklich von sich selbst haben, ich glaube, als Verkäufer habe ich in Ihren Schuhen gestanden und Ihre Gefühle empfunden. Keiner, der je dieses Buch lesen, ein Tonband von mir anhören, einen Film anschauen oder an einem meiner Kurse teilnehmen wird, hat sich jemals «mieser», ängstlicher und unsicherer gefühlt oder mehr an morgen gezweifelt als ich. Niemand hat sich wohl vor seiner ersten Tür miserabler gefühlt als ich. Und damit möchte ich Ihnen nur persönlich versichern, dass auch *Sie* hoffen dürfen.

IHRE EINSTELLUNG ANDEREN GEGENÜBER

Als nächstes möchte ich auf Ihre Einstellung anderen gegenüber zu sprechen kommen. Wie sehen Sie die Person, die Ihnen vor dem Ladentisch gegenübersteht? Ist es jemand, der Ihnen mit einem schnellen Geschäft ein paar leicht verdiente Dollar einbringt, oder ist es jemand mit einem Problem, zu dessen Lösung Sie etwas beitragen können? Nehmen Sie Rücksicht auf Ihr Gegenüber, oder sind Sie einzig darauf bedacht, etwas zu verkaufen und die Ernte für sich selbst behalten zu können?

Bei jeder Umfrage im ganzen Land beklagen sich die Kunden immer wieder über Rücksichtslosigkeit, Unfähigkeit oder Gleichgültigkeit. Bei zwei dieser Klagen dreht es sich offensichtlich um einfache zwischenmenschliche Beziehungen, und wenn wir uns auf diesem Gebiet nicht üben, werden wir bald keine Menschen mehr haben, mit denen wir Beziehungen unterhalten oder denen wir etwas verkaufen können, soweit dies unsere Geschäfte betrifft.

Robert Cavett weist darauf hin, dass annähernd drei Viertel der gesamten Weltbevölkerung Nacht für Nacht hungrig schlafen gehen. Er sagt auch, dass ein noch größerer Prozentsatz von Menschen Nacht für Nacht *hungrig nach Anerkennung* schlafen geht. Es ist sehr wichtig, dass jeder Kaufmann und jeder Verkäufer den Wert jedes Menschen anerkennt, der seinen Laden betritt oder der mit ihm ein Geschäft machen will. Schlichte, einfache Höflichkeit und Rücksichtnahme bringen Sie ihrem Ziel einen großen Schritt näher.

Achten Sie doch einmal auf die persönlichen Qualitäten und Eigenschaften der ganz großen Männer und Frauen, in der Verkaufs- und Geschäftswelt ebenso wie im politischen und religiösen Leben. Sie werden entdecken, dass Sie sie in den meisten Fällen mit zwei Wörtern umschreiben können: nett sein.

Wie sehen Sie Ihre Beziehung zu Ihren Kunden? Betrachten Sie sich als Freund, als jemand, der dem anderen wirklich helfen und raten kann, der sich um die Interessen des Kunden kümmert? Glauben Sie daran, dass derjenige gewinnt, der am besten dient? Ich hoffe es sehr, denn in der Verkaufswelt kann man nur Kunden gewinnen, wenn man mit den Menschen, mit denen man es zu tun hat, eine gewinnbringende Beziehung aufbaut.

Dr. Anthony J. Allessandra, Autor des Buches *Non-Manipulative Seiling*, berichtet in einem Artikel im *PMS ADVISER* vom Dezember 1982 Folgendes:

1. 68 Prozent der Kunden gehen verloren, weil die Angestellten der Firma, die etwas zu verkaufen hat, Gleichgültigkeit und offensichtlichen Mangel an Interesse an den Tag legen.
2. 14 Prozent der Kunden kommen nicht wieder, da ihre Beschwerden nicht erledigt werden.
3. 9 Prozent wandern ab, weil sie anderswo billiger einkaufen können.
4. 5 Prozent kaufen bei Freunden oder Verwandten.
5. 3 Prozent ziehen um.
6. 1 Prozent geht durch Todesfälle verloren.

Normalerweise sollte der jährliche Kundenwechsel einer Firma oder eines Verkäufers 18 Prozent nicht übersteigen; Zahlen, die darüber hinausgehen, geben Anlass zu Besorgnis. Wenn Sie Ihre verlorenen Kunden nicht bald durch neue ersetzen, werden Sie Ihr Geschäft in wenigen Jahren aufgeben müssen. Abgesehen von den Todesfällen (1 Prozent) und den Umzügen (3 Prozent) ließe sich ein guter Teil der restlichen 14 Prozent durch professionell aggressive Verkaufs- und Marketingmethoden retten. Die übrigen 82 Prozent, die wegen Gleichgültigkeit, mangelndem Interesse und unbefriedigend erledigter Beschwerden verloren gehen, lassen sich mithilfe guter zwischenmenschlicher Beziehungen retten.

Buchstäblich jedermann verkauft etwas, und ebenso buch-stäblich lässt sich alles verkaufen. Angesichts dieser Tatsache wird es plötzlich sinnvoll, ein effizienter und professioneller Verkäufer zu werden. The Forum Corporation machte die interessante Feststellung, dass Klasseleute mit Firmenangehö-rigen genau so seriös umgehen, was ihre Verkaufs- und Dienst-leistungen anbetrifft. Da Verkäufer – und selbst Klasseleute – in der Regel keine Untergebenen haben, müssen sie ihre Arbeit durch andere erledigen lassen, über die sie eine geringe oder gar keine Kontrolle ausüben. Sie pflegen gute zwischen-menschliche Beziehungen und verkaufen die Hilfskräfte der Firma mit, wenn es darum geht, etwas zu liefern, zu installie-ren, Servicearbeiten auszuführen oder einfach den Kunden zufrieden zu stellen. Auf diese Weise können Klasseleute ihre Verpflichtungen dem Kunden gegenüber einhalten und ihm beweisen, dass er – der Klassemann – ein zuverlässiger Mensch ist, dem man vertrauen kann.

Der folgende kleine Aufsatz bringt dies ganz hervorragend zum Ausdruck:

ICH BIN IHR KUNDE, DER NIE ZURÜCKKOMMT

Ich bin ein netter Kunde. Alle Kaufleute kennen mich. Ich bin der Kunde, der sich nie beklagt, ganz egal, wie ich auch bedient werde.

Wenn ich ein Geschäft betrete, um etwas zu kaufen, spiele ich mich nicht auf. Ich versuche, Rücksicht auf die andere Person zu nehmen. Wenn ich an eine hochnäsige Verkäuferin gerate, die sich schnippisch benimmt, weil ich mehrere Artikel anschauen möchte, bevor ich mich entschließe, bleibe ich so höflich, wie es nur geht; ich glaube, Unhöflichkeit ist keine Antwort auf solches Benehmen.

Ich begehre nie auf, beschwere mich nie und kritisiere nie, und es würde mir nicht im Traum einfallen, eine Szene zu machen, wie ich das schon bei anderen Leuten in aller Öffent-lichkeit erlebt habe, nein, ich bin ein netter Kunde, der nie zurückkommt.

Auf diese Weise räche ich mich dafür, dass ich missbraucht werde und nehme, was Sie mir anbieten, weil ich weiß, dass ich nie zurückkommen werde. So kann ich zwar meinen Gefühlen nicht unmittelbar Luft verschaffen, aber auf lange Sicht schenkt mir das viel mehr Befriedigung, als wenn ich explodieren würde.

Im Grunde genommen kann ein netter Kunde wie ich zusammen mit den anderen, die genau so sind, ein Geschäft ruinieren. Und es gibt viele nette Leute wie mich. Wenn man es bunt genug mit uns treibt, gehen wir in ein anderes Geschäft, wo man nette Kunden zu schätzen weiß.

Wer zuletzt lacht, lacht am besten, sagt man. Und ich lache, wenn ich sehe, wie Sie sich werbenderweise abmühen, mich zurückzugewinnen, wo Sie mich doch mit ein paar netten Worten und mit einem freundlichen Lächeln nie verloren hätten.

Vielleicht haben Sie Ihr Geschäft in einer anderen Stadt, und vielleicht befinden Sie sich in einer «anderen» Situation; aber wenn Ihre Geschäfte schlecht gehen, stehen die Chancen gut, dass es sich herumspricht, wenn Sie Ihre Einstellung geändert haben, und dann wird aus mir, dem netten Kunden, der nie zurückkommt, der nette Kunde, der immer wieder kommt – und obendrein seine Freunde mitbringt.

Anonymus

Wirtschaftlich gesehen gibt es zwei gute Gründe, alle Anstrengungen zu unternehmen, um unsere Kunden zu behalten. Wie Larry J. Rosenberg und John A. Czepiel im *Journal of Consumer Marketing* vom März 1984 schreiben, kostet ein verlorener Kunde eine Firma durchschnittlich 118 Dollar, während es 20 Dollar kosten würde, einen zufriedenen Kunden zu behalten. Ungeachtet dieser Tatsache lässt es sich eine durchschnittliche Firma rund sechsmal so viel kosten, einen neuen Kunden zu gewinnen, als einen alten zu behalten.

Ich darf vielleicht noch hinzufügen, dass ein unzufriedener Kunde sein *Problem* im Durchschnitt elf anderen Leuten anvertraut. Und da kommt doch schon eine ganz hübsche Summe zusammen.

Nebenbei bemerkt: *Verlierer* rechnen damit, verlorene Kunden zu «ersetzen»; *Sieger* hingegen wollen ihre Kunden behalten *und* neue dazugewinnen, um bessere und größere Geschäfte zu machen.

Lassen Sie mich dies offen sagen: wenn dies Ihre Einstellung im Umgang mit dem Kunden ist, werden Sie nicht annähernd so viel verkaufen und verdienen. Ich habe weiter vorn gesagt, beim Verkaufen drehe es sich um ein «Übertragen» von Gefühlen. Wenn Ihr Kunde Ihre Habgier und Ihren Egoismus spürt, werden Sie einmal mehr eine Niete ziehen.

Die folgende kleine Geschichte mag die Haltung des Siegers (Sie *und* ihr Kunde) widerspiegeln. Vor mehreren Jahren zog ich mir beim Bowling in Omaha eine Verletzung am rechten Knie zu. Einer meiner Freunde – nicht der allerhellste – machte eine gehässige Bemerkung über mein Alter. Wenn er etwas heller gewesen wäre, hätte er merken müssen, dass mein linkes Knie genau gleich alt war wie mein rechtes, und mein linkes Knie war hundertprozentig in Ordnung; mein Alter konnte also offensichtlich auf den Zustand meines rechten Knies keinen Einfluss haben!

Kurze Zeit nach diesem Vorfall sollte ich in San Francisco vor gut 2 500 Menschen sprechen. Als ich nach der kurzen Einführung zum Rednerpult humpelte, *spürte* ich förmlich die Gedanken, die mir aus dem Publikum entgegenschlugen: «Mein Gott! Was ist denn mit Zig los? Er ist ja beinahe ein Krüppel, aber ich wette, er wird alles geben, was er nur geben kann.» Als Redner konnte ich die Gefühle der Zuhörer fühlen. Ehrlich gesagt, ich verstehe bis heute nicht, was für einen therapeutischen Einfluss ein Mikrofon um den Hals auf ein kaputtes Knie haben kann. Aber offenbar hatte es einen medizinischen Einfluss, denn als man mir das Mikrofon umhängte, war es mit den Schmerzen in meinem Knie vorbei! Während der folgenden 65 Minuten ging ich rauf und runter, hin und her, ich bückte mich, ging in die Hocke, schrie, brüllte und tat alles, was mein Publikum von mir erwartete. Während 65 Minuten hatte ich keine Schmerzen. Ich beendete meine Rede, ging von der Bühne ab und brach zusammen, weil mein Knie höllisch schmerzte.

VERKAUFEN HEISST GEWINN FÜR BEIDE SEITEN

Was geschah, ist wohl klar. 65 Minuten lang hatte ich nicht an Ziglar und sein Knie gedacht. Ich dachte bloß an meine Kunden und wie ich ihnen helfen könnte, ihre Probleme zu lösen. Ich tat dies nicht bewusst, sondern unbewusst. Als ich fertig gesprochen hatte, entspannte ich mich innerlich. Es war, als ob ich mir gesagt hätte: «In Ordnung, Ziglar, nun kannst du diese Leute vergessen. Denk jetzt an dich selbst.» Sobald sich meine Gedanken nicht mehr hilfreich nach außen, sondern nach innen, auf mich selbst richteten, fiel ich auf die Nase.

Das Gleiche wird Ihnen passieren. Verstehen Sie mich nicht falsch. Ich bin äußerst misstrauisch Leuten gegenüber, die ihren Heiligenschein zurechtrücken und behaupten: «Ich verkaufe mein Produkt nur, weil ich den Leuten so gern helfe.» (Ich sehe dennoch, wie sie den Scheck für ihre Kommission einstecken.) Ich möchte eiligst hinzufügen, dass auch ich gern den Leuten helfe, aber in einer Beziehung sind wir doch alle gleich. Wenn unsere Firma uns für unsere Verkaufstätigkeit nicht mehr bezahlen würde, wären wir durch den finanziellen Notstand gezwungen, unsere Hilfe durch das Verkaufen von Produkten oder Dienstleistungen aufzugeben, gleichgültig, wie sehr wir daran glauben und wie sehr wir das lieben, was wir tun.

Um zu dieser Einstellung zu gelangen, die zum Aufbau einer für beide Seiten gewinnbringenden Beziehung führt, wollen wir uns damit befassen, wie laut DeMarco und Maginn von der Forum Corporation die Kunden von Klasseverkäufern den Spitzenmann und seine Rolle sehen.

WIE KÖNIG KUNDE DEN VERKÄUFER SIEHT (BERICHT DER FORUM CORPORATION)

Der Kunde sieht den erstklassigen professionellen Verkäufer als Menschen, der echt an seinen (des Kunden) Bedürfnissen interessiert ist, selbst wenn er die Vorzüge seiner Firma aktiv ins richtige Licht zu rücken versucht. Dieser «Balance-Akt» ermutigt den Kunden, vertrauliche Informationen preiszugeben, und zwar im Wissen, dass der Verkäufer versuchen wird, seine Sorgen zu verstehen und ihm ein faires Geschäft anzubieten. Der Kunde sieht den Top-Verkäufer als Menschen, der

Informationen *austauscht* und nicht nur seine Ware aus seiner Perspektive präsentiert.

Der Top-Verkäufer weiß, wie wertvoll die Zeit des Kunden ist, und nützt die Zeit, die dieser ihm zur Verfügung stellt, weil er selbst noch mehr wertvolle Zeit damit verbracht hat, seine Strategie zu überlegen und den Besuch vorzubereiten. Der Kunde bemerkt das und weiß es zu schätzen. Der Top-Verkäufer ist sich der Sachzwänge und Bedürfnisse des Kunden bewusst und verkauft für *ihn*, nicht für seine Firma.

Der Mythos, wonach sich ein Verkäufer nur um die Kümmernisse des Kunden im Zusammenhang mit seinem geschäftlichen Besuch sorgen sollte, wurde pulverisiert, ebenso wie die Auffassung, wonach der Preis keine Rolle spiele und dass man ihnen «alles versprechen» solle, um ein Geschäft abschließen zu können. Der Kunde erwartet von einem Verkäufer, dass er vertrauenswürdig ist, Fragen ohne Umschweife beantwortet und ihn fachmännisch berät. *Eine charakteristische Eigenschaft des Top-Verkäufers ist seine Bereitschaft, auch die Nachteile eines Produktes zu erläutern.*

Für den Kunden ist derjenige Verkäufer erfolgreicher als ein anderer, der sich mit Begeisterung und Interesse der Lösung seiner Probleme widmet. Ein Verkäufer, der Beziehungen aufbauen und wertvolle Dienste in Form von Ratschlägen, Informationen oder Meinungen vermitteln kann, gilt bei den Kunden einmütig als Top-Verkäufer und kann auf mehreren Ebenen in eine Organisation eindringen. Die Kunden sind der Ansicht, die in der heutigen Industrie übliche Grundausbildung der Verkäufer müsse fortgesetzt werden. Kenntnisse des Produktes, der Konkurrenz und Fertigkeiten im Umgang mit dem Kunden von Angesicht zu Angesicht sind nach wie vor entscheidende Voraussetzungen für den Verkauf.

Dem Klugen mag ein Wort genügen. Hören Sie sich an, was die Kunden über Top-Verkäufer zu sagen haben, und die Chancen, dass Sie dereinst auch zu diesen Top-Verkäufern gehören, steigen gewaltig.

Ihre Einstellung zu Ihrem Beruf

Verkaufen ist die bestbezahlte harte und die am schlechtesten bezahlte leichte Arbeit der Welt. Der Beruf des Verkäufers bietet dem, der sich ihm mit Leib und Seele verkauft, eine höchst interessante, befriedigende und anspruchsvolle Laufbahn. Der Titel, den Fred Herman seinem ausgezeichneten Buch über die Kunst des Verkaufens gab, ist die reine Wahrheit: Verkaufen ist einfach (nicht leicht).

Sehr viele Verkäufer sind vom Produkt, das sie anbieten, begeistert. Sie halten ihre Firma für die größte und schließen sich nur allzu gern den Leuten an, welche diese Firma vertreten. Viele dieser Verkäufer geben aber nur ungern zu, dass sie verkaufen, um leben zu können. Auf diesem Punkt werde ich ganz besonders beharren, denn Ihre *gesamte* Einstellung gegenüber sich selbst – gegenüber Ihrem Kunden, Ihrer Firma, Ihrem Produkt *und* Ihrem Beruf – wird sehr oft darüber entscheiden, ob Sie ein Geschäft abschließen oder nicht. Und dies gilt vor allem für Geschäfte, die auf Messers Schneide stehen. Obwohl dieses Kapitel an und für sich keine neuen Methoden enthält, wird es Ihnen sehr helfen, das Blatt in kritischen Situationen zu Ihren Gunsten zu wenden.

SEIEN SIE STOLZ DARAUF, DASS SIE VERKAUFEN

Ich bin aus verschiedenen Gründen stolz darauf, Verkäufer zu sein. Ich glaube, Amerika ist eine großartige Nation, weil es eine Nation von Verkäufern ist. Und Amerika wurde von einem Verkäufer entdeckt. Man darf wohl kaum behaupten, Christoph Kolumbus sei ein großer Seemann gewesen. Die Geschichte erzählt, er habe einen kürzeren Seeweg nach Indien gesucht. Nun, er verpasste sein Ziel um rund 12 000 Meilen, kam aber dennoch zurück und berichtete, er habe es gefunden. Wo ich herkomme, zählt das nicht als Meisterstück der Seefahrerkunst.

Sie mögen nun einwenden, das sei immer noch kein Beweis, dass er ein Verkäufer war. Zugegeben, aber bedenken Sie doch einmal: Er war ein Italiener in Spanien, sprach also eine Fremdsprache. Nach allen üblichen Normen befand er sich weit außerhalb seines Gebietes. Er musste nur einen einzigen Kunden besuchen, und wenn er das Geschäft nicht gemacht hätte, hätte er einen weiten Weg nach Hause schwimmen müssen. Er stand also unter mächtigem Druck!

Der «Kolumbus»-Abschluss

Er sprach bei Königin Isabella vor und erzählte ihr seine Geschichte. Nach seiner Präsentation erwiderte Isabella: «Die Idee klingt gut, Christoph, aber 12 000 Dollar für fünf kleine Schiffe, das ist einfach lächerlich!» Kolumbus vernahm den finanziellen Einwand wohl, da er aber genau gehört hatte, was sie sagte *und* was sie sagen wollte, erkannte er, dass nicht Geld das Problem war.

Es war ihm sofort klar, dass sie nicht von allen Vorteilen überzeugt war, die es mitbrachte, einen kürzeren Seeweg nach Indien zu entdecken. Sie glaubte offensichtlich, die Kosten wären größer als die Vorteile, und der gesunde Menschenverstand sagte ihm, weder Isabella noch ein anderer Kunde würde für etwas mehr bezahlen, als es ihrer Ansicht nach wert wäre. So begann Kolumbus eben, ihr all die schönen Dinge, die ihr Volk zu erwarten hätte, und die Anerkennung, die ihr als Entdeckerin eines kürzeren Seeweges nach Indien gewiss sein würde, in glühenden Farben zu schildern.

Er wies auf die Möglichkeit hin, all die Länder zu kolonialisieren, die er sicherlich entdecken würde. Er betonte die Zeitersparnis und die Aussichten auf neue, unbekannte Nahrungsmittel, Gewürze, Edelsteine und Pelze. Und zweifellos erinnerte er sie auch daran, sie könne den «Wilden» auf der anderen Seite der Erde das Christentum bringen. Und bestimmt lockte er sie auch mit dem Vorsprung, welchen Spanien im Kampf um die Weltherrschaft gegenüber Frankreich und England gewinnen würde.

Nach dieser faktisch-emotionalen Präsentation war eine Entscheidung fällig (und es stand ja ziemlich viel auf dem Spiel). Isabella sagte: «Einverstanden. Das Problem ist nur, ich habe kein Geld.» Daraufhin erwiderte Kolumbus (da ich nicht dabei war, weiß ich nicht, ob ich wörtlich zitiere):

«Isabella, Sie haben doch diese Perlenkette um den Hals. Kommen Sie, wir versetzen sie im Pfandladen um die Ecke und finanzieren damit die Fahrt.»

Aus den Geschichtsbüchern wissen wir, dass die Geldmittel für diese Reise tatsächlich auf ungewöhnliche Art und Weise aufgebracht werden mussten. Einmal unterwegs, musste Kolumbus immer noch viel verkaufen. Seine Mannschaft drohte täglich, zu meutern, ihn über Bord zu werfen und umzukehren. Da es um sein Leben ging, muss Kolumbus wohl ein sehr überzeugender Verkäufer gewesen sein. Außer Kolumbus waren wohl nur wenige Vekäufer in der Geschichte so sehr darauf angewiesen, dass man ihnen *Vertrauen* schenkte. Er musste jeden Tag verkaufen, um wieder einen Tag lang weitersegeln zu können. Und als eines Morgens der Ruf «Land in Sicht!» erscholl, hatte Christoph Kolumbus das einträglichste Verkaufsgeschäft in der Geschichte «gelandet».

ZEIGEN SIE IHREN KUNDEN, DASS SIE SIE LIEBEN

Und dann unterließ Kolumbus etwas, wozu viele Verkäufer leider allzu oft neigen, und dabei beging er den größten Fehler seiner Laufbahn als Verkäufer. *Er sorgte nicht für den notwendigen Service.* Offenbar nahm er an, die Reise sei ja *seine* Idee gewesen und *er* habe der Welt diese ungeheuren neuen Möglichkeiten eröffnet, und deshalb würde man sich in alle Ewigkeit *seiner* erinnern.

Wenn Sie neu in diesem Beruf eingestiegen sind, möchte ich Ihnen verraten, dass es nicht so fünktioniert. Und wenn Sie schon ein alter Hase sind, brauche ich Sie nicht daran zu erinnern. Schuld daran ist die Konkurrenz, die zum größten Teil durchaus legitim ist. Konkurrenten sind allgegenwärtig, und sie werden *Ihre* Kunden (sie gehören doch Ihnen, nicht wahr?) ständig umschwärmen.

Wenn Sie ein Geschäft abschließen, nehmen Sie die beneidenswerte Position hinter dem Steuer ein; wenn Sie aber Ihre Augen von der Straße (von Ihrem Kunden) abwenden und den Fuß vom Gaspedal (vom Service) nehmen, wird die Konkurrenz mit der Idee werben, sie sei der bessere Fahrer und könnte mehr und besser Gas geben.

SERVICE – DER SCHLÜSSEL ZU EINER LAUFBAHN ALS VERKÄUFER

In Kolumbus' Fall stellte Amerigo Vespucci die «Konkurrenz» dar. Er begann, Geschäfte zu machen und den Service zu übernehmen. Und das Ergebnis: Ich lebe heute in den Vereinigten Staaten von *Amerika*, nicht in den Vereinigten Staaten von Kolumbus.

Der «Liebeswerbungs»-Abschluss

Ich bin persönlich davon überzeugt, dass viele Ehen aus diesem Grund in die Brüche gehen. Während der Zeit der Werbung (des Verkaufsgesprächs) präsentieren die jungen Verliebten einander Geschichten, die schlicht und einfach unglaublich sind! Während der ganzen Zeit legen beide Teile jederzeit ihr bestes Verhalten an den Tag. Beide machen Versprechungen und geben sich aufrichtig Mühe, diese auch einzuhalten. Beide zeigen sich nur von ihrer besten Seite. Beide sind stets pünktlich und rücksichtsvoll – bis sie sich schließlich vor dem Altar einfinden!

NUN ÄNDERN SICH DIE DINGE

Die Zeit der Werbung ist um. Vielleicht nicht gerade in den ersten Tagen, Wochen oder Monaten nach der Hochzeitsreise, aber allmählich werden die kleinen Liebesbeweise immer seltener, die so viel Rücksicht und Zuneigung verraten. Verschiedene gute Gewohnheiten aus der Brautzeit beginnen zu verblassen. Andere Dinge und Aktivitäten rücken wieder mehr ins Zentrum. Keine Sorge, auch ich glaube nicht, dass das Hochgefühl der Hochzeitsreise eine ganze Ehe lang andauern kann, ich meine aber dennoch, dass liebevolles Umwerben und Höflichkeit absolut unerlässlich sind, wenn eine Ehe nicht nur halten, sondern auch für beide Teile aufregend und bedeutungsvoll sein soll.

Oft hört man dann von «einem anderen Mann» oder «einer anderen Frau». Dafür wäre aber kein Platz, wenn Ehemann und Ehefrau auch weiterhin ihre Prioritäten richtig setzen und auch während ihrer Ehe nicht aufhören würden, sich gegenseitig zu umwerben. Kurz: Die Zahl der Scheidungen würde drastisch zurückgehen, wenn Männer und Frauen in der Ehe «liefern» würden, was sie sich gegenseitig während der Zeit der ersten Liebe «verkauft» haben.

Aus dem gleichen Grund glaube ich nicht, dass wir die meisten Kunden an die Konkurrenz verlieren, weil sie irgendwo einen besseren Preis oder ein besseres Produkt bekommen, obwohl das natürlich in einzelnen Fällen möglich ist. In den meisten Fällen verlieren wir einen Kunden, weil die Konkurrenz auftaucht und *unseren* Kunden «umwirbt», wie wir ihn einst vor der «Heirat» (Verkauf) «umworben» haben; die Konkurrenz bietet einen besseren Service, größeres Interesse und kümmert sich aufmerksamer um die Bedürfnisse *unserer* Kunden.

Beide Beispiele zusammen kommen in einem alten Witz vor, in welchem jemand die Frage stellt: «Wann sollte man eigentlich seiner Frau sagen, dass man sie liebt?» Und die Antwort lautet: «Bevor es ein anderer tut!» Wann sollten Sie Ihrem Kunden sagen, dass Sie ihn lieben? Die Antwort bleibt die gleiche: bevor jemand anders es tut! Und *dann* sollten Sie diese Liebe durch einen ausgezeichneten Service unter Beweis stellen.

Kolumbus versäumte, dies zu tun; das ändert aber nichts an der Tatsache, dass Amerika von einem Verkäufer *entdeckt* und nach einem Verkäufer *benannt* wurde. Amerika wurde auch von Verkäufern *bevölkert*. Sir Walter Raleigh machte die Runde durch Londons Kaffeehäuser und verkaufte diesen unwissenden, ängstlichen und abergläubischen Leuten die Idee, sie sollten die Sicherheit Englands aufgeben und nach

Amerika auswandern, wo Religionsfreiheit und die Aussichten auf Landbesitz ihrer harrten. Viele von ihnen kauften diese Idee, und so verdankt Amerika wenigstens zum Teil seine Bevölkerung jenem Verkäufer.

GEORGE WASHINGTON WAR EIN VERKÄUFER

Amerika wurde von einem Verkäufer *befreit*. Ist Ihnen wirklich in vollem Umfang klar, was George Washington für eine hervorragende Leistung als Verkäufer leistete, als er Amerika die Unabhängigkeit verschaffte? Zu jener Zeit war Amerika in drei ziemlich gleich große Gruppen gespalten. Ein Drittel der Kolonisten wollte die Unabhängigkeit, ein Drittel zog es vor, bei England zu bleiben, und ein Drittel sagte: «Sehen Sie, Sir, egal wer gewinnt, wir werden uns hinter die Sieger stellen. Während der Auseinandersetzung bleiben wir neutral, aber wenn die Gefahr vorbei ist und der Sieger feststeht, werden wir ihn unterstützen. Darauf können Sie sich verlassen.»

George Washington musste seine Kontinentalarmee aus den Bauern, Kaufleuten, Waldarbeitern, Seeleuten, Fabrik- und Werftarbeitern rekrutieren. Er musste ganz offen zugeben: «Meine Herren, wenn wir gewinnen, werde ich Sie wahrscheinlich nicht bezahlen können, und wenn wir verlieren, werden Sie als Verräter am nächsten Ast aufgeknüpft.» Vergessen Sie nicht, dass nur ein Drittel der Kolonisten wirklich für die Unabhängigkeit eintrat und dass sie *alle* wussten, dass England über die stärksten Streitkräfte zu Land *und* zu Wasser verfügte. Ja, Washington leistete beim Rekrutieren (Verkaufen) in der Tat hervorragende Arbeit. Ich erwähne das nur, damit Sie – falls Sie auch rekrutieren müssen – einsehen, dass Ihre Aufgabe vergleichsweise einfach ist. Gehen Sie einmal davon aus, Sie müssten Ihre zukünftigen Mitarbeiter mit der Tatsache vertraut machen, sie müssten bei jedem Besuch nur bei Kunden vorsprechen, die noch nie und von niemandem etwas gekauft hätten. Und selbst wenn es den neuen Verkäufern gelingen sollte, ein Geschäft abzuschließen, wäre kein Geld vorhanden, um sie zu bezahlen, und wenn sie nichts verkauften, würden sie am folgenden Tag fristlos entlassen. Ja, George Washington war wirklich ein exzellenter Verkäufer!

VERKÄUFER SIND WICHTIG

Dass Amerika zu einer Nation von Ozean zu Ozean und zu einer internationalen Großmacht geworden ist, hat es in erster Linie Verkäufern zu verdanken. Nach der Unabhängigkeitserklärung überredete Alexander Hamilton Präsident Washington, den Kongress um Gelder zu bitten, damit man untersuchen konnte, wie und mit welchen Methoden es die Engländer fertig gebracht hatten, Kolonien zu gründen und ihre Produkte und Dienstleistungen auf der ganzen Welt zu vermarkten. In den 168 Jahren nach 1608 schafften es die Amerikaner nur gerade bis zu den Appalachen.

Dank der Erkenntnisse, welche die vom Kongress bewilligten Gelder ermöglicht hatten, und dank der Unabhängigkeit konnte Amerika nun von Verkäufern besetzte Handelsposten einrichten, welche die Pioniere auf ihrem Zug nach Westen mit Schießpulver, Decken und Vorräten versorgen konnten. Diese Verkäufer machten es möglich, dass sich Amerika nur 30 Jahre nach seiner Unabhängigkeit bis an die Westküste ausdehnen konnte.

DIE VERKÄUFER MACHEN DEN UNTERSCHIED AUS

Ja, Amerika ist dank seiner Verkäufer zum größten Land der Welt geworden. Flächenmäßig sind Kanada, Russland, China und Brasilien zwar größer. Amerika ist mit Bodenschätzen und anderen Gaben der Natur reichlich gesegnet, aber auch Brasilien, Russland, China und Kanada verfügen über gewaltige Naturschätze.

Es liegt auch nicht an der technischen Überlegenheit Amerikas, obwohl das Land in dieser Hinsicht weltweit zweifellos Nummer eins ist. Trotzdem sind die Japaner, Deutschen, Schweizer, Russen und Israeli auf gewissen Gebieten eine Nasenlänge voraus. Für mich ist die Sache kristallklar. Wir haben das leisten können, was wir geleistet haben, weil wir eine Nation von Verkäufern sind und nach den Prinzipien der freien Marktwirtschaft arbeiten.

VERKÄUFER HABEN SICHERHEIT

Ich glaube, einer der Gründe, weshalb mir mein Beruf so sehr gefällt, ist die Sicherheit, die er bietet. Wenn mein eigener Sohn mich fragte, welches meiner Meinung nach der sicherste Beruf der Welt sei, würde ich ohne Zögern antworten: der Beruf des Verkäufers. Möglicherweise unterliegt er – und Sie vielleicht auch – der Illusion, Verkäufer seien die einzigen Berufsleute, die vollständig auf Provisionsbasis arbeiten. Und diese Illusion würde natürlich die Frage aufwerfen: «Bietet dieses System wirklich Sicherheit?»

Die Antwort lautet ja, es bietet *echte* Sicherheit, und alle Jobs sind Jobs auf Provisionsbasis. Meine Sekretärin – und eigentlich jeder Arbeitnehmer in unserer Gesellschaft – arbeitet auf Provision. Jedermann, ob Verkäufer oder nicht, *arbeitet* auf Provisionsbasis, egal ob er ein Salär bezieht oder eine Provision ausbezahlt bekommt.

Und letzten Endes: wenn die Produktion nicht funktioniert, verliert jeder Job seine Sicherheit. Und so arbeitet schließlich auch der Präsident der Vereinigten Staaten auf Provisionsbasis. Bekanntlich kann ja auch er seine Stelle verlieren, wenn er seine Aufgabe nicht zur Zufriedenheit aller löst.

Der Beruf als Verkäufer bietet Sicherheit, und dazu möchte ich Ihnen ein Beispiel geben. Sie erinnern sich vielleicht, dass 1981 und 1982 in Amerika Jahre der Rezession waren. Damals gab es Zehntausende von ehrlichen, seriösen, passionierten, gewissenhaften, arbeitsamen und produktiven Menschen, die ihre Stelle verloren. Lehrer und Polizeibeamte genauso wie Piloten, Stewardessen, Sekretärinnen, Rechtsanwälte, Straßenkehrer und Serviceleute. Sie verloren ihre Stellen nicht, weil sie nicht arbeiten wollten oder konnten, sondern einzig aufgrund der wirtschaftlichen Situation.

Und nun frage ich Sie: Kennen Sie einen einzigen ehrlichen, seriösen, passionierten, gewissenhaften, arbeitsamen und produktiven Verkäufer, der seinen Job verloren hat? Verliert ein Verkäufer seine Stelle aus Gründen, die jenseits seines Einflussbereichs liegen – wenn zum Beispiel seine Firma in Konkurs geht –, kann er doch in den meisten Fällen höchstens ein paar Häuser weiter einen neuen Job finden.

NEUE STELLEN STEHEN JEDERZEIT ZUR VERFÜGUNG

Als ich einst in Atlanta, Georgia, ein Verkaufsseminar leitete, kamen unmittelbar vor Beginn zwei junge, gut angezogene Männer Ende zwanzig zu mir und baten mich, ihnen das Kursgeld zurückzuerstatten. Sie erklärten mir, sie hätten soeben wegen persönlicher Meinungsverschiedenheiten mit ihrem Direktor ihre Stellen verloren. Und da sie nun nicht mehr als Verkäufer arbeiten könnten, sei es wohl sinnlos, neue Verkaufsmethoden zu erlernen. Offenbar waren die beiden etwas aus der Fassung geraten und realisierten nicht, dass es für sie gerade in jenem Moment doppelt so wichtig war, ihre Fähigkeiten weiter auszubilden, um eine neue Stelle zu bekommen.

Ich stellte den beiden zwei Fragen. Erstens: «Verkaufen Sie gerne?» Beide sagten ja. Zweitens: «Möchten Sie wieder eine Stelle als Veküufer bekommen?» Wiederum zweimal ja. Daraufhin versprach ich ihnen, wenn sie am Kurs teilnähmen, könnte ich ihnen am Abend mindestens ein Dutzend Stellenangebote unterbreiten.

Als ich an jenem Abend auf die Sicherheit des Verkäuferberufes zu sprechen kam, stellte ich meinen Zuhörern zwei Fragen. Erstens: «Wieviele von Ihnen arbeiten in der Verkaufsleitung?» Rund 100 von 500 Händen schossen in die Höhe. Zweitens: «Wie viele von Ihnen wären an zwei jungen, begeisterten Verkäufern interessiert, die gut präsentieren und ihren Beruf über alles lieben, ihre Stelle aber aufgrund persönlicher Differenzen mit dem Direktor verloren haben?» Ungefähr 75 Hände gingen in die Höhe. Die beiden jungen Männer hatten unter einem runden Dutzend hervorragender Angebote die Qual der Wahl.

Der Beruf des Verkäufers bietet Sicherheit.

General Douglas MacArthur definierte Sicherheit
als die Fähigkeit zu produzieren.
Solange Sie produzieren können, ist Ihnen Sicherheit gewiss.

DIE EINSTELLUNG IST ENTSCHEIDEND

Der Verkäuferberuf bringt eine andere Einstellung zum Leben und zum Geschäft mit sich. Wenn die Geschäfte in einem Zweig. der mit Verkauf nichts zu tun hat, immer schlechter gehen, beruft die Firmenleitung in der Regel eine «Trauerfeier» ein. Dabei verkündet sie, um die Schwierigkeiten in den Griff zu kriegen, müsse die Arbeitszeit gekürzt und ein Teil des Personals entlassen werden. Trotz misslicher Lage, so wird erklärt, werde man den Kampf aufnehmen und aufs Beste hoffen.

Die Verkaufsbranche packt Rezessionen anders an. Die Firmenleitung organisiert eine Direktionskonferenz, um eine Sitzung mit allen Verkäufern vorzubereiten. Direktor, Vorsitzender des Verwaltungsrates und Verkaufsleiter werden auf Vordermann gebracht. Sie versammeln ihre Truppen, rollen den roten Teppich aus und beginnen: «Leute, wir wissen, dass Sie alle vollkommen unbegründete Gerüchte über eine Rezession gehört haben. Was wir von Rezessionen halten, ist rasch gesagt. Wir sind der Meinung, Rezessionen gibt es nur in Ihren Köpfen! Mit Rezessionen ist es wie mit vielen anderen Dingen, man macht mit, oder man weigert sich, mitzumachen. Und unsere Firmenpolitik zur Zeit ist eindeutig: wir machen nicht mit.

Was wir tun werden, ist Folgendes: Wir veranstalten einen Wettbewerb, wie Sie in ihrem Leben noch keinen erlebt haben! Wir setzen Preise aus, dass Ihnen das Wasser im Mund zusammenläuft. Wir machen unseren Kunden und Ihnen, unseren Verkäufern, so verlockende Angebote, die alle derart in Begeisterung und Aufregung versetzen werden, dass Sie schließlich beten werden, die so genannte Rezession möge noch etwas länger dauern. Wir starten eine Werbekampagne, dass Ihnen Hören und Sehen vergeht! Sie werden alle an Weiterbildungskursen und Seminaren teilnehmen, damit Sie noch viel effizienter und produktiver arbeiten können! Wir werden mehr und besser verkaufen als jemals zuvor!»

DENKEN SIE DARÜBER NACH

Klingt dies realistisch? Wird ein solches Vorgehen Wirkung zeitigen? Ich möchte mit ein paar Fragen an diejenigen unter

Ihnen antworten, die seit mindestens 1980 als Verkäufer tätig sind. Verdienten Sie 1981 mehr als 1980? Verdienten Sie 1982 mehr als 1981? (Ich darf Sie daran erinnern, dass dies so genannte Rezessionsjahre waren!) Verdienen Sie jetzt mehr als je zuvor in Ihrer Verkäuferlaufbahn? (Anmerkung des Autors: Seit 1976, also seit der Rezession der Vorjahre 1974 und 1975, habe ich meinem Publikum diese Frage immer wieder gestellt und festgestellt, dass es eine beträchtliche Anzahl von Verkäufern gibt, denen es ungeachtet der Marktsituation immer besser und besser geht.)

Lenken Sie Ihre Gedanken in die richtigen Bahnen, und Ihre Geschäfte werden blühen.

Das Schönste am Verkaufen ist, dass es sich um eine demokratische Tätigkeit handelt. Ihre Firma kümmert sich meistens nicht darum, ob Sie männlich oder weiblich sind, schwarz oder weiß, groß oder klein, alt oder jung. gut oder weniger gut ausgebildet. Das einzige, was für Ihre Firma in der Regel zählt, ist Ihre Integrität und Produktivität. (In gewissen hoch technisierten Industrien mag es punkto Ausbildung die eine oder andere Ausnahme geben.) Ihre Anerkennung, Entlöhnung und Beförderung hängt von *Ihrer* Leistung ab.

GUTEN TAG, HERR DIREKTOR

Wenn Sie morgens aufstehen und sich vor den Spiegel stellen, sehen Sie Ihrem Direktor, Ihrem Verkaufsleiter, Ihrem Finanzchef und Ihrem Hausverwalter direkt in die Augen. Nun können Sie Ihrem gesamten Personal eine zündende und motivierende Rede halten. «Sie sind ein so netter Mann (eine so nette Frau); Sie verdienen eine Lohnaufbesserung!» und die Geschäftsleitung hat sich eben zu einer Sitzung versammelt. Cavett Robert pflegt zu sagen: «Die Gehaltserhöhung wird dann in Kraft treten, wenn Sie es tun!» Und das ist es, was ich am Beruf des Verkäufers so schätze.

Ich kann nie umhin, mich zu amüsieren, wenn amerikanische Präsidentschaftskandidaten darüber debattieren, wer denn nun dieses Land regieren wird. Die Verkäufer Amerikas kontrollieren die Wirtschaft dieses Landes. Sollten Sie die Richtigkeit dieser Aussage bezweifeln, lesen Sie einfach weiter.

ES GESCHIEHT ETWAS, WENN SIE VERKAUFEN

Haben Sie schon einmal ernsthaft darüber nachgedacht, was eigentlich passiert, wenn Sie etwas verkaufen? Nun, zunächst machen Sie einen Gewinn. Ihr Direktor macht einen Gewinn, und wenn Sie Glück haben, macht auch Ihre Firma einen Gewinn. Dadurch kann Ihre Firma im Geschäft bleiben, und Sie können weiter verkaufen.

Frei nach Samuel Gompers, einem Gründer der Arbeiterbewegung: «Die Geschäftsleitung muss sich in erster Linie darum kümmern, einen Gewinn zu erzielen, denn wenn sie keinen Gewinn erzielt, wird die Firma in Konkurs gehen. Und wenn das passiert, warten die Arbeiter nicht nur vergeblich auf eine Lohnerhöhung, sie werden nicht einmal mehr eine Stelle haben!» Ihre Firma *muss* einen Gewinn erzielen, denn wenn sie das tut, profitieren alle davon.

Lassen Sie mich kurz schildern, was geschieht, wenn Sie etwas verkaufen. Zunächst schreiben Sie die Bestellung oder den Kaufvertrag auf ein Stück Papier. Dieses Stück Papier war aber ursprünglich ein Baum, kein Stück Papier. Jemand musste also in den Wald gehen, um den Baum zu fällen. *Sie* haben die Männer bezahlt, die in den Wald gegangen sind und den Baum gefällt haben, indem Sie hingegangen sind und etwas verkauft haben.

Es brauchte aber viele Männer, um den Baum zur Papiermühle zu schaffen. *Sie* haben die Männer bezahlt, die den Baum zur Papiermühle geschafft haben, indem Sie hingegangen sind und etwas verkauft haben. In der Papiermühle sind Hunderte von Leuten damit beschäftigt, aus Holz Papier herzustellen. *Sie* haben diese Leute bezahlt, welche aus Holz Papier herstellen, indem Sie hingegangen sind und etwas verkauft haben. Aber das ist noch nicht das Ende vom Lied.

VIELE LEUTE PROFITIEREN

Sie nehmen ein bisschen von Ihrem Verdienst, gehen in ein Lebensmittelgeschäft und kaufen eine Büchse Bohnen. Der

Lebensmittelhändler muss seine Vorräte wieder ergänzen: Er geht also zum Großhändler und kauft mehr Bohnen. Nun muss wiederum der Grossist seine Vorräte ergänzen; er kauft also von der Konservenfabrik mehr Bohnen ein. Jetzt ist die Reihe am Direktor der Konservenfabrik; er geht zum Bauern und kauft mehr Bohnen. Die Vorräte des Bauern sind erschöpft, er muss also mehr Bohnen anbauen. Dies ist nun problematisch. weil sein altersschwacher Traktor vollends zusammengebrochen ist. Also geht er zum Traktorenhändler und kauft sich einen neuen. Der Traktorenhändler hat aber nur noch einen Traktor an Lager; er muss also bei der Traktorenfabrik neue nachbestellen.

Der Direktor der Traktorenfabrik, auf dessen Schreibtisch die Bestellung des Händlers landet, sagt sich: «Wenn dieser Händler mehr Traktoren kauft, müssen wir mehr herstellen, da wir sonst nicht mehr liefern können. Um mehr Traktoren bauen zu können, muss ich Eisen, Kupfer, Plastik, Stahl, Aluminium, Zink, Blei, Zündkerzen und Reifen einkaufen. Ich werde aber auch für all jene Teile, die wir nicht selber fabrizieren, mehr als hundert Verträge mit Unterlieferanten zeichnen müssen.» All diese Geschäfte und die damit zusammenhängenden Arbeitsplätze sind nur dadurch geschaffen worden, dass Sie eines Tages hingegangen sind und etwas verkauft haben!

VERKÄUFER BRINGEN DIE DINGE INS ROLLEN

Sollte *irgendjemand* eine negative oder abfällige Bemerkung über den Beruf des Verkäufers machen, blicken Sie die betreffende Person an und sagen in ruhigem, aber ernstem Ton: «Mein Freund. du verdienst nur so viel, weil ich und Tausende von anderen Verkäufern eben diesen Beruf ausüben.» Und das stimmt, gleichgültig, ob die betreffende Person Postbeamter oder Bankangestellter, Soldat oder General, Lehrer oder Polizeikommissar ist. *Unser Lebensstandard ist nur so hoch, weil bei uns die freie Marktwirtschaft herrscht, und der Verkäufer ist das Herz und die Seele dieses Systems.*

Vor einigen Jahren erklärte der Handelsminister der USA, sein Land benötige heute eine Million professionelle Verkäufer *mehr*. Was hinter dieser Aussage steckt, ist klar. *Wenn der*

Verkäufer Geschäfte macht, drehen sich die Räder der Industrie.
Nun gut, ich bekenne mich schuldig: ich bin voreingenommen,
was den herrlichen Beruf des Verkäufers anbetrifft. Doch
werfen wir einen Blick auf die Geschichte, werfen wir einen
Blick auf Kuba. Ich bin sicher, dass dieses Beispiel Ihnen für
Ihren Beruf Mut machen und für Ihre Laufbahn von Nutzen
sein wird.

Als Fidel Castro an die Macht kam, war nichts rationiert, es
herrschte auf keinem Gebiet Mangel, Verkäufer über-
schwemmten die ganze Insel, und Kuba war als Nation vollkommen autark. Heute gibt es in Kuba keine Verkäufer mehr.
Fast alles ist rationiert, und viele Dinge sind für kein Geld der
Welt zu haben. Meiner Bemerkung, es gebe heute in Kuba
keine Verkäufer mehr, möchte der eine oder andere vielleicht
entgegnen: «Zig, wo kein Überfluss herrscht, werden bestimmt
keine Verkäufer benötigt.» Als die Verkäufer aber noch dort
waren, gab es von allen Dingen in Hülle und Fülle. Der Grund
dafür ist sehr einfach: Verkäufer schaffen Arbeitsplätze und
Stellen, sie fördern Industrie und Wohlstand.

VERKÄUFER SIND NETTE LEUTE

Wenn der Durchschnittsmensch die Rolle des Verkäufers
versteht, werden wir unsere Rolle als Verkäufer viel leichter
spielen können. Wenn Sie als Verkäufer die Bedeutung Ihres
Berufes in ihrer ganzen Tragweite verstehen, wird Sie Ihre
Rolle noch mehr begeistern. Als Gruppe stellen die Verkäufer
den besten Mittelstand dar. Sie haben eine der niedrigsten
Scheidungsraten und die absolut niedrigste Selbstmordrate
aller Berufsstände. Als Verkäufer haben Sie wirklich das
Privileg, einem edlen Berufsstand anzugehören.

In diesem Zusammenhang mag die folgende Frage durchaus natürlich erscheinen: «Wenn das so ist, weshalb haben
dann so viele Leute eine so schlechte Meinung über Verkäufer?» Dafür gibt es meines Erachtens mehrere Gründe. Zunächst zogen in früheren Zeiten die keineswegs profihaften
Hausierer unseren Beruf arg in den Schmutz. Und von daher
rührt bei manchen Leuten die Vorstellung, ein «guter» Verkäufer sei jemand, der einen dazu bringt, etwas zu kaufen, was man

gar nicht haben will oder – noch schlimmer – was man gar nicht braucht. In früheren Zeiten begriff der Durchschnittskunde nicht (und viele begreifen es heute nocht nicht), dass ein professioneller Verkäufer ein Berater ist, der die Bedürfnisse des Kunden identifiziert und mit seinen Produkten befriedigt.

EINE ABSCHEULICHE UNGEHEUERLICHKEIT

Und die Probleme wurden nicht kleiner, als Arthur Miller seine abscheuliche Ungeheuerlichkeit mit dem Titel *Tod eines Handlungsreisenden* schrieb. Das Stück wurde nicht nur zu einem Dauerbrenner am Broadway, sondern flimmerte – unglaublich, aber wahr – nicht weniger als dreimal über die Bildschirme der Nation. Der Handelsreisende Willy Loman, die Hauptfigur, ist der Inbegriff eines Verlierers. «Professor» Harold Hill, seines Zeichens Hauptfigur in *Music Man*, ist der vollendete Schwindler, der beinahe gleichermaßen im Rampenlicht der Öffentlichkeit stand wie der arme Willy. Für Millionen von Amerikanern sind diese beiden Männer repräsentative Vertreter unseres Berufsstandes. Und dabei hat die Wahrheit doch ein vollkommen anderes Gesicht!

Als Verkäufer müssen wir nebst unseren Produkten noch mindestens zwei andere Dinge verkaufen. Als Lebensart *müssen wir das freie Unternehmertum verkaufen.* Und wir müssen den Arbeitern und Inhabern der Betriebe, die unsere Produkte herstellen, auch «verkaufen», dass es wirklich in jedermanns Interesse liegt, täglich während acht vollen Stunden erstklassige Produkte zu möglichst günstigen Preisen herzustellen, damit die Verkäufer noch zuversichtlicher auftreten und noch mehr Probleme lösen können. Die Kundschaft wünscht – und fordert – das beste Produkt zum besten Preis, damit meine und Ihre Familie maximal profitieren kann.

SICHERHEIT, EIN LANGES LEBEN UND ERFÜLLUNG

Ein professioneller Verkäufer kann aus seiner Laufbahn ungeheure Vorteile ziehen. Vielleicht abgesehen von Geistlichen und Orchesterdirigenten genießen Verkäufer die längste aktive Laufbahn aller Berufe. Ich begann, als ich noch keine acht

Jahre alt war, und hoffe, noch viele Jahre weitermachen zu können.

Victor Christen aus South Pasadena Kalifornien ist mit 94 Jahren noch in bester Form. Er verkauft seit 78 Jahren Autos und ist einer der besten Verkäufer bei Colliau Chevrolet. Er denkt nicht im Traum daran, etwas kürzer oder gar in den Ruhestand zu treten. Er erfreut sich bester Gesundheit. Seine Frau starb vor vier Jahren, und nun kann er vielleicht noch seine Freundin heiraten, ein «junges Mädchen» von 72 Jahren. So nebenbei schreibt er ein Buch über die Geschichte und Entwicklung des Automobilhandels. Er ist geistig und körperlich topfit und behauptet. keine Probleme zu haben, die ein gutes Essen nicht kurieren könnte.

Das Aufregende am Verkäuferberuf ist die Tatsache, dass die größere Anzahl von Jahren wohl Einfluss auf Ihre Tüchtigkeit haben. Das Kopfrechnen, auf das Sie in diesem Beruf nicht verzichten können, hält Sie geistig rege, und je länger Sie in diesem Beruf tätig sind, desto besser stehen die Aussichten, dass Sie sich einen treuen Kundenkreis und damit ein sicheres Einkommen aufbauen können. Da Ihre Integrität den wichtigste Faktor beim Aufbau der Kundenloyalität und der Sicherheit darstellt, wird die Notwendigkeit einer absolut aufrichtigen Beziehung noch deutlicher. Wenn der Verkäufer zwischen sich und seinen Kunden eine Basis des Vertrauens errichten kann, wird er erleben, dass in seiner Laufbahn die wunderbarsten Dinge passieren.

MAN KANN SCHON SEHR FRÜH ANFANGEN

Das Schöne an diesem Beruf liegt darin, dass man schon sehr früh einsteigen kann. Larry Hawes, ein Schüler an der Highland Park High School in Dallas, ist ein klassisches Beispiel dafür. Larry erhielt seine Social Security Card (entsprechend unserem AHV-Ausweis) schon mit zehn Jahren, aber damals war er schon seit drei Jahren im Geschäft. Seine Mutter hatte ihn mit Süßigkeiten dafür bezahlt, dass er mit einem Reklameschild auf der Straße vor ihrem Beleuchtungsgeschäft hin- und hermarschierte. Mit elf Jahren verdiente er als Lagerjunge 2 Dollar in der Stunde, konnte aber der Versuchung nicht widerstehen, sich gelegentlich auch im Laden zu zeigen und ein paar Lampen zu verkaufen. Bei einer dieser Gelegenheiten gelang es ihm sogar. einem Kunden eine Messinglampe für 300 Dollar zu verkaufen.

Im Januar 1980 eröffnete Larrys Mutter, Sandra Jennings, ihre Boutique «The Blind Spot», ein Spezialgeschäft für maßgefertigte Vorhänge, Stores, Draperien und farblich aufeinander abgestimmte Stoffe. Larry war 14, sein Bruder Jay 16, aber sie waren die ersten Verkäufer, die engagiert wurden. Heute arbeiten im «Blind Spot» sieben Angestellte, und der bei der Niederschrift dieses Kapitels 16-jährige Larry ist der Top-Verkäufer, der im Monat durchschnittlich einen Umsatz von 50 000 Dollar erzielt. Louis Sparks, der Leiter der Boutique, sagt: «Man kann sich darauf verlassen, dass Larry seine Sache macht, und dass er sie richtig macht. Er hat das Selbstvertrauen, das ein guter Verkäufer braucht, und nur wenige Kunden realisieren, dass er erst 16 Jahre alt ist, denn in Aussehen und Gehabe wirkt er viel älter.»

Sandra Jennings ist die größte Fürsprecherin ihres geschäftstüchtigen Sohnes: «Er lebt für das Geschäft», sagt sie über das jüngste ihrer vier Kinder. «Er hat eine Art sechsten Sinn, der dafür sorgt, dass ihm kein einziger Kunde entgeht. Er lernt sehr rasch, beobachtet alles, was um ihn herum läuft, sehr aufmerksam und schätzt den Umgang mit Menschen. Er hat einen unglaublichen Wissensdurst und hat alles schon gemacht – Fenster vermessen, Stores eingebaut, Vorhangeinrichtungen montiert, Büroarbeit.»

«Verkaufen ist nicht schwierig», meint Larry. «Im Grunde genommen ist es sehr einfach, wenn man sein Produkt kennt und etwas zielstrebig ist. Die Leute kommen in den Laden, um sich nach Preisen zu erkundigen, etwas zu kaufen oder verschiedene Produkte miteinander zu vergleichen. Meine Aufgabe ist es, ihnen alles zu zeigen, damit sie nachher vom ‹Blind Spot› und von ihrer Wahl wirklich überzeugt sind.»

Larry ist ein junger und äußerst zielstrebiger Mann. «Ich will reich werden», sagt er in vollem Ernst. «Ich möchte einmal als Privatmann mit Häusern, Aktien oder Öl handeln, eine Reihe von Firmen besitzen, vielleicht ein Warenhaus und eine Restaurantkette. Arbeiten richtet mich auf; meine Gefühle nach einem guten Geschäft sind unbeschreiblich. Besonders an einem Samstag, wenn jedermann doppelt so hart arbeitet, um ein bestimmtes Verkaufsziel zu erreichen.» Larry bezeichnet sich nicht gerade als Arbeitstier, aber er möchte doch stets die gesetzten Ziele erreichen oder übertreffen, und die Herausforderung und Aufregung, die das Verkaufen so an sich hat, sind sehr wichtige Elemente seiner Arbeit.

Zur Zeit arbeitet Larry auf Gehaltsbasis, aber er würde lieber auf Provisionsbasis bezahlt werden. Darüber hat er allerdings mit seinem Boss noch nicht diskutiert. «Ich zweifle, dass meine Mutter darauf eingehen würde», lachte er, «aber ich hätte lieber 5 oder 7 Prozent von meinem Monatsumsatz von 50 000 Dollar als einfach mein Gehalt. Ich scheue mich nicht vor einer Provisionsbasis, denn sie regt einen dazu an, ununterbrochen auf Hochtouren zu arbeiten.»

Larry sieht aus verständlichen Gründen voller Optimismus in die Zukunft, und er prophezeit zuversichtlich, er werde in 20 Jahren erfolgreich sein. Und das ist eben das Schöne am Verkäuferberuf – man kann mit geringen Investitionen oder ganz mittellos anfangen, schon in sehr jungen Jahren, und so lange weitermachen, wie man Lust hat.

Victor Christen, der mit 94 Jahren immer noch voll in Schwung ist, und Larry Hawes, der mit sieben Jahren begann, sowie alle übrigen Verkäufer zwischen sieben und 94 sind daran schuld, dass ich vollkommen vom Beruf und von der Laufbahn des Verkäufers überzeugt bin.

Wenn mich ein junger Mann oder eine junge Dame fragen würde, welcher Beruf denn meiner Ansicht nach am meisten persönliche Erfüllung und Sicherheit bringe und gleichzeitig einen bedeutenden Beitrag an die Gesellschaft ermögliche, könnte ich ehrlich sagen: «Ich kenne keinen schöneren Beruf als denjenigen des Verkäufers.»

Entscheiden Sie sich für ein Produkt, das ein Problem lösen kann und an das Sie felsenfest glauben. Überzeugen Sie sich davon, dass die Firma moralisch und finanziell auf gesunden Füßen steht. Werden Sie ein echter Verkaufsprofi und leisten Sie hundertprozentigen Einsatz: ich garantiere Ihnen, Sie werden Erfolg haben. Seien Sie *stolz* auf Ihren Beruf! Wenn Ihre Einstellung Ihrem Beruf gegenüber so weit gediehen ist, dass Sie wirklich stolz auf Ihr Produkt und Ihre Firma sind, werden Sie mehr verkaufen. Sie werden Karriere machen, das heißt, Sie werden jetzt viel, später noch mehr verdienen.

Verkäufer und Verkäuferberuf tragen in der Tat viel zum Wachstum und zur Stabilität jedes Landes bei. Und glücklicherweise weht der Wind in einer günstigen Richtung. Allan Cox, der Autor des «Cox Report on the American Corporation», sagte in einem Interview mit dem *U. S. News & World Report* vom 13. Dezember 1982:

Die Einbuße, die der Status des Verkäufers erlitten hat, symbolisiert die Distanz zwischen Herstellern und Konsumenten. Zu Beginn der amerikanischen Firmengeschichte waren der Produktions- und der Verkaufschef die großen Helden. Dann büßte der Verkäufer seinen Status ein, obwohl er nach wie vor das Bindeglied zwischen Kunde und Firma ist. Nun beginnt sich eine Trendwende abzuzeichnen, und ich erwarte, dass das Ansehen der Marketing- und Verkaufsleute wieder steigt. Wir lernen allmählich, dass wir uns wieder um den Kunden kümmern müssen, den wir vernachlässigt haben.

Bald werden die Chefetagen der Firmen wieder von anderen Leuten eingenommen werden, von Leuten, die das Gras wachsen hören, nicht von ausschließlich finanziell orientierten Direktoren, wie sie von 1965 bis 1980 auf dem Thron saßen. Die neuen Chefs werden mehr marketingorientiert sein, ein Gespür für die öffentliche Meinung haben und auf die Erfordernisse der sozialen Verantwortung empfindlicher reagieren. Wenn die Firmen dereinst realisieren, dass Gesellschaft und Absatzmarkt ein und dasselbe sind, werden sie sich vermehrt mit Ideen auseinander setzen, und das amerikanische Geschäft wird neu aufleben.

PS von Zig Ziglar: Ein Grund, weshalb Marketing- und Verkaufsfachleute wieder die Direktorensessel besetzen werden, liegt darin, dass die Geschäftswelt endlich gelernt hat, dass Verkaufen das einzige ist, das zum Gewinn beiträgt. Alles andere trägt nur zu den Kosten bei.

DER AUFBAU VON RESERVEN

Lassen Sie mich wiederholen, was ich bereits in einem früheren Kapitel betont habe: Der wichtigste Bestandteil des Verkaufsvorganges ist der *Verkäufer*. Deshalb wollen wir uns nicht nur um die Rolle des Verkäufers kümmern, sondern uns auch damit beschäftigen, weshalb und wie Sie physische, seelische und geistige Reserven aufbauen sollten. Wenden wir uns zunächst den physischen Reserven zu, die für Sie im Laufe Ihrer Karriere von enormer Bedeutung sein können.

ÜBUNGEN ZUM AUFBAU PHYSISCHER RESERVEN

Dass Sie sich für jeden Beruf in einem ausgezeichneten physischen Zustand befinden müssen, wenn Sie wirklich Ihren Mann stellen wollen, versteht sich wohl von selbst. Der Beruf des Verkäufers bildet keine Ausnahme. So behaupten zum Beispiel Psychologen, dass ich während eines einstündigen Vortrages mehr Energie verbrauche als ein Schwerarbeiter in einem Zehnstunden-Tag (ich spreche mit ungefähr 280 Wörtern pro Minute, wobei Steigerungen bis zu 550 pro Minute keine Seltenheit sind). Für ein vierstündiges Referat muss ich physisch topfit sein, denn mein Publikum (meine Kundschaft) erwartet, dass ich in den letzten paar Minuten noch genauso feurig und energisch spreche wie zu Beginn. Meine Zuhörer haben ihr Geld ausgegeben, um mich zu hören, und sie verdienen, dass sie mich während der ganzen Zeit in optimaler Form hören können. Ich fühle mich moralisch in höchstem Masse dazu verpflichtet, physisch bereit zu sein, um geistig und gefühlsmäßig mein Allerbestes zu leisten. Nur dann kann ich ihnen die Ideen, Verfahren und Techniken «verkaufen», die ihnen in ihrem Beruf als Verkäufer oder im Leben ganz allgemein zu mehr Erfolg verhelfen werden.

Ehrlich gesagt: Sie als Verkäufer haben Ihren Kunden gegenüber die gleiche moralische Verpflichtung. (Wir haben ja bereits festgestellt, dass der Kunde der große Gewinner ist, und deshalb sind wir es ihm *schuldig*, in gutem Zustand zu sein, damit wir ihm zu seinem Gewinn verhelfen können.) *Sie müssen bei Ihrem letzten Verkaufsgespräch am Abend genau so begeistert klingen wie beim allerersten am Morgen früh.* Und dabei spielt es keine Rolle, ob Sie die Kunden irgendwo besuchen oder ob sie zu Ihnen in Ihr Geschäft kommen. Jeder Einzelne verdient, dass Sie sich ihm im Vollbesitz Ihrer physischen Kräfte widmen. Der letzte Kunde, den Sie an einem Tag besuchen, hat genau die gleichen elementaren Bedürfnisse wie der erste. Natürlich sind Alter und physische Beschwerden wichtige Faktoren, aber Sie sollten Ihre Verkaufs-«Muskulatur» trainieren, damit Sie jedem Kunden eine geballte, energiegeladene Präsentation bieten, damit er über alle Informationen verfügt, auf die er seine Entscheidung stützen muss.

Es gibt zahlreiche Bücher und Methoden darüber, wie man sich physisch in Form bringen und diese dann erhalten kann. Für mich ist Joggen die praktischste Methode, um in Form zu bleiben, denn ich reise viel, und joggen kann man überall und bei jedem Wetter. Ich bin bei sintflutartigen Regengüssen und bei Temperaturen von minus 20 Grad gelaufen. (Bloß keine Missverständnisse bitte – Regen und Kälte waren draußen. Ich betrieb mein Jogging drinnen!)

Da ich meine Distanzen auf der Straße nicht abmessen kann, laufe ich auf Zeit. Normalerweise komme ich auf ungefähr 25 Minuten pro Tag, fünfmal in der Woche. Bevor ich mit Joggen begann, bestand meine sportliche Betätigung einzig darin, die Badewanne zu füllen, ein Bad zu nehmen, den Stöpsel herauszuziehen und gegen die Strömung anzukämpfen! (Und das ist wahrlich kein Fitnessprogramm!)

Neben sportlicher Ertüchtigung benötigen wir aber auch nahrhafte, ausgeglichene Mahlzeiten und genügend Schlaf. Wenn Sie ein 500 000 Dollar teures Rennpferd besäßen, würden Sie ihm wohl kaum gestatten, halbe Nächte lang aufzubleiben, zu rauchen, Kaffee oder Alkohol zu trinken und Erdnüsschen zu knabbern, nicht wahr? Sie würden ihm *bestimmt* das richtige Futter geben, seine Ruhe- und Trainingszeit überwachen, damit es auch die eines Vollblutes würdigen Leistungen erbringen könnte.

Da auch Sie ein solcher Vollblüter sind, der gewinnen will, verdienen Sie doch sicher auch die gleiche Behandlung, damit Sie eine echte Siegeschance haben. Und überdies: wenn Sie für Ihren Körper sorgen, wird auch Ihr Geist wacher und produktiver sein. Oder, wie Vince Lombardi zu sagen pflegt: «Müdigkeit macht uns alle zu Memmen.»

Wenn Sie sich in ausgezeichnetem physischen Zustand befinden, werden Sie genügend Energie und Motivation haben, am Abend noch einen letzten Besuch zu machen. Und dieser letzte Besuch ist eben für Ihre Laufbahn von entscheidender Bedeutung. Wenn Sie physisch und geistig – aber auch psychisch – darauf eingestellt sind, bis zuletzt Ihr Bestes zu geben, stehen die Aussichten für einen weiteren erfolgreichen Abschluss viel besser. Sie werden jenes gewisse Etwas haben, das Sie zu einem letzten aggressiven Abschlussversuch anspornt und Ihnen einen weiteren Schritt in Richtung Spitze der Erfolgsleiter erlaubt.

Ein am Ende des Tages müder Verkäufer neigt dazu, seine Chancen auf wahre Meisterschaft wegzuräsonieren. Nach einem sehr erfolgreichen Tag wird er sich sagen: «Ich bin ja nicht unersättlich; ich habe einen guten Tag hinter mir, weshalb sollte ich also mein Glück zwingen? Wenn ich früh nach Hause gehe, kann ich lange schlafen und morgen wieder ganz auf dem Damm sein.» Nach einem sehr schlechten Tag wird er überlegen:

«So wie die Dinge laufen, ist es kein Wunder, dass ich nichts verkaufen kann! Es wird besser sein, jetzt aufzugeben und morgen neu anzufangen.»

Der erfolgreiche professionelle Verkäufer wird Ihnen sagen: *«Nichts kann Sie besser auf morgen vorbereiten als ein gelungener Abschluss beim letzten Besuch von heute.»* Oft werden Sie auf dieses letzte Geschäft doppelt stolz sein, weil Sie es eben jener «zusätzlichen Anstrengung» verdanken, von der Sie schon so viel gehört haben. Seelisch bereitet es Sie wirklich auf den folgenden Tag vor, den Sie dann nicht widerwillig, sondern mit der Kühnheit und dem Mut eines Tigers beginnen werden.

Aber noch etwas anderes spielt hier mit. Dr. William James, der Vater der amerikanischen Psychologie, meint, wir würden nicht nur einen zweiten, sondern einen dritten, vierten, fünften, sechsten und sogar siebenten Aufwind erleben. Wenn Sie denken, Sie hätten Ihr Bestes gegeben, packt Sie manchmal bei diesem letzten Besuch die Erregung ihrer Bemühungen. Sie verspüren einen neuen Schub von Energie, Spannung und Begeisterung, und der letzte Besuch entpuppt sich dann als der produktivste des ganzen Tages.

Und es gibt noch einen anderen, durchaus egoistischen Grund, sich körperlich topfit zu halten, um in der letzten Stunde des Tages noch ebenso leistungsfähig zu sein wie in der ersten. Versicherungsvertreter sagen oft, man solle einen Teil dessen, was man verdient, wirklich für sich selbst behalten und nach Lust und Laune ausgeben. Sicher sind Sie – wie auch ich – damit einverstanden; in der Praxis sieht es doch aber wahrscheinlich so aus, dass sie die ersten sechs oder sieben Stunden jedes Tages für alle anderen arbeiten, *nur nicht* für sich selbst. Sie bezahlen den Lebensmittelhändler, den Hausvermieter, den Tankwart, die Versicherungsleute, die Regierung, die Wäscherei und alle anderen, *nur nicht sich selber*. Wäre es nun nicht schade, den ganzen Tag lang bis auf die letzte Stunde mit Volldampf zu segeln, damit Sie die *anderen* bezahlen können, und dann allen Dampf verpufft zu haben, wenn Sie endlich für sich selbst arbeiten könnten?

Aus eigener Erfahrung kann ich Ihnen sagen, dass jede Minute, die ich in mein Fitnessprogramm investiere (normalerweise bis zu 30 Minuten pro Tag), mir drei bis fünf Minuten Volldampf beschert. Ehrlich gesagt, ich habe so viel zu tun, dass ich es mir nicht leisten kann, auf diese sportliche Ertüchtigung zu verzichten. Tragen Sie zu Ihrer Gesundheit Sorge, und diese letzte Stunde der Produktivität wird nicht nur Ihre beste sein, sondern auch vollständig *Ihnen* gehören (Geld – Befriedigung – Anerkennung).

Sie sehen also, lieber Leser: Es lohnt sich, physisch, geistig und seelisch in Form zu sein, damit Sie Ihr Bestes geben können. Nur auf diese Weise können Sie Spitzenresultate erzielen.

DIE ZEIT NUTZEN ODER VERGEUDEN

Der Verkaufsberater Don Hutson zitiert gern die Ergebnisse einer Untersuchung, wonach falsches Umgehen mit der Zeit die zweithäufigste Ursache für den Misserfolg eines Verkäufers ist. Mark Gardner aus Houston, Texas, stellvertretender Vizedirektor der E. F. Hutton Co., Inc., ist der Meinung, dass der durchschnittliche Effektenhändler während weniger als zwei Stunden täglich mit dem Verkauf von Wertpapieren an neue oder alte Kunden beschäftigt ist. Dafür gibt es zwei, möglicherweise auch drei wichtige Gründe. Erstens Unbekümmertheit oder mangelnde Erfahrung im Umgang mit der Zeit. Zweitens Mangel an Energie, weshalb der Verkäufer seinen Arbeitstag spät beginnt und früh beendet und dazwischen kaum mit mehr als halber Kraft fährt.

Als dritter Grund wäre vielleicht ein gewisser Widerwille anzuführen, bedingt durch ein mangelndes Selbstvertrauen, ein schlechtes Bild von sich selbst oder ein allzu negatives Denken. Abgesehen vom Problem des Umganges mit der Zeit treten wir allen Schwierigkeiten entgegen, indem wir positive Lösungen anbieten. Die meisten Probleme im Zusammenhang mit der Zeit sind vermutlich auf schlechte Angewohnheiten und ungenügende Zielstrebigkeit zurückzuführen. Allen anderen liegt ein Mangel an Wissen und Erfahrung zugrunde. Die Lektüre, die ich am Ende dieses Buches empfehle, bietet positive Lösungen für dieses Problem an.

Wenn Sie in Ihrem Beruf als Verkäufer wirklichen Erfolg haben wollen, kann ich Ihnen nur raten, diese Bücher in Ihre Bibliothek aufzunehmen und mit deren Inhalt Ihr Alltagsleben zu gestalten. Man darf ruhig sagen, dass ein professioneller Verkäufer fast immer auch professionell mit seiner Zeit umgehen kann. Er weiß, dass die Kasse nur klingelt, wenn er einen Kunden vor sich hat, deshalb erledigt er die anderen Belange seines Berufes in der Zeit, in welcher er keinen Kunden vor sich hat. Wenn Sie über das notwendige Wissen verfügen und in Topform sind, werden Sie pro Tag mindestens eine Stunde länger Kunden vor sich haben. Ihr Umgang mit der Zeit wird sich also zweifellos auch im Saldo Ihres Bankauszuges bemerkbar machen.

Eine andere Möglichkeit, die sich ebenfalls in Ihrem Saldo niederschlagen kann, besteht darin, zwei- oder viermal, mindestens aber einmal im Jahr eine persönliche «Super»-Woche einzuschalten. Während einer solchen «Super»-Woche geben Sie vom Morgen früh bis am Abend spät Ihr absolut Bestes. Bereiten Sie diese Woche sorgfältig und von langer Hand vor, damit auch ja *nichts* Sie davon abhalten kann, sich in jedem Augenblick um Kunden zu kümmern, die sich dazu entschließen könnten, etwas zu kaufen. Meine erste «Super»-Woche im Kochtopfgeschäft werde ich nie mehr vergessen, so lange ich leben werde. Meine Firma begann ganz allmählich, Vorbereitungen zu treffen, und auf den bestimmten Zeitpunkt hin steigerte sich das Tempo immer mehr, bis es schließlich nach einer gründlichen letzten Vorbereitungswoche so weit war.

Für die betreffende Zeit buchten wir unsere Abendessen-Demonstrationen drei Wochen im Voraus. Durch besonders verlockende Angebote versuchten wir unsere Gastgeberinnen zu veranlassen, ihrerseits noch weitere Gäste einzuladen. Die ersten Pfannkuchen-Demonstrationen waren schon für sechs Uhr früh gebucht. Es war eine arbeitsreiche Woche mit Demonstrationen vor 39 Paaren. Aber 31 von ihnen kauften einen Satz meiner Kochtöpfe. Diese eine Woche übte auf meine weitere Verkäuferlaufbahn einen ungeheuren Einfluss aus. Mein Vertrauen wuchs zusehends, und ich schraubte meine Ziele höher und höher.

Solche Wochen totalen Einsatzes erfordern eine gewaltige körperliche Anstrengung; Ihre physische Kondition spielt also erneut eine bedeutende Rolle. Überlegen Sie sich auch, ob Sie nicht Ihre ganze Familie in diese *und* in die darauf folgende Woche miteinbeziehen sollten. Bitten Sie Ihre Familie, Ihnen in dieser Woche all Ihre sonstigen Pflichten und Aufgaben nach Möglichkeit abzunehmen, damit Sie sich hundertprozentig auf das Verkaufen konzentrieren können. Nehmen Sie sich dafür in der darauf folgenden Woche Urlaub, den Sie gemeinsam mit Ihrer Familie verbringen. Persönliche «Super»-Wochen können Ihnen, Ihrer Firma und Ihrer Familie gut tun.

AUF KUNDENBESUCH RAUCHEN? – NIEMALS!

Da Rauchen und Trinken der Gesundheit abträglich und außerdem auch für den Geldbeutel keineswegs gesund sind, gehe ich persönlich keinem dieser Laster nach. Da dieses Buch aber bezweckt, Ihnen zu mehr Abschlüssen zu verhelfen, möchte ich mich dennoch kurz dazu äußern. Wenn Sie mehr verkaufen wollen, sind Rauchen und Trinken auf Kundenbesuch absolut verboten.

Zunächst mal Rauchen: Selbst wenn Ihr Kunde raucht und Ihnen eine anbietet, sollten Sie ablehnen, und zwar aus einem einfachen Grund. Eine Zigarette anzünden, die Asche abstreifen, die Zigarette ausdrücken, das alles kostet Zeit. Irgendwann zwischen dem 1. Januar und dem 31. Dezember wird Rauchen Sie um das eine oder andere Geschäft bringen. Ich weiß nicht, um welche, ich weiß nicht, um wie viele, aber Gespräche mit Hunderten von Kunden lassen mich annehmen, dass das Rauchen Sie weit mehr kosten wird als nur den Preis der Zigaretten. Wenn Sie sich also ernsthaft möglichst rasch eine solide Laufbahn aufbauen wollen, gilt ganz einfach: Rauchen und verkaufen Sie nie zur gleichen Zeit!

AUF KUNDENBESUCH TRINKEN?

Oft werde ich ziemlich herausfordernd gefragt: «Glauben Sie, es spreche irgendetwas gegen einen Cocktail mit Ihren Kunden, während Sie das Geschäftliche besprechen?» Meine Antwort lautet stets: «Ja, ganz bestimmt!» Was aber, wenn Ihnen der Kunde etwas anbietet? Die Antwort lautet: Nein! Und oft bohrt der Frager dann weiter: «Aber was sagen Sie dann?» (Offensichtlich begreift der Frager nicht, dass Nein eine Antwort *ist*! Und er begreift nicht, dass «Nein, danke» eine sehr höfliche Absage ist, wenn man von einem Kunden eingeladen wird.)

1972 hatte ich zum letzten Mal eine solche Einladung angenommen, und seither haben mir keine zehn Kunden zum zweiten Mal einen Drink angeboten. Beim zweiten Angebot sage ich ganz ruhig: «Nein, ich trinke wirklich nichts.» Und was glauben Sie, was bekomme ich so ungefähr jedes zweite Mal zu hören? «Ach Gott, ich wünschte, ich würde auch nichts trinken!»

Ich habe deswegen weder Freunde noch Aufträge verloren, und man hat mich deswegen auch nicht weniger respektiert. Ich glaube, viele Kunden waren sogar etwas neidisch. Ich glaube sogar, dass ich jetzt bei den meisten Kunden noch ein bisschen besser angeschrieben bin, obwohl dies nicht der Zweck der Übung war. Und ich bin felsenfest davon überzeugt, dass die gewonnenen Geschäfte die möglicherweise verlorenen mehr als wettgemacht haben.

Sie fragen: «Zig, was soll ich denn tun? Eine Cola trinken?» Nun, vielleicht wechseln Sie einfach ab und zu einmal die Marke!

REGT EIN COCKTAIL SIE WIRKLICH AN?

Viele Verkäufer meinen: «Ich trinke Alkohol, weil mich das umgänglicher macht und anregt. Ich glaube ehrlich, meine grauen Zellen sind dann besser in Schwung.» Mein Kommentar: «Wenn ein Cocktail *Sie* anregt, dann kommen Sie nicht um die Tatsache herum, dass er auch *Ihren Kunden* anregt; und damit haben Sie sich immer noch keinen Vorteil verschafft.» Leider glauben nur allzu viele Verkäufer, die so etwas sagen, wirklich daran.

In Tat und Wahrheit haben sie aber wohl noch nie richtig darüber nachgedacht. Eine ehrliche Antwort auf die nächste Frage wird jeden Zweifel darüber ausräumen. Wenn Sie glauben, ein alkoholisches Getränk rege Sie an, dann glauben Sie doch wohl auch, es habe die gleiche Wirkung bei anderen. Und nun stellen Sie sich folgende Situation vor: Sie müssen sich einer schweren Operation unterziehen, und Sie möchten natürlich, dass der Chirurg seine Arbeit hundertprozentig zuverlässig erledigt. Frage: Bestehen Sie darauf, dass er sich einen Drink genehmigt, bevor er das Skalpell ansetzt?

Damit dürfte die Angelegenheit klar sein. Trinken Sie keinen Alkohol, wenn Sie mit jemandem ein Geschäft abschließen wollen. Er bewirkt vermutlich nur, dass Sie selbstgefällig werden und Ihre Konzentrationsfähigkeit – und damit Ihr Geschäft – verlieren. Alkohol wirkt dämpfend, nicht anregend.

BAUEN SIE SICH GEISTIGE RESERVEN AUF

Um im Verkäuferberuf und im Leben gleichermaßen erfolgreich zu sein, müssen wir uns geistige Reserven aufbauen. Ich sage dies ohne Entschuldigung und ohne Zögern, obwohl viele Leute der Ansicht sind, Religion und Politik hätten in der Geschäftswelt nichts verloren. Ich habe über meine Einstellung und diesen Rat immer wieder nachgedacht, und ich komme immer wieder zum gleichen Schluss, den der Prediger James Robinson wie folgt formuliert: «Religion und Politik sind die zwei wichtigsten Dinge in unserem Leben, und wenn wir nicht *freiwillig* über sie sprechen, wird einmal der Tag kommen, an dem wir keine Wahl mehr haben werden.» Ich will mich auf keine theologischen Diskussionen einlassen, und ich will diesem Thema auch nicht mehr als ein paar Abschnitte widmen, aber ich glaube doch, dass es für Sie wichtig ist zu wissen, woher ich komme.

Auch wenn ich nie die Bibel gelesen und nie einem Pfarrer bei der Predigt zugehört, sondern es nur mit jugendlichen Drogenabhängigen zu tun gehabt hätte, wäre mein Glaube tief und unerschütterlich. Ich habe Hunderte von jungen Menschen gesehen, die so voller Drogen waren, dass sie den einen Tag nicht vom anderen unterscheiden konnten, bevor sie sich einer Entziehungskur stellten. Sie waren in psychologischer und psychiatrischer Behandlung gewesen, hatten an Gruppentherapien teilgenommen und unter der Obhut von Fachleuten gestanden: alles ohne Erfolg. Erst wenn sie sich an einem Entziehungsprogramm von der Art der Anonymen Alkoholiker beteiligen, beginnen gute Dinge zu geschehen.

DER AUSWEG

Das Konzept, dem sie folgen, ist ziemlich einfach: Sie müssen zunächst erkennen, dass sie ein Problem haben. Dann müssen sie einsehen, dass sie selbst daran nichts ändern können. Und schließlich müssen sie die Tatsache akzeptieren, dass sie auf einen Helfer angewiesen sind, der größer ist als jedes menschliche Wesen – auf Gott, wie sie ihn verstehen. (Ich persönlich darf sogar sagen; auf Christus, wie ich ihn *kenne*.) Die Süchtigen müssen akzeptieren, dass es etwas gibt, was größer ist als der Mensch, und sie müssen zu dieser größeren Macht aufschauen.

Ich kenne Sie, lieber Leser, nicht persönlich. Aber wer immer Sie sind, wo immer Sie leben, was immer Sie tun, eines kann ich Ihnen sagen: wenn es bisher noch nicht geschehen ist, wird es irgendwann in der Zukunft geschehen. Sie werden irgendwelche Schwierigkeiten haben, die weder Sie selbst noch andere menschliche Wesen bewältigen können. Aus diesem Grund sind gewisse geistige Reserven im Beruf *und* im Leben so wunderbar und hilfreich.

Was dies mit dem Abschluss von Geschäften zu tun hat? Sehr viel, lieber Leser. Wenn Sie in Schwierigkeiten sind und schwere persönliche Probleme haben, egal ob sie physischer. geistiger, sozialer, familiärer, seelischer oder beruflicher Natur sind, *werden Sie sich in Gedanken in erster Linie um die Lösung Ihrer eigenen. nicht um die Lösung der Probleme Ihrer Kunden bemühen.* Einmal mehr: Das wichtigste Element des Verkaufsvorganges ist der Verkäufer selbst. Und der beste Verkäufer ist derjenige, der sich physisch, seelisch und geistig im Gleichgewicht befindet. Im Jahr 1981 führte die Connecticut Mutual Life Insurance Company eine Studie durch, bei der von Tausenden von Befragten über 1 500 000 Einzelinformationen zusammengetragen wurden. Die Auswertung ergab nebst vielen anderen interessanten und aufregenden Erkenntnissen folgende Tatsache: Die drei Gruppen mit dem höchsten moralischen Standard in den USA sind (1) der Klerus, (2) die Geschäftsleute und (3) die allgemeine Öffentlichkeit.

Als Geschäftsmann war ich mit diesem Stand der Dinge natürlich zufrieden. Aber da steckt noch mehr dahinter. Die Studie ergab auch, dass tiefreligiöse Menschen die besten Angestellten sind. Und zwar deshalb: 97 Prozent jener Menschen, die sich zum Glauben bekennen, übertragen dieses Gefühl der Überzeugung, der Bekenntnis und der Loyalität mit äußerst produktiven Folgen auf ihre Arbeitgeber.

Frage: Weshalb leisten diese Angestellten mehr, und warum werden auch Sie als Verkäufer produktiver sein, wenn Sie Glauben und tiefe religiöse Wertmaßstäbe besitzen? Antwort: Der Mensch besteht aus Körper, Geist und Seele – und wer einen dieser drei Faktoren vernachlässigt, ist kein vollständiger

Mensch. Wenn Sie in einem Teil Ihres Lebens Mangel leiden, ist es viel schwieriger, in den beiden anderen Teilen leistungsfähig zu sein. Umgekehrt, wenn Sie sich um die physischen, geistigen und seelischen Aspekte Ihres Lebens kümmern, können Sie sich auf Ihre Arbeit konzentrieren, und im Verkäuferberuf ist das nun einmal – verkaufen.

DER AUFBAU GEISTIGER RESERVEN

Die dritte Art Reserve ist geistiger Natur. Ich bin Boxfan und stand selbst ein paar Jahre lang im Ring. Ich boxte lang genug, um zu wissen, dass ich Meinungsverschiedenheiten, die eines Tages auftauchen könnten, bestimmt nie mit Fäusten, sondern nur mit Worten ausfechten würde.

Das erinnert mich an die Geschichte von Jack Dempsey und Gene Tunney. Gene konnte seinen Schwergewichtsmeistertitel gegen Jack nur verteidigen, weil er geübt hatte, rückwärts zu gehen. Dabei war Gene durchaus kein Feigling, aber er wusste, dass er im Ring von Jack einiges einstecken und sogar verletzt werden könnte.

ZURÜCKWEICHEN, UM VORZUPRESCHEN

Da Gene Tunney wusste, dass er im Revanchekampf gegen Jack Dempsey geschlagen und sogar verletzt werden könnte, beschloss er, sich darauf vorzubereiten. Und so übte er fleißig zurückzuweichen, wenn sein Sparringpartner ihm zuzusetzen begann. Und er übte es unermüdlich. Aus meiner eigenen, sehr geringen Erfahrung weiß ich, dass ein Boxer, der getroffen und verletzt wird, instinktiv versucht, seinen Gegner zu «erwischen». Und in genau diesem Augenblick gelingt es ihm weniger denn je. Dann muss er arg einstecken, und geht vielleicht sogar k.o.

Boxfans erinnern sich vielleicht daran, dass Tunney in der zweiten Runde jenes denkwürdigen Kampfes nach einem Niederschlag beinahe ausgezählt worden wäre. Später bekannte er, sein Kopf sei vollkommen klar gewesen, und er hätte ohne weiteres aufstehen und weiterboxen können; doch er erinnerte sich an das, was er so lange trainiert hatte und blieb bis zum letzten Augenblick liegen.

Jeder angeschlagene Boxer sagt unweigerlich: «Ich bin in Ordnung, lasst mich auf ihn los!» Ich habe Boxer gesehen, die so vollständig weg waren, dass sie wohl kaum hätten sagen können, in welcher Stadt sie sich befanden. Aber sie erklärten dem Ringrichter, sie wären schon in Ordnung! Gene Tunney reagierte aber nicht auf den Niederschlag, sondern erinnerte sich an sein Training. Er zog sich zurück und bediente sich einer Verzögerungstaktik, bis er wieder hundertprozentig klar war. In der nächsten Runde gewann er dann seinen Kampf durch K.o. über Jack Dempsey.

AUCH SIE WIRD MAN ABWEISEN

Was hat dies mit Ihnen und Ihrer Verkäuferlaufbahn zu tun? Sehr viel. Tag für Tag besuchen Sie Kunden, oder Kunden kommen zu Ihnen. Sie müssen einfach damit rechnen, gelegentlich durch eindeutige Abweisungen oder beißende Kommentare von Kunden «angeschlagen» zu werden. Das gehört zum Berufsrisiko. Warum sollten Sie sich also nicht geistige Reserven aufbauen, um auf einen solchen Fall vorbereitet zu sein? Positive geistige Vorbereitung wird Ihnen helfen, über Tiefschläge und negative Erfahrungen hinwegzukommen.

POSITIVE SCHRITFE, UM NEGATIVES ZU ÜBERWINDEN

Außerdem müssen Sie sich auch mit folgender Tatsache vertraut machen: Tagtäglich, Ihr ganzes Leben lang, wird Ihr Geist mit negativen Einflüssen förmlich bombardiert. Ereignisse, Menschen, Radio, Zeitungen und Fernsehen tragen dazu bei. Und hinzu kommt noch die Tatsache, dass ein gewisser Prozentsatz Ihrer Kunden Sie negativ behandeln wird, egal ob Sie zu ihnen gehen oder ob sie zu Ihnen kommen.

Um als Verkäufer wirklich Ihr Allerbestes leisten zu können, benötigen Sie große geistige Reserven. Diese Reserven an Wissen und richtigem Verhalten werden praktisch bei jedem Verkaufsgespräch einen tüchtigen Unterschied ausmachen. Und dieser Unterschied wird besonders dann entscheidend sein, wenn Sie es mit kritischen Fällen zu tun bekommen, wo es von winzigen Kleinigkeiten in Ihrem Wissen oder Verhalten abhängt, ob Sie ein Geschäft buchen können oder nicht. Angenommen, alle Voraussetzungen sind gleich; dann wird der Kunde bei jenem Verkäufer kaufen, den er mag. In seinem Buch *Open the Mind and Close the Sale* betont John M. Wilson aber: «*Die Voraussetzungen sind nicht gleich, wenn der eine Verkäufer mehr Wissen und Begeisterung für sein Produkt an den Tag legt als sein Konkurrent.*»

Bauen Sie sich geistige Reserven auf, indem Sie gute Bücher lesen, sich in Motivations- und Verkaufstechnik weiterbilden und entsprechende Kurse oder firmeninterne Veranstaltungen besuchen. Das alles trägt dazu bei, Ihren Geist mit guten. reinen, positiven Informationen aufzuladen.

KEIN PROFI OHNE KASSETTENRECORDER

In Kapitel 5 haben wir gesehen, wie wichtig es ist, dass Sie Ihre Präsentation auf Band aufnehmen, um sich zu vergewissern, ob Sie die richtigen Worte wählen und Ihre Stimme richtig einsetzen. Nun gehe ich noch einen Schritt weiter und sage: *Wenn Sie im Verkauf tätig sind und keinen eigenen Kassettenrecorder besitzen, ist es Ihnen mit dem Verkaufen nicht ernst.* Aufgrund von Tausenden von Briefen und Gesprächen bin ich hundertprozentig davon überzeugt, dass ein Kassettenrecorder Ihren Umsatz ganz erheblich steigern kann.

Das Schöne an Bandaufnahmen ist die Tatsache, dass Sie kaum Zeit zu investieren brauchen. Sie können sich eine Kassette zum Beispiel frühmorgens anhören, wenn Sie bei der Rasur sind und Ihre Gedanken nicht anderweitig abschweifen. Sie können sie am Abend anhören, bevor Sie schlafen gehen. Und am wirkungsvollsten können Sie Ihr Gerät einsetzen, wenn Sie von einer Verabredung zur nächsten unterwegs sind. Zwischen zwei Besuchen kommen Sie oft auf neue Ideen, wie Sie Ihr nächstes Gespräch gestalten könnten. Im Lauf der Jahre haben mir *Tausende* von Verkäufern bestätigt, dies sei für sie das wichtigste Verfahren, um sich immer wieder geistig auf das nächste Geschäft vorzubereiten. Wenn Sie nicht von einem Kunden zum nächsten fahren müssen, sondern zum Beispiel in einem Möbelgeschäft arbeiten, benützen Sie die flaueren Stunden dazu, Ihre Wissensbank mit neuen Verkaufsinformationen zu bereichern. Laut der University of Southern California kann sich ein Stadtbewohner, der jährlich ungefähr 20 000 Kilometer im Auto zurücklegt, in drei Jahren ungefähr gleich viel Wissen aneignen wie in zwei Jahren auf einer Hochschule. Sie können dabei jede Phase des Verkaufens erlernen. Wenn Sie Ihr Gedächtnis ständig mithilfe von Bandaufnahmen programmieren, können Sie sich eine Menge wichtiger Verkaufsinformationen beschaffen und ein gutes Gefühl für den richtigen Tonfall Ihrer Stimme, für Pausen und Varianten entwickeln.

Alle anderen Zwischenbeschäftigungen haben zumindest eine negative Seite. Sie können sich die Nachrichten anhören, aber da ist leider nur allzu oft von Negativem die Rede; sie können Musik hören, aber die Texte sind oft auch nur in Noten gehüllte Obszönitäten oder irgendwelche traurigen Geschichten von einem Cowboy, dessen bester Freund mit seinem Mädchen, seinem Pferd oder seinem Sattel durchgebrannt ist. Oder Sie könnten mit Ihrem CB-Funk herumspielen, aber da kriegen Sie auch nur belangloses Geplauder oder Warnungen vor einer Radarfalle der Polizei mit. Aber selbst wenn es eine positive Alternative gäbe, *nichts* ist unterwegs im Auto zu einem Kundenbesuch so produktiv für die geistige und seelische Vorbereitung wie das Anhören einer motivierenden Aufnahme.

ERSTAUNLICHE NEBENWIRKUNGEN

Wenn Sie sich jeden Morgen vor Arbeitsbeginn eine Kassette anhören, wird dies verblüffende Nebenwirkungen zeitigen. Psychologen behaupten, die erste Person, mit der Sie an einem Tag zusammentreffen oder etwas zu tun haben, habe einen größeren emotionalen Einfluss auf Ihre Einstellung an jenem Tag als die folgenden fünf Personen. Wählen Sie jeden Morgen eine Aufnahme von einem Redner, Verkaufsberater, Pfarrer usw., der Sie positiv beeinflusst. Und da Ihre Familie auch an Ihrem Erfolg teilhat, setzen Sie sich doch gemeinsam hin und hören Sie sich etwas Positives an, bevor Sie den Tag beginnen.

Die beste Motivation verleiht meiner Meinung nach gute Musik mit positiven Texten. Ein wirklich guter Song kann Ihnen für den ganzen Tag Aufschwung geben.

Stellen Sie Ihren Kassettenrecorder irgendwo mitten in Ihrem Haus oder in Ihrer Wohnung auf, legen Sie eine Kassette mit guter Musik ein, und Sie werden feststellen, dass ihre ganze Familie den Tag viel wohlgelaunter und glücklicher in Angriff nimmt. Anregende, motivierende Musik ist nicht nur faszinierend, sondern beeinflusst mit absoluter Sicherheit auch ihre Einstellung. Beginnen Sie den Tag mit ein paar wirklich guten Songs, und Sie werden innerlich bereit sein, Ihren Kunden gegenüberzutreten.

GUTE SAAT – GUTE ERNTE

Gestatten Sie mir, dass ich es zum x-ten Mal wiederhole: Ihre geistige Einstellung wird in ungeahntem Masse vom Programm beeinflusst, das Sie in Ihrem Kopf speichern. Wenn etwas Gutes «ausgedruckt» werden soll, muss auch etwas Gutes «eingegeben» werden. Wenn Ihre Gedanken gut sind, werden auch Ihre Geschäfte gut sein. Wenn Ihre Gedanken «faul» sind, werden auch Ihre Geschäfte entsprechend aussehen. Es ist schon wahr: Wenn Sie sich in der Welt des Verkaufens eine herausragende Laufbahn aufbauen wollen, müssen Sie sich geistige Reserven anlegen, damit Sie – wie Kipling sagt – für Erfolg und Misserfolg gleichermaßen gut gerüstet sind.

MIT GEISTIGEN UND PHYSISCHEN RESERVEN KÖNNEN SIE PUNKTEN

Sie müssen in den letzten paar Sekunden der ersten und in den letzten paar Sekunden der zweiten Halbzeit eines Footballspieles punkten können. Die National Football League entdeckte bei einer Studie, dass in den beiden letzten Minuten der ersten und der zweiten Halbzeit mehr gepunktet wird als während irgendwelchen anderen *20* Minuten eines Spieles.

Warum? Dafür gibt es – glaube ich – drei Gründe. Erstens realisieren die Mannschaften, dass sie in den meisten Fällen punkten müssen, um wieder ins Spiel zu kommen, ein Spiel zu gewinnen oder eine knappe Führung auszubauen. Zweitens üben sie diesen «Zwei-Minuten»-Zug intensiver und häufiger als jede andere Spielphase, und so stecken sie voller geistiger, physischer und emotionaler Reserven. Und drittens haben sie klar abgesteckte Ziele vor Augen. Sie wissen, was sie zu tun haben, und da sie sich sorgfältig darauf vorbereitet haben, sind sie voller Zuversicht, ihr Ziel auch zu erreichen, nämlich punkten. Dies führt zu einem fantastischen Endspurt jeweils am Ende der beiden Halbzeiten.

Die gleichen Grundsätze und Methoden haben auch für Ihre Laufbahn als Verkäufer Gültigkeit. Bauen Sie Reserven auf, programmieren Sie Ihre Gedanken, setzen Sie sich seelisch-religiöse Maßstäbe und bringen Sie sich physisch in Topform: Dies sind die entscheidenden Schritte auf dem Weg nach oben. Und das Aufregendste an der ganzen Angelegenheit ist die Tatsache, dass *jedermann* etwas auf diesen Gebieten unternehmen kann.

LEGEN SIE SICH KUNDEN-RESERVEN AN

Es gibt noch andere Reserven, die anzulegen kein wirklich professioneller Verkäufer versäumt: die Kunden-Reserven in Form von Empfehlungsschreiben. Ich erinnere mich an das erste Empfehlungsschreiben, das ich kurz nach Beginn meiner Verkäuferlaufbahn zu sehen bekam. Ich lebte damals in Columbia, South Carolina, und nahm an einem firmeninternen Treffen für sämtliche Verkäufer aus den beiden Carolina-Staaten in Charlotte, North Carolina, teil. Einer der Redner war Ralph Beaver, ein alter Fuchs aus Greensboro, North Carolina. Ralph besaß ein ausgeprägtes Gefühl für Showeffekte und spektakuläre Auftritte.

Der «Referenz»-Abschluss

Am Ende seines Referates zückte Ralph eine Rolle mit einem zehn Zentimeter breiten Papierstreifen, wie man sie für Rechenmaschinen verwendet. Er hielt sie hoch, damit wir alle erkennen konnten, dass das Papier beschrieben war. Und nun steigerte sich Ralph zu einem dramatischen Höhepunkt: «Meine Damen und Herren», deklamierte er, «selbst nach einer perfekten Präsentation (Bescheidenheit war offenbar nicht

gerade seine Stärke!) und einer starken Serie von Abschlussvarianten habe ich *hie und da* Kunden, die nein sagen.

Wenn das geschieht, nehme ich diese Rolle und sage:
‹Lieber Kunde, Sie zögern anscheinend noch, sich einen Satz
unserer Kochtöpfe zu reservieren. Ich möchte Sie deshalb
etwas fragen. (Dabei hielt er die Papierrolle soweit wie möglich in die Höhe und ließ das Ende los. Während der Streifen
durch den ganzen Raum hindurch abrollte, fuhr Ralph weiter.)
Auf diesem Papierstreifen finden Sie die Namen von Freunden
und Nachbarn, die einen Satz jener Kochtöpfe besitzen, die ich
Ihnen eben gezeigt habe. (Auf dem Papier hatte er fein
säuberlich die Namen aller Kunden aufgeschrieben, denen er
im Laufe seiner 20-jährigen Karriere etwas verkauft hatte.)
Schauen Sie doch einmal nach, ob Sie jemanden kennen! (Die
Kunden fielen auf die Knie und fanden immer ein paar
bekannte Namen.)

Glauben Sie nun, all diese Leute hätten einen Fehler
begangen, als sie diese Kochtöpfe gekauft haben, mit denen
man Zeit, Geld und wertvolle Nährstoffe gewinnen kann?› Der
Kunde: ‹Wohl kaum.› Ralph: ‹Sehen Sie, da unten, am Ende
der Liste, sind noch drei Zeilen frei. Hätten Sie etwas dagegen,
wenn ich hier nun Ihren Namen und Ihre Adresse einsetze,
zum Zeichen dafür, dass Sie sich entschlossen haben, etwas zu
kaufen, das Sie – wie Sie des Öfteren gesagt haben – eigentlich
gern besitzen möchten?› Kunde: ‹Nein, nein, bitte sehr!›»

Die besten Empfehlungen mit den verblüffendsten Ergebnissen sind wohl diejenigen von Bernie Lofchik aus Winnipeg
(Kanada). Bernie verkauft Maytag-Waschmaschinen, und er
hat in seinem Gebiet den höchsten Marktanteil von allen
Maytag-Verkäufern in über 50 Ländern auf der ganzen Welt
erzielt. Interessanterweise befindet sich Bernies Verkaufslokal,
dem auch ein Ausbildungszentrum für die anderen Verkäufer
seiner Firma angeschlossen ist, ausgerechnet neben einem
großen Discountladen, der ebenfalls Waschmaschinen anbietet, viele von ihnen zum halben Preis von Bernies Maytag.
Doch Bernie empfindet diese Konkurrenzsituation als sehr
umsatzfördernd.

Er und Maytag verkaufen Qualität, Dauerhaftigkeit, Leistung und Service. Kürzlich verkaufte er eine brandneue May-

tag an eine Kundin, die ihr altes Modell nur sehr ungern eintauschte; es war nach 40 Jahren noch bestens in Schuss, aber sie konnte es wegen einer schmerzhaften Arthritis nicht mehr bedienen.

Eine der wirkungsvollsten Abschlussvarianten, die Bernie und seine Mitarbeiter anwenden, besteht darin, zufriedene Kunden anzurufen, die ihre Maytag seit fünf, zehn, 15, 20 oder sogar 25 Jahren zu Hause in Betrieb haben. Wenn diese Kunden nur Gutes über Service, Leistung und Dauerhaftigkeit zu berichten haben, wird der Preis zu einer absoluten Nebensächlichkeit, und ein neuer Maytag-Kunde ist gewonnen.

Zufriedene Kunden können, sollten und *wollen* Ihnen vielfach helfen, neue Kunden zu gewinnen. Schauen wir uns doch einmal an, was der Verkaufsfachmann Mike Frank zum Thema Referenzen von Kunden zu sagen hat.

WARUM MIT SOLCHEN EMPFEHLUNGEN ARBEITEN?

Ob Sie und ich Inserate und Werbespots mit Empfehlungen und Bestätigungen von Passanten auf der Straße mögen oder nicht, eines ist gewiss: Große Firmen sind offenbar davon überzeugt, dass sie wirken, sonst würden sie nicht Millionen von Dollar jährlich für diese Art von Werbung ausgeben. Bestimmt kommen auch Ihnen auf Anhieb ein paar typische Beispiele in den Sinn. Viele von ihnen werben sogar mit berühmten Persönlichkeiten. Glauben Sie wirklich, Großfirmen würden solchen Stars Millionen bezahlen, damit sie ihre Produkte anpreisen, wenn diese Investitionen sich nicht auszahlen würden?

Die meisten Verkäufer, die über eine gewisse Zeit hinweg erfolgreich im Geschäft sind, erhalten oft unaufgefordert solche Empfehlungsschreiben. Oft werden ihnen darin für ihre Tüchtigkeit und ihren Service Komplimente gemacht. Sie bringen zum Ausdruck, wie sehr der Kunde besondere Anstrengungen des Verkäufers schätzt, wie zufrieden er mit seinem Produkt ist oder wie ausgezeichnet der Service der Firma klappt. Vielleicht haben Sie auch schon solche Briefe erhalten und können sie nun als Ausgangsbasis für Ihre «Sammlung» verwenden. (Viele Verkäufer, die Empfehlungsschreiben erhalten haben, wissen sie durchaus zu schätzen, aber sie erkennen nicht, was für ein ausgezeichnetes Verkaufsinstrument sie darstellen. Und so bemühen sie sich mit Worten, wenn solche Briefe doch viel mehr Glaubwürdigkeit besitzen als alles, was ein Verkäufer überhaupt sagen kann.) Vergessen Sie nie: *Die Leute glauben eher, was sie sehen, als das, was sie hören.* Und in diesem Fall trifft das ganz besonders zu, denn der Kunde steht dem Verkäufer *fast immer* mit leicht gemischten Gefühlen gegenüber, während er doch oft den Eindruck hat, ein zufriedener Kunde sei einfach ehrlich.

REFERENZEN BESCHAFFEN

Wenn Sie schon seit ein paar Jahren im Geschäft sind, überlegen Sie sich doch einmal, welche Kunden Ihnen schon gesagt haben, wie sehr sie mit Ihrem Produkt, Ihrem Service oder Ihren Ideen zufrieden sind … oder wie sehr sie Sie als Verkäufer schätzen … oder die Firma, für die Sie arbeiten. Frage: Ist es nicht sinnvoll, mithilfe dieser zufriedenen Kunden zu weiteren zufriedenen Kunden zu gelangen? Stellen Sie eine Liste mit all diesen Kunden zusammen, und vergessen Sie auch jene nicht, die höchstwahrscheinlich der gleichen Ansicht sind, sich aber noch nie entsprechend geäußert haben. Und nun rufen Sie sie an, oder besuchen Sie sie. (Egal, ob Ihre Liste fünf oder 50 Namen umfasst, nehmen Sie mit allen Kontakt auf.) Ein Gespräch könnte ungefähr folgendermaßen ablaufen:

«Guten Tag! Wie geht es denn mit Ihrem XY? (Wenn der Kunde ein Problem hat, sichern Sie ihm zu, dass Sie sich darum kümmern werden, und tun Sie es auch. Wenn alles in Ordnung ist – und dies dürfte in rund 90 Prozent aller Fälle der Fall sein – fahren Sie fort.) Ich rufe Sie an (oder: Ich bin hier), um Ihnen eine wichtige Frage zu stellen und Sie um einen Gefallen zu bitten, der mir beruflich sehr viel helfen könnte. Keine Bange, ich will Ihnen nichts verkaufen. Darf ich?» Lächeln und Pause. (Die Antwort fällt in der Regel positiv oder zumindest ermutigend aus.) «Erinnern Sie sich, dass Sie mir vor ein paar Wochen gesagt haben, Sie seien mit unserer Firma (mit unserem Service, mit mir) äußerst zufrieden?» Antwort abwarten. «Nun, ob Sie es glauben oder nicht, es gibt immer noch viele

Leute, die daran zweifeln. Ich wäre Ihnen nun sehr dankbar, wenn Sie mir Ihre Meinung in einem kurzen Brief bestätigen könnten. Würden Sie das für mich tun?» (Rund 90 Prozent werden dazu bereit sein. Ungefähr die Hälfte wird Ihnen ein Brieflein schicken. Belästigen Sie die andere Hälfte kein zweites Mal. Die 50 Prozent genügen, um einen Referenzenkatalog aufzubauen.) Wenn es sich um einen Kunden handelt, der sich Ihnen gegenüber noch nie entsprechend geäußert hat, fragen Sie ihn einfach nach seiner Meinung über Ihre Firma (Ihr Produkt, sich selbst) und bitten Sie ihn im positiven Falle, Ihnen dies kurz schriftlich zu bestätigen.

Wenn ein Empfehlungsschreiben Ihr Produkt und/oder Ihre Firma lobt, ausgezeichnet; es muss nicht unbedingt mit Ihnen persönlich zu tun haben oder an Sie gerichtet sein. Sie können auch Referenzen von Kollegen verwenden; in einem gut eingespielten Team kann so sehr rasch eine ansehnliche Liste zusammenkommen.

Nun gilt es, diese Briefe möglichst sauber zu kopieren, sie in Plastikhüllen in Ihrem Präsentationsbuch abzulegen. Wenn Sie kein solches Präsentationsbuch besitzen (ich gehe allerdings davon aus, dass 95 Prozent aller Top-Verkäufer sich einer solchen Dokumentation mit Informationen, Preisen, Referenzen, Garantien usw. bedienen), sammeln Sie die Briefe einfach in einem kleinen Ringordner.

Machen Sie sich mit den Briefen vertraut. Referenzen nützen Ihnen nichts, wenn Sie sie nicht genauestens kennen. Markieren Sie die entscheidenden Stellen mit einem gelben Leuchtstift. *Und nehmen Sie diesen Katalog auf all ihren Besuchen mit.*

Es ist kein Problem, zu Referenzen zu kommen. Nehmen wir zum Beispiel an, Sie seien gestern Abend in Ihrer Stadt zum ersten Mal in einem neu eröffneten Restaurant kulinarisch verwöhnt worden. Essen, Atmosphäre, Bedienung waren einwandfrei, und selbst die Rechnung wurde im richtigen Augenblick diskret präsentiert. Beim Hinausgehen machten Sie dem Geschäftsführer, dem Chef de Service oder dem Inhaber ein Kompliment. Er dankte Ihnen dafür und stellte Ihnen einige der Fragen, die wir eben besprochen haben.

Würden Sie ihm auf sein Verlangen hin ein Empfehlungsschreiben zustellen? Wiederum würden 90 Prozent von Ihnen
zustimmen, 50 Prozent würden den Brief schreiben. Sie wären
doch froh, helfen zu können, und Sie würden sich sogar
geschmeichelt fühlen, dass Ihre Meinung und Zufriedenheit so
hoch eingeschätzt wird. Die Bitte um eine Referenz ist nichts
anderes als eine Bestätigung für Ihre Aufrichtigkeit.

WIE SETZT MAN REFERENZEN EIN?

Um sie wirkungsvoll einsetzen zu können, müssen Sie imstande sein, ohne Zeitverlust sofort das richtige Schreiben vorzule-
gen, denn mehr als eines oder zwei werden Sie kaum je
benötigen. In manchen Fällen öffnet Ihnen ein solcher Brief
vielleicht sogar die Tür. In der Regel erweisen sie sich aber in
der Phase der Überzeugung oder beim Entkräften eines Einwandes als am weitaus nützlichsten.

Ein Kunde sagt vielleicht: «Was mir wirklich Sorgen macht,
ist der Service.» Sie: «Ja, dem Herrn XY von der Firma Z ging
es genauso; nach unserer ersten Serviceleistung sagte er aber
Folgendes.» (Und nun legen Sie dem Kunden den Brief vor.)
Wenn er ihn gelesen hat, fahren Sie in Ihrer Präsentation fort.

Vielleicht haben Sie kein Empfehlungsschreiben, das alle
Fragen oder Einwände erledigen kann, wenn Sie aber Ihre
Sammlung ständig erweitern, wird es bald so weit sein. Vorsicht: Es ist zwar selten, dass man zu viele Briefe hat, aber es
kann schon einmal vorkommen. Ersetzen Sie im Laufe der
Zeit ältere Briefe durch bessere und solche von glaubwürdige-
ren Kunden. Wenn Ihre Sammlung vielleicht 50 Schreiben
umfasst, ist das nicht zu viel, wenn Sie alle genauestens kennen
und sofort das (die) richtige(n) vorlegen können. Versuchen
Sie, sie irgendwie einzuordnen, beispielsweise nach geographi-
schen Gesichtspunkten, nach dem Alphabet oder nach Art der
Fragen und Einwände. Legen Sie die Briefe nicht in einzelnen
Mäppchen vor, außer es handle sich um Kopien, die Sie eigens
für einen Kunden angefertigt haben und ihm überlassen wollen.

Ich weiß, dass ein paar Spitzenverkäufer in der Autobranche ihre Referenzen dem Kunden zum Lesen überlassen,

während sie ihrem Chef die Dokumente zur Genehmigung vorlegen. Auch viele Immobilienhändler setzen Referenzen sehr geschickt ein. Auch im industriellen Bereich werden sie eingesetzt, aber nie in dem Ausmaß, wie dies eigentlich geschehen könnte und sollte. Versicherungsagenten könnten sehr viel von Empfehlungsschreiben profitieren. Professionelle Redner benützen sie als wichtigstes Referenzmaterial und Instrument.

Empfehlungsschreiben verfehlen ihre Wirkung meiner Ansicht nach bei keiner Präsentation oder Demonstration – sie können Fragen beantworten, Einwände abtun, Ihnen Zugang zu einem Kunden verschaffen oder Ihnen Schützenhilfe leisten, wenn ein Verkaufsgespräch auf Abwege zu kommen droht. Verkäufer im Einzelhandel sollten weit mehr von ihnen Gebrauch machen. Referenzen von Verkäufern, die nicht mehr bei einer Firma arbeiten, lassen sich auch bei Anstellungsgesprächen verwenden. Sie können einem potenziellen neuen Mitarbeiter beweisen, dass sein Vorgänger für die Firma wertvolle und lohnende Arbeit verrichtet hat.

Empfehlungsschreiben bieten unendlich viele Möglichkeiten. Es braucht allerdings einen zusätzlichen Aufwand, sie zu beschaffen, kennen zu lernen, zu markieren, einzuordnen und als wirkungsvolles Verkaufsinstrument zum Tragen zu bringen. Ich kann Ihnen aber versichern, dass sich die Mühe lohnt!

WAS SIE BRAUCHEN, IST LIEBE

Sie müssen stark und hart sein. Wenn Sie sich in der Welt des Verkaufens einen Spitzenplatz erobern wollen, müssen Sie stark sein; und die wohl stärkste und unwiderstehlichste Kraft auf Erden ist die Liebe. Sie müssen das Leben lieben. Ihren Verkäuferberuf, Ihre Kunden, Ihre Mitmenschen, Gott, Ihr Land und Ihre Familie.

EINE LIEBESGESCHICHTE

Ich möchte diesen Teil von *Der totale Verkaufserfolg* mit einer Liebesgeschichte beschließen, die für Ihr persönliches, familiäres und berufliches Leben sehr bedeutsam sein wird.

Sie handelt vom Golfspielen. Wenn Sie in Ihrem Beruf die oberste Sprosse der Erfolgsleiter erklimmen wollen, müssen Sie Ihre Kunden lieben und sich um sie kümmern. Diese Liebesgeschichte wird Ihnen zeigen, was ich damit meine.

Ich spiele für mein Leben gern Golf. Vor einigen Jahren war ich sehr viel auf Reisen und kam deshalb nicht sehr oft dazu. Aber ich nahm jede Gelegenheit wahr. Ich setzte den Ball und schlug ihn so weit wie möglich ab, und wenn ich ihn wieder fand, trieb ich ihn weiter!

So sehr ich Golf auch liebe, meine Familie liebe ich unendlich viel mehr. Und so entdeckte ich vor einiger Zeit, dass mich eine Runde einfach fünf Stunden kostete, egal wo ich auch spielte. Da ich sonst schon sehr oft von meiner Familie getrennt war, konnte ich nicht einfach nach Hause kommen, meine Golfausrüstung einpacken, Frau und Sohn zum Abschied küssen und auf den Golfplatz eilen.

Und so fiel mir bald eine sehr clevere Lösung für mein «Problem» ein. Ich kaufte meinem Sohn Tom und meiner Frau Jean einen Satz Golfschläger. Nun konnte Golf zum Familiensport avancieren! Die beiden begleiteten mich ein paar Male zum Spiel, aber eines Tages sagte meine Frau: «Ich weiß, dass du sehr gern Golf spielst, Liebling. Aber mir macht es keine Freude. Es ist nicht mein Spiel.» Und so gab mein Golfpartner Nummer eins auf.

Irgendwann Ende Sommer kam Tom zu mir und sagte: «Es tut mir leid, Papa. Ich bin wirklich gern und möglichst oft mit dir zusammen, aber Golf macht mir einfach keinen Spaß.» Und so gab mein Golfpartner Nummer zwei auf. Während der folgenden zwei oder drei Jahre spielte ich nicht sehr oft.

MEIN SOHN – DER VERKÄUFER

Dann fuhren wir eines abends an einem Sandplatz vorbei, als Tom zu meiner Überraschung sagte: «Komm, Dad, lass uns ein paar Bälle schlagen.»

Meine Ausrüstung lag im Kofferraum, und er wusste, dass er mir seine Idee problemlos «verkaufen» konnte. Und er hatte Recht.

Nach ein paar Übungsschlägen fragte mich Tom: «Dad, darf ich einen deiner Holzschläger ausleihen?» Gern überließ ich ihm denjenigen, den ich gerade in der Hand hatte. Er holte aus und trieb den Ball weiter, als er es je zuvor getan hatte. Daraufhin lachte er mich an und fragte beiläufig:

«Dad, wann gehen wir nun auf den Golfplatz?»

DER «VOGEL»-JÄGER

Ein paar Tage später fuhren Tom und ich zum Country Club, bei dem ich seit vielen Jahren Mitglied war. Tom nahm einen meiner Holzschläger und schlug ab. Es muss ein perfekter Abschlag gewesen sein, denn der Ball flog genau in Richtung Loch, als ob ein Profi am Werk gewesen wäre. Als er landete, rollte er noch ein gutes Stück weiter und stoppte schließlich in idealer Position mitten auf dem Fairway (Spielbahn). Von dort spielte er den Ball mit dem Eisen 5 beim zweiten Schlag ins Green (letzter Abschnitt der Bahn). Genau wie im Fernsehen! Der Ball kam ungefähr 40 Fuß vor dem Loch zum Stillstand. Es war ein Golfkurs mit Par Vier (d. h. pro Loch ist die Anzahl der erlaubten Schläge auf vier festgelegt). Nun war er in der Lage, einen «birdy» (Vogel) zu erzielen, das heißt, die Bahn mit einem Schlag unter Par zu beenden.

Ich gab Tom den Putter (Spezialschläger zum Einlochen) und zeigte ihm, wie er den Ball schlagen musste. Im gleichen Augenblick, als er den Ball traf, wusste ich, dass er es schaffen würde. Und in der Tat: Der Ball fiel ins Loch, und mein Sohn und ich taten einen Luftsprung. Wir umarmten uns und führten einen minutenlangen Freudentanz auf.

EIN «GETRÜBTER» SIEG IST KEIN SIEG

Doch dann realisierte ich, dass ich vor einem Problem stand. Mit meinem dritten Schlag hatte ich ebenfalls ausgezeichnete Aussichten auf einen «birdy». Auch mein Ball landete im Green, aber viel näher beim Loch. Wenn ich meinen Ball nun nicht einlochte, würde Tom glauben, ich hätte absichtlich daneben gezielt, um ihn dieses Loch gewinnen zu lassen. Dadurch wäre sein Sieg «getrübt» worden, und das kommt meiner Meinung nach einer Niederlage gleich.

Folglich beschloss ich, mein Bestes zu geben. Wenn ich dann doch verfehlte, konnte ich meinem Sohn in die Augen sehen und sagen: «Bravo, Tom, du hast deinen Vater ehrlich und redlich geschlagen.» Dann wäre sein Sieg nicht getrübt.

Nun gehört zu meinem Besten immer ein gewisses Maß an göttlicher Führung – und das ist, möchte ich rasch hinzufügen, theologisch durchaus vertretbar, selbst auf einem Golfkurs. Ich bereitete mich sorgfältig auf den Schlag vor und lochte den Ball perfekt ein.

Bevor ich ihn aus dem Loch holte, wandte ich mich zu Tom und sagte:

«Nun sag mal ehrlich, mein Sohn, hast du wirklich geglaubt, es mit deinem Vater aufnehmen zu können?»

Der «Liebes»-Abschluss

Sie können bestimmt nachfühlen, was es für ihn bedeutet hätte, wenn mein Schlag danebengegangen wäre. Tom war damals erst elf Jahre alt und hatte seinen Vater noch nie bei einem

Loch schlagen können. Es hätte ihm also sicher sehr viel bedeutet. Doch er antwortete ruhig und ohne Zögern: «Dad, ich weiß, dass du *immer* gewinnen wirst.»

Das, liebe Leser, ist Liebe. Das ist reine Liebe. Und davon brauchen wir viel mehr überall auf der Welt. Das brauchen wir in jedem Haus, in jedem Ort, in jeder Stadt, in jedem Land. Das ist die Antwort auf all Ihre persönlichen, familiären und beruflichen Probleme, wahrscheinlich sogar für die Probleme unserer Welt.

Und bestimmt brauchen wir Liebe in der herrlichen Welt unseres Berufes. Wenn Sie einem Kunden etwas verkaufen wollen, müssen Sie felsenfest und aufrichtig daran glauben, dass Ihr Angebot wirklich den Interessen des Kunden entspricht. Wenn Sie daran glauben, können Sie immer dafür einstehen, dass der Kunde gewinnt, dass er zu *seinem* Vorteil kauft. Von diesem Augenblick an arbeiten Sie viel effektiver, viel professioneller, viel produktiver, viel *mehr*. «Die Menschen kümmert es nicht, wie viel Sie wissen, bis sie wissen, wie sehr Sie sich um sie *kümmern*.» Mit dieser alten Weisheit hat es schon seine Richtigkeit.

Zusammenfassend glaube ich trotz all der Informationen, die ich Ihnen gegeben habe und die ganz sicher richtig und wertvoll sind, sagen zu können: *Letztlich sprechen Sie zu den Kunden mit Ihrem Verstand, aber Sie überzeugen und verkaufen mit Ihrem Herzen.*

ERLERNEN UND ANWENDEN PROFESSIONELLER METHODEN

Sprechen Sie auf etwas an oder reagieren Sie darauf? Ich hoffe. Sie beantworten diese Frage mit *ansprechen*, denn «ansprechen» ist positiv, «reagieren» dagegen negativ. Beispiel: Sie sind krank und gehen zum Arzt. Er verschreibt Ihnen ein Medikament und bestellt Sie auf den nächsten Tag zur Kontrolle. Dann schaut er Sie kurz an, schüttelt den Kopf und sagt:

«Wir werden das Medikament wechseln müssen, denn Sie *reagieren* nicht auf die Tabletten, die ich Ihnen gestern gegeben habe.» Niemand ist mit *negativen* Ergebnissen zufrieden.

Anderseits kann er Sie kurz anblicken und sagen: «Das Medikament scheint zu wirken. Sie *sprechen* auf die Behandlung *an*.» Mit *positiven* Ergebnissen sind natürlich alle zufrieden.

DER TRICK MEINES BRUDERS

In der Welt des Verkaufens – oder in der Welt überhaupt – erleben wir nicht immer nur positive Dinge. So sind mit großer Wahrscheinlichkeit 99 von 100 Verkäufern – vielleicht mit Ausnahme derjenigen, die nur hinter einem Ladentisch stehen – schon einmal bei geschäftlichen Verabredungen sitzen gelassen worden. Dies passiert besonders häufig, wenn Sie Lebensversicherungen, Grundstücke oder Autos verkaufen. Mit ebenso großer Wahrscheinlichkeit darf man wohl annehmen, dass die meisten «Sitzengelassenen» mit Wut, Frustration oder Enttäuschung oder mit einer Mischung aus allen dreien *reagieren*.

Mein Bruder Judge, der 1964 einen neuen Landesrekord aufstellte, indem er für die Saladmaster Corporation Kochtöpfe im Wert von über 104 000 Dollar verkaufte, *sprach* auf nicht eingehaltene Verabredungen in ganz eigener Weise *an*. Er veranstaltete damals größere Demonstrationen, das heißt, er kochte vollständige Mahlzeiten für mehrere Paare, die von der Gastgeberin eingeladen wurden. Nach der Vorführung pflegte er mit den einzelnen Paaren Verabredungen für den folgenden Tag zu treffen. Es kam nun hie und da einmal vor, dass niemand zu Hause war, wenn er zur vereinbarten Zeit vorsprach. Er *reagierte* nun aber nicht mit Wut, Verzweiflung oder Enttäuschung, sondern er sagte sich einfach: «Na warte, und ob ich denen etwas verkaufen werde!»

Der «Sitzengelassenen»-Abschluss

Am Tag darauf läutete er genau zur abgemachten Zeit wieder an der Tür. Und sobald die Dame des Hauses öffnete, begann Judge sich zu entschuldigen: «Es tut mir so leid, dass ich Sie gestern verpasst habe. Ich habe getan, was ich konnte, aber ich habe es einfach nicht geschafft.» (Das entsprach hundertprozentig der Wahrheit. Er hatte alles versucht, sie zu sehen. Er war nämlich zur verabredeten Zeit dagewesen.)

Judge meint, Sie wären erstaunt, wie viele erwachsene Leute ihm ohne weiteres die Schuld für ihre Unhöflichkeit überließen. Doch wenn sie das taten, war Judge sich seines Sieges sicher. Denn wenn die Leute nicht den Mut aufbrachten, ihm zum verabredeten Zeitpunkt eine Absage zu erteilen, verfügten sie auch nicht über das psychologische Rüstzeug, es mit einem bestens motivierten, begeisterten und hervorragend ausgebildeten professionellen Verkäufer aufzunehmen. Angesichts dieser Einstellung ist es kein Wunder, dass Judge damals einen neuen Landesrekord aufstellte.

An dieser Stelle ist es wichtig zu erklären, dass Judge in erster Linie so motiviert war, weil er mit innerer Überzeugung glaubte, die von ihm besuchte Familie würde seine Kochtöpfe dringend benötigen, *müsste* sie einfach haben. Er *wusste*, wieviel Geld, Zeit und Nährwerte diese Kochtöpfe der ganzen Familie einbringen würden. Judge legte beim Verkaufen seiner Produkte einen echt missionarischen Eifer an den Tag. Er hatte auch eine große Menschenkenntnis und verstand den wahren Grund, weshalb die Leute ihn sitzen gelassen hatten. Wir haben ihn schon im ersten Teil dieses Buches kennen gelernt: eigentlich *wollten* die Leute die Kochtöpfe, glaubten aber, sie sich *nicht leisten* zu können und *befürchteten*, zu schwach zu sein, um ihre Wünsche zurückzustellen. Lösung: Sie lassen den Verkäufer sitzen. Achtung: Deshalb müssen Sie, lieber Leser, jenes Einfühlungsvermögen entwickeln, von dem ich in Kapitel «Die richtige Einstellung» gesprochen habe.

Der «Unmögliche Kinder»-Abschluss

Aber es geht noch weiter. Die meisten im Direktverkauf tätigen Verkäufer *reagieren* mit Frustration und Entsetzen, wenn während der Demonstration ein kleines Kind ihre Aktentasche oder ihren Musterkoffer plündert und Papiere und Artikel stillvergnügt in der ganzen Stube verteilt. Nur allzu oft sagen Eltern in sanftem, leicht pathetischem Tonfall: «Aber, Schätzchen, du solltest doch nicht mit den Papieren des Mannes spielen.» Gelegentlich meint der Herr Gemahl zu seiner Gattin: «Liebling, das Kind benimmt sich unmöglich! Kannst du nicht irgendetwas mit ihm anfangen?» Worauf sich die Dame des Hauses erhebt, das Kind in sein Zimmer bringt und ihm sagt, es solle dort bleiben. Knappe drei Minuten später wütet Junior erneut in Papieren und Mustern herum. Nun raufen sich Vater und Mutter verzweifelt die Haare, ringen die Hände, schreien das Kind an und bitten es, sich doch nun endlich anständig zu benehmen.

Und genau dann weiß Judge, dass er ein Geschäft gemacht hat. Wenn die Eltern einem Dreijährigen gegenüber nicht nein sagen können, wie sollten sie es dann einem bestens motivierten und gut ausgebildeten professionellen Verkäufer gegenüber tun können? Judge meint, für ihn sei es offensichtlich, dass die Eltern ihr Kind zu wenig lieben, um es zur Disziplin anhalten zu können. Er selbst liebt Kinder, Kinder ganz allgemein, besonders aber vernachlässigte Kinder. Und er sagt: «Wenn es doch klar ist, dass dieses ‹unmögliche› Kind nie in den Vorteil liebevoller Zurechtweisung gelangen wird, so bin ich noch viel mehr davon überzeugt, dass es wenigstens möglichst gutes und nahrhaftes Essen für einen gesunden Körper bekommen muss.»

Natürlich haben wir es hier mit einer Verkaufsstrategie zu tun, aber es geht doch mindestens ebenso sehr um eine gewisse Menschenkenntnis und schlicht und einfach um gesunden Menschenverstand. Wenn Sie ein bisschen darüber nachdenken, werden Sie feststellen, dass ein hervorragend motivierter und ausgebildeter professioneller Verkäufer genau damit am häufigsten arbeitet. *Und* er arbeitet natürlich auch an seinen Überlegungen und an seiner Einstellung, bis er die verschiedenen Situationen beherrscht und nicht mehr reagieren muss, sondern darauf *ansprechen* kann.

MERKMALE DES PROFESSIONELLEN VERKÄUFERS

Nachdem ich schon so oft wiederholt habe, der Verkäufer sei das wichtigste Element des Verkaufsvorganges, wollen wir uns die Arbeitsweise und Methodik eines professionellen Verkäufers näher anschauen.

Der professionelle Verkäufer hat in erster Linie ganz klar durchschaut, dass es die Logik ist, welche die Leute zum Denken bringt, dass es aber die Gefühle sind, welche die Leute zum Handeln bringen. Wenn er seine ganze Logik in eine Präsentation steckt, wird er bald den gebildetsten Kunden vor sich stehen haben; doch dieser wird ein paar Straßen weitergehen und von jemand anderem etwas kaufen. Wenn er all seine Gefühle in eine Präsentation steckt, wird er höchstwahrscheinlich ein Geschäft machen, doch bestehen leider gute Aussichten, dass der Kunde den Auftrag rückgängig machen wird. Wenn er aber Gefühle *und* Logik in seine Präsentation einflicht, stehen die Chancen ausgezeichnet, dass er heute ein Geschäft machen und in Zukunft einen zufriedenen Kunden haben wird. Das alles weiß ein professioneller Verkäufer.

Er weiß auch, dass Logik auf das Auge zielt und das Auge anspricht, dass Gefühle aber auf das Ohr zielen und das Ohr ansprechen. Aus diesem Grund erzählen wir den Kunden nicht nur, was unser Produkt alles kann, sondern wir zeigen es ihnen gleichzeitig, wenn das nur irgendwie möglich ist.

Wir sind dazu veranlagt, das zu glauben, was wir sehen, nicht das, was wir hören. Die Augen werden nicht zu Unrecht «Fenster der Seele» genannt, denn unser geistiges Auge glaubt, was es sieht. Das Auge ist das einzige Sinnesorgan, das unmittelbar mit dem Gehirn verbunden ist. Deshalb glauben wir viel eher, was wir sehen, als das, was wir hören. Wir werden aber durch das, was wir hören, zum Handeln angeregt. Vergessen wir nicht: Unser «fühlendes» Gehirn ist zehnmal größer als unser «denkendes» Gehirn. Wenn wir unseren Kunden also *erzählen* und *zeigen*, verbessern wir unsere Verkaufschancen um ein Vielfaches.

EXTROVERTIERT ODER INTROVERTIERT

Über den professionellen Verkäufer gibt es vermutlich Tausende von verschiedenen Meinungen. Der Mann von der Straße hält ihn wahrscheinlich für ein unbekümmertes, geschichtenerzählendes, plump vertrauliches, extrovertiertes Individuum. In Wirklichkeit ist der professionelle Verkäufer aber viel eher introvertiert. Nicht in übertriebenem Masse, aber er ist einfach von Natur aus etwas ruhiger und ernsthafter. Keine Regel ohne Ausnahme! Nehmen wir die beiden Typen einmal unter die Lupe.

Ein extrovertierter Mensch vermittelt uns wahrscheinlich einen guten ersten Eindruck. Man mag ihn gern, und er knüpft rasch Kontakte an. Allzu oft gelingt ihm aber ein Geschäft nur dank der Kraft seiner Persönlichkeit. Wenn er ein Produkt anbietet, das seine Kunden bei einem einmaligen Besuch und überhaupt nur einmal kaufen, geht es ihm gut. Wenn er allerdings eine Karriere aufbauen will, wird er Schwierigkeiten haben; desgleichen, wenn er ständig auf die gleiche Kundschaft angewiesen ist. Ein introvertierter Mensch ist wahrscheinlich *gründlicher* bei seinen Vorbereitungen, *präziser* bei seiner Präsentation und *sachkundiger*, was die Produkte seiner Firma angeht. Er ist besser organisiert. Er weiß, wo er sich zu einem bestimmten Zeitpunkt aufhalten wird. Er stellt ein Programm auf und hält sich auch daran. Er ist wohl auch ein besserer Zuhörer und hat ein besseres Gespür für die Bedürfnisse seiner Kunden.

Der *ideale* professionelle Verkäufer ist natürlich extrovertiert, nimmt seinen Beruf aber so ernst, dass er auch gewisse Eigenschaften des Introvertierten entwickelt, um seine Kunden besser *bedienen* zu können. *Oder* er ist introvertiert, liebt seinen Beruf aber so sehr, dass er auch gewisse Eigenschaften des Extrovertierten entwickelt, um seine Kunden besser *bedienen* zu können.

SPITZENLEISTUNGEN UND MÄSSIGE LEISTUNGEN

DeMarco und Maginn von der Forum Corporation haben bei einer Studie festgestellt, dass sehr erfolgreiche Verkäufer über ausgezeichnete Verkaufs- und Führungsqualitäten verfügen *und außerdem* gute menschliche Beziehungen zu anderen Firmenangehörigen, zu Kunden und anderen Verkäufern pflegen. *Sie überlassen die Verantwortung für Lieferung, Installation und Service nicht einfach dem technischen Personal,* sondern kontrollieren die Termine und vergewissern sich, dass der Auftrag ordnungsgemäß abgewickelt wird.

Leute, die Spitzenleistungen erbringen, beziehen auch andere in ihre Tätigkeit mit ein, indem sie sie um ihre Meinung bitten, mit ihnen Informationen austauschen und auch *innerhalb* ihrer Organisation eine Basis des Vertrauens aufbauen. Es spricht sehr viel dafür, dass solche Top-Verkäufer zu einer Bank oder zu einem Produktionsbetrieb wechseln könnten und dort wieder Spitzenleistungen erbringen würden. Die Studie hat gezeigt, *dass es nicht auf die Verkaufsfähigkeit ankommt, ob ein Verkäufer Spitzenleistungen oder nur mäßige Leistungen erbringt.* Die anderen Faktoren sind entscheidend. Professionelle Spitzenleute sind *komplette,* ausgewogene Menschen, integer und fachlich beschlagen, beharrlich bemüht, Probleme zu lösen.

EIN MANNSCHAFTSSPIELER MIT INTEGRITÄT

Der Top-Verkäufer ist ein einflussreicher Organisator mit beträchtlichen Fähigkeiten und das Bindeglied zwischen dem Kunden draußen und den übrigen Mitarbeitern in seiner Firma. Er geht mit dem Servicepersonal so um, dass es an Produktivität und Selbstachtung gewinnt, während er sich gleichzeitig darauf konzentriert, mit dem Kunden eine produktive und auf Vertrauen fußende Beziehung aufzubauen und beizubehalten.

Der Top-Verkäufer hilft seinem Kunden, indem er ihm weitere Produkte und Dienstleistungen anbietet und dadurch

Entscheidungen erleichtert, eventuell sogar andere Quellen erschließt, wenn seine Bedürfnisse über die eigenen Erfahrungen und die Möglichkeiten der eigenen Firma hinausgehen. Die Kunden schätzen Integrität über alles und erwarten auf ihre Fragen ebenso ehrliche wie fachlich kompetente Antworten.

Top-Verkäufer vertreten die Interessen ihrer Firma und ihrer Kunden mit Würde, Integrität und Geschick. Sie steigern den Wert ihrer Tätigkeit mit größerer Begeisterung, mehr Einfühlungsvermögen und einem Gefühl für Professionalismus. Sie kommunizieren verständlich und verständnisvoll mit Kunden und Hilfspersonal und untermauern dadurch den Eindruck der Kunden, dass sie wissen, was sie tun. Sie begreifen auch, dass das Produkt selbst nicht wertaufbauend ist, *sondern dass der Verkäufer den Wert mit jedem Besuch beim Kunden erhöht.*

Der Aufbau interner Beziehungen ist eindeutig ein Schlüssel zum Erfolg eines Top-Verkäufers. Der Top-Verkäufer ist außerdem ein Mannschaftsspieler, dessen Verhalten seinen Mitarbeitern gegenüber dem Verhalten entspricht, das ihm bei seinen Kunden Erfolg einträgt. Er sieht in seinem Vorgesetzten auch eine Quelle, von der er im geeigneten Augenblick zehren kann, und gibt zu erkennen, dass sein Chef ein ausgezeichneter Führer ist, der Initiative unterstützt und Hilfe leistet.

DER PROFI

Er ist so menschenbewusst, dass er seine Anstrengungen niemals durch sein Ego beeinträchtigen lässt. Er versteht seine Aufgabe als Profi nicht darin, seinem Kunden die Entscheidung bei einem Kauf abzunehmen, sondern vielmehr darin, Informationen zu vermitteln, damit der Kunde über Tatsachen verfügt, die ihm eine vernünftige Entscheidung ermöglichen. Er übermittelt auch ein gewisses Maß an Begeisterung oder Motivation, damit der Kunde den Mut findet, die richtige Entscheidung zu treffen.

Der Profi hat ein so dickes Fell, dass er sich durch gewisse Dinge, die ein Kunde zu sagen hat, nicht beleidigt fühlt. Das bedeutet natürlich nicht, dass er sich Unflätigkeiten oder wirkliche Beleidigungen gefallen lassen muss. Es bedeutet vielmehr, dass er weiß, dass der Kunde schon oft von anderen Verkäufern unflätig behandelt worden ist, dass er verstehen kann, dass der Kunde nicht ihn, sondern einfach sein Angebot ablehnt.

DER PROFI VERSTEHT

Der Profi will seinen Kunden dienen, *er glaubt aber auch an seine Fähigkeit, bei einem bestimmten Besuch ein Geschäft abschließen zu können.* Er rechnet mit einem Geschäft. Er weiß über sein Produkt Bescheid und beherrscht sein Handwerk. Er arbeitet nach Plan, aber nicht nach Schema F, denn als Profi weiß er, dass es viele Möglichkeiten gibt, etwas zu sagen, dass aber nur *eine* die beste ist. Infolgedessen benutzt er bei *jeder* Präsentation oft die gleichen Sätze, Erklärungen und Wendungen. Er ist davon überzeugt, dass es seine Verantwortung ist, sich so klar auszudrücken, dass der Kunde einsieht, ein Kauf liege in seinem Interesse.

Er versteht, dass sich ein Kunde oft nur deshalb unfein benimmt, weil er sich aus einem Angst- oder Unterlegenheitsgefühl heraus in die Defensive gedrängt fühlt. Er begreift die eine universelle Verkaufsregel und wendet sie geschickt und begeistert an. Und diese Regel lautet: «Ich muss um alles in der Welt herausfinden, was der Kunde will, und ihm dann helfen, es zu bekommen.»

Ein Profi ist auf seinem Gebiet *kompetent.* Er leistet *Qualitätsarbeit.* Der Profi hat Humor. Er nimmt seinen Beruf und die Bedürfnisse seiner Kunden ernst – sich selbst aber nicht.

DER PROFI LERNT

Es ist ihm klar, dass er nie ausgelernt hat. Er studiert seine Kunden, die Verkaufsunterlagen seiner Firma, die Kunst des Überredens. Er liest gute Bücher, hört sich Kassetten an, besucht Kurse und befasst sich vor allen Dingen bei jedem Verkaufsgespräch mit der menschlichen Natur. Er weiß, dass er im Leben nur vorankommen kann, wenn er bessere Leistungen erbringt. Um seine Leistungen zu verbessern, muss er sein Denken in andere Bahnen lenken. Um anders zu denken, muss er sein Hirn anders programmieren. Er wählt also seine geistige Nahrung äußerst sorgfältig aus. Er begreift, dass sein Gehirn keine Abfallgrube ist, sondern ein Tempel.

Der Profi «geht zur Schule», indem er gute Verkäufer bei ihrer Arbeit beobachtet, egal ob es sich um direkte, um Grossisten- oder Detailgeschäfte handelt. Er fragt sich immer wieder: «Wie kann ich diese Methode auf meine Situation übertragen, damit ich mehr verkaufen und meine Kunden besser bedienen kann?» Er weiß, dass seine Kunden ihre Entscheidung aufgrund ihres Wissens und ihres Glaubens treffen; deshalb übertreibt er nicht, sondern drückt alles möglichst einfach und glaubhaft aus.

VERKAUFEN IST DES PROFIS LEBEN

Er wacht am Morgen auf und denkt ans Verkaufen. Er fährt zur Arbeit und denkt ans Verkaufen. Er kommt nach Hause und denkt ans Verkaufen. Der einzige Unterschied besteht darin, dass er beim Nachhausekommen versteht, dass er trotz unterschiedlicher Verkaufssituation die gleichen Methoden anwenden und von der gleichen charakterlichen Grundlage aus arbeiten wird. Er vergisst nie, dass Verkaufen ein *Übertragen* von Gefühlen ist und dass Heuchelei bei diesen «Verkaufsgesprächen» die gleichen negativen Folgen zeitigt wie bei seinen anderen «Kunden».

Er muss seinen Kindern aus tiefstem Innern verkaufen, dass sie die besten Kinder sind. Aus tiefstem Innern muss er seiner Frau die Idee verkaufen, er sei der beste Ehemann; und dann muss er zeigen, worauf er hinaus will. Kurz, er ist sich von früh bis spät der anderen Menschen bewusst. Und das Schöne daran ist, dass es ihm so viel Freude bereitet, dass dieses Bewusstsein zu seiner zweiten Natur wird.

Er lernt verstehen, dass die Leute aus *ihren* ureigenen, nicht aus seinen Gründen kaufen. Deshalb befasst er sich intensiv mit Motivation und menschlichem Verhalten, denn es ist ihm klar, dass er ein Verhalten nur beeinflussen kann, wenn er etwas davon versteht. Er versteht, dass es nicht darauf ankommt, wer eine gute Idee hat oder eine gute Methode anwendet.

Der Profi ist ein Optimist. Er sieht stets nur die Sonnenseiten des Lebens. Er weiß, dass die meisten seiner Kunden im Leben genügend Schatten und Trübsal erfahren und einen Verkäufer nicht besonders schätzen, der ihnen noch mehr davon bringt. Der Profi begreift, dass er das Verkaufsklima sehr weitgehend in der Hand hat. Er lässt sich deshalb nicht auf Diskussionen über Nebensächlichkeiten ein und plaudert nicht über die neuesten nationalen oder lokalen Schlagzeilen. Er schafft eine Atmosphäre von Begeisterung und Optimismus und erhöht so seine Chancen, ein Geschäft zu machen, ganz wesentlich. Er ist außerordentlich zielstrebig und konzentriert sich jederzeit auf die aktuelle Aufgabe, egal, ob es sich um ein Geschäft, um die Zufriedenstellung eines verärgerten Kunden oder um einen routinemäßigen Folgebesuch handelt. Die Zielstrebigkeit ermöglicht es dem Profi, das wichtigste Kaufmotiv des Kunden ausfindig zu machen und all seine Energie und Aufmerksamkeit darauf zu konzentrieren, dem Kunden zu dem zu verhelfen, was er haben möchte. Er ist ausgezeichnet motiviert und überträgt seine Begeisterung auf die Kunden, die ihrerseits motiviert werden, darauf anzusprechen und zu kaufen.

DER PROFI IST FLEXIBEL

Er ist ein Denker, aber er weiß, dass es besser ist, etwas Genialem nachzueifern als in Mittelmäßigkeit zu versinken, und so beurteilt er Materialien und Methoden aufgrund der Ergebnisse. Wenn seine Methoden zu den gewünschten Resultaten führen, wird er ihnen treu bleiben. Wenn sie unwirksam sind, wird er auf sie verzichten. Er wird sich nicht auf seinen Lorbeeren ausruhen und warten, bis seine Verkaufsmethoden überhaupt keine Wirkung mehr zeigen. Er weiß, dass Methoden ändern können, er weiß aber ebenso gut, dass *Prinzipien* sich nicht ändern.

DER PROFI IST LAUFBAHNORIENTIERT

Und weil er es ist, denkt er bei jedem Schritt, den er unternimmt, weniger an ein bestimmtes Geschäft als vielmehr an den Aufbau seiner Karriere. Er ist sich der uralten Tatsache bewusst, dass «*Worte allein oft versagen, während Vorführun-*

gen Früchte tragen.» Wenn der Kunde das Produkt *sieht*, steigt die Glaubhaftigkeit. Wenn der Kunde etwas hört, wird er es vergessen; wenn er etwas sieht, wird er sich daran erinnern; wenn er es aber hört, sieht und erst noch tut, wird er verstehen und viel eher zum Kauf bereit sein. All das weiß der Profi, und deshalb beteiligt er seinen Kunden an der Präsentation. Er lässt ihn den Stoff fühlen, wenn er ihm in den Mantel hilft; er lässt ihn den neuen Wagen selbst fahren; er fordert ihn auf, sich ans Keyboard oder an den Computer zu setzen. Er gestaltet seine Präsentation mit visuellen Hilfsmitteln und mit Empfehlungsschreiben aus.

Der Profi besitzt Überzeugung, Anteilnahme, Vertrauen und Mut. Er ist überzeugt, dass sein Produkt das Problem des Kunden lösen kann. Es liegt ihm wirklich am Herzen, dass der Kunde jetzt und zu seinem eigenen Vorteil kauft. Er vertraut darauf, dass er den Kunden zum Kauf überreden kann. Und er ist mutig genug, den Kunden aufzufordern, jetzt und in seinem eigenen Interesse etwas zu kaufen.

Der Profi ist unendlich neugierig! Er fragt sich nicht nur, weshalb das Gras in Nachbars Garten wohl grüner ist als sein eigenes, sondern er steigt über den Zaun, um zu erfahren, womit der Rasen denn gedüngt wird.

EIN PROFI IM AUSSEHEN UND IM TUN

Der Profi sieht wie ein Profi aus. Er zieht sich dem Anlass entsprechend an. Er weiß, dass einem der Erfolg versagt bleibt, wenn man das Kostüm eines Verlierers trägt. Er weiß, dass der Dünger vom letzten Jahr für die diesjährige Ernte nichts nützt, und so pflanzt er seinem Gehirn immer wieder neue Gedanken und Methoden ein. Kurz, er stattet Geist und Körper immer wieder neu aus.

Der Profi ist ein Mensch mit Prinzipien. Er weiß, dass die Wahrheit, der man ein kleines Stückchen hinzufügt, unweigerlich verliert. Er «kauft» den Satz von Will Rogers: «Ich wäre lieber derjenige, der den Eiffelturm gekauft hat, als derjenige, der ihn verkauft hat.» Es ist klar, dass er alles tun wird, um seine Integrität zu bewahren und nicht von irgendjemandem zu profitieren.

Der Profi arbeitet hart. Er ist mit dem Verkaufsberater Steve Brown aus Atlanta, Georgia, einverstanden, der sagt: «Es lohnt sich, alles was man tun kann, schlecht zu tun – bis man gelernt hat, es gut zu tun.» *Und* er arbeitet und studiert, bis er es meisterhaft tun kann. Er weiß, dass wir nicht unsere Arbeit durch andere Leute verrichten lassen können, sondern dass wir durch die Arbeit an die Leute herankommen. Er weiß, dass es Taten braucht, um etwas zu vollenden, und dass Taten im Allgemeinen ein Lernprozess vorangeht. Er macht seine Hausaufgaben und übt bei jeder Gelegenheit, auch mit seiner Familie. Er kann es kaum erwarten, endlich vor seinem Kunden zu stehen und zur Abschlussprüfung anzutreten, wo er das Gelernte erproben und seine Ziele erreichen kann. Oder wie der Verkaufsberater Phil Lynch es ausdrückt: *Er bereitet sich auf morgen vor, indem er heute etwas leistet.*

DER PROFI BILDET SICH STÄNDIG WEITER

Der Profi baut sich eine umfangreiche Bibliothek auf, die ihm unzählige Informationen über seinen Beruf, den Verkaufsvorgang und seine Kunden vermittelt. Es käme ihm nie im Traum in den Sinn, sich an einen Arzt oder einen Rechtsanwalt zu wenden, der sich seit Studienabschluss nicht mehr weitergebildet hat. Und deshalb baut er sich seine Verkäuferbibliothek auf und erweitert sie ununterbrochen.

Der durchschnittliche Verkäufer gibt pro Jahr rund 300 Dollar für seinen Kopf aus (für Rasieren, Haareschneiden, Rasierwasser usw.), ungefähr 2 000 Dollar für seinen Körper (Kleider) und über 4 000 Dollar für Transportmittel. Wenn er nun schon über 6 000 Dollar dafür ausgibt, sich auf das Verkaufen vorzubereiten, *dann ist es ihm als Profi auch vollkommen klar, dass er wissen muss, was er zu sagen hat, wenn er dann endlich so weit ist.* Mit dieser Einsicht ergänzt er fortlaufend seine Bibliothek und – was noch wichtiger ist – seinen Kopf mit neuem Wissen und neuen Methoden und Verfahren.

Er sieht die Investitionen in Bücher, Kassetten und Weiterbildungskurse in der richtigen Perspektive, weil er weiß, wie viel es ihn und/oder seine Firma kostet, einen Kunden zu besuchen – und wie viel es kostet, ein Geschäft wegen unpassender, falscher oder ungenügender Informationen zu verpassen. Nebenbei erwähnt unternahm McGraw-Hill Research 1982 eine entsprechende Studie, an der 605 Firmen aus den verschiedensten Industriezweigen teilnahmen. Und die Ergebnisse sind hoch interessant: Ein Kundenbesuch kam im Durchschnitt auf 178 Dollar zu stehen (Lohn, Provision, Reise- und andere Spesen); bei jeweils 5,1 Besuchen kam ein Geschäft zustande, das heißt, jeder Verkauf kostete durchschnittlich 907,80 Dollar!

Die *materiellen* Kosten für einen Kundenbesuch sind hoch, die menschliche Frustation und die gescheiterten Verkäuferkarrieren aufgrund ungenügender Verkaufsinformationen, Methodik und Begeisterung kommen aber unendlich viel teurer zu stehen. Die Kosten für die Aneignung der notwendigen Ausbildung sind winzig klein im Vergleich zu den Kosten, die es mit sich bringt, wenn man sich diese Ausbildung *nicht* aneignet. Wer glaubt, Ausbildung sei teuer, möge sich einmal überlegen, was Unwissenheit alles kostet! Oder, um es etwas persönlicher auszudrücken: Wie oft ist *Ihnen* schon ein Geschäft entglitten, und nur kurze Zeit später stolperten Sie über die entsprechenden Informationen. die alles hätten ändern können?

PS: Ich gratuliere Ihnen, dass Sie die Kosten für *Der totale Verkaufserfolg* nicht gescheut haben und dass Sie das Buch nun in Ihr Lernen miteinbeziehen. Sie sind auf dem richtigen Weg. *Sie wachsen!*

DER PROFI STELLT FORDERUNGEN AN SICH SELBST

Der Profi macht sich eigene Vorstellungen von seinen Leistungen. Er setzt sich Ziele, an denen er tagtäglich arbeitet. In der Regel setzt er seinen Umsatz und seine Ziele sogar höher an, als dies seine Firma tut. Er ist in vermehrtem Masse dazu bereit, seine Freizeit für Aktivitäten im Zusammenhang mit seinem Beruf einzusetzen. Bei Ebbe trinkt er also nicht einfach Kaffee und liest Zeitungen. sondern er setzt sich hin und schreibt seinen Kunden wieder einmal einen Werbe- oder Dankesbrief.

Im gleichen Maße, wie die Zeiten sich ändern, ändert der Profi auch seine Methoden, doch ändert er nie etwas am Grundsatz, möglichst engagiert zum möglichst günstigen und fairen Preis möglichst viel zu liefern.

Der Profi weiß, dass alles Wissen aus den Büchern einer Stadtbibliothek ohne Menschenverstand und gesundes Urteilsvermögen nichts ausrichten kann. Er versteht, *dass seine Karriere nicht von seinem Wissen abhängt, sondern von dem, was er mit seinem Wissen anfängt.*

KEIN PROFI

Der Profi versteht, dass man ebenso wenig Verkäufer werden kann, indem man auf ein Zeitungsinserat antwortet und sich eine Aktentasche mit einem Prospekt drin unter den Arm klemmt, wie man Arzt oder Ingenieur werden kann, indem man sich ein Stethoskop oder einen Rechenschieber zulegt.

Verkäufer zu sein bedeutet mehr als einfach lächeln, sich gut anziehen, ein paar hübsche Geschichten erzählen und ein paar gute Zeilen auswendig lernen.

Wenn ich von einem Profi spreche, meine ich damit offensichtlich nicht irgendwelche Leute, die aus einem anderen Beruf abgesprungen oder einfach heim Verkaufen gelandet sind, weil es so «leicht» war («Man muss ja bloß reden können», denken sie, «und da ich gut reden kann, werde ich gut verkaufen können.» Die Studie der Forum Corporation liess unter anderem jenen Irrglauben platzen, wonach ein Verkäufer ein zungenfertiger Schnellredner sein muss.) Ich spreche auch nicht von jenen Teilzeitangestellten, die sechs Wochen vor Weihnachten in den Verkauf wechseln, weil sie noch ein wenig Geld brauchen.

DER PROFI WRD IMMER PROFESSIONELLER

Der Profi hat sich seinen Beruf *gewählt* und lernt während seiner ganzen Laufbahn weiter; er arbeitet unermüdlich daran, sich den Titel eines «Verkäufers» auch zu verdienen. Er arbeitet an seiner Einstellung, seinem Selbstbild, seinen Beziehungen und Zielen ebenso hart wie an seinen Verfahren und

Methoden. Er begreift, dass er als *Mensch* bereit sein muss. bevor er als *Verkäufer* bereit sein kann.

Der Profi begreift, dass er «grün» bleiben und «weiterwachsen» muss. Solange er «grün» ist, gedeiht er weiter, sobald er aber «reif» wird, ist es damit aus.

Wenn Sie wirklich mit ganzem Herzen bei Ihrem Beruf und bei Ihrer Firma sind, werden Sie die für einen Erfolg unabdingbaren Methoden, Techniken und Verfahren lernen. Dr. Robert Schuller[1] drückt dies auf seine Weise aus:

> *«Eine aufsehenerregende Leistung ist*
> *stets die Folge einer ganz und gar*
> *nicht aufsehenerregenden Vorbereitung.*

Der Profi ist sogar für *gewisse* Schwierigkeiten dankbar. Er möchte nicht einfach ab und zu einmal Glück im Unglück haben. Ich erwähne dies in voller Absicht, denn wenn wir vor einem harten Kunden und einem harten Geschäft stehen, dürfen wir nicht vergessen, dass die harten Kunden unsere besten Lehrer sind. Wenn alle Geschäfte so leicht wären, dass Herr Jedermann sie abschließen könnte. erhielten wir vielleicht nur 10 Prozent unserer jetzigen Provision.

Der Profi versteht, dass die Konkurrenz immer härter wird und er demzufolge auch immer härter werden muss. Er ist nicht einfach ein Charakter. sondern er *hat* Charakter.

Der Profi Mike Frank sagt: «Ein Profi erwirbt sich eine Art ‹Kundeninstinkt›. Er sucht seine Kunden bei neuen und alten Bekannten, bei allen Leuten, die er besucht, unabhängig vorn Erfolg. Er pflegt sie im Supermarkt, im Club, im Restaurant, bei jeder Gelegenheit. Er sammelt Informationen aus Radio, Fernsehen, Zeitungen, Plakaten usw. Er sieht auf Schritt und Tritt einen neuen Kunden.»

Der Profi führt Buch. Er weiß, worauf sein Erfolg zurückzuführen ist, und er bleibt immer mit der gleichen Begeisterung und Aufopferung am Ball. Diese Faktoren, denen er seinen Einstieg verdankt, kombiniert mit Sachkenntnis, Erfahrung,

---

[1] Von Dr. Robert Schuller sind im Oesch Verlag folgende Titel erschienen: *Aufwärts zum Erfolg; Der Weg zur inneren Ruhe; Es gibt eine Lösung für jedes Problem.*

Geschick und Wissen, machen ihn zum erfolgreichen Profi. Er lernt und liest alle einschlägigen Bücher und Fachzeitschriften.

Frage an Sie, lieber Leser: Ist dies das erste Buch, das Sie in diesem Jahr lesen? Es müsste pro Monat mindestens eines sein!

NEUHEIT – HÄUFIGKEIT – EINDRUCK – EMPFEHLUNG

Der Profi weiß, dass er nicht Karriere machen kann, wenn er einem Kunden nur einmal etwas verkauft und sich dann nach einem neuen Kunden umschauen muss. Deshalb nimmt er den in die Formel «Neuheit – Häufigkeit – Eindruck – Empfehlung» gekleideten Rat des Körpersprache-Experten Dr. Joseph Braysich aus Sydney ernst.

Neuheit bedeutet: Wann haben Sie zum letzten Mal Kontakt mit Ihrem Kunden gehabt, um ihm zu zeigen, dass Sie zu seinen Diensten stehen, dass Sie ihn schätzen, um ihn darauf aufmerksam zu machen, dass Ihre Produktlinie erweitert worden ist oder dass ihr Produkt neue Anwendungsmöglichkeiten besitzt? Laut Dr. Braysich müssen Kunden – auch wenn es gute Freunde sind – immer wieder daran erinnert werden, dass es Sie gibt und dass Sie bereit sind, ihre Bedürfnisse zu decken oder ihre Probleme zu lösen.

Häufigkeit. Diese hängt natürlich sehr von der Art des Produktes und vom Nutzen des Zeitaufwandes im Verhältnis zur Produktion ab. Angesichts der Konkurrenz sollten Sie Ihre Kunden doch in der einen oder anderen Form an Ihre Existenz und Ihr Interesse erinnern. Sonst verlieren Sie sie an einen Konkurrenten, der sich nicht im wohligen Bewusstsein, dies seien ja sowieso seine Kunden, sonnt.

Zu jenen Leuten, die es wohl am besten verstehen, Ihren Namen bei den Kunden immer gegenwärtig zu halten, zählt Joe Girard. Sein unglaublicher Erfolg als Autoverkäufer erlaubte es ihm, aufgrund seiner persönlichen Erfahrungen ein Buch über die Kunst des Verkaufens zu schreiben. Meines Wissens hält Joe alle Rekorde in der Automobilbranche.

Hier seine Umsatzzahlen:

1963 : 267 Autos
1964 : 307 Autos
1965 : 343 Autos
1966 : 614 Autos
1967 : 667 Autos
1968 : 708 Autos
1969 : 764 Autos
1970 : 843 Autos
1971 : 980 Autos
1972 : 1 208 Autos
1973 : 1 425 Autos (Rekordjahr)
1974 : 1 376 Autos
1975 : 1 360 Autos
1976 : über 1 200 Autos
1977 : über 1 200 Autos

An Joes Rekord sind verschiedene Dinge bemerkenswert. Erstens: Im Verlauf von 15 Jahren verkaufte er im Durchschnitt annähernd 900 Autos pro Jahr, und zwar stets einzeln, nicht in ganzen Flotten.

Zweitens: Es handelte sich bei allen Geschäften um echte Verkäufe, nicht um irgendwelche Sonderangebote. Die Firma machte Gewinn, Joe machte seinen Gewinn, und offensichtlich «gewannen» auch seine Kunden, sonst wären sie nicht immer wieder zu ihm zurückgekommen. Drittens: Joe war von 1967–1977 Jahr für Jahr der beste Autoverkäufer in den USA. Allein diese Tatsache ist schon beinahe unglaublich. Viertens: Trotz zwei starken Rezessionen in den ersten elf Jahren verkaufte Joe in jedem Jahr mehr Autos als im Jahr zuvor. Und fünftens: In den letzten sechs Jahren, in denen er hauptberuflich als Autoverkäufer tätig war (bevor er als Redner und Autor aktiv wurde), brachte er im Durchschnitt über 1 300 Wagen pro Jahr an den Mann.

Für einen derart überwältigenden Erfolg gibt es viele Gründe: Einer davon besteht sicher in der Tatsache, dass Joe *jedem* seiner Kunden einmal pro Monat eine Karte schickte. Nicht nur zu Weihnachten, Neujahr, Ostern oder zum Geburtstag, sondern auch zu allen möglichen anderen Gelegenheiten.

Wenn sie *immer wieder* solche Karten erhalten, betrachten die Kunden Joe schon als Familienmitglied, zumindest aber als guten Freund. So packt man das als wahrer Profi an!

Mike Frank weiß in diesem Zusammenhang ebenfalls etwas Besonderes zu erwähnen. Er verschickt jeden Tag mindestens sieben handgeschriebene Karten. Er verwendet eine Art Memokarten, auf denen sein Konterfei abgebildet ist. Seine Kundenbesuche dauern oft nur zehn Minuten, und in dieser Zeit versucht er seine Kunden zu überreden, ihn zu einem späteren Zeitpunkt zu einem Treffen einzuladen. Bei diesem Treffen verkauft er dann Eintrittskarten für einen bevorstehenden Verkaufs- und Motivationskongress. Die Memokarte erinnert den Kunden an das Datum, und das Bild hilft ihm, zum Namen auch ein Gesicht zu sehen. Mike verschickt diese Karten auch an Kunden, mit denen er noch nicht ins Geschäft gekommen ist. Und dies tut er nun tagtäglich seit 1972. Eine mühselige Arbeit – ja. Eine zeitraubende Arbeit – ja. Eine einträgliche Arbeit – und wie!

Eindruck. Haben Sie einen starken Eindruck hinterlassen? Wie fest ist die Beziehung? Werden sich Ihre Kunden wirklich an den letzten Kontakt mit Ihnen erinnern? Sitzen Sie wirklich fest im Sattel, weil Sie gut verkauft und gut bedient haben, oder haben Sie das erste Geschäft irgendwelchen Beziehungen zu verdanken? Es ist gut, Beziehungen zu haben und dank ihnen etwas zu verkaufen, aber es wäre gefährlich und falsch anzunehmen, dass der Kunde deswegen bereits *Ihnen* gehört.

Empfehlung. Dies ist – vor allem bei einem ersten Geschäft – von entscheidender Bedeutung. Wie Sie im nächsten Kapitel erfahren werden, verkaufte mir Chuck Bellows einen Cadillac, weil seine Empfehlungen so gut waren, dass ich bei meinem Besuch bereit war, ihm zu glauben, ihm zu vertrauen und ihm etwas abzukaufen. Der Profi sorgt für einen solchen Ruf. Hervorragende Empfehlungen bilden die leichteste – und auch bei weitem die sicherste – Methode, eine Verkäuferlaufbahn aufzubauen.

ZU GUTER LETZT

Der Profi versteht es, zu kommunizieren und die Kommunikation des Kunden zu interpretieren. Gewisse Fachleute behaupten, *was wir sagen, enthalte nur 7 Prozent der Überzeugungskraft einer Mitteilung, die Art und Weise, wie wir es sagen, 38 Prozent, und die restlichen 55 Prozent seien Körpersprache.* Aus diesem Grund erlernt der Profi die Körpersprache und den Umgang mit seiner Stimme. Er erlernt und benutzt die Worte, die verkaufen, vermeidet jene, die nicht verkaufen. Mehr darüber werden wir ab Seite 238 erfahren.

Der Profi zerstört nicht, sondern er baut auf. Er baut seine Berufskollegen auf. Er baut sein Land, seine Firma, seine Stadt auf. Er leidet stets unter einem leisen Unbehagen, das er instinktiv in eine begeisternde Unzufriedenheit ummoduliert, und sie ist eine der stärksten Kräfte, die wir im Verkäuferberuf mobilisieren können.

EIN ECHTER PROFI AM WERK

Schauen wir doch einmal einem echten Profi bei seiner Arbeit zu. Ich glaube, die folgende Geschichte enthält so ziemlich alle spezifischen Punkte, Methoden und Tricks, die man sich nur vorstellen kann. Sie wird nicht nur allen Verkäufern von Nutzen sein; die darin enthaltenen Lektionen in Psychologie und Überzeugungskunst werden allen Leuten helfen, die irgendwann einmal eine Idee «verkaufen» müssen. Kurz: Sie wird Ihnen persönlich und beruflich etwas bringen.

Diese Geschichte deckt buchstäblich alles ab: Arbeiten mit der Stimme; wie man Fragen stellt; die Bedeutung von Verkaufstalent *und* Verkäufer; wie man den entscheidenden Verkaufsfaktor aushandelt; wie man die Seiten vom Verkäufer zu Käufer wechselt: wie man Kunden dazu bringt, neue Entscheidungen zu treffen; wie man den Preis zerlegt, damit er nicht mehr so schwer ins Gewicht fällt; wie und weshalb man Wert verkaufen sollte. Sie zeigt auch, welche Schritte man unternehmen kann, um den Kunden ein gutes Gefühl über einen unbefriedigenden früheren Kauf vermitteln zu können; wie wichtig es ist, den Kontakt zu den Kunden nicht abreißen zu lassen, um eine Laufbahn aufbauen zu können; und noch vieles mehr.

DIE LEUTE ERINNERN SICH AN GESCHICHTEN

Wie Sie schon festgestellt haben, enthält *Der totale Verkaufserfolg* zahlreiche Geschichten. Ich erzähle sie aus zwei guten Gründen. Erstens: Ihre Gedanken schweifen viel weniger ab, wenn Sie eine Geschichte lesen (vorausgesetzt, ich erzähle sie gut). Zweitens: Sie erinnern sich viel leichter an Geschichten als an etwas anderes, und wenn Sie sich an eine Geschichte erinnern, erinnern Sie sich auch an spezifische Punkte und

Verfahren, die darin gelehrt werden. Da Sie *nur* das anwenden können. woran Sie sich erinnern, dürfte es sich bei der Lehrmethode, die sich wahrer Geschichten und Analogien bedient, um die beste Methode handeln, die es überhaupt gibt.

Als Lehrer und Ausbilder bin ich mir vollkommen der Tatsache bewusst, dass wenn ein Schüler nicht gelernt hat, der Lehrer nicht gelehrt hat. Ich möchte, dass dieses Buch Ihnen Informationen gibt, dass es Sie zu einem besseren Menschen und zu einem besseren Verkäufer macht. Es soll Sie professioneller und produktiver machen. Und das kann es nur, wenn es Sie wirksame Methoden *lehrt* und Sie dazu *anregt*, sie anzuwenden. Das ist der Grund dafür, weshalb ich so viele Geschichten und Beispiele aus dem Leben erzähle.

Im November 1975 beschloss ich, einen neuen Wagen anzuschaffen, und da mir der 76er Cadillac besonders gut gefiel, holte ich bei zwei Händlern Angebote ein. Da ich sehr wenig fahre, kaufe ich nur alle fünf oder sechs Jahre ein neues Auto. Ich musste also nicht unbedingt «heute noch» kaufen. Bei einem Telefongespräch mit einem Geschäftsfreund kamen wir unter anderem auch auf dieses Thema zu sprechen, und ich erwähnte, ich würde mir wahrscheinlich einen neuen Cadillac zulegen. Daraufhin riet er mir sofort, ich solle mich unbedingt an Chuck Bellows von Rodger Meier Cadillac wenden. Ich gab zurück: «Sie kennen ihn offensichtlich. Warum rufen Sie ihn nicht an und sagen ihm, ich sei ein netter Kerl und schon auf dem Weg zu ihm, und er solle mich anständig behandeln?» Er antwortete: «Natürlich, Zig, das tue ich gern. Und ich möchte Ihnen jetzt schon sagen, dass Sie sich absolut auf Chuck Bellows verlassen können. Wenn er sagt, es werde regnen, dann können Sie die Wassertonnen unbesorgt bereitstellen! Er steht im Ruf, absolut ehrlich und integer zu sein.»

Wir beendeten unser Gespräch, er rief Chuck an, und ich setzte mich in mein Auto, um zu Rodger Meier zu fahren. Als ich mich dem Gebäude näherte, erkannte Chuck meinen Wagen, den ihm unser gemeinsamer Bekannter beschrieben hatte. Und als ich auf dem einzigen freien Parkplatz anhielt, stand Chuck bereits da, um mir die Tür aufzumachen.

Der «Kompliment»-Abschluss

Chuck ist ein eher altmodischer und eindeutig introvertierter Mensch. Als er die Tür öffnete, sagte er: «Sie müssen Zig Ziglar sein.» – Zig: «Das bin ich.» – Chuck: «Nun. Mr. Ziglar, ich möchte Ihnen gleich etwas sagen. Ich glaube, Sie fahren eines der schönsten Autos, das ich je gesehen habe. Ein wahres Prachtexemplar!»

Punkt eins: Einen vor kürzerer oder längerer Zeit getätigten Kauf zu rühmen, ist keine schlechte Art, ein Verkaufsgespräch zu eröffnen. Wenn ich das Gefühl bekomme, mein früherer Kauf sei gut gewesen, werde ich auch für den bevorstehenden Kauf ein gutes Gefühl haben. Und eben dieses Gefühl wollte Chuck mir vermitteltn. Die Sache hat allerdings einen Haken. Er *muss* die Wahrheit sagen. Wenn ich in einer alten, zerbeulten Klapperkiste vorfahre und er sagt: «Mann, ist das ein wunderschönes Auto!», dann nehme ich meinen Geldbeutel in beide Hände und renne um mein finanzielles Leben, weil ich dann weiß, dass er es nur darauf abgesehen hat.

Wichtig: Die Feststellung oder das Kompliment
muss unter allen Umständen richtig und aufrichtig sein.

Chuck sagte die Wahrheit. Es war ein schöner Wagen. Es war ein in zwei Brauntönen gehaltener Oldsmobile Regency mit sämtlichen Extras, welche den Wert und die Freude an einem Auto vergrößern. Ich dankte ihm also für sein Kompliment und gab zu, ich hätte das Auto sehr gern gehabt und keine Probleme gekannt. Er wiederholte: «Wirklich, ein sehr schönes Auto. Wo haben Sie es denn gekauft?»

STELLEN SIE DIESE FRAGEN

Es ist sehr wichtig, dass Sie diese Fragen überhaupt bemerken, denn sie fallen ganz natürlich und anscheinend ganz belanglos. Chuck hatte sie aber vermutlich im Lauf der Jahre schon unzählige Male gestellt. Seine Fragen waren nicht reine Routine, sondern sehr sorgfältig eingeplant. Ich antwortete, mein

Nachbar vis-à-vis sei ein leitender Angestellter bei General Motors und ich hätte den Wagen durch ihn bekommen.

Chuck: «Sagen Sie, das ist doch nicht etwa eines dieser Spezialmodelle?» – Zig: «Doch, das ist es.» – Chuck: «Ich wette, da haben Sie aber ein tolles Geschäft gemacht, nicht wahr?» (Ich kenne Sie, lieber Leser, nicht persönlich, aber wenn Ihnen jemand «vorwirft», Sie hätten vor vier oder fünf Jahren ein Bombengeschäft gemacht, dann werden Sie mit größter Wahrscheinlichkeit bescheiden zugeben, dass Sie nicht schlecht dabei weggekommen seien. Aber bescheiden, hoffe ich, sonst wirkt es unanständig!)

Mit aller Bescheidenheit, die ich aufbringen konnte, sagte ich: «Tja, ehrlich gesagt, als ich diesen Wagen kaufte, war er 7 600 Dollar wert. (Vergessen Sie nicht, das war 1975!) Er hatte nur 2 100 Meilen auf dem Tachometer, und ich bekam ihn für 5 600 Dollar.» – Chuck: «Hm, das war in der Tat kein schlechtes Geschäft!»

Das ist wahr. Aber mit meinen Worten richtete ich noch etwas anderes an. Ich lud den ersten Lauf seiner Verkaufskanone. Er hatte mich um Informationen gebeten, und ich (sein Kunde) gab sie ihm.

Wichtig: Wenn Sie mit einem Kunden sprechen,
vergessen Sie nicht, dass er Ihnen in den meisten Fällen
nur allzu gern einschlägige Informationen gibt;
Sie brauchen nur danach zu fragen.

Chuck fuhr weiter: «Mr. Ziglar, es freut mich, dass Sie hier sind. Lassen Sie mich nur rasch den Fachmann holen, damit wir feststellen können, wie viel wir Ihnen für Ihr prächtiges Auto noch geben können. Eines kann ich Ihnen jetzt schon sagen: Wenn der Wagen innen genau so gut in Schuss ist wie außen, werden wir ihn heute noch eintauschen können, und Sie werden zufrieden sein, denn wir haben wunderschöne Modelle an Lager.» Er fand den Fachmann, und die beiden stiegen ein und fuhren weg.

DENKEN SIE WIE EIN KÄUFER – UND WIE EIN VERKÄUFER

Sie fuhren dorthin, wohin immer man auch fährt, um das zu tun, was immer man auch tut, wenn man ein Auto einschätzt. Nach vielleicht 15 Minuten kamen sie zurück. Chuck saß auf dem Beifahrersitz und grinste zufrieden vor sich hin, wie eine Katze, die eben ihre Maus erwischt hat. Ich meine, er war freudig erregt!

Als Verkäufer muss ich Sie daran erinnern, dass Sie als Käufer *und* als Verkäufer denken sollen. Da ich in diesem speziellen Fall etwas kaufe, denke ich als Käufer.

Als Chuck so vergnügt grinsend auf dem Parkplatz ankam, schoss mir – ich gebe es zu – ein ziemlich peinlicher Gedanke durch den Kopf. (Immerhin möchte ich betonen, dass ich ihn nicht lange nährte, sondern gleich wieder verjagte!) Ich dachte nämlich an *stehlen*. (Ich nahm an, er wäre so sehr auf meinen vier Jahre alten Wagen versessen, dass er mir noch etwas *bezahlen* würde, damit ich ihn eintausche!) Peinlich, wie gesagt, aber eben: Ich war der Kunde, und deshalb dachte ich auch wie ein Kunde.

Um die Dinge im richtigen Licht erscheinen zu lassen, möchte ich Sie nochmals, zum x-ten Male daran erinnern, *dass Sie als professioneller Verkäufer in jeder Verkaufssituation und immer als Verkäufer und als Käufer denken müssen.*

Als potenzieller Käufer dachte ich mir: «Er ist verliebt in meinen Wagen. Er wird mir ein unglaubliches Angebot dafür machen, da bin ich todsicher!» Der Wagen hielt an, und Chuck stieg aus. Ich bin nicht sicher, aber ich glaube, er muss einmal Schauspielunterricht gehabt haben. Als er ausstieg, schloss er die Tür, trat ein paar Schritte zurück und schüttelte den Kopf. Dann – als ob er es nicht glauben könnte – öffnete und schloss er die Tür nochmals. Er war augenscheinlich in dieses Prachtexemplar verliebt, das ihm nun bei einem Tauschhandel zufallen könnte.

BRINGEN SIE DIESE UNAUSGESPROCHENEN EIN-WÄNDE ANS TAGESLICHT

Er sah mich an und wiederholte, was er vorher schon gesagt hatte: «Wissen Sie, Mr. Ziglar, ich glaube, das ist eines der schönsten Autos, das ich je gesehen habe! Und es ist innen in noch besserem Zustand als außen. Man muss Ihnen wirklich gratulieren.» Zig: «Danke sehr, Chuck.» Er sprach weiter: «Aber irgendetwas stört mich ein bisschen. Verstehen Sie mich nicht falsch, ich freue mich aufrichtig, dass Sie hier sind; aber es würde mich halt doch interessieren, weshalb Sie einen so schönen Wagen ausgerechnet jetzt eintauschen wollen.»

Wenn Sie noch nicht allzu lange im Verkäuferberuf tätig sind, empfinden Sie diese Frage vielleicht als sehr negativ. Zig will einen vierjährigen Oldsmobile gegen einen neuen Cadillac eintauschen, und Chuck fragt, weshalb er das ausgerechnet jetzt tun will. Ich sehe diese Frage als positives Zeichen für einen kompetenten und zuversichtlichen professionellen Verkäufer.

Und zwar aus folgendem Grund: *Wenn es irgendwelche Einwände gibt, ist es unendlich viel besser, sie nicht erst am Ende des Gesprächs, sondern möglichst früh aufzudecken, damit Sie sie im Laufe der Präsentation entkräften können.* Wenn Sie als Verkäufer alle Einwände möglichst früh aus dem Weg räumen können, dürfen Sie getrost aus der Defensive herauskommen und zum Angriff übergehen.

ZURÜCK ZU CHUCK

Als Chuck mich fragte, weshalb ich mein Auto eintauschen wolle, sah ich ihn an, lächelte und antwortete: «Sehen Sie, Chuck, um ganz ehrlich zu sein, wir haben in drei Wochen ein Familientreffen in Mississippi, und es wäre schön, wenn ich in einem neuen Cadillac hinfahren könntc.» Chuck war offensichtlich auch meiner Meinung, aber er enthielt sich jeder Äußerung. (Er brauchte auch gar nichts zu sagen, denn ich hatte ja soeben den zweiten Lauf seiner Verkaufskanone geladen!) Er zückte einfach seinen Notizblock (auf den Sie – wie ich schon öfter betont habe – einfach nicht verzichten können) und begann zu rechnen. Ein breites Lachen stand auf seinem Gesicht, und meine Hoffnung auf ein wirklich gutes Angebot stieg noch mehr.

BERGAUF, BERGAB. BERGAUF

Leider war dieses Gefühl nur von kurzer Dauer, denn nach ein paar kurzen Berechnungen wich das Lachen einem sehr neutralen Gesichtsausdruck. Ich hatte sein Mienenspiel beobachtet und dachte mir: «Ach Gott, jetzt ist ein Problem aufgetaucht.» Meine Hoffnung schwand. Er rechnete weiter, und kurze Zeit später begannen sich seine neutralen Züge in wahrlich unheilverheißender Weise zu verziehen. Noch nie zuvor hatte ich aus einem Gesicht so viel Unheil ablesen können! Mein Herz rutschte mir buchstäblich bis zu den Füssen hinunter. Ich dachte, oder besser gesagt, sagte zu mir selbst: «Ach, nein! Nun hat er etwas entdeckt, was gar nicht gut ist, und ich weiß, dass ich diesen schönen, neuen Cadillac nie fahren werde, den ich so gern gehabt hätte!»

Wenn ich so zurückdenke, hätte ich eigentlich optimistischer sein sollen, vor allem, da ich doch als positiver Denker bekannt bin. Nun, ich war – um in der Boxersprache zu reden – Chuck Bellows ohne Deckung gegenübergetreten, und das hätte ich auf keinen Fall tun dürfen, denn er ist – unter anderem – ein großartiger Kämpfer! Er stand einfach da und rechnete und rechnete und rechnete. Nach langer Zeit begann sich wieder seine neutrale Miene durchzusetzen, und ich ertappte mich, wie ich ihn innerlich anfeuerte: «Komm schon, Chuck, mach weiter, es geht wieder bergauf!» Und – Gott sei Dank – das ging es dann auch.

Nach weiteren Minuten konzentrierten Rechnens stand plötzlich wieder das Lachen auf seinem Gesicht. Er blickte von seinen Notizen auf und verkündete aufgeregt: «Mr. Ziglar, ich habe hervorragende Nachrichten für Sie! Weil Ihr Wagen in so ausgezeichnetem Zustand ist und weil wir eine so große Auswahl an Lager haben, werden wir unser Tauschgeschäft abschließen können, und zwar noch heute, für nur sieben-dreifünfundachtzig.»

UM EIN HAAR BEKAM ICH EINEN HERZANFALL!

Keine Missverständnisse bitte – ich bin ein gebildeter Mann. Das heißt, ich sehe fern und lese Zeitung, und daher bezieht man ja bekanntlich seine Bildung. Ich wusste, dass die Autopreise immer weiter und weiter geklettert waren! Und nicht nur das. Auch meine Freunde und all meine Verwandten hatten mir gesagt: «Zig, du glaubst ja nicht, wie teuer Autos geworden sind! Das ist heller Wahnsinn!» Aber meine Freunde und Verwandten sprachen von einem ganz anderen Thema.

DAS IST SEHR VIEL GELD

Sie sprachen von *ihren* Autos und *ihrem* Geld. Chuck Bellows aber sprach von *meinem* Auto und *meinem* Geld, und das war natürlich etwas vollkommen anderes! Als er sagte: «Sieben-drei-fünfundachtzig» – und es floss so ganz beiläufig von seinen Lippen, als ob er vom Wetter spräche (er sagte nicht einmal: «Siebentausenddreihundertundfünfundachtzig Dollar»!) –, *schrie* ich wie am Spieß!

«AAAuuuuu, Chuck! Mensch! Das ist sehr viel Geld!» Chuck blickte mir in die Augen und fragte ganz einfach und ruhig, aber im genau richtigen Tonfall: «Mr. Ziglar, ist das zu viel?»

Sehr richtig: Er argumentierte nicht und begann auch nicht, den Preis zu verteidigen oder zu rechtfertigen. Ganz ruhig und fast beiläufig hatte er den Ball wieder mir zugespielt.

WAS WILL ER VON MIR WISSEN?

Als Beteiligter an diesem Spiel muss ich mir ein paar Fragen stellen und ein paar Entscheidungen treffen. Zunächst, was will er von mir wissen? Fragt er mich, ob der Preis meinen finanziellen Rahmen sprengt? Will er mich herausfordern? Will er mir zu verstehen geben, wenn ich mit diesem Aufpreis von 7 385 Dollar nicht fertig werde, solle ich mich doch wie ein Mann benehmen und zugeben, dass ich nicht so viel Geld habe? Lieber Leser; wenn Sie mich nur ein bisschen kennen gelernt haben, wissen Sie, dass ich in tausend Jahren nie zugeben würde, ich könne mir eine solche Investition nicht leisten. Niemals.

Oder war seine Aussage/Frage ganz anders gemeint? Fragte er einfach:

«Mr. Ziglar, haben Sie als kluger und vorsichtiger Geschäftsmann den Eindruck, die sieben-drei-fünfundachtzig seien mehr, als Sie zum jetzigen Zeitpunkt für diesen Tausch ausgeben möchten?» In diesem Fall bin ich um eine Antwort nicht verlegen. Ich sagte: «Chuck, das ist mehr, als ich für die Differenz ausgeben möchte.» Freundlich und nett führte er seinen Angriff weiter und stellte mir eine zweite direkte, aber einfache Frage:

«Mr. Ziglar, was wäre denn Ihrer Meinung nach ein fairer Aufpreis für den Tausch Ihres prächtigen vierjährigen Oldsmobile Regency gegen unseren wunderschönen neuen Cadillac Sedan deVille?»

Der «Abraham Lincoln»-Abschluss

Beachten Sie bitte, dass Chuck Bellows während seiner ganzen Präsentation kein einziges abfälliges Wort über mein Auto gesagt hatte. Er tat es Abraham Lincoln gleich. Lincoln vertrat vor Gericht stets beide Seiten eines Falles. Zunächst sprach er für die Gegenpartei, dann für seinen Mandanten. Er war immer darum bemüht, mehr Punkte zu seinen Gunsten aufzuzählen, aber auch wenn er für die Gegenseite sprach, bemühte er sich, fair zu sein, auch wenn er zweifellos nicht mehr so schlagfertig war, wie wenn er den Fall seines Klienten vortrug.

Der «Beim letzten Mal»-Abschluss

Chucks Technik und Psychologie waren absolut perfekt. Jeder Angriff auf meinen Wagen wäre ein Angriff auf meine Person gewesen. Schließlich hatte *ich* ihn gekauft, und *wer den Kauf angreift, greift auch den Käufer und sein Urteilsvermögen an.* Wenn Eltern den Freund oder die Freundin ihrer Tochter oder ihres Sohnes kritisieren oder schlechtmachen, greifen sie Urteilsvermögen, Geschmack und Intelligenz ihrer Kinder an. Und *das* ist oft der Grund, weshalb diese rebellieren. Auf diese Weise gewinnt man weder Freunde noch Einfluss auf einen Menschen – oder auf unsere Kinder oder auf unsere Kunden.

Seien Sie vorsichtig *und* taktvoll, wenn ein Kunde etwas Abfälliges über einen früheren Kauf äußert. Aussagen wie «Ach, und *wie* die mich übervorteilt haben!» können für Sie katastrophale Folgen haben, wenn Sie ihnen zustimmen.

Wenn Sie beispielsweise sagen: «Diese Leute sind Ihnen gegenüber offensichtlich nicht ganz ehrlich gewesen!», wird Ihr Kunde wahrscheinlich denken: «Ja, *die* haben mich reingelegt, aber pass auf, Freund, jetzt passe ich genau auf, und ich garantiere dir, dass *du* mich nicht erwischst.» Sie warnen Ihren Kunden, Ihnen gegenüber skeptisch zu sein, wenn Sie abfällige Bemerkungen über einen früheren Kauf oder einen Verkäufer machen, mit dem Ihr Kunde zu tun gehabt hat.

Was tun Sie, wenn Ihr Kunde über einen früheren Kauf wettet? Versuchen Sie es so: Schauen Sie ihm in die Augen und sagen Sie ruhig: «Rückblickend bin ich überzeugt, dass die meisten von uns im einen oder anderen Fall anders entscheiden würden, wenn wir noch einmal die Wahl hätten. Damals aber, als Sie die Entscheidung trafen, unter den damaligen Umständen und mit den damaligen Informationen, bin ich überzeugt, dass die meisten von uns gleich entschieden hätten. Ich würde mir deshalb über Dinge, die so weit zurückliegen, keine Vorwürfe mehr machen.»

> *Wichtig: Die beste Art, einen Kunden zu einer*
> *positiven neuen Entscheidung zu führen,*
> *besteht darin, ihn davon zu überzeugen,*
> *dass seine frühere Entscheidung richtig war.*

SORGEN SIE DAFÜR, DASS IHR KUNDE SICH GLÜCKLICH FÜHLT

Die Frage ist: Sind sie mit Ihrem Kunden ehrlich gewesen? Die Antwort ist offensichtlich, wenn Sie die nächste Frage beantworten: Haben Sie schon einmal etwas gekauft und sich später gewünscht, Sie hätten es nicht gekauft? Denken Sie einen Augenblick darüber nach. Sie haben gekauft, weil Sie die Entscheidung für richtig hielten. Wenn Sie irgendetwas Größeres kaufen, tun Sie es doch, weil Sie der Ansicht sind, ein «gutes Geschäft» zu machen, das in Ihrem eigenen Interesse liegt. Vergessen Sie nicht, dass es Ihrem Kunden beim letzten Kauf genau gleich ergangen ist. Indem Chuck so vorging, machte er mich glücklich. Er sprach von meinem prächtigen vierjährigen Oldsmobile Regency, aber das war beileibe nicht alles. Mit seiner Frage, wie viel meiner Meinung nach eine faire Preisdifferenz betragen würde, fand er schon ziemlich früh heraus, ob ich ein echter Kunde war oder nicht. Wenn ich ihm für den Tausch nur 500 Dollar angeboten hätte, wäre ihm klar gewesen, dass er seine Zeit verschwendete und dass es besser wäre, das Gespräch zu beenden.

GLEICHER ORT – GLEICHES SPIEL

Eine ähnliche Situation wäre im Immobilienhandel denkbar. Wenn zum Beispiel ein Haus für 195 000 Dollar ausgeschrieben ist und ein Kunde nur 95 000 Dollar bietet, ist dem Makler klar, dass sich sein Kunde nicht nur in einem anderen Ort, sondern auch bei einem anderen Spiel befindet. Und Sie müssen das möglichst bald herausfinden, damit Sie entscheiden können, ob es sich lohnt, noch mehr Zeit in diesen Kunden zu investieren oder nicht. Und genau dies tat Chuck.

Die Frage nach einem fairen Angebot meinerseits würde Chuck die Antwort liefern, die er für seine Entscheidung brauchte, ob ich wirklich ein potenzieller Kunde war oder nicht. Zig: «Chuck, ich bin schon immer dafür gewesen, mit runden Zahlen zu arbeiten, und ich bin überzeugt, dass 7 000 Dollar für den Unterschied zwischen den beiden Autos genügen würden (Pause) einschließlich Steuern und Unkosten.»

Chuck zeigte sich leicht schockiert und meinte dann: «Mr. Ziglar, das ist unmöglich. Zuerst verlangen Sie einen Rabatt von 385 Dollar und dann sprechen Sie von Steuern und Unkosten in der Größenordnung von 350 Dollar. Das sind 735 Dollar, und ich glaube kaum, dass ein solcher Tausch auch nur in Betracht gezogen wird (Pause). Aber sagen Sie, Mr. Ziglar, nehmen wir einmal an, dass dieses Angebot akzeptiert würde, würden Sie dann heute noch mit diesem schönen, neuen Sedan deVille nach Hause fahren?»

ES IST IHM ERNST

Und plötzlich dämmerte es mir: «Dieser Kerl wollte doch allen Ernstes ein Auto verkaufen!» Und es dämmerte mir auch, dass jemand (ich) drauf und dran war, etwas von jemandem (ihm) zu kaufen, wenn nicht jemand etwas unternehmen würde!

Und in jenem Augenblick machte ich mit Chuck dasselbe, was Ihre Kunden mit Ihnen schon immer gemacht haben und auch immer tun werden, solange Sie in diesem Beruf tätig sind. In jenem Moment der Wahrheit, nachdem ich grundsätzlich ein Angebot gemacht und Chuck mir signalisiert hatte, er könnte es annehmen, begann ich den Rückzug zu blasen. Ich legte den Krebsgang ein und sagte: «Ach, ich weiß nicht, Chuck, 7 000 Dollar sind eine Menge Geld, und ich verdiene mein Geld leider auch nicht so leicht.»

DER KUNDE IST MOMENTAN UNZURECHNUNGS-FÄHIG

Charles Roth ist der Auffassung, Kunden seien im Augenblick einer größeren Entscheidung «momentan unzurechnungsfähig», und zwar aus folgendem Grund: Bei wichtigen Entscheidungen spielen Zweifel und Angst unweigerlich eine gewisse Rolle. In meinem Fall ging es um 7 000 Dollar, und das bedeutet für einen finanziell konservativ denkenden Menschen eine große Entscheidung.

Alle möglichen Fragen – oder Zweifel – begannen in mir aufzusteigen. «Gefällt mir diese Farbe wirklich? Will ich überhaupt einen Cadillac? Will ich ihn jetzt kaufen oder noch vier bis sechs Wochen warten? Will ich einen Sedan deVille, einen Fleetwood oder ein Coupé deVille? Kriege ich irgendwo ein besseres Angebot? Will ich wirklich ein Auto kaufen, oder wäre es besser, eines zu leasen? Kann ich noch etwas herausholen, wenn ich Chuck noch ein wenig bearbeite?»

Es tauchen also Zweifel auf, und Zweifel beeinträchtigen das Urteilsvermögen: deshalb eben «momentan unzurechnungsfähig». Chuck nagelte mich mit der Frage fest: «Mr. Ziglar, wenn wir Ihr Angebot von 7 000 Dollar annehmen, werden Sie sich dann zum Handel entschließen?»

Der Punkt. auf den ich im Umgang mit zweifelnden Kunden eigentlich hinaus will, ist der Folgende: Was für ein *Mensch* Sie sind, erlangt mindestens gleich viel Bedeutung wie was für ein *Verkäufer* Sie sind. Bevor der Kunde Ihre Erklärungen oder Ihr Produkt kauft, muss er *Sie* kaufen. Das heißt, er muss Ihre Persönlichkeit, Ihre Aufrichtigkeit und Ihre Glaubwürdigkeit kaufen. Schlicht und einfach ausgedrückt: Er muss Ihnen *vertrauen.*

Beachten Sie nun bitte genau, wie Chuck Bellows zunächst als Mensch eine Basis des Vertrauens schafft und dann als professioneller Verkäufer seine Angelegenheit verfolgt. Ich darf Sie daran erinnern, dass ein Mangel an Vertrauen die Hauptursache dafür ist, dass ein Kunde Ihnen nichts abkauft. Sie müssen deshalb verstehen, dass Sie die Grundlage für Ihre Laufbahn als Verkäufer nicht gelegt haben, als Sie sich mit Ihrem ersten Musterkoffer auf den Weg machten oder zum ersten Mal hinter einem Ladentisch standen, sondern als Sie alt genug waren, um verantwortlich handeln zu können.

GESCHICK – ODER GLAUBWÜRDIGKEIT?

Während des Verkaufens müssen Sie von der einen Seite des Tisches, auf der Sie wie ein Verkäufer fühlen und denken, auf die andere Seite des Tisches wechseln, wo sie wie ein Kunde fühlen und denken. Und genau das musste Chuck auch in dieser Situation tun. Er musste sich in meine Lage versetzen und mir gegenüber als Kunde Einfühlungsvermögen aufbringen, wenn er das Geschäft abschließen wollte.

Darüber hinaus möchte ich aber auch auf sein Verhandlungsgeschick und auf seine Verkaufstechnik als Profi aufmerksam machen. Und ich sage es noch einmal: *Alle Technik der Welt nützt wenig oder nichts, wenn der Kunde nicht glaubt, was Sie sagen, und wenn er Ihnen als Mensch nicht vertraut.*

Was tat nun also Chuck in jenem Augenblick, als ich mich von meinem Gegenangebot zu distanzieren begann? Er nahm seinen Kugelschreiber, strich die 7 000 Dollar auf seinem Block durch und sagte: «Mr. Ziglar, vergessen wir die 7 000 einmal, denn ich sehe keine Chance, dass die Firma dieses Angebot annehmen kann. Gehen wir doch wieder zu den siebendreifünfundachtzig zurück, denn ich bin sicher, dass wir damit durchkommen werden.» Und dann senkte Chuck seine Stimme, schaute mir in die Augen und sagte mit einem Hauch von Lächeln: «Weil wir, Mr. Ziglar, *unser* Angebot nicht zurücknehmen.»

Gefährlich? Vielleicht. Aber nicht allzu sehr, denn unser gemeinsamer Bekannter hatte Chuck über mich aufgeklärt. und er wusste deshalb, wie weit er gehen konnte. Ich war also nicht beleidigt, sondern belustigt. Und ich verstand klar und deutlich, was er damit sagen wollte: «Ich bin ein ernsthafter Verhandlungspartner, und ich erwarte, dass auch Sie ernsthaft sind.»

«Gehen wir also wieder auf die sieben-drei-fünfundachtzig zurück. Wenn wir uns die Zahlen anschauen, die Sie mir vorher gegeben haben (und wiederum arbeitet er mit seinem Notizblock), bieten wir Ihnen nur rund 2 600 Dollar weniger als das, was Sie für Ihren brandneuen Oldsmobile bezahlt haben. Sie haben ihn nun etwas mehr als vier Jahre lang gefahren, und wenn Sie sich das ausrechnen, ergibt das Kosten von ungefähr 600 Dollar pro Jahr.» Er zeigte mir die entsprechenden Zahlen, senkte dann seine Stimme, blickte mir in die Augen und sagte: «Und, Mr. Ziglar. Sie können nicht einmal einen Chevrolet so billig fahren!» Und damit machte er mich natürlich glücklich in Bezug auf meinen früheren Kauf.

Der «Glücksgefühl»-Abschluss

Ich dachte bei mir: «Ziglar, du bist schon ein cleverer Bursche! Du fährst diesen großen, kraftvollen Oldsmobile für nur 600 Dollar im Jahr, und diese anderen Leute bezahlen gleich viel für einen Chevrolet!» Doch dann wurde mir plötzlich klar, worauf Chuck hinauswollte. Ich sagte: «Nun mal langsam,

Chuck! Ich bezahle keine 7 385 Dollar für diesen Wagen! Ich habe Ihnen 7 000 angeboten, und das ist mein letztes Wort.»

Chuck muss dereinst Schauspielunterricht genossen haben! Er grinste nicht, und er lachte nicht. Er sagte einfach: «Gut, Mr. Ziglar, es liegt nun nicht mehr in meiner Hand (und nun kommt er auf meine Seite des Tisches, auf die Seite des Kunden, und legt gleichsam mit Worten seinen Arm um mich), aber ich will Ihnen sagen, was ich tun kann. *Ich spreche noch einmal mit dem Mann, der Ihren Wagen eingeschätzt hat, und schaue, ob noch etwas herauszuholen ist.* Glauben Sie mir, ich werde alles tun, um Ihnen zu helfen, damit Sie *Ihren* Wagen zu *Ihrem* Preis bekommen, denn ich möchte natürlich, dass *Sie* einen Wagen von Rodger Meier fahren.» Zuvor hatte Chuck mir das Gefühl gegeben, ich sei ein Mann mit gutem Urteilsvermögen. Nun gab er mir das Gefühl, ich sei ein Mann von Bedeutung. Achtung: Seien Sie vorsichtig. Wenn Sie das nicht mit Überzeugung und Aufrichtigkeit tun können, lassen Sie es besser bleiben.

Chuck arbeitet mit einer feinen Variante eines Abschlusses, den ich später näher beschreiben werde. Als er von *meinem* Wagen und *meinem* Preis sprach und darauf hinwies, dass mich mein Oldsmobile nur 600 Dollar pro Jahr kostete, versetzte er mich aus meinem alten Auto in den neuen Cadillac Sedan deVille. Er setzte mich sozusagen hinter das Steuer. Er machte mich sozusagen zum Besitzer.

Beachten Sie bitte, wie er nun mögliche Missverständnisse ausschließt, indem er unser Gespräch nochmals wiederholt. Chuck: «Bevor ich mich nochmals mit dem Fachmann unterhalte, wollen wir doch sicher sein, dass wir uns richtig verstehen. Sie bieten uns 7 000 Dollar für den Tausch an, Steuern und Unkosten inbegriffen?» – Zig: «So ist es, Chuck.»

Nun, Chuck kam nach knapp drei Minuten zurück und sagte: «Es ist mir peinlich. Mr. Ziglar, aber unser Mann wurde dringend nach Hause gerufen und wird erst morgen früh wieder hier sein. Nun frage ich Sie, werden Sie heute Nacht schlafen können, ohne zu wissen. ob dieser schöne, neue Sedan deVille Ihnen gehört oder nicht?»

Der «Festhalte»-Abschluss

«Ich werde es schon schaffen, Chuck.» – Er: «Bevor Sie nun nach Hause gehen, möchte ich sicher sein, dass wir uns richtig verstehen. (Achten Sie nun darauf, wie er sein Geschäft festhält.) Sie wissen ja, dass wir im Autohandel erst von einem Angebot reden, wenn eine Vereinbarung unterzeichnet worden ist, aber ich bin schon seit vielen Jahren im Geschäft und bin stolz darauf, Männer von Qualität und Charakter zu erkennen, wenn sie vor mir stehen. Ich glaube, wenn Sie, Mr. Ziglar, sagen, Sie würden beim Eintausch 7 000 Dollar drauflegen, sofern Steuern und Unkosten inbegriffen sind, dann ist das alles, was ich benötige. Ihr Wort genügt. Stimmt das, Mr. Ziglar?»

Was glauben *Sie*, was konnte ich auf eine solche Frage antworten? Was hätten Sie selbst geantwortet? Ich konnte natürlich nicht sagen: «Nein, Chuck, ich bin ein Lügner.» Was soll man tun, wenn man auf diese Weise auf einen Marmorsockel gehoben wird? Ich sagte (in aller Bescheidenheit, das versteht sich): «Richtig. Chuck, wenn ich etwas sage, können Sie sich darauf verlassen.» Chuck: «Ich wusste, dass ich mich auf Sie verlassen kann. Besiegeln wir also das Geschäft mit einem Handschlag. Ich rufe Sie morgen früh an und habe dann hoffentlich gute Neuigkeiten für Sie.»

Als ich am nächsten Morgen um halb neun mein Büro betrat, klingelte das Telefon. Es war Chuck, und er klang sehr aufgeregt: «Mr. Ziglar, ich habe fantastische Neuigkeiten für Sie. Ich habe soeben mit unserem Fachmann gesprochen, und wir können den Tausch für genau 7 200 Dollar abwickeln, alles inbegriffen.» In diesem Augenblick war mir klar, dass ich den Wagen für 7 000 Dollar gekauft hatte.

KOMPROMISSE FÜHREN ZU – KOMPROMISSEN

Wenn eine Firma oder ein Mensch sich
einmal zu einem Kompromiss durchgerungen hat,
egal ob es sich um einen Preis oder um ein Prinzip handelt,
können Sie Ihren letzten Cent darauf verwetten,
dass der nächste Kompromiss schon in Sichtweite ist.

Zig: «Chuck, gestern abend war ich beeindruckt, wie einsichtig und klug Sie waren, um mir so viel Integrität zuzumuten. Und da ich mein Wort stets halte, werde ich genau das tun, was ich gesagt habe.» – «Mr. Ziglar, soll das heißen, dass Sie nicht über die 7 000 hinausgehen?» – «Chuck, wir reden doch wie vernünftige Männer miteinander. So ist es!» – «Augenblick, ich werde Sie in ein paar Minuten wieder anrufen.» Das tat er denn auch und fragte: «Soll ich Ihnen den Wagen bringen, oder möchten Sie ihn bei uns abholen?» – «Chuck, ich mag es, wenn man mir meine Autos bringt.» – «Ich bin in ein paar Minuten bei Ihnen.»

Zum Schluss der Geschichte zwei wichtige Punkte. Erstens: Als ich mich von meinem 7 000-Dollar-Angebot zurückzuziehen begann, versuchte Chuck nicht, mit mir zu handeln, denn er wusste genau, dass ich anderenfalls versuchen würde, den Preis noch weiter zu drücken. Und zweitens: Obwohl ich Chuck am Tag zuvor zum ersten Mal in meinem Leben gesehen hatte, hatte er mir den Wagen schon 22 Jahre zuvor verkauft, dann nämlich, als er sich entschloss, in seiner beruflichen *Laufbahn* Cadillacs zu verkaufen.

Und Chuck wusste, dass dazu zwei Dinge erforderlich waren. Zum einen musste er sich der Loyalität seiner Kunden versichern, damit sie immer wieder zu ihm kamen. Und zum anderen musste er seine Kunden überreden, andere Kunden zu ihm zu schicken. Wie gut ihm das gelungen ist, beweist die Tatsache, dass es sich bei der Mehrzahl seiner Geschäfte nicht um Erstverkäufe handelt. Das ist in der Tat bemerkenswert, wenn man sich überlegt, dass wir im Zeitalter einer sehr beweglichen Gesellschaft leben und viele seiner Kunden in andere Städte umziehen. Und auch ich kaufte ja bei ihm, weil er mir von einem seiner alten Kunden empfohlen worden war.

Und nun ist es wichtig zu sehen, *wie* ihm das gelingt. Erstens: Er hat seine Karriere auf Integrität aufgebaut. In meinem Fall ging ich ja nicht zu Chuck, um mir Cadillacs *anzusehen*; das hatte ich schon bei zwei anderen Händlern getan. Ich ging zu Chuck, um einen Cadillac zu *kaufen, falls* wir uns über die Finanzierung einigen konnten. Ich wusste, dass ich Chuck vertrauen konnte, und Vertrauen ist bei jedem Geschäft das wichtigste Element. Zweitens: Chuck ist ein äußerst gewiegter Profi, was seine Arbeit *nach* einem erfolgreichen Abschluss angeht. Zehn Tage später rief er mich an, um sich zu erkundigen, ob ich mit meinem Cadillac zufrieden sei und ob er noch irgendetwas für mich tun könne. Und: «Ach ja, Mr. Ziglar, haben Sie vielleicht noch einen Freund, dem ich unser neues Modell vorstellen sollte?»

Beim ersten Mal, als ich meinen Wagen zum Service brachte, sah ich als ersten – noch bevor ich den Motor abgestellt hatte – Chuck Bellows, der wissen wollte, ob er irgendetwas für mich tun könne. Aber damit nicht genug. Ab und zu ruft er mich wieder an, um Hallo zu sagen und zu fragen: «Ach, übrigens, kennen Sie jemanden, der …?» Er wollte offensichtlich, dass mir sein Name geläufig blieb, damit ich mich an ihn erinnerte, wenn es wieder einmal an der Zeit war, einen neuen Wagen zu kaufen.

Chuck Bellows ist ein Profi. Stets sauber und konservativ angezogen, hinterlässt er den Eindruck, einfach ein Freund und Berater zu sein, der einem helfen will, das richtige Auto zu finden, und dann alles dransetzt, damit man sich seiner auch freuen kann. Das nenne ich verkaufen. So sollte man jedes Mal verkaufen, damit man nicht nur einmal verkaufen kann. Sie müssen einen Kunden und einen Freund gewinnen. Dann werden Sie jetzt und auch später mehr verkaufen. Das, lieber Leser, ist karrierefreundliches Verkaufen.

JEDERMANN VERKAUFT UND ALLES VERKAUFT SICH

Dr. Tom McDougal ist ein echter Profi. Er ist Zahnarzt, und ein ganz ausgezeichneter dazu. Im ganzen Land hält er seinen Berufskollegen Vorträge, wie sie eine erfolgreiche Praxis aufbauen können. Wie *alle* echten Profis hält sich Tom auch selbst an das, was er predigt.

Bei meinem ersten Besuch begrüßte mich das Mädchen am Empfang sehr herzlich und aufgeschlossen. Eine Assistentin überreichte mir die Formulare, die jeder Patient beim ersten Besuch auszufüllen hat, und bat mich, im Empfangszimmer Platz zu nehmen. Kaum hatte ich fertig geschrieben, bat mich eine andere Assistentin in eines der Behandlungszimmer für eine kurze Voruntersuchung.

Vom «Guten Tag» bis zum «Auf Wiedersehen» legten sie in allem, was sie taten, die Begeisterung echter Berufsleute an den Tag. Dr. McDougal widmete sich natürlich nur jenen Belangen, die einem Zahnarzt vorbehalten sind, aber auch seine Mitarbeiter entpuppten sich als wahre Profis. Am meisten Eindruck bei meinem ersten Besuch machte mir die Tatsache, dass nicht nur eine oder zwei, sondern alle drei Mitarbeiterinnen mir «verkauften», wie wichtig es sei, Zahnseide zu benutzen. Alle drei erklärten mir lachend, Dr. McDougal empfehle, «nur jene Zähne mit Zahnseide zu behandeln, die ich behalten wolle».

Der Punkt ist einfach: Er ist ein Anhänger der präventiven Zahnmedizin. Ich verließ die Praxis in der Überzeugung, dass sämtliche Mitarbeiter der Praxis alles dransetzten, dass mir meine Zähne möglichst lange erhalten blieben. Das nenne ich gute Zahnmedizin, gute menschliche Beziehung und außerdem fantastische Verkaufstechnik!

DIE RICHTIGE WORTWAHL

Bei meinem Besuch war mir aufgefallen, dass Dr. McDougal nur *positive Wörter* brauchte. Viele von ihnen stammen aus einer umfangreichen Liste, welche die Zahnarztbesucherin Gladys E. Cook zusammengestellt hat.

Er sprach nicht von «Füllung», sondern von «Wiederherstellung»; nicht von «Absage» oder «Verschiebung», sondern von «Terminänderung». Ich war nicht in seinem «Warte-», sondern in seinem «Empfangszimmer». Nach meiner Konsultation fragten sie mich nicht, wie ich «bezahlen», sondern wie ich die «Angelegenheit regeln» wolle. Seine Assistentin rief mich nicht an, um mich an einen Besuch zu «erinnern», sondern um ihn zu «bestätigen». Dr. McDougal «bohrte» nicht, sondern «bereitete den Zahn vor». Ich hatte keine «Schmerzen», sondern empfand höchstens einen kleinen «Druck». Ja. Wörter sind schon wichtig. Die richtige Wortwahl macht den Unterschied aus!

Die Kundenpflege

Zwei andere Dinge sind aber zumindest ebenso bemerkenswert.

Erstens: Zwei Nächte später löste sich eine meiner provisorischen Kronen. Ich rief Dr. McDougals Praxis an und teilte dem automatischen Telefonbeantworter mein Problem mit. Fünf Minuten nachher klingelte mein Telefon, und zehn Minuten später war ich bereits unterwegs in die Praxis, wo mir die Krone erneut provisorisch eingesetzt wurde. So kümmert man sich um seine Patienten (Kunden).

Zweitens: Da Dr. McDougal das Einsetzen von drei Kronen vorbereiten musste, war die Sitzung ziemlich lang. Am Abend rief er mich persönlich an, um sich zu erkundigen, wie es mir gehe, ob ich in Ordnung sei oder ob ich ein Schmerzmittel benötige. In all den Jahren, seit ich mit Zahnärzten zu tun habe, hatte mich noch keiner zu Hause angerufen, um zu fragen, wie es mir ginge und ob ich Schmerzen hätte.

Offen gestanden, zunächst glaubte ich, er habe mich nur angerufen, weil er mich persönlich als Redner oder Autor kenne. Ich erkundigte mich aber bei anderen Patienten und konnte feststellen, dass er immer anruft, um sich zu vergewissern, dass es einem Patienten nach einem größeren Eingriff gut geht. Das ist hervorragende Zahnmedizin – aber von mir aus gesehen auch ausgezeichnete Verkaufstechnik, denn es bewies mir, dass er sich um mich kümmerte und sorgte.

Dr. Hugh Russell aus Atlanta, Georgia, meint, die Leute würden häufig nicht deswegen etwas kaufen, weil sie unser Angebot verstehen, sondern weil sie das Gefühl haben, wir würden sie verstehen. Auf meinen Fall bezogen heißt das, dass ich bei Dr. McDougal «kaufe», weil er ein hervorragender Zahnarzt ist *und* weil er mich und meine Bedürfnisse versteht, wenn ich in seinem Stuhl sitze. Jeder professionelle Verkäufer sollte sich auf die gleiche professionelle Weise um seine Kunden kümmern.

Am besten bringt dies Dr. McDougal selbst im folgenden Beitrag zum Ausdruck:

Das wahre Geheimnis beim «Verkaufen» in der Zahnheilkunde, aber auch in jedem anderen Beruf und Geschäft, besteht darin, nicht mit dem Kopf oder Intellekt zu sprechen, sondern mit dem Herzen. Wenn der Mensch aus seinem Innern redet, kann er die tiefste Form von Aufrichtigkeit mitteilen. Man kann aber nicht mit dem Herzen sprechen, wenn man nicht wirklich an sein Produkt und/oder an seine Dienstleistung glaubt. Das bedeutet, dass man dafür bezahlt hat, sich möglichst viel Wissen über sein Produkt oder seine Dienstleistung anzueignen. Man muss auch felsenfest davon überzeugt sein, dass dieses Produkt/diese Dienstleistung zweifellos genau das ist, was der Kunde/Patient benötigt.

Dr. McDougal ist in den Augen der Öffentlichkeit gewiss kein «Verkäufer» oder «Verkaufsberater». Aber als Verkäufer werden Sie nie etwas zu lesen bekommen, was dichter mit wichtigen Verkaufsinformationen gespickt ist als dieser oben stehende Beitrag.

EIN PROFESSIONELLER TANKWART

Vor mehreren Jahren, als Tankstellen noch echte Kundendienstleistungen waren und nicht einfach Tanksäulen, an denen man sich selbst bedient, begegnete ich einem der ganz großen Verkäufer unserer Zeit. Sein Name ist Tom Fountain.

Niemals werde ich jenen Tag vergessen, an dem ich mit leerem Tank bei ihm vorfuhr. Es goss wie aus Kübeln, als ich anhielt, ausstieg, auf das kleine Häuschen zuraste, um nicht durch und durch nass zu werden, und dem Tankwart mit Zeichen bedeutete, er solle ruhig im Trockenen warten, weil ich keineswegs in Eile war.

Ich stellte mich vor und begann das Gespräch mit einem eher atypischen negativen Kommentar. «Tom, dieses Regenwetter wirkt sich doch bestimmt schmerzlich auf Ihr Geschäft aus, nicht wahr?» Tom gab fröhlich zurück: «Nein, Zig, überhaupt nicht. Wissen Sie, eigentlich kann mir nichts Schöneres passieren.»

Der «Regenwetter»-Abschluss

Ich hatte noch nie zuvor einen Tankwart angetroffen, der sich ähnlich begeistert über Regenwetter geäußert hätte, und fragte also nach dem Grund. «Sehen Sie, Zig, wenn es regnet, leidet mein Geschäft schon ein bisschen. Wenn es aber derart gießt, dann werden Hunderte von Nägeln und Glasscherben auf die Straße geschwemmt, und Sie werden in den nächsten Tagen jede Menge platter Reifen sehen. Verstehen Sie mich aber nun bitte nicht falsch. Ich wünsche niemandem Böses. Aber es ist nun einmal so: Wenn Nägel und Glasscherben auf der Straße liegen, gehen viele Reifen kaputt. Und zufällig habe ich den besten Reifenmechaniker in der ganzen Stadt. Billiger und schneller als hier bekommen Sie keinen Reifen repariert. Und deshalb kommen die Leute zu uns. Ich kann nichts dafür, dass es regnet, aber ich kann jede Menge tun, um die Probleme der

Leute zu lösen, wenn es regnet.» Nanu, was für ein Glück, dass ich in Decatur, Georgia, angehalten hatte! Und kein Wunder, dass Toms Geschäft so prächtig lief!

Der «Ersatzteil»-Abschluss

Ein andermal unterhielt ich mich mit Tom über Verkaufsstrategie, und er verriet mir eine ausgezeichnete Methode, wie er seinen Umsatz steigern konnte.

Wenn ein Wagen an der Tankstelle hält, kontrollieren Tom und seine Leute nicht nur Wasser, Öl und Batterie, sondern auch den Keilriemen. Falls letzterer schon ziemlich mitgenommen aussieht, sagt Tom zum Besitzer des Wagens: «Ihr Keilriemen ist so ziemlich am Ende. Wenn Sie mir Ihren Ersatz aus dem Kofferraum geben, montiere ich ihn sehr gern. Es dauert nur zwei, drei Minuten.»

Die Antwort wird unweigerlich lauten: «Ich habe keinen Ersatz dabei.» Tom: «Sehen Sie Ihren Keilriemen einmal an. Er wird nicht mehr lange halten. Ich rate Ihnen dringend, einen neuen anzuschaffen, denn dieser hier kann jeden Augenblick reißen, und wer weiß, wo Sie sich dann gerade befinden.» In den allermeisten Fällen wird sich der Wagenbesitzer für einen neuen Keilriemen entschließen.

Und Sie wissen wahrscheinlich auch schon, wie die Geschichte weitergeht! Natürlich. Wenn Tom aus dem Ersatzteillager zurückkommt, hat er nicht einen, sondern zwei Keilriemen in der Hand. Er verkauft nicht nur den einen, sondern in den meisten Fällen auch den zweiten. Und das zeichnet den Profi aus. Er verkauft und bedient – oder bedient und verkauft, und alles zur gleichen Zeit.

DER LEHRER IST EIN VERKÄUFER

Jedermann verkauft, und wie Rod Motley vor vielen Jahren einmal sagte:

«Es geschieht nichts, bis irgendjemand etwas verkauft.» Nie werde ich jenen heißen Sommertag des Jahres 1943 vergessen, als ich am Hinds Junior College in Raymond, Mississippi, die erste Lektion über amerikanische Geschichte bei Professor Joby Harns besuchte. Ich war unter Protest hingegangen. Ich brauchte diese Geschichtsvorlesung, um mein Mittelschulzeugnis zu bekommen, aber ich war überzeugt, dass es nur Zeitverschwendung war. Was konnte es mir schon helfen, wenn ich wusste, was vor 50, 100 oder 200 Jahren passiert war?

Ich ließ mir deutlich anmerken, dass ich den Kurs zwar besuchen – und auch bestehen – würde, weil ich eben genug tun würde, um «durchzuschlüpfen». Mir war nur daran gelegen, die Sache möglichst rasch hinter mich zu bringen, damit ich mich im folgenden Herbst mehr mathematischen und wissenschaftlichen Fächern widmen konnte, um ins Naval Am Corps aufgenommen zu werden. Ich hatte seit Jahren davon geträumt, einmal ein Kampfflugzeug zu fliegen. In jenem Sommer 1943 war der Zweite Weltkrieg in vollem Gang, und ich konnte es kaum erwarten, meinen Beitrag dazu zu leisten. Im zarten Alter von 16 wusste ich schon ganz genau, was ich mit meinem Leben anfangen wollte.

Als ich an jenem Tag das Klassenzimmer betrat, nahm ich an, der Lehrer würde sich vorstellen, ein paar einführende Bemerkungen fallen lassen und sich dann in die Aufgabe stürzen, uns Geschichte beizubringen. Meine erste Erwartung wurde erfüllt. Professor Harns stellte sich vor, ließ ein paar beiläufige Bemerkungen fallen und setzte dann zu einer der großartigsten professionellen Verkaufspräsentationen an, die ich jemals erlebt habe. Nach dem «Verkaufsgespräch» war mir klar, weshalb ich mich in Geschichte unbedingt auskennen musste. Ich war sogar noch vor Ablauf jener ersten Lektion einer der besten Geschichtsschüler. Es sollte das einzige Fach in meiner ganzen schulischen Ausbildung bleiben, das ich stets mit der bestmöglichen Note abschloss.

Wesentlich wichtiger ist aber die Tatsache, dass das, was Professor Harns mir an jenem Tag erzählt hatte, mein ganzes Leben entscheidend beeinflusste. Mein Interesse an Politik und an sozialen Problemen sowie mein unablässiges Bemühen, aus meinem Land ein lebenswertes Land zu machen, gehen unmittelbar auf jene erste Geschichtsstunde bei Professor Harns zurück.

Jeder Lehrer ist ein Verkäufer. Wäre es nicht schön, wenn wir jedem Lehrer den Gedanken verkaufen könnten, er sei in der Tat ein Verkäufer; er müsse und *könne* unserer Jugend jene Konzepte verkaufen, die unser Land groß gemacht haben; er müsse den Studenten den Gedanken verkaufen, sie sollten ihr Bestes geben und leben; er müsse ihnen die Idee verkaufen, sie sollten nach höheren Zielen streben und größere Beiträge leisten? Dann wäre die Jugend von heute in ihrer Welt von morgen bestimmt wesentlich produktiver.

AUCH BAUUNTERNEHMER SIND VERKÄUFER

Ich habe es bisher schon des Öfteren gesagt: Alle Menschen sind Verkäufer, von der Mutter und Hausfrau bis zum Computerfachmann. Und natürlich auch ein Bauunternebmer.

1981 begannen wir, einen schon jahrelang gehegten Plan in die Tat umzusetzen. Wir kauften uns ein Grundstück in Holly Lake, zwei gemütliche Autostunden von Dallas entfernt. Ich hatte schon lange davon geträumt, weniger Vorträge zu halten, um mehr schreiben zu können. Mein persönliches Ziel ist es, möglichst viele Menschen positiv zu beeinflussen, und dies gelingt mir mit meinen Büchern wesentlich besser als mit meinen persönlichen Auftritten.

In Holly Lake fanden wir das ideale Fleckchen Erde, einsam, ruhig und wunderschön. Nun galt es, sich nach einem Bauunternehmer umzuschauen. Wir sprachen aber nur mit einem einzigen – mit Bill Tenison. Aus Bills Worten und Taten ging von allem Anfang an deutlich hervor, dass er *erwartete*, unser Haus bauen zu können. Und viele Dinge sprachen für Bill, nicht zuletzt seine umgängliche, freundliche, professionelle Art und sein *Ruf.*

Als wir unser Grundstück kauften, trafen wir unsere Nachbarn, deren Haus kurz vor der Vollendung stand. Sie sagten uns, es käme überhaupt nur ein Bauunternehmer infrage, und das sei eben Bill.

Sie schwärmten begeistert, Bill leiste hervorragende Arbeit, sei ein Mann von Integrität und würde halten, was er versprochen habe, und *noch einiges dazu.* Wir unterhielten uns auch mit anderen Leuten, die in den letzten Jahren mit Bill zu tun gehabt hatten. Und von allen hörten wir das Gleiche. Und Bill war selbstverständlich gerne bereit, uns ein paar seiner noch unvollendeten und vollendeten Häuser zu zeigen.

In Holly Lake ist man allgemein der Ansicht, Bill Tenison baue seine Häuser so, dass er mit all seinen Kunden auf guter nachbarlicher und freundschaftlicher Ebene verkehren könne. Da Bill eben dabei war, am See ein eigenes Haus zu bauen, und er wahrscheinlich mit allen oder den meisten Nachbarn fischen oder Golfspielen würde, sprach seine Einstellung bestimmt von großer Weisheit. (Oder könnten Sie sich vorstellen, mit 50 wütenden Kunden Golf zu spielen?)

WIE SCHAFFTE ER DAS?

Ich darf ehrlich sagen, dass Bill uns «viel mehr» Haus gab, als wir eigentlich zu kaufen geglaubt hatten. Ich selbst verstehe kaum etwas vom Bauen, aber zahlreiche Fachleute versicherten mir, Bill hätte das Haus weit besser isoliert, als in den Spezifikationen versprochen war, und er hätte auch einiges solider gebaut, als notwendig war. In vielen Fällen verwendete er wesentlich dickere Bretter als üblich.

Da wir nicht ständig auf dem Bauplatz sein konnten, um die Fortschritte zu beobachten, schickte uns Bill von sich aus Dutzende von aussagekräftigen Fotos. Dadurch erlebten wir nicht nur mit, wie unser Haus wuchs, sondern wir konnten uns auch davon überzeugen, dass wir alles bekamen, was wir ausgehandelt hatten – und noch einiges dazu.

Der Punkt ist offensichtlich. Bill weiß genau, dass er mit dem letzten Nagel, den seine Männer in unserem Haus einschlugen, die Basis für den ersten Nagel legte, der in *all* den Häusern eingeschlagen würde, die seine *zufriedenen* Kunden für ihn verkaufen würden. Als Profi ist Bill verständlicherweise egoistisch genug, um zu wissen, was geschieht, wenn er erstklassige Arbeit liefert, sogar mehr tut als das, wofür er bezahlt wird, und mich als Kunden zufrieden stellt: Ich sage Ihnen zum Beispiel, Bill Tenison sei der Mann, falls Sie sich je in Holly Lake ein Haus bauen möchten. Und darum geht es ja letztlich beim Aufbau einer Verkäuferkarriere.

Da man ein schönes Haus nicht leer stehen lässt, hat diese Geschichte eine Fortsetzung, und sie hängt – zumindest teilweise – mit dem zusammen, was der Verkaufsberater J. Douglas Edwards wie folgt bezeichnet hat:

Der «Hündchen»-Abschluss

Diese Variante ist sehr einfach und geht zweifellos auf jene Zeiten zurück, als kleine Kinder ihre Eltern noch in eine Tierhandlung lockten, um ihnen das süße «Hündchen» im Schaufenster zu zeigen. Wenn Kind und Ladenbesitzer es nicht fertig brachten, Mama und Papa zu überreden, das Hündchen doch zu kaufen, gelang es dem Tierhändler doch oft, die Eltern dazu zu bringen, das süße Tierchen mit nach Hause zu nehmen und sich mit ihm ein bisschen anzufreunden. Ich brauche nicht weiter zu erzählen, nicht wahr? Entscheidend an diesem Punkt ist die Tatsache, dass der Tierhändler das Verkaufen dem Produkt selber (dem Hündchen nämlich) überließ, und das ist eine gute Strategie.

AUCH INNENARCHITEKTEN SIND VERKÄUFER

Als unser Haus in Holly Lake fertig war, setzten Jean und ich uns mit der Innenarchitektin Joyce Wynn und ihrem wundervollen Team zusammen, um für eine unserem Geschmack und unseren Wünschen entsprechende Einrichtung zu sorgen.

Eines Tages war es dann so weit: Alles war fix und fertig bis auf einen großen, leeren Fleck an einer Wand im Wohnzimmer. Mir persönlich missfiel er in keiner Weise, aber Joyce kam mit einem herrlichen Wandteppich an, der diesen Platz einnehmen sollte. Sie können sich vorstellen, dass es sich nicht eben um das billigste Stück aus einem Warenhaus handelte. Er gefiel mir, aber ich zögerte doch noch ein wenig. Joyce schlug vor, wir sollten ihn doch für eine Weile behalten und sehen, ob wir ihn später kaufen wollten. Wenn ja, fein; wenn nein, kein Problem.

Ihr Vorschlag fand sogar bei einem derart starrköpfigen Hausherrn wie mir Anklang. Erst an jenem Nachmittag beim Joggen wurde mir plötzlich klar, dass sie den uralten «Hündchen»-Abschluss an mir ausprobiert hatte. Ich hatte alle Mühe, nicht laut herauszulachen, denn dieses Beispiel zeigt genau, was ich eigentlich sagen will.

Eine gute Verkaufstechnik wirkt (ja, ich habe den Wandteppich gekauft), selbst wenn es sich beim «Opfer» um einen in Verkaufstechnik gründlich ausgebildeten und erfahrenen Verkäufer handelt. Wenn die Verkaufstechnik wirklich gut ist, merkt der Kunde kaum, wie ihm geschieht. Aber selbst wenn er es merkt, kann er nicht viel dagegen tun, wenn er etwas haben und besitzen will und wenn der Verkäufer echt professionell vorgeht. Vergessen wir nicht: Der Kunde *will* sein Problem ja gelöst haben.

Der Profi arbeitet so gut, dass man vollkommen «vergisst», dass man es mit einem Profi zu tun hat. Ungefähr ein Jahr, nachdem wir in unser Haus in Holly Lake eingezogen waren, besuchten meine Frau und ich Kathy Adcock-Smith, jene Mitarbeiterin von Joyce, die sich so ungeheuer viel Mühe gegeben hatte, immer genau das zu finden, was uns am besten gefiel. Meine Frau erzählte ihr, wie wohl und gemütlich sich die meisten Leute bisher in unserem Haus gefühlt hatten. Sie berichtete auch, einige hätten gestaunt, dass in diesem «natürlich» und lebensnah eingerichteten Haus ein Innenarchitekt am Werk gewesen sei, denn Innenarchitekten neigen doch oft zu Künstlichem und Überladenem. Kathy war selbstverständlich entzückt, denn sie wusste, dass sie gute Arbeit geleistet hatte, dass sie uns ihre Möbel, Accessoires und Ideen so gut «verkauft» hatte, dass sie perfekt unserem Geschmack und unseren Wünschen entsprachen. Ihre Erfahrung hatte *unserem* Heim eine neue, herrliche Dimension verliehen.

Dieses Gespräch erinnerte mich an ein Erlebnis aus meiner Anfängerzeit. Nachdem ich einen Satz Kochtöpfe verkauft hatte, versuchte ich, von meinen neuen Kunden weitere Kunden zu gewinnen. Ich versicherte den Leuten, ich würde ihren Freunden die Kochtöpfe einfach vorführen und es sei ganz egal, ob diese dann etwas kaufen wollten oder nicht. Auf diese Aussage erwiderte die Gastgeberin: «Ja, ich weiß, dass das stimmt, denn Sie sind in der Tat kein großer Verkäufer.»

Da sie mir soeben einen Scheck für den größten Satz Kochtöpfe in meinem Sortiment überreicht hatte, war ich mit diesem Kommentar zufrieden. In ihren Augen hatte sie gekauft, und ich hatte nicht verkauft. Und so sollte jeder Kunde im Idealfall fühlen.

ES KLAPPT AUCH BEI MILLIONENGESCHÄFTEN

Vor mehreren Jahren, als die Amway Corporation im Vergleich zu heute noch ziemlich klein war, wollte ein Verkäufer Rich DeVos, dem Präsidenten der Firma, für seine Reisen ein Düsenflugzeug verkaufen. Rich ist eher konservativ eingestellt, und damals glaubte er, einen solchen Kauf der Firma gegenüber nicht rechtfertigen zu können. Der Verkäufer wusste, dass ein Jet Rich viel Zeit und Mühsal ersparen könnte. Er wusste auch, dass Rich mit dem Flugzeug mehr Außenstellen besuchen und seine Produktivität wesentlich erhöhen könnte.

Er wählte deshalb folgendes Vorgehen: «Mr. DeVos, wir haben ein spezielles Düsenflugzeug, das für Sie geradezu ideal wäre, und ich möchte Sie zu einem Probeflug einladen.» Leicht widerstrebend, aber auch ein bisschen aufgeregt, stimmte Rich zu. Das Flugzeug gefiel ihm, er war aber noch lange nicht überzeugt, dass er es kaufen sollte. Und so sagte der Verkäufer: «Wir brauchen den Jet diese Woche nicht und möchten ihn Ihnen zur Verfügung stellen. Benutzen Sie ihn, als ob er Ihnen gehörte. Selbstverständlich ohne jede Verpflichtung.» Ein solches Angebot kann man nur schwer ausschlagen, und obendrein hatte der Verkäufer ausdrücklich betont, Amway ginge absolut keine Verpflichtungen ein. Der Zufall wollte es, dass Rich eine ungewöhnlich anstrengende Woche mit langen Reisen bevorstand. Und er reiste in seinem Jet schneller, bequemer, produktiver durch die Lande.

Am Ende der Woche war Rich aber immer noch nicht zu einem Kauf zu bewegen, und so verlängerte der Verkäufer das «Hündchen»-Angebot, diesmal aber an einer etwas kürzeren Leine. «Mr. DeVos, für den Jet sind im nächsten Monat keine besonderen Einsätze vorgesehen. Weshalb leasen Sie ihn nicht einfach und fliegen damit, als ob er Ihnen gehörte?» Diesmal zögerte Rich noch länger, doch der Verkäufer beharrte auf seinem Angebot, und schließlich flog Rich den Jet einen ganzen Monat lang.

Nun hatte Rich angebissen, und als der Verkäufer am Ende des Monats zurückkam, um «seinen» Jet abzuholen, sah Rich ihn nur an und fragte: «Was soll das heißen, ‹Ihren› Jet?» In der Zwischenzeit hatte sich Rich an die höhere Reisegeschwindigkeit und an den höheren Komfort gewöhnt, und es ist schwer, so etwas wieder aufzugeben, vor allem, wenn es sich irgendwie rechtfertigen lässt. Und es bereitete Rich ja keine Schwierigkeiten, für eine Investition einzutreten, die ja nur im Sinne der Firma sein konnte.

Er kaufte den Jet, weil der Verkäufer ihm den Wert seines Produktes hatte beweisen können. Genau genommen, hatte er es sogar dem Produkt selbst überlassen, Rich zu beweisen, dass er seine Aufgaben auf diese Weise viel besser wahrnehmen konnte. Das Produkt «verkaufte sich» also im wahrsten Sinne des Wortes selbst, nachdem der Verkäufer den «Hündchen»-Abschluss zum Tragen gebracht hatte.

DER KELLNER IST EIN VERKÄUFER

Frank Infante wuchs in Kuba auf, aber als Castro die Macht übernahm, reiste er mit anderen Angehörigen seiner Familie in die USA aus. Ich traf ihn zum ersten Mal, als Jean und ich eines Abends in Farfallo's Restaurant in Dallas von ihm bedient wurden. Er ist der beste Kellner, den ich je gesehen habe. Jede seiner Bewegungen ist durch und durch professionell, und er kennt wirklich jeden Trick, den ein hervorragender Kellner beherrschen muss. Er ist sprachgewandt, anmutig, charmant, ein echter Gentleman. Er hat ein einmaliges Gespür für die Wünsche seiner Gäste, ohne ständig und unnötig um sie herumzuscharwenzeln.

Frank heißt uns zunächst freundlich, aber unaufdringlich willkommen. Nachdem er uns genügend Zeit gegeben hat, uns der Speisekarte zu widmen, taucht Frank anscheinend stets im richtigen Moment neben uns auf, wenn wir unsere Entscheidung getroffen haben. Er erkundigt sich lächelnd, ob wir bereit sind, zu bestellen. In der Regel folgt dann immer ein kleines Gespräch. Ich frage, ob es irgendwelche Spezialitäten gebe, und Frank informiert uns bereitwillig, aber nicht allzu ausführlich. Ich frage ihn, ob er uns etwas besonders empfehlen könne, und da er uns und unseren Geschmack kennt, weicht er nur sehr selten aus. Dennoch entscheiden wir uns in der Regel für eines von drei oder vier Menüs, die uns besonders gut schmecken. Und dann beschreibt Frank noch das Salatbuffet, ohne sich allerdings allzu weit in Einzelheiten zu verlieren. Anders ausgedrückt: Er gibt sich keine Mühe, uns zu erklären, wie man eine Uhr zusammensetzt, sondern er sagt uns, wie spät es ist.

Der «Sanft Bedienen»-Abschluss

Es überrascht mich immer wieder, wie Frank es fertig bringt, uns alles nach unseren Wünschen und so rasch zu servieren, wenn wir in Eile sind, und dennoch alles zeitlich perfekt abzustimmen, sodass wir doch immer das Gefühl haben, gemütlich zu Abend gegessen zu haben. Tee und Kaffee stehen jederzeit und in reichlicher Menge bereit; das ofenfrische Brot dampft vor unseren Fingerspitzen auf dem Tisch; nach einem Gang warten wir nie länger als eine Minute auf den folgenden.

Nach dem Essen erkundigt sich Frank, ob wir ein Dessert wünschen, in der Regel lehnen wir jedoch ab. Hie und da verrät er uns mit einem Augenzwinkern, der Käsekuchen sei heute besonders gut, und wir könnten uns ja ein Stück teilen, damit es nicht zu viel werde. Sein Abschluss ist «sanft», vollständig auf Bedienung ausgerichtet, und er hat Erfolg. Ein Grund dafür besteht darin, dass Frank ein echter «Mannschaftsspieler» ist, der mit seinem «Pikkolo» hervorragend zusammenarbeitet (ein abscheulicher Name, der endlich geändert werden müsste, wenn Hotels und Restaurants Wert auf guten Nachwuchs legen wollen). Er behandelt ihn respektvoll und freundlich, wenn er ihn um Hilfe bittet. Das ist Klasse.

Frank Infante verkauft vom ersten bis zum letzten Augenblick. Er tut es auf angenehme, unaufdringliche und sehr professionelle Art, aber er verkauft. Er weiß, dass sein Einkommen unmittelbar von der Art und Weise seiner Bedienung abhängt. Wenn man ihn aber beobachtet und ihm zuhört. kommt man nicht um den Eindruck herum, er sei einzig und allein deshalb da, weil er der Beste in seinem Beruf sei. Sein Ziel ist es, ein Essen im Farfallo's für jeden Gast zu einem

Erlebnis zu gestalten. Dass wir Frank immer mehr als die üblichen 15 Prozent Trinkgeld geben, brauche ich wohl nicht zu erwähnen.

Ursprünglich wurde das Trinkgeld ja *vor* dem Essen gegeben, sozusagen als Vorschuss für eine gute Bedienung. Jean und ich sind der Meinung, die 15 Prozent seien für eine rasche und freundliche Bedienung in Ordnung. Wenn wir aber in Form von gutgemeinten Vorschlägen, ausgezeichneten Umgangsformen, nettem Lächeln und freundlicher Begeisterung *mehr* bekommen, sind wir gerne bereit, zu den 15 Prozent noch etwas hinzuzulegen.

Es ist schade, dass nicht jeder Kellner einmal herkommen kann, um sich von Frank eine Mahlzeit servieren zu lassen. Wenn das möglich wäre, würde sich nachher jeder bestimmt um mehr Professionalität bemühen, und manch einer könnte seinen Verdienst von heute auf morgen von 50 auf 150 Prozent heraufschrauben.

Frage: Was würden Sie mit diesem zusätzlichen Einkommen anfangen? Sie haben es vermutlich erraten: Frank hat sein eigenes Restaurant eröffnet, und es läuft ausgezeichnet.

Ich werde nie verstehen, dass nicht alle Kellner (oder Verkäufer) begreifen, dass sie nur ihre Einstellung und ihre Dienste «kaufen» müssen. Sie hätten nur ein paar elementare Dinge zu lernen, und schon könnten sie ihr Einkommen drastisch erhöhen. Denn ein *guter* Kellner ist ein *guter* Verkäufer.

DREI JAHRE ALT – UND SCHON EIN PROFI

Wenn es ums Verkaufen geht, kann niemand, aber auch wirklich niemand einem kleinen Kind auch nur das Wasser reichen. Die Überzeugung ist vollkommen, die Integrität über alle Zweifel erhaben, die Begeisterung grenzenlos. Nun noch ein absolut offenes Wesen und die richtigen Worte dazu, und niemand, kein Mensch kann so viel Überzeugungskraft widerstehen.

So erging es mir mit meiner ältesten Tochter Suzan, als sie eben drei Jahre alt war. Cindy, unsere zweite Tochter, war knapp sechs Wochen zuvor geboren worden, und ich war während der letzten drei Wochen ziemlich viel unterwegs gewesen. Ich fuhr an jenem kalten, schneereichen Februarsamstag kurz vor Mittag vor unserem Haus in Knoxville, Tennessee, vor. Nach herzlicher Begrüßung durch Jean, Suzan, Cindy und unsere Haushälterin Lizzie Rogers ließ man mich schonend wissen, ich müsse unbedingt in einem Laden noch ein paar Dinge abholen.

Da ich mit Suzan spielte, das Baby im Arm hielt und Jean von meiner Reise erzählte, vermochte mich die Aussicht, nochmals in die Kälte hinauszugehen, nicht sonderlich zu begeistern. Nun, die «Sachen», die ich abholen sollte, waren wirklich wichtig, und so begann ich widerwillig, Mantel, Hut und Handschuhe anzuziehen. Als ich schon an der Tür stand, fragte Suzan, ob sie mitkommen dürfe. Ich erklärte ihr, bei diesem Wetter sollten kleine Kinder nicht nach draußen gehen, und ich wäre ja in ein paar Minuten wieder zurück. Worauf sie erwiderte: «Aber Daddy, dann bin ich so allein.» – Zig: «Suzan. du bist doch nicht allein. Deine Mama, dein kleines Schwesterchen und Lizzie sind ja auch hier. Du bist also ganz sicher nicht allein.» – Suzan: «Aber Daddy, ich bin allein ohne *dich*.»

Es war ein unfairer Kampf. Mein Gegner war übermächtig, und ich hatte nie eine echte Chance. Natürlich hatte Suzan vom «dominanten Kaufmotiv» keine Ahnung, und sie wusste auch nicht, wie wichtig es ist, dass man dem Kunden das Gefühl vermittelt, er sei wichtig (und es auch meint); aber der erfahrenste Fuchs mit 30-jähriger Verkäufererfahrung hätte es nicht raffinierter anstellen können. Selbstverständlich wollte ich nicht, dass Suzan «allein» war, und so kam sie eben mit.

DER SIEGER UND UNBESTRITTENE MEISTER

Einer der ganz großen Profis unter den Verkäufern Amerikas ist Billie Engman, die Vertreterin der Saladmaster Corporation in Dallas. Billie hält mehr persönliche Verkaufsrekorde, als irgendjemand anders seit Bestehen der Firma. Sie verkauft die ganze Produktelinie, von Kochtöpfen über Porzellan, Essbesteck und Kristall bis zu allen erdenklichen Accessoires. Ihre Kunden von heute sind die Töchter jener Mädchen, die zu Beginn ihrer Laufbahn im Jahr 1950 ihre Kundinnen gewesen waren, und sie freut sich darauf, dereinst auch ihre Enkelkinder zu ihren Kunden zählen zu dürfen.

Billie ist eine sehr ungewöhnliche Frau mit dem Konzept und der Philosophie des Profis. Sie ist unwahrscheinlich gut organisiert und arbeitet sehr hart und ausdauernd. Wenn sie unterwegs ist, hat sie nur ein einziges Ziel vor Augen.

BILLIE IST EINE VERKAUFS-«PSYCHOLOGIN»

Befassen wir uns doch etwas näher mit Billies Konzepten, Ideen und Philosophien. Zunächst muss erwähnt werden, dass sie den Ausdruck «ein Geschäft abschließen» nicht besonders mag. Sie sagt, *abschließen* erinnere sie so an «eine Tür abschließen» und jemanden *aussperren*. Wenn sie aber ihren Musterkoffer *öffnet*, und wenn sie ihr Reservoir mit den für die Kunden bestimmten Informationen *öffnet*, dann *schließe* sie das Geschäft nicht ab, sondern *eröffne* es.

Billie verfügt über einen sehr weiten Einblick in die Natur des Menschen und in den Einfluss, den wir gegenseitig auf uns ausüben können, wenn wir uns nur die Zeit nähmen, zu lernen. Trotz ihres phänomenalen Erfolges ist sie sehr bescheiden und glaubt, ihre Rolle als Verkäuferin biete ihr das Privileg und die Gelegenheit, Menschen zu dienen. Ihre Bescheidenheit zeigt sich am besten in der Tatsache, dass sie ihre Verkaufszahlen seit mehreren Jahren nicht mehr abgeliefert hat. Sie bringt sich dadurch um beträchtliche Auszeichnungen und die damit verbundene Publizität, doch Billie zieht es vor, neben dem Rampenlicht zu stehen und sich dafür ihren Kunden zu widmen.

Gemäß den Aussagen eines Firmensprechers und ihres Ehemannes Hal, der mit ihr zusammenarbeitet und natürlich sehr stolz auf sie ist, verkauft Billie so viel mehr als alle anderen, dass sie nur noch gegen sich selbst und gegen ihre Rekorde ankämpfen kann. Sie ist wie ein Golf-Profi, dessen einzige Herausforderung noch der Golfplatz ist. Billie kann Ihnen jederzeit genau sagen, wie viel sie in diesem Monat und im Vergleichsmonat des Vorjahres verkauft hat. Sie erreicht ihr Ziel mit so unerhörter Regelmäßigkeit, dass fast jedes Jahr besser gewesen ist als das Jahr zuvor, und das nächste Jahr wird besser sein als dieses Jahr. Sie weiß, dass es während ihrer langen Karriere mehrere Rezessionen gegeben hat. Und sie gibt zu, dass dieses Wort allein ihr schon Angst einjagt. Aber dann arbeitet sie nur noch härter, damit ihr Umsatz nicht zurückgeht, sondern im Gegenteil noch zunimmt. Wie wäre es mit *dieser* Einstellung, lieber Leser?

SIE IST EINE PFIFFIGE LADY

Ihre Verkaufspsychologie beruht darauf, bei einer Präsentation alle Mitglieder einer Familie miteinzubeziehen, denn ihre Kundschaft besteht zu 60 Prozent aus Familien und nur zu 40 Prozent aus alleinstehenden Damen. Anfänglich hatte sie Angst, Männern etwas zu verkaufen, lernte dann aber sehr rasch, dass Männer leichtere Kunden sind als Frauen. Selbst kleine Kinder lässt sie an der Präsentation teilnehmen und vermittelt so jedem einzelnen das Gefühl, er sei wichtig.

Sie versucht auch, den Kunden psychologisch auf den Abschluss vorzubereiten, indem sie sich bemüht, Spannungen oder Gefühle des «In-die-Ecke-gedrängt-Seins» abzubauen. Wenn sie bemerkt, dass der Kunde im entscheidenden Augenblick nervös oder verschlossen wirkt, bittet sie einfach um ein Glas Wasser. Billie sagt, es sei wahrlich verblüffend, wie sich diese kurze Unterbrechung positiv auf die Nerven des Kunden auswirkt. Billie trifft *niemals* telefonische Vereinbarungen. Ihrer Meinung nach «verheizt» das Telefon eine Menge aussichtsreicher Kunden und wirft eine Menge von Verkäufern im Direkthandel *aus* dem Geschäft. Sie sucht ihre Kunden einfach auf, und zwar ohne Voranmeldung, damit sie keine Zeit haben, Ausflüchte zu ersinnen. Direktverkauf bedeutet für sie von Angesicht zu Angesicht – nicht von Ohr zu Ohr.

Billie führt ihre Bücher gewissenhaft und freut sich, ihren Kunden auch in die zweite Generation zu folgen. Sie ordnet ihre Kundenkartei nach geografischen Gebieten, und *wenn sie zu Hause wegfährt, hat sie nur ein Ziel: möglichst viele Kunden besuchen.* Sie steigt nie ohne ihren Musterkoffer aus dem Wagen, damit sie alles für eine Präsentation bei der Hand hat, wenn der Kunde zu Hause ist. Auf diese Weise verhindert sie, dass der Elan verloren geht oder der Kunde gar seine Meinung ändert, wenn sie zuerst noch zum Auto zurückgehen muss, um die Muster zu holen. Und da sie ja *erwartet*, eingelassen zu werden, wäre es *sinnlos*, den Koffer nicht mitzutragen. Billie ist unaufdringlich und wird von den Leuten, die mit ihr zu tun haben, nicht als Gefahr angesehen.

Billies Umsatz übertrifft wohl alles, was es auf dem Gebiet von Kochtöpfen und Tisch-Accessoires zu bieten gibt. Ihre Aufträge belaufen sich oft auf 2 500 Dollar und auch solche von 4 000 oder 5 000 Dollar treffen mit erstaunlicher Regelmäßigkeit ein.

JEDER KUNDE IST WIEDER ANDERS

Billie stimmt ihre Präsentation auf jeden einzelnen Kunden ab. Obwohl sie natürlich jedem die gleichen grundlegenden Informationen über ihre Produkte vermittelt, weiß sie, dass ein junges Mädchen, das vielleicht nie heiraten wird, ein Mädchen, das bald heiraten wird, und ein Ehepaar vollkommen verschiedene Interessen haben. Sie bezieht jedes Produkt in seiner Anwendung auf die jeweilige Person. Sie arbeitet mit dem, was sie «Spiegel der Zukunft» nennt, und damit beschwört sie Projektionen ihrer Kunden herauf, wie sie ihre Produkte benützen und sich an ihrer Schönheit weiden, und zwar nicht zu Lebzeiten ihrer selbst, sondern auch zu Lebzeiten ihrer Kinder und Kindeskinder.

Billie ist stolz darauf, dass das Porzellan und vor allem das Silberbesteck, das sie ihren Kunden vor dreißig Jahren verkauft hat, heute einen viel größeren Wert besitzen. Sie nimmt an, dass Kunden, die jetzt kaufen, in einigen Jahren das gleiche Glück erfahren werden. Sie setzt ihren «Spiegel» so ein, dass die Kunden sich selbst sehen können, wie sie das Produkt in späteren Jahren benützen.

Billie ist auch stets auf dem Laufenden, was in der Welt passiert. Sie verknüpft die aktuellen Bedürfnisse ihrer Kunden mit aktuellen Ereignissen und veranlasst sie mit diesen Informationen zum Kauf. Sie setzt auf Liebe, Sorge und Gemeinsamkeit und auf die Tatsache, dass all ihre Produkte dazu beitragen. Wenn sie ihr Sortiment bespricht, fließen warme Worte über ihre Lippen. *Reich, liebevoll, guter Geschmack,*

Komfort, Sicherheit, Investition, Pflege: Diese und viele andere positive Wörter mehr sind ein Teil von ihr, und so fügen sie sich ganz natürlich in ihren Wortschatz ein.

DIE «TOTALE» VERKÄUFERIN

Billie ist vollständig davon überzeugt, dass der Abschluss (die Eröffnung) eines Geschäftes davon abhängt, wie man sich kleidet, wie man sich gibt, wie man lächelt, wie man geht, was für ein Auto man fährt. Sie will unter keinen Umständen «auffallen», aus lauter Angst, ein Kunde könnte sie für «allzu» erfolgreich halten, und obwohl Billie einen brandneuen Mercedes fahren und sich in Nerz kleiden könnte, kauft sie Kleider aus «normalen», aber qualitativ guten Stoffen, fährt einen Durchschnittswagen und gibt sich ruhig und zuversichtlich.

Sie spricht mit ihren Kunden nie darüber, wie lange sie schon im Geschäft ist (nämlich seit 1948). Sie glaubt, dies würde sie als Person brandmarken, die «jemandem etwas zu verkaufen sucht», wo sie doch als Freundin und Beraterin angesehen werden möchte, die ihren Kunden nur helfen will, möglichst gut in die Zukunft zu investieren.

Billie meint, das ständig zunehmende Versandgeschäft habe sich für sie positiv ausgewirkt, weil die Leute endlich sehen können, dass man Qualität auch kaufen kann, ohne in ein Geschäft gehen zu müssen. Sie hat zusätzlich den Vorteil, ihr Produkt bei der persönlichen Präsentation zeigen und vorführen zu können, und der Kunde kann sehen, anfassen und prüfen, was sie verkauft.

Billie sammelt Empfehlungsschreiben und bringt ihre Sammlung immer wieder auf den neuesten Stand. Was ein zufriedener Kunde heute über ihr Produkt sagt, bekräftigt das, was ihre Kunden vor zehn Jahren zu sagen hatten. Wenn sie dem Kunden ein paar «Oldies» vorlegt, möchte sie ihm damit zu verstehen geben, dass Investitionen dieser Art nichts Neues sind, dass Kunden schon vor vielen Jahren das getan haben, was sie heute von ihm erwartet, und dass sie ihm *nachweisbar* eine Investition für sein ganzes Leben anbietet. (Überzeugung ist bei einem Abschluss von grundlegender Bedeutung.)

WARUM IST BILLIE SO ERFOLGREICH?

Dafür gibt es sicher mehrere Gründe, und einige davon habe ich schon andeutungsweise erwähnt. Es gibt aber noch drei weitere, die genau so zu Billie Engman gehören wie die Luft, die sie atmet. Erstens: Billie *erwartet*, dass alle Kunden, die sie besucht, ihr etwas abkaufen. Sie *erwartet* nicht nur, dass sie ihnen etwas verkauft, sondern sie *erwartet*, dass sie diesmal einen großen und beim nächsten Mal einen noch größeren Auftrag bekommt.

Zweitens: Für Billie ist eine Bestellung das Ergebnis einer Präsentation, und deshalb betrachtet sie den «Abschluss» als natürlichen Bestandteil dieser Präsentation. Sie gibt allen, die sie besucht, eine Chance, etwas zu kaufen, indem sie sie um eine Bestellung *bittet*. Wenn Ihnen das ein bisschen zu primitiv vorkommt, möchte ich Sie daran erinnern, dass der Verkaufs-berater Chris Hegarty behauptet, 63 Prozent *aller* Verkaufs-gespräche endeten ohne eine ausdrückliche Aufforderung, etwas zu kaufen.

Drittens: Billie führt über *all* ihre Kunden Buch. Sie weiß *ganz genau*, was und wann sie gekauft und *wie* sie dafür bezahlt haben. Sie plant ihren nächsten Besuch und bereitet ihre Kunden beim ersten Geschäft auch darauf vor. Und – nicht minder wichtig – sie bereitet auch sich selbst darauf vor. Sie weiß, dass der erste Auftrag ein Vertrauensbeweis ist und sie in die Lage versetzt, dem Kunden beim zweiten Mal noch besser zu helfen.

Der «Accessoire»-Abschluss

Bevor Billie einen Kunden ein zweites Mal aufsucht, informiert sie sich genauestens über dessen erste Bestellung. Dann berei-tet sie drei «Accessoire»-Angebote vor. Ihr erstes ist «unmög-lich»; es ist so groß, so umfassend und so teuer, dass der Kunde es auf keinen Fall annehmen kann oder will. Es ist ein Traumangebot, und zwar in dem Sinn, dass die meisten Kunden wirklich nur davon träumen können. Zum Glück für Billie *und* die Kunden realisieren viele von ihnen nicht, dass sie das

Größte und Beste nicht haben können, und so kaufen sie ihr die «unmögliche» Traumbestellung ab. Als Profi fordert Billie ihre Kunden dazu heraus, nach dem Besten zu streben, ihren «unmöglichen» Traum zu verwirklichen, und die Kunden sprechen darauf an. Tatsache ist und bleibt: *Das Verhalten des Kunden ist oft unmittelbar mit der Erwartung des Verkäufers verbunden. Und Billies Erwartungen sind hoch.*

Das zweite «Accessoire»-Angebot, welches Billie vorbereitet, ist ebenfalls ansehnlich und umfangreich. Es ergänzt den Erstauftrag in jeder Hinsicht vollkommen. Ein « durchschnittlicher» Verkäufer würde angesichts solcher Aufträge dreimal leer schlucken, doch an Billie ist eben nichts Durchschnittliches. Dieses zweite Angebot ist das beliebteste, vielleicht weil es so schön in der Mitte liegt, vielleicht aber auch, weil – realistisch gesehen – es sich mehr Leute leisten können.

Das dritte Angebot, das ebenfalls sorgfältig auf den ersten Auftrag abgestimmt ist, bietet natürlich etwas weniger als die beiden anderen, ist aber immer noch ziemlich umfangreich. Nach einem Blick auf die ersten beiden entschließen sich viele Kunden, die anfänglich geglaubt hatten, sie könnten sich nichts leisten, begeistert für dieses «Mini»-Angebot, um dann später ein drittes oder viertes Mal etwas zu bestellen.

SEHR WICHTIG: Billie betrachtet jeden «Accessoire»-Besuch als kompletten und vollständigen Verkaufs- *und* Dienstleistungsbesuch. Sie lässt dem Kunden eine «vollständige Behandlung» angedeihen, *und wie!* Sie verkauft sich, die Firma, ihre Produkte, ihr Konzept der Investition in die Zukunft zum zweiten Mal. Sie verkauft den Gedanken, heute zu kaufen, nicht morgen. Sie lässt sich vom Kunden alles zeigen, was sie ihm beim ersten Mal verkauft hat. Dann lobt sie ihn, wie hervorragend er dazu Sorge getragen habe, oder sie gibt ihm vorsichtig Ratschläge für eine bessere Pflege. Ununterbrochen verkauft sie sich selbst und ihre Produkte erneut.

Sie hat zwei legitime Gründe, dort zu sein. Erstens den Servicebesuch, und da Billie dem Kunden unmittelbar nach dem ersten Auftrag einen Dankesbrief und seither regelmäßig ein Neujahrskärtchen geschickt hat, wird sie als Freundin empfangen. Zweitens: Billie hält im Auftrag ihrer Firma ein *Sonderangebot* bereit und *weiß*, dass der Kunde sich darüber freuen wird. Kein Wunder also, dass Billie bei ihren folgenden Besuchen kaum je abgewiesen wird!

WENN ICH DAS GEWUSST HÄTTE

Wenn ich all dies gewusst hätte, als ich noch im Verkäuferberuf tätig war, hätte ich bestimmt 50 Prozent mehr verdient, denn meine Kunden hätten viel mehr profitiert. Nebenbei bemerkt: Billie erlebt nur höchst selten, dass Kunden von einem Auftrag zurücktreten, und Mahnungen an zahlungssäumige Kunden muss sie weniger schreiben als all ihre Kollegen in der Firma.

Wird Billies Methode auch bei anderen funktionieren? Und ob! Im Laufe der Jahre hat Billie neben ihrem Beruf, in welchem sie ja an der Spitze stand, zahlreiche andere Verkäufer ausgebildet, die es ebenfalls unter die zehn besten Verkäufer im Land gebracht haben. «Wird es auch bei mir klappen?» Ja, aber nur, wenn Sie die Methode auch *anwenden*. Verfahren, Methoden und Ideen haben keine Gefühle, und es ist ihnen gleichgültig, wer mit ihnen arbeitet.

Für mich wird es immer ein Geheimnis bleiben, weshalb nicht mehr Verkäufer, die in Läden und Geschäften hinter dem Tresen stehen, in den «Direktverkauf» einsteigen und ihren Umsatz erhöhen, indem sie eine loyale Kundschaft aufbauen. Beispiel: In den 37 Jahren unseres gemeinsamen Lebens sind Jean und mir nie Häuser, Diamanten, Pelze, Möbel oder Haushaltsgeräte angeboten worden. Doyle Hoyer, mein Kleiderverkäufer, Tom McDougal, mein Zahnarzt, Jack Dahlen, mein Versicherungsagent, und Chuck Bellows, der Cadillac-Verkäufer, sind die einzigen vier, die auch im Nachhinein ihre Dienste angeboten und auf künftige Geschäfte hingearbeitet haben. In all diesen Jahren haben wir vier Häuser, über 35 Autos (einschließlich Firmenwagen) und vier komplette Hauseinrichtungen gekauft, von Dutzenden anderer größerer Anschaffungen ganz zu schweigen. Wir haben Tausende von Dollar für Schmuck und Pelze ausgegeben, aber *niemand* hat jemals versucht, uns solche Dinge zu verkaufen. Es liegt diesen Verkäufern offenbar nicht einmal viel daran, uns wieder einmal in ihrem Geschäft zu sehen!

Frage: Falls Sie solche Dinge verkaufen, *gehen* Sie Ihren Geschäften *nach*, oder warten Sie einfach, bis sie zu Ihnen *kommen*? Fassen Sie nach einem ersten Geschäft nach, um sich zu vergewissern, dass Ihr Kunde mit seinem Kauf zufrieden ist, *und* um die Saat für ein nächstes Geschäft auszubringen? Im Sport ist Nachfassen von entscheidender Bedeutung. Ein Golfspieler, Fußballer oder Boxer muss immer wieder nachfassen, um Spitzenleistungen zu erzielen. Ein Verkäufer muss mit Serviceleistungen *und* weiteren Geschäften nachfassen, wenn er seine Kunden behalten und sich eine Karriere aufbauen will.

Wichtig: Wenn jemand Ihnen einen «größeren» Auftrag erteilt, sollten Sie ihn auf die Liste Ihrer «Superkunden» setzen und ihm «den Hof machen», solange Sie für die gleiche Firma arbeiten oder die gleiche Art von Produkt verkaufen.

Billie Engman ist in mancher Beziehung der Inbegriff von allem, was ich in diesem Teil von *Der totale Verkaufserfolg* besprochen habe. Billie tut alles Nötige, unternimmt alle Schritte, hat ihre Lektionen gelernt, lernt ununterbrochen weiter, ist erfinderisch und fantasievoll, hat absolute Integrität, ist absolut zuverlässig, arbeitet außerordentlich hart, ist ihren Prinzipien treu, ihrer Firma, ihren Kunden und vor allem ihrem Empfinden für das, was fair und ehrlich ist. Sie ist ein wahres Aushängeschild für den Beruf.

Frage: Wie können Sie Billie Engman kurz charakterisieren?

Antwort: Das ist unmöglich, aber wenn Sie es könnten, müssten Sie mit dem Stichwort «Liebe» anfangen. Sie *liebt* ihre Familie, ihre Produkte, ihre Firma und ihre Kunden. Sie will das Beste für alle. Dann käme «Engagement». Sie gibt ihr Bestes und nützt ihre Talente und Fähigkeiten optimal aus, indem Sie jeden Moment optimal nutzt. Und schließlich: Sie sieht sich selbst als Mensch, der das große Geschäft und den großen Lohn verdient. Sie weiß, dass dadurch auch ihre Familie, ihre Firma, ihre Kunden und ihr Land gewinnen. Billie Engman ist durch und durch professionell.

FANTASIE BEIM VERKAUFEN

Mein Freund und Verkaufsberater-Kollege Merle Fraser behauptet, das Herz Ihres Kunden schlage in den nächsten 24 Stunden 103 689-mal; sein Blut lege rund 270 000 Kilometer zurück; er werde 23 240-mal ein- und ausatmen; er werde rund drei Kilogramm Nahrungsmittel zu sich nehmen; er werde nur sieben Millionen seiner etwa neun Millarden Hirnzellen aktivieren. Und er werde 4 800 Wörter sprechen, von denen sich 3 200 in irgendeiner Weise mit ihm selbst befassen. Aber er werde *kein einziges* Wort über Sie, Ihre Produkte oder Ihren Service sagen, sofern Sie nicht eine Möglichkeit finden, ihn gefühlsmäßig an Ihrer Präsentation zu beteiligen. Die einzige Art, sich einen Teil seiner Aufmerksamkeit und seiner Worte zu erobern, besteht darin, sich mithilfe Ihrer Fantasie zu einem Bestandteil seiner Welt zu machen.

Etwas vom Interessantesten, was ich Ihnen über die Welt des Verkaufens verraten kann, ist die Tatsache, dass die meisten Kunden eigentlich gar nicht nein sagen wollen. Und zwar einfach aus dem Grund, weil *nein* so endgültig ist. Es setzt der Beziehung ein Ende. Und deshalb ziehen es viele Kunden vor, irgendetwas anderes zu sagen, wie zum Beispiel: «Ich möchte mir die Sache noch einmal überlegen» oder «ich muss noch mit meinem Anwalt, meinem Wirtschaftsprüfer, meiner Ehefrau, meinem Mann sprechen». Es ist schockierend, aber ich habe Beweise, dass einige Sie sogar *anlügen*, um nicht nein sagen zu müssen.

Der «1902»-Abschluss

Im Zusammenhang mit Fantasie beim Verkaufen und mit einigen Abschlüssen in diesem Teil des Buches möchte ich nochmals auf die Variante «1902» zurückkommen, die wir schon im ersten Kapitel besprochen haben.

Vor vielen Jahren, als ich noch Kochtöpfe verkaufte, benutzte ich diese wie auf mein Geschäft zugeschnittene Variante und gab eine Prise Fantasie dazu. Ich verkaufte einen Satz sehr schwerer, rostfreier Stahlkochtöpfe mit einem speziellen Kern im Boden, der die Hitze besser leiten sollte. Diese Töpfe waren außerordentlich dauerhaft und widerstandsfähig. Um dies zu beweisen, forderte ich einen unserer Polizisten auf, seinen 45er Dienstrevolver zu nehmen und aus einer Entfernung von vielleicht vier Metern mit Stahlmantelgeschossen auf unsere kleine Bratpfanne zu schießen.

Ein 45er hat eine ungeheure Durchschlagskraft. Ich stellte die Pfanne vor einen Baum, und das Geschoss traf genau in die Mitte, aber man musste schon sehr genau hinschauen, um zu sehen, wo die Kugel getroffen hatte. Ausgerüstet mit diesem Beweisstück und einem notariell beglaubigten Schreiben des Polizisten hatte ich keine Mühe, Kunden für meine auf Dauerhaftigkeit und Widerstandsfähigkeit aufgebaute Präsentation zu gewinnen. Wenn ich meine Kochtöpfe als «lebenslänglich» anpries, begriffen sie und stimmten mir zu, da eine Hausfrau ihre Kochtöpfe in der Regel doch nicht dermaßen strapaziert.

Natürlich waren diese Kochtöpfe im Vergleich zu leichteren Ausführungen, wie sie in jedem Geschäft zu haben sind, sehr teuer. Wie oft bekam ich den Einwand zu hören: «Das ist viel zu teuer.» Darauf meine Frage:

«Wie viel zu teuer ist es denn?» – Kunde: «Ach, 200 Dollar zuviel!» (Für mich war das eine lächerliche Zahl, aber vergessen wir nicht, dass wir ja mit den Gefühlen des *Kunden* rechnen müssen.) Und nun ist es wieder mal so weit, dass wir unseren Notizblock brauchen.

Ich schrieb also «200 Dollar» für den Kunden deutlich sichtbar auf meinen Block und fragte dann: «Was glauben Sie, wie lang diese Kochtöpfe halten werden?» – Kunde: «Ach, bis in alle Ewigkeit.» – Zig: «Nun, bestimmt 15, 20 oder 30 Jahre, nicht wahr?» – Kunde: «Ganz sicher!» Zig: «Gut, rechnen wir mal mit einem Minimum von zehn Jahren. Das bedeutet Ihrer Meinung nach, dass die Töpfe pro Jahr 20 Dollar zu viel kosten.

Habe ich das richtig verstanden?» – Kunde: «Ja, vollkommen richtig.»

ZERLEGEN SIE KOSTEN IN KLEINE TEILBETRÄGE

Zig: 20 Dollar im Jahr, wie viel macht das pro Monat?» – Kunde: «Na, ungefähr 1,75 Dollar.» – Zig: «Stimmt. Wie oft kochen Sie?» – Kunde: «Zwei- oder dreimal pro Tag.» Zig: «Seien wir bescheiden und sagen wir, zweimal pro Tag. Das sind im Monat 60 Mahlzeiten (all diese Zahlen schreibe ich fein säuberlich auf meinen Block). Wenn diese tollen Kochtöpfe pro Monat 1,75 Dollar zu viel kosten, dann sind das knappe 3 Cent pro Essen. Und deswegen verzichten Sie auf die besten Kochtöpfe, die überhaupt zu haben sind.»

STELLEN SIE FRAGEN – FÜHREN SIE DEN KUNDEN ZU EINER ENTSCHEIDUNG

Nun frage ich weiter: «Essen Sie ab und zu auswärts?» – «Natürlich.» – «Wie oft denn?» – Kunde: «Zwei- oder dreimal pro Woche.» – Zig: «Geben Sie der Bedienung Trinkgeld?» – Kunde: «Natürlich.» – Zig: «Wie viel Trinkgeld geben Sie?» – «1 oder 2 Dollar, je nachdem.» (Nicht vergessen, das war 1962!) Nun schreibe ich bei «Ihre Frau» «3 Cent» hin, bei «Kellnerin» «1 Dollar». Zig: «Ich möchte Ihnen etwas zeigen und dann eine Frage stellen. Die Kellnerin nimmt die Bestellung auf, bringt das Essen von der Küche an Ihren Tisch und versorgt Sie mit Tee, Kaffee und Brot. Ein Serviceangestellter räumt den Tisch ab und trägt das Geschirr in die Küche zurück.

Ihre Frau geht einkaufen, schleppt alles nach Hause, räumt die Lebensmittel in Speisekammer und Kühlschrank ein. Dann nimmt sie die Waren wieder heraus, putzt, rüstet, kocht und serviert das Essen. Nachher stellt sie die Reste in den Kühlschrank, räumt den Tisch und wäscht ab. Nun, lieber Kunde, ehrlich gesagt, wenn Sie der Bedienung einen Dollar geben (ich kreise «1 Dollar» mehrmals ein), nur weil sie das Essen von der Küche zum Tisch trägt, meinen Sie dann nicht, Ihre Frau verdiene wenigstens 3 Cent (ich kreise «3 Cent» mehrmals ein) für Einkaufen, Kochen, Auftragen, Abräumen und Abwaschen?»

Bei dieser Variante spielen Fantasie, Gefühle und Logik eine wesentliche Rolle. Bestimmt sind Ihnen die vielen Fragen (zwölf) in diesem Gespräch aufgefallen. Sie sind sehr wichtig, denn sie zwingen den Kunden dazu, sich selber unter Druck zu setzen. Wenn dies geschieht, erhöhen sich Ihre Aussichten auf ein Geschäft schlagartig. In diesem Beispiel haben die Methode und die Fragen es dem Ehemann zweifellos ermöglicht, die Leistungen seiner Frau in einem realistischen und günstigeren Lichte zu sehen. Die Fragen rückten auch den Preis in die richtige Perspektive und zerlegten ihn in so kleine Beträge, dass er plötzlich erschwinglich erschien.

«1902» bedeutet einfach, einen Preis in so kleine Beträge zu zerlegen, dass der Kunde sich vorstellen kann, das Produkt zu besitzen, weil er plötzlich sieht, dass er es sich leisten kann. Drei Cent pro Essen brachten die Kochtöpfe in Reichweite, umso mehr, als ich gezeigt hatte, dass sie jedes Mal noch weit mehr sparen halfen. *Dieser Abschluss macht es dem Kunden leicht, etwas zu kaufen, und darin besteht schließlich die Aufgabe des professionellen Verkäufers.*

KONZENTRATION – UND GLAUBWÜRDIGKEIT

Der nächste Abschluss, den ich Ihnen vorstellen möchte, ist sehr spannend, und er eignet sich für fast alles, was Sie auch immer verkaufen mögen. *Ich möchte aber nochmals betonen, dass nicht jeder Abschluss und jedes Verfahren sich gleichermaßen für jeden eignet, sondern dass Sie in den meisten Fällen das, was ich sage, an Ihre spezifische Situation anpassen müssen.*

Vor vielen Jahren war ich unterwegs in der kleinen Stadt St. Matthews, South Carolina. Ich war schon immer ein Verfechter der «ortsweisen» Verkaufstechnik; ich ging also in der Regel in eine Stadt und konzentrierte mich auf ein einzelnes Quartier, in dem die Leute mich rasch kennen lernten. Auf diese Weise sparte ich nicht nur viel Zeit, sondern ich gewann auch an Glaubwürdigkeit.

Wie in vielen anderen Orten kannte man mich auch in St. Matthews nach ein paar Besuchen bereits als «Kochtopfmann». Wenn ich durch eine Straße fuhr, sagte bestimmt jemand: «Schau, da kommt der Kochtopfmann», und jemand anders sagte: «Ja, ich gehe nächste Woche auf seine Party (Vorführung)!»

Der «Geizkragen»-Abschluss

Nach einer Demonstration mit sieben interessierten Parteien machte ich mich am folgenden Tag daran, die Ehepaare einzeln zu besuchen. Bei den fünf ersten war ich erfolgreich, und als ich beim sechsten Paar anklopfte, lud mich eine dröhnende Stimme, die man im ganzen Quartier hören musste, ein: «KOMMEN SIE HEREIN, MR. ZIGLAR!» Das tat ich und stand vor einem wahren Riesen: Er war ungefähr zwei Meter groß und wog an die 140 Kilogramm! Ein äußerst umgänglicher Typ, der mich mit folgenden Worten empfing: «Schön, dass Sie hier sind! Wir zwei wissen zwar ganz genau, dass ich keine Kochtöpfe für 400 Dollar kaufe, aber kommen Sie, nehmen Sie Platz. Wir können trotzdem ein bisschen plaudern!»

Es sei noch erwähnt, dass dieser Koloss am Abend zuvor mindestens so viel gegessen hatte, wie sonst fünf normale Menschen kaum verdrücken können. Ich hatte jeden Bissen, den er verschlang, höchstpersönlich eingekauft, gekocht und serviert. Und nun empfing er mich mit den Worten:

«Wir beide wissen ja, dass ich nichts kaufen werde!»

Das ist nun nicht gerade meine Idealvorstellung von der Eröffnung eines Verkaufsgesprächs, aber ich lachte, schaute ihn an und sagte: «Nun, *Sie* wissen vielleicht, dass Sie nichts kaufen werden, aber *ich* weiß es nicht.» – Kunde: «Nun, es ist besser, wenn ich es Ihnen gleich sage: Ich unterhalte mich gern mit Ihnen, aber ich werde nichts kaufen.» – Zig: «Es sieht so aus, als ob wir zwei sehr viel gemeinsam hätten.» – «Ah, ja, was denn?»

Zig: «In meinem Fall gibt meine Frau mein Geld aus und meine Nachbarn kümmern sich um mein Geschäft, damit ich Zeit habe zu arbeiten! Nun weiß ich zwar nicht, ob Ihre Frau Ihr Geld ausgibt, aber ich kann Ihnen sagen, dass sich Ihre Nachbarn um Ihre Angelegenheiten kümmern!» – Kunde:

«Warum sagen Sie das?» – Zig: «Nun, ich habe heute Ihre Nachbarn besucht, und nachdem ich mit ihnen gesprochen hatte – und es haben übrigens *alle* gekauft – (das wollte ich an dieser Stelle einfach loswerden), fragten sie alle: ‹Haben Sie Herrn XY schon besucht?› Ich antwortete, ich würde heute Nachmittag hier vorbeikommen, und da sagten sie ohne Ausnahme: ‹Sagen Sie uns doch gelegentlich, was *er* gemacht hat!›»

IHRE NACHBARN KENNEN SIE NICHT

«Schließlich erkundigte ich mich bei einem Nachbarn: ‹Warum wollen bloß alle wissen, was Herr XY machen wird?› Er lachte und antwortete mir: ‹Wissen Sie, er ist in der ganzen Stadt als ziemlich konservativ bekannt!›» Der Riese brüllte einfach los und sagte: «Die Leute haben wahrscheinlich gesagt, ich sei der größte Geizkragen weit und breit!»

Zig: «Nun, jemand hat etwas von ‹jeden Cent umdrehen› gesagt, aber ich habe nicht genau verstanden, was damit gemeint war.» Der Riese schnaubte verächtlich und sagte: «Sie wissen ganz genau, was damit gemeint war, und vielleicht stimmt es sogar. Ich *bin* ein bisschen konservativ.»

Zig: «Na ja, vielleicht halten sie Sie für konservativ, aber es ist doch interessant, dass Sie hier in dieser Stadt auf die Welt gekommen und aufgewachsen sind und Ihre Freunde und Nachbarn Sie im Grunde genommen überhaupt nicht kennen!» – Kunde: «Was soll das nun wieder heißen?» – Zig: «Ich glaube, Sie haben doch gesagt, Sie werden meine Kochtöpfe nicht kaufen.» – Kunde: «Richtig.» – Zig: «Ist das nicht interessant? Sie haben Ihr ganzes Leben in dieser Umgebung verbracht, und doch kennen die Leute Sie überhaupt nicht!» Riese: «Wovon reden Sie eigentlich?» – Zig: «Nun, ich glaube mich zu erinnern – korrigieren Sie mich, wenn es nicht stimmt –, Sie hätten gestern Abend gesagt, Sie seien nun ungefähr 23 Jahre verheiratet.» – «Ja, im August werden es genau 24 Jahre sein.» – Zig: «Gut, ich möchte Ihnen eine Frage stellen. War es Ihnen gestern ernst *(fragen Sie nie, ob jemand die Wahrheit gesagt habe; das wäre eine Beleidigung)*, als Sie sagten, Sie könnten mindestens 1 Dollar pro Tag sparen, wenn sie mit meinen Pfannen kochten?» – Kunde: «Mit meiner Familie könnte ich vielleicht sogar 2 Dollar pro Tag sparen. Sie haben ja gesehen, wieviel ich gegessen habe, und ich habe vier Söhne, die ebenso viel essen können!»

NAGELN SIE IHN FEST

Zig: «Sie könnten sicher mindestens 1 Dollar sparen, nicht wahr?» – Kunde: «Ja, mindestens.» – Zig: «Gut, wenn Sie 1 Dollar pro Tag sparen, wenn Sie meine Kochtöpfe haben, dann heißt das doch, dass es Sie 1 Dollar pro Tag kostet, die Kochtöpfe *nicht* zu haben, nicht wahr?» – Kunde: «Ich nehme an, *Sie* könnten das sagen.» (*Achtung:* Nun gilt es, fest und stark zu bleiben – aber sanft. Nun ist ein gesundes Selbstbild von entscheidender Bedeutung. Wenn Sie den Kunden jetzt vom Haken lassen, wird er Ihnen am Ende nichts abkaufen.) – Zig: «Was *ich* sage, ist nicht von Bedeutung. Es ist ja schließlich *Ihr* Geld. Was sagen also *Sie*?» (Bei dieser Art Gespräch kann der richtige Tonfall entscheidend sein.)

Kunde: «Ich nehme an, ich könnte das gleiche sagen.» – Zig: «Eigentlich könnten Sie ja das ‹ich nehme an› weglassen, oder nicht?» – Kunde: «Ja.» – Zig: «Wenn ich nun nicht von 1 Dollar, sondern von 50 Cent pro Tag spräche, dann wäre das äußerst ultrakonservativ, nicht wahr?» – Kunde: «Einverstanden.» – Zig: «Gut. Wenn diese Kochtöpfe Ihnen 50 Cent pro Tag einsparen, so bedeutet das, dass Ihre Frau jeden zweiten Tag, an dem sie ohne diese Pfannen ist, in Ihre Tasche greift, eine neue, knisternde Dollarnote herausnimmt, sie in tausend Stücke zerreißt und wegwirft, nicht wahr?» (Dabei zerriss ich langsam eine neue Dollarnote und ließ die Fetzen auf den Boden fallen.)

Zig: «Sie werden den Verlust eines Dollars verschmerzen, *aber Ihre Nachbarn meinen*, es wäre Ihnen gar nicht wohl dabei. Und *Ihre Nachbarn meinen ebenfalls*, Sie seien kein Verschwender, auch wenn dieses schöne Haus und das große Stück Land Ihnen selbst und nicht Ihnen und der Bank gehören. Ist es Ihnen nun klar, dass – immer noch von diesen 50 Cent ausgehend – Ihre Frau und Sie alle 40 Tag eine brandneue 20-Dollarnote buchstäblich in Fetzen reißen und wegwerfen?» (Und damit zerriss ich langsam eine 20-Dollar-note, steckte die Teile diesmal aber in meine Tasche.)

ER SOLL IHRE BOTSCHAFT SEHEN UND SPÜREN

Lassen Sie mich einen Augenblick lang abschweifen. Haben Sie ein leichtes Jucken in Ihrer Brieftasche gespürt, als Sie soeben gelesen haben, wie ich die Banknoten zerriss? (Vielleicht können Sie sich vorstellen, selber dazusitzen und zusehen zu müssen, wie das Geld sich in Fetzchen auflöst.) Ich möchte Sie daran erinnern, dass mein Kunde weit und breit als Geizkragen bekannt war. Als ich die Banknoten langsam vor seinen Augen zerriss, traten kalte Schweißperlen auf seine Stirn.

FRAGEN BRINGEN IHN ZUM DENKEN

Ich sah ihn an und fragte: «Nun, was haben Sie sich gedacht, als ich die Dollarnote zerriss?» – «Ich dachte, Sie seien verrückt geworden.» – «Und was dachten Sie, als ich die 20-Dollarnote zerriss?» – «Da *wusste* ich, dass Sie verrückt geworden sind.» – Zig: «Wessen Geld war das?»

Kunde: «Ihres, hoffe ich!» Das bestätigte ich und fuhr fort: «Und dennoch tat es *Ihnen* weh, als ich diese Noten zerriss, nicht wahr?» – Kunde: «Allerdings!» – Zig: «Darf ich Sie etwas fragen?» – «Sicher.» – «Fühlen Sie sich nicht noch enger mit Geld verbunden, das Ihnen gehört?»

Kunde: «Worauf wollen Sie hinaus?» – Zig: «Das ist sehr einfach. (Wiederum zückte ich meinen Block.) Sie sagten, Sie seien seit 23 Jahren verheiratet. Ich kann nicht sehr schnell mit 23 multiplizieren, ich nehme also der Einfachheit halber 20 (ich schrieb «20» auf meinen Block). Sie sagten ebenfalls, mit meinen Kochtöpfen könnten Sie mindestens 50 Cent pro Tag sparen, das heißt, es koste Sie 50 Cent pro Tag, sie *nicht* zu haben. Nehmen wir das Jahr einmal zu 360 Tagen, das bedeutet dann, es kostet Sie 180 Dollar im Jahr, die Kochtöpfe *nicht zu haben* (ich schrieb «180 Dollar»). Das heißt (und nun rechnete ich auf meinem Block) dass Sie in 20 Jahren schon 3 600 Dollar für die Kochtöpfe ausgegeben haben, die Sie *nicht* haben. Sie wollen aber nicht 395 Dollar (ich schrieb «395 Dollar – denn so

viel kosteten sie) ausgeben, um diese Kochtöpfe zu *haben* –
und Sie wollen behaupten, Sie seien konservativ! Das nenne
ich Regierungsdenken, wie ich es schöner noch nie gehört
habe!»

ER IST ÜBERZEUGT – NUN ÜBERREDEN SIE IHN

Mein Kunde wurde sehr still und nachdenklich, und so fuhr ich
fort: «Das ist bereits schlimm genug, aber nun werden Sie mir
sagen: ‹Mr. Ziglar, in den nächsten 20 Jahren werde ich
nochmals 3 600 Dollar ausgeben, um die Kochtöpfe *nicht zu*
haben (ich schrieb «3 600 Dollar» in großen Zahlen), aber ich
will nicht 395 Dollar investieren, um sie zu besitzen.›»

Während er darüber nachdachte, doppelte ich nach: «Ich
will niemandem drohen, aber angesichts dieser Denkweise
muss ich Sie gerechterweise einfach warnen, dass ich Ihren
Nachbarn alles über Sie erzählen werde (und dabei lächle ich
natürlich). Bis jetzt waren sie der Ansicht, Sie seien konservativ, aber wenn sie erfahren, dass Sie ohne weiteres 7 200 Dollar
(ich schrieb «3 600 Dollar + 3 600 Dollar») ausgeben, um die
Kochtöpfe *nicht zu haben*, sich weigern, dafür 395 Dollar zu
investieren, dann wird Ihr Ruf als Konservativer für alle Zeiten
vorbei sein.»

Ein paar Sekunden lang war es beängstigend still; dann
stellte er mir eine Frage, wahrscheinlich die bezeichnendste
Frage, die man mir je gestellt hat. Sie enthüllte so viel Menschliches und beeinflusste mein Denken als Verkäufer sehr stark.
Frage: «Mr. Ziglar, was soll ich denn meinen Nachbarn sagen?»
Vergessen Sie nun bitte nicht, dass die unabhängigsten aller
unabhängigen Menschen in Amerika die Bauern sind, und
dieser Bauer passte perfekt in dieses Schema, und überdies war
er der «große Mann» in der Stadt. Er war wohlhabend und ein
angesehenes Mitglied des Schulrates, und dennoch fragte er
mich: «Was soll ich denn meinen Nachbarn sagen?»

BEFREIEN SIE IHN AUS SEINER ZWANGSLAGE

Warum fragte er das? Sehr einfach. Als er zu meiner Demonstration eingeladen wurde, erklärte er der Gastgeberin: «Ich
komme, aber ich werde auf keinen Fall Kochtöpfe für 400

Dollar kaufen!» Dann kam er zu spät, und als er eintrat, frozzelte eines der Nachbarkinder: «Aah, Sie kommen also auch einen Satz Kochtöpfe kaufen.» Daraufhin erwiderte er laut (ich hörte es sogar hinten in der Küche): «Ich komme wegen des Essens. Ich werde keine Töpfe für 400 Dollar kaufen!» Alle hatten das gehört, und so hatte er sich gewissermaßen selbst in die Enge getrieben.

Und nun war es so weit: Nach der Demonstration am Vorabend und meinem Verkaufsgespräch wollte er die Töpfe kaufen. Und er hatte bestimmt auch das Geld dafür. Aber zuvor musste ich ihn aus seiner Zwangslage befreien, damit er vor seinen Nachbarn nicht das Gesicht verlor. Wenn mir das gelang, hatte ich gewonnen.

LERNEN SIE DIESE LEKTION – UND SIE WERDEN MEHR VERKAUFEN

Viele Male hat sich Ihr Kunde selbst in die Enge getrieben, indem er seiner Frau, einem Freund oder einem anderen Verkäufer versprochen hatte, er würde nichts unternehmen, bis ... Wenn ein «guter» Kunde nicht kaufen will, dürfen Sie nie die Möglichkeit vergessen, dass er sich in einer solchen Zwangslage befindet. Ihn daraus zu befreien, ist eine Aufgabe, die jeder professionelle Verkäufer sehr gern übernimmt, weil sie für ihn ein Geschäft bedeutet.

Ich sah ihn an, lachte und sagte: «Das ist nicht nur sehr einfach, sondern Ihre Nachbarn werden Sie danach noch mehr mögen und respektieren.

Ich gebe Ihnen nun eine Quittung mit dem Vermerk «BE-ZAHLT», denn ich weiß, dass Sie keine Ratenzinsen auf sich nehmen werden, da Sie ja ‹konservativ› sind (wir lachen beide). Nehmen Sie nun diese Quittung, gehen Sie damit zu all Ihren Nachbarn und sagen Sie: ‹Schaut her, was ich gekauft habe!› Vielleicht sollten Sie sich auf spöttisches Lachen und ein paar entsprechende Bemerkungen gefasst machen. In diesem Fall lachen Sie und sagen: ‹Ich weiß, ich habe gesagt, ich würde auf keinen Fall so teure Kochtöpfe kaufen, aber damals war mir nur der Preis bekannt. Nachdem ich nun aber alle Vorteile kenne, ist es einfach sinnvoll, sie zu kaufen. Ich liebe meine Frau und meine Familie allzu sehr, als dass ich ihnen etwas so Gutes vorenthalten möchte.›

Ihre Nachbarn werden Sie schätzen, denn nur ein großer Mann kann einen Fehler eingestehen – eine verfrühte Entscheidung. Und es braucht einen noch größeren Mann, um einen solchen Fehler gutzumachen.» Als er aufstand und ins Schlafzimmer ging, um sein Scheckbuch zu holen, meinte er: «Sie sind der gerissenste Hund, dem ich in meinem ganzen Leben begegnet bin!»

Er wurde ein guter Freund und einer meiner größten «Förderer». Denn von jenem Augenblick an, als die Leute in der Stadt erfuhren, dass sogar «Mr. Konservativ» selbst gekauft habe, lief mein Geschäft noch besser und einfacher. Und ich möchte betonen, dass ich ihn nur aus seiner Zwangslage befreit habe, in die er sich selbst hineinmanövriert hatte. Dann hatte ich gewonnenes Spiel.

Der «Diagramm»-Abschluss

Jedes Produkt hat einen maximalen Preis. Dieser Preis ist alles, was Sie bezahlen können. (Dies trifft auf laufende Dienstleistungen nicht zu.) Das gilt nicht für Vorteile. Wenn das Produkt durch seine Anwendung Geld einspart, werden Sie umso größere Vorteile haben, je länger es einwandfrei funktioniert und gebraucht wird.

Wenn Sie ein Produkt verkaufen, das wie meine soeben erwähnten Kochtöpfe Geld sparen hilft, empfehle ich Ihnen, ein Diagramm in der folgenden Art aufzustellen:

Abschluss: Wenn Sie die Kochtöpfe kaufen, werden die Einsparungen dafür bezahlen. Wenn Sie sie nicht kaufen, sind Ihre täglichen Verluste bald größer als der Preis. Mit anderen Worten: Sie können sie kaufen und sich selbst bezahlen lassen, oder Sie können Sie *nicht* kaufen und sie dennoch durch die Verluste bezahlen. Da Sie sie also so oder so bezahlen müssen, ist es da nicht sinnvoller, sich zum Kauf zu entschließen?

Der «20/20»-Abschluss

Oder: «Wie Sie selbst sehen, werden sich die Kochtöpfe bei einer Einsparung von 50 Cent pro Tag nach 800 Tagen selbst bezahlt haben. Wenn Sie nicht kaufen, werden Sie nach 800 Tagen trotzdem 400 Dollar bezahlt haben, ohne die Kochtöpfe zu besitzen. Die Wahl fällt demnach leicht: *Investieren* Sie 400 Dollar und kaufen Sie die Kochtöpfe, die Ihnen die 400 Dollar wieder einbringen werden, oder investieren Sie die 400 Dollar durch Verluste, wobei Sie die Kochtöpfe aber *nicht* haben. (Pause, Lächeln.)

Sie werden von unseren Kochtöpfen begeistert sein, und wir können sie 20/20 liefern, das heißt, 20 Dollar pro Monat über 20 Monate bei einer Anzahlung von zweimal 20 Dollar. Oder Sie können von unserem 90-Tage-Barzahlungsangebot profitieren. Was wäre Ihnen denn lieber?»

Anmerkung: Ben Feldman, einer der besten Versicherungsagenten aller Zeiten, sagt es wie folgt: *«Das Geschäft gehört Ihnen, sobald der Kunde begreift, dass es ihn mehr kosten wird, nichts zu unternehmen, als es ihn kostet, wenn er etwas unternimmt.»*

UND NOCH EIN BEISPIEL

1977 investierten wir beinahe 10 000 Dollar in eine neue Kopiermaschine. Nach unseren Berechnungen bringt sie uns eine Zeitersparnis von wenigstens zwei Stunden pro Tag ein. Bei 5 Dollar die Stunde (Ansatz 1977) macht dies 10 Dollar pro Tag, 50 Dollar pro Woche oder 2 500 Dollar pro Jahr. Die Maschine arbeitet nicht nur besser, sondern sie produziert auch weniger Fehlkopien, und somit sparen wir auch beim Papier. Da wir in diese Maschine investierten, haben wir durch ihre Benutzung genügend gespart, damit sie sich selbst bezahlt machen konnte. Hätten wir sie *nicht* gekauft, hätten wir sie trotzdem in effektiven Verlusten bezahlt und könnten heute für die 10 000 Dollar nichts vorweisen.

Der Punkt ist klar. Wenn Sie zeitsparende Produkte oder Dienstleistungen verkaufen, müssen Sie so lange an Ihrer Präsentation arbeiten, bis Ihr Kunde klar und deutlich erkennt, dass er dafür *bezahlen* muss, ob er nun kauft oder nicht. Und da er so oder so dafür bezahlt, ist es doch besser, wenn er sich zum Kauf entschließt. Nochmals: Verkaufen Sie nicht einfach – sondern halten Sie dem Kunden die Zahlen vor Augen. Der Kunde fällt seine Kaufentscheidung aufgrund dessen, was er versteht *und* glaubt. Und nochmals: Wenn der Kunde *klar und deutlich* begreift, dass es ihn mehr kostet, *nicht* in ein zeitsparendes Produkt *zu investieren*, als wenn er *investiert*, dann *wird* er investieren – *sofern* Sie ihn darum bitten und ihm behilflich sind, die finanzielle Seite auf möglichst einfache Art zu lösen.

Der «methodenfreie» Abschluss

Manchmal besteht das beste Verfahren darin, *kein* Verfahren anzuwenden. Beispiel: Kürzlich war ich nach einem herrlichen Tag im Golfclub mit dem Präsidenten, dem Vizepräsidenten und einem Geschäftsfreund unserer Firma auf dem Weg nach Hause. Ich fuhr am Flughafen Dallas Fort Worth vorbei und kam auf die Zubringerstraße. Kurze Zeit später signalisierte mir auf einem Hügel ein freundlicher Polizist, am Straßenrand anzuhalten. Ich benutze das Wort «freundlich» mit eher gemischten Gefühlen, denn er schaute ziemlich grimmig aus.

Ich war ehrlich überrascht, denn ich war mir nicht bewusst, zu schnell gefahren zu sein. Ich stieg aus, weil das auf Polizisten immer beruhigend wirkt, und trat auf ihn zu. Er wollte meinen Führerschein sehen, und als ich ihn ihm überreichte, fragte ich freundlich, warum er mich angehalten habe. «Sie sind mit 51 gefahren, und das ist 16 Meilen über der Höchstgeschwindigkeit.» Leicht schockiert antwortete ich:

«Mein Gott, ich hatte keine Ahnung, dass die Straße hier auf 35 Meilen begrenzt ist. Ich nahm an, es seien 55.» Er versicherte mir, es seien wirklich nur 35 Meilen. Ich sagte: «In dem Fall bin ich schuldig, denn ich bin eindeutig zu schnell gefahren.»

Er fragte mich, wohin wir unterwegs seien. Ich erzählte ihm, wir wären auf dem Weg nach Hause und wären keineswegs in Eile, und deshalb sei es auch sinnlos gewesen, zu schnell zu fahren. Er lächelte und sagte: «Gut, dann fahren Sie aber nicht mehr zu schnell, ja?» Und das versprach ich dann auch, als er mir meinen Führerschein zurückgab.

Ich bin überzeugt, dass ich ein Bußgeld hätte zahlen müssen, wenn ich in dieser Situation versucht hätte, ein «Verkaufsgespräch» an den Mann zu bringen. Ich betone, dass meine Worte nur deshalb gewirkt haben, weil ich ehrlich schockiert war zu erfahren, dass die Höchstgeschwindigkeit nur 35 Meilen betrug. Ich bin sicher, dass die Höchstgeschwindigkeit irgendwo signalisiert war, aber ich hatte nicht darauf geachtet, obwohl ich diesen Weg schon mehrmals befahren hatte.

Das erinnert mich an den alten Spruch: «Wenn du ein Ei gelegt hast, geh ein paar Schritte zurück und bewundere es, während du dir überlegst, was du eigentlich getan hast.» Genauso erging es mir. Ich bekannte ohne Zögern, dass ich zu schnell gefahren war. Und ich bin überzeugt, dass er sich in jenem Augenblick dazu entschloss, mir kein Bußgeld aufzuerlegen, als ich sagte, wir wären nicht in Eile; und das waren wir ja wirklich nicht. Meine Geschichte war nicht ausgefallen oder fantastisch, sie war einfach wahr. In der Welt des Verkaufens ist der *absolut ehrliche Weg* immer noch der beste.

Mit Fantasie verkauft es sich besser

Bis hierher haben wir eine Reihe von spezifischen Verfahren besprochen, die Ihr Abschlussvermögen bestimmt verbessern werden. Nun wollen wir uns einem wichtigen Abschluss zuwenden, in den zahlreiche Verkaufslektionen eingebaut sind. Ich präsentiere ihn in Form einer Geschichte, weil man sich leichter an eine Geschichte und damit an ihren Abschluss und ihre Lektionen erinnert. Wiederum werden wir sehen, wie wichtig es ist, dass Sie Ihre Stimme einsetzen und Ihre Fantasie auf *Ihre* spezielle Situation übertragen können.

Ich werde Ihnen auch zeigen, dass man gewisse Einwände am besten einfach überhört und es nicht allzu ernst nimmt, wenn ein Kunde einmal sagt, er «sei nicht interessiert».

WIR MÜSSEN ANDERSWO KAUFEN

Vor Jahren, als ich noch als Versicherungsagent tätig war, frustrierte mich eine Sache ganz besonders. Nach dem ersten Besuch, bei welchem ich die notwendigen Auskünfte einholte, meldete ich mich ein zweites Mal bei einem Kunden, präsentierte den Fall, erzählte meine Geschichte, verkaufte das Produkt, das Bedürfnis und den Service, um dann hören zu müssen:

«Es ist uns wirklich peinlich, Mr. Ziglar, dass wir Sie wieder haben kommen lassen. Wir wissen, dass wir eine Versicherung brauchen, aber wir können Sie leider nicht berücksichtigen. Der Mann einer Tochter eines Freundes eines Onkels eines Nachbarn ist ebenfalls in der Versicherungsbranche tätig (vielleicht war es nicht *ganz* so schlimm, aber immerhin schlimm genug) und wir werden ihn berücksichtigen müssen.»

Der «Heirats»-Abschluss

Natürlich handelte es sich um einen Vorwand, aber es wurmte mich, dass ich ein Bedürfnis verkauft hatte, dass aber niemand, weder der Kunde noch ich selbst, etwas davon haben sollte. Als ich eines Tages über dieses Problem nachdachte, fiel mir eine Lösung ein, und ich entwickelte den «Heirats»-Abschluss. Der Vater des Gedankens war eigentlich Frank Bettger, dessen Buch *How I Raised Myself from Failure to Success in Selling* (in deutscher Sprache unter dem Titel *Lebe begeistert und gewinne* im Oesch Verlag erschienen) ich gelesen hatte. Es dauerte allerdings acht Jahre, bis ich mich an eine bestimmte Information daraus erinnerte und dann mit etwas Fantasie diesen Abschluss «erfand».

Ich entwarf eine «Heiratsurkunde» und ließ sie auf feines Pergament drucken. Wenn sich ein Kunde nun drücken wollte und sagte: «Ich bin ja einverstanden, aber ich werde von XY kaufen müssen», schaute ich ihm in die Augen und erwiderte: «Ich bin ja sicher, dass die Person, von der Sie reden, kompetent und seine Firma in Ordnung ist. (*Hüten* Sie sich vor negativen oder widersprechenden Kommentaren!) Aber ich kann in diesem Augenblick etwas für Sie tun, was kein anderer Versicherungsagent in Amerika für Sie tun kann.» Dies führt natürlich unweigerlich zur Frage: «Was denn?» Nun griff ich in meine Mappe, zog die «Heiratsurkunde» heraus und sagte: «Ich kann Sie heiraten.» (Die Reaktion war übrigens immer höchst interessant.)

Ganz oben auf dem Pergament stand groß zu lesen: «HEIRATSURKUNDE». Dann: «Ausgefertigt am 18. August 19.. und unterzeichnet von Zig Ziglar sowie John und Mary Smith. Durch diese Heirat verpflichtet sich Zig Ziglar, John und Mary Smith in Zeiten der Not beizustehen. (Ich hatte Datum und Namen vor dem Besuch eingesetzt.) Er verpflichtet sich, sich stets über die neuesten Entwicklungen auf dem Gebiet des Steuer- und des Sozialversicherungswesens zu informieren, um John und Mary Smith in Bezug auf ihre Versicherungsbedürfnisse immer richtig und eingehend beraten zu können. Er steht jederzeit für Beratung und Hilfe zur

Verfügung. John und Mary Smith verpflichten sich, Zig Ziglar das Privileg einzuräumen, ihnen zu Diensten stehen zu dürfen. John und Mary Smith können jederzeit und aus jedem Grund von dieser Verpflichtung zurücktreten. Für Zig Ziglar ist diese Verpflichtung aus keinem Grund kündbar.»

IST DAS LEGAL, MR. ZIGLAR?

Und nun zum Abschluss. Ich blickte meine Kunden an und sagte: «Alles, was erforderlich ist, um diese Urkunde rechtskräftig zu machen, ist Ihre Unterschrift hier.» Fast ausnahmslos sah der Mann seine Gattin an, lächelte und meinte: «Liebling, was sagst du dazu? Dieser Mensch hier will uns beide vom Fleck weg heiraten. Wollen wir ihn haben?» Dann lachte sie und erwiderte: «Ach, ich weiß nicht, sag du doch.» Oder sie sagte: «Ach, er sieht so weit ganz nett aus, warum also nicht?» Ab und zu runzelte der Mann die Stirn und fragte: «Mr. Ziglar, das ist doch legal, nicht wahr? Ich meine, das ist doch nicht Bigamie? Sie werden uns doch nicht in Schwierigkeiten bringen?»

Dann lachte ich und erklärte: «Nein, ich habe das schon mit dem Gouverneur, dem Innenminister, dem Versicherungsgericht und sogar mit meinem Schwager abgeklärt. Alle sagen, das sei vollkommen in Ordnung.»

Worauf der Mann in vielen Fällen schmunzelnd zur Feder griff und schwungvoll seine Unterschrift auf das «Dokument» setzte. Aber eines ist dennoch eigenartig: Kein einziges Mal wurde die «Heiratsurkunde» unterzeichnet, ohne dass nicht auch ein Antragsformular unterzeichnet worden wäre.

Mit dieser «Heiratsurkunde» bezwecke ich zwei Dinge. Erstens benutze ich sie als Abschlussversuch. Wenn meine Kunden sie kauften, fällt der zweite Kauf (die Versicherung) schon wesentlich leichter. Und zweitens sage ich den Kunden: «Ich mache mit Ihnen kein Geschäft nur für heute. Ich verkaufe auch für die Zukunft. Ich gehöre zu Ihrem Leben. Ich bin Ihr Versicherungsmann.» Das ist laufbahnorientiertes Verkaufen.

WAS KANN ICH DAMIT ANFANGEN?

Ich bin sicher, dass Sie sich diese Frage schon des Öfteren gestellt haben, denn sie taucht ja nicht zum ersten Mal auf in diesem Buch. «Wie kann ich diese Methode meiner persönlichen Situation anpassen?» Einer der begeistertsten Verkäufer, mit denen ich je gesprochen habe, ist Jerry Parker. Jerry arbeitete früher für die Extracorporeal Corporation, die heute zum Konzern Johnson & Johnson gehört.

Mehr als ein Jahr lang hatte Jerry immer wieder das Los Robles Hospital in Thousand Oaks, Kalifornien, besucht und sich alle Mühe gegeben, der Oberschwester Loretta Davis seine Produkte und Dienstleistungen anzubieten. Mrs. Davis beharrte aber darauf, er offeriere die höchsten Preise und seine Firma biete den schlechtesten Service.

Damit Sie verstehen, wie wichtig dieses Geschäft für Jerry war, müssen Sie wissen, dass er Blutschläuche verkaufte. Damit wird das Blut der Patienten durch die künstliche Niere und wieder in den Körper geleitet. Ein solcher Patient muss sich dieser Prozedur 13-mal pro Monat unterziehen, braucht also pro Jahr 156 Schläuche. Wenn man von 40 Patienten ausgeht, macht dies die stolze Zahl von 6 240 Einheiten. Ein ansehnlicher Auftrag!

Während dieses Jahres tat Jerry zwei Dinge. Er baute mit Mrs. Davis eine Basis von Vertrauen und Freundschaft auf. Und er hörte sich eines Tages einen Vortrag von mir an. Und so hörte er auch vom «Heirats»-Abschluss. Eines Tages fragte Mrs. Davis ihn halb im Scherz: «Warum um alles in der Welt sollte ich gerade Ihnen etwas abkaufen? Sie haben die höchsten Preise und den schlechtesten Service.»

Jerry überlegte blitzschnell, kam auf eine Variante des «Heirats»-Abschlusses, sah Loretta Davis an und sagte: «Weil ich Sie heiraten kann.» Daraufhin lachte Loretta laut und meinte: «Was würde wohl Willie dazu sagen?» Jerry beeilte sich zu antworten: «Keine Missverständnisse, bitte. Was ich meine, ist Folgendes. (Während er sprach, sah er eine braune Papiertüte auf dem Tisch liegen. Er zog sie zu sich heran und schrieb rasch in großen Buchstaben drauf: «Heiratsurkunde». Und während er weiterschrieb, erklärte er ihr den Inhalt dieses

«Vertrages».) Mit unserem Service kaufen Sie auch mich. Und mit diesem Vertrag heiraten Sie mich. Ich werde dafür sorgen, dass sie den allerbesten Service bekommen. Ich bin Ihr persönlicher Verbindungsmann zwischen Ihrem Spital und unserer Firma. Ich werde dafür sorgen, dass alles prompt und zuverlässig erledigt wird, damit Ihre Patienten immer umsorgt sind. Die paar Cent, die wir teurer sind, werden mehr als aufgewogen durch die Zusicherung, dass Sie nicht nur das beste Produkt auf dem Markt haben, sondern obendrein meine persönliche Aufmerksamkeit. Und dies ist entscheidend für Ihr Spital, denn es hängt direkt mit dem Wohlbefinden Ihrer Patienten zusammen. Und das ist doch Ihre *erste* Sorge, nicht wahr, Mrs. Davis?» Das bestätigte sie.

In der Zwischenzeit hatte Jerry fertig geschrieben und überreichte ihr nun seine «Heiratsurkunde» mit den Worten: «Damit dieser Heiratsvertrag rechtskräftig wird, benötige ich nur noch Ihre Unterschrift.» Mrs. Davis überlegte einen Augenblick und begriff dann, was dahinter steckte. Zudem hatte sie wegen seiner felsenfesten Überzeugung, sein Produkt sei das beste, Vertrauen zu Jerry gefasst und wusste, dass seine Argumente richtig waren. Er hatte die richtige Methode gewählt, die richtigen Worte gebraucht, sein Interesse galt dem Spital und dessen Patienten. Mrs. Davis vertraute ihm. Sie unterzeichnete die «Heiratsurkunde» und ein paar Minuten danach auch das offizielle Bestellformular.

Als Jerry mir diese Geschichte erzählte, war er hell begeistert. Ja, *diese Methoden funktionieren* – wenn Sie es Jerry gleichtun und sie auf Ihre spezifische Situation übertragen.

Der «Fantasie»-Abschluss

Eines der verblüffendsten Beispiele für fantasievolles Verkaufen liefert Paul Jeffers aus Sacramento, Kalifornien. Im Jahr 1982 hielt Paul 86 Vorträge und verkaufte Lebensversicherungen im Wert von 9,8 Millionen Dollar. Paul ist ein ungewöhnlicher Mann, der die Schuld an einem Fehlschuss nie dem Ziel zuschreibt, die Schuld an einem misslungenen Abschluss nie dem Kunden.

Am 8. Februar 1975 verlor Paul Jeffers plötzlich sein Gehör, aber er meinte lachend, dadurch hätte er seinen Berufskollegen einen großen Vorteil voraus, weil er nie jemanden nein sagen höre.

Kurze Zeit nach diesem Unglückstag, aber noch bevor er die Kunst des Lippenlesens perfekt beherrschen lernte, musste er allein einen wichtigen Termin bei zwei Kunden wahrnehmen. Aber lassen wir Paul erzählen. «Ich betrat ihr Büro und begann zu sprechen. Sie antworteten, aber zum Kuckuck, ich konnte nicht von ihren Lippen lesen. Darum sagte ich:

‹Meine Herren, ich kann leider nicht von Ihren Lippen lesen.› Ich zog zwei Notizblöcke aus meinem Koffer und erklärte: ‹Ich gebe Ihnen je einen Block, Sie schreiben Ihre Fragen auf, und dann kann ich sie beantworten. Einverstanden?› Die beiden nickten und begannen wie wild jede Menge Fragen auf das Papier zu kritzeln. Aber als ich sie lesen wollte, konnte ich die Handschriften nicht entziffern, weder die eine noch die andere!

Und so sagte ich: ‹Meine Herren, jetzt habe ich ein echtes Problem. Ich kann weder von Ihren Lippen lesen noch Ihre Handschrift entziffern. Es gibt jetzt zwei Möglichkeiten: Ich gehe jetzt einfach und vergesse die ganze Angelegenheit, oder – noch besser – Sie lassen mich mein Verkaufsgespräch führen, wie ich das immer tue, denn ich habe sehr viel Material vorbereitet. Ich bringe selber die Einwände vor, die Sie vermutlich haben würden, und entgegne auch gleich darauf. Sie brauchen bloß zu nicken, wenn Sie mit mir einverstanden sind, den Kopf zu schütteln, wenn Sie nicht mit mir einverstanden sind. Einverstanden?› Beide nickten eifrig.

Und wie ich dieses Verkaufsgespräch hingelegt habe! Oh Mann, es ist das beste, das ich je geführt habe. Ich erzähle meine Geschichte, bringe die Einwände vor, beantworte sie, komme dann zum Abschluss und sage:

‹Meine Herren, ist irgendetwas an diesem Plan nicht in Ordnung? Fällt Ihnen irgendein Grund ein, weshalb er nicht sofort in die Tat umgesetzt werden könnte? Sehen Sie irgendein Problem, oder können Sie mir sofort einen Scheck über 3 800 Dollar ausstellen?› Einmütiges Kopfschütteln, also bitte ich: ‹Stellen Sie den Scheck auf die Standard Insurance Company aus.› Und schon halte ich den Scheck in der Hand.

Nun, die meisten Versicherungsleute stehen am Schluss mit einem Antrag, aber ohne Scheck da – und ich habe einen Scheck ohne Antrag! Was soll ich nun tun? Wo ist der Direktor, der mir helfen könnte? Natürlich nicht da. Ich war auf mich selbst angewiesen, und so sprach ich: ‹Sehen Sie, ich gebe Ihnen ein Blankoformular Teil eins. Bitte füllen Sie es in Blockschrift aus. Dann gebe ich Ihnen ein zweites Blanko-formular, das Sie mir bitte unterschreiben. Dann übertrage ich die Informationen einfach, damit es meine Handschrift trägt. Dann müssen Sie sich nur noch der ärztlichen Kontrolle unterziehen, und wir sind alle fein raus. Einverstanden?› Beide nickten.» Paul meinte lachend: «Das nenne ich ein kontrollier-tes Verkaufsgespräch, und ich wette mit dir einen Dollar, dass du nichts Ähnliches anzubieten hast!»

Jahrelang habe ich immer gehört, man könne einen professi-onellen Verkäufer per Fallschirm über einem ihm völlig unbe-kannten Gebiet aussetzen, und bei Einbruch der Nacht sei er bereits im Geschäft, auch wenn er niemanden gekannt habe. Ich glaube, das stimmt, besonders wenn der Verkäufer ebenso fantasievoll, beharrlich, siegeshungrig und menschenfreundlich ist wie Paul Jeffers.

Ein anderer Mann mit viel Fantasie und all den anderen Attributen eines professionellen Verkäufers ist E. U. Parker jun., aus Laurel, Mississippi. Laut Regional-Vizedirektor Bill Sanders von den State Farm Insurance Companies ist E. U. seit seinem achten Lebensjahr blind. Dennoch war er der erste in der Region Mittlerer Süden, der das Diplom eines Lebensversiche-rungsexperten erhielt. Sanders meint zu seinem Mitarbeiter: «Im Autoversicherungsgeschäft ist es sehr wichtig, dass der Versicherungsagent vor Versicherungsbeginn allfällige Schäden erkennt und notiert. Unser blinder Mann ‹erkennt› und notiert mehr Schäden als irgendeiner unserer anderen Agenten.»

Die Geschichten von Paul Jeffers und E. U. Parker jun., bestätigten einfach, dass «Behinderungen» nur solche sind, wenn man sie als solche betrachtet. Diese zwei Geschichten sind mit ein Grund, weshalb ich vom Verkäuferberuf so begeistert bin.

Der «Klick»-Abschluss

Die Leute kaufen manchmal aus den unwahrscheinlichsten Gründen. Vor vielen Jahren arbeitete ich zusammen mit meinem Bruder Judge als Generalagent einer Lebensversicherungsgesellschaft in Nashville. Wir zählten zu den ersten Mitarbeitern der Gesellschaft und hatten mitgeholfen, durch den Verkauf von Aktien das Kapital zu erhöhen. Nach Abschluss der Emission gab es eine Verzögerung von drei Monaten, bevor die Gesellschaft voll funktionstüchtig war. Alles, was wir hatten, waren die Prämiensätze, wenn man aber in der hart umstrittenen Welt des Lebensversicherungsgeschäftes erfolgreich mitstreiten will, muss man seinen Kunden eine vollständige Präsentation mit einem detaillierten Plan vorlegen können.

Da wir uns nicht leisten konnten, drei Monate lang fast ohne Einkommen auf der faulen Haut zu liegen, beschlossen wir, alles zu kaufen, was zum Drucken und Berechnen der Vorschläge notwendig war. Unter anderem benötigten wir eine Rechenmaschine. In jenen Tagen gab es nur drei Firmen, welche automatische Rechenmaschinen auf den Markt brachten (es waren keine Computer).

Die Marchant wurde gleich eliminiert, weil der Verkäufer dieser Firma nichts taugte. Nun musste die Wahl zwischen einer Friden und einer Monroe fallen. Und schließlich entschieden wir uns für die Friden, und zwar aus einem völlig verrückten Grund. *Alles andere war genau gleich*, aber – ob Sie es glauben wollen oder nicht – die Friden «klickte» viel schöner! 1961 kostete diese Rechenmaschine 1 000 Dollar. Dennoch gab einzig und allein die Tatsache den Ausschlag, dass die Friden eben schöner «klickte».

Wichtig: Die Leute kaufen nicht aus Gründen der Logik, sondern aus irgendwelchen Gefühlen heraus.

Deshalb müssen Sie ein Gespür für solche Feinheiten bei Ihren Kunden und deren Bedürfnissen entwickeln, wenn Sie Ihre Abschlussquoten spürbar verbessern wollen.

Der «Günstige Gelegenheit»-Abschluss

Ich war 18 Jahre lang im Direktverkauf tätig. Während dieser Zeit entwickelte ich eine ganze Reihe von Abschlussvarianten der Art «Günstige Gelegenheit». Auch andere Verkäufer werden sich oft in der gleichen oder in einer ähnlichen Situation befinden, egal ob sie Staubsauger, Alarmanlagen, Enzyklopädien, Wasserenthärter oder Kochtöpfe feilbieten. Dieser Abschluss war ursprünglich auf den Direktverkauf zugeschnitten, aber wenn Sie sehen, wie clever der junge Besitzer eines Möbelgeschäftes seine Fantasie eingesetzt und ihn auf seine Situation übertragen hat, werden Sie verstehen, warum ich ihn in diesem Teil über die Fantasie aufgenommen habe.

Als ich mit Kochtöpfen unterwegs war, veranstaltete ich abends Demonstrationen für eine Gruppe von Ehepaaren und traf dann einzelne Verabredungen für den folgenden Tag. Nur allzu oft war dann die Hausfrau aber allein zu Hause. In der Regel versicherte sie mir, sie könne auch allein entscheiden, am Ende meiner Präsentation kam es aber nicht selten vor, dass sie versuchte, das Gespräch zu beenden. Wenn sie sich das so überlege, müsse sie doch zuerst mit ihrem Mann sprechen, und sie habe jetzt ja alle Informationen, damit er dann entscheiden könne. In den meisten Fällen bedeutete das für mich: kein Geschäft. Verstehen Sie mich nicht falsch. Ich wollte durchaus, dass sie mit ihrem Mann redete, falls dies wirklich notwendig war. Ich wusste aus schmerzlicher Erfahrung, dass ich mit einer annullierten Bestellung oder – noch schlimmer – mit einem unzufriedenen Kunden dastehen würde, wenn sie über den Kopf ihres Gemahls hinweg entschied.

Ich musste aber herausfinden, ob es sich jeweils nur um einen Vorwand oder um eine Notwendigkeit handelte. Und deshalb pflegte ich zu sagen: «Das ist gut. Da er um sechs nach Hause kommt (ich versuchte diese Zeiten stets am Vorabend herauszubekommen), schaue ich um sieben Uhr nochmals vorbei, oder wäre Ihnen acht Uhr lieber?» Auf diese Weise fand ich sehr rasch heraus, ob *sie* interessiert war oder mich nur schnell loswerden wollte. Wenn sie mir mit dem alten Spruch kam;

«Wissen Sie, wir sind seit mehr als 20 Jahren verheiratet, und ich weiß schon, wie ich ihn nehmen kann», dann wusste ich, dass ich verloren hatte.

Als Verkäufer wissen Sie bereits, *dass es ein großer Unterschied ist, ob man etwas genügend gut versteht, um es zu kaufen, oder ob man etwas genügend gut versteht, um es zu verkaufen.* Sie kannte den Wert meiner Kochtöpfe gut genug, um sie zu kaufen, aber sie konnte ihn unmöglich gut genug kennen, um sie ihrem Ehemann zu «verkaufen». Ich hatte schließlich jahrelang lernen müssen, wie man gut genug erklärt, um sie verkaufen zu können, und sie hatte ja nur *eine* Demonstration miterlebt.

Wenn die Hausfrau versuchte, mich von einem weiteren Besuch abzuhalten, sagte ich Folgendes: «Ich möchte Sie etwas fragen. Wann kommt Ihr Mann mit den Lebensmitteln nach Hause?» – Hausfrau: «Wie meinen Sie?» – Zig: «Ich nehme an, er besorgt die Einkäufe.» – Hausfrau: «Das tut er natürlich nicht!» – Zig: «Wer dann?» – Hausfrau: «Ich besorge die Einkäufe.» – Zig: «War das schon immer so?» – Hausfrau: «Aber ja.» – Zig: «Ach, Lebensmittel sind teuer, nicht wahr?» – Hausfrau: «Ja, sicher.» – Zig: «Ich wette, sie kosten Sie 20, 25 Dollar pro Woche, nicht wahr?» Die Antwort war immer gleich: «Was heißt das, 20 oder 25 Dollar? Sie meinen wohl 120 oder 125 Dollar!» – Zig: «Wirklich? Mehr als 20 oder 25 Dollar?» – Hausfrau: «Sie haben bestimmt nie einkaufen müssen.» – Zig: «Wären Sie mit mir einverstanden, dass 50 Dollar pro Woche an der unteren Grenze dessen liegen, was Sie für Lebensmittel ausgeben?» – Hausfrau: «Aber sicher!»

SIE HABEN IHN JA AUSGESUCHT, LIEBE HAUSFRAU

Zig: «Gut, dann geben Sie pro Woche 50 Dollar aus (auf dem berühmten Notizblock aufschreiben!). Rechnen wir einmal mit 50 Wochen im Jahr. Sie geben im Jahr also 2 500 Dollar für Lebensmittel aus. Nun sagen Sie, Sie seien seit 20 Jahren verheiratet. 20 Jahre mal 2 500 Dollar pro Jahr, das macht 50 000 Dollar für Lebensmittel, die Ihnen Ihr Mann schon anvertraut hat. Ich will nicht unhöflich sein, aber ich wette, Sie können mir jetzt von den 50 000 kaum mehr als 100 Dollar in Form von Lebensmitteln zeigen.» Wir lachten beide, und sie musste mir zustimmen. Dann fuhr ich fort: «Sehen Sie, liebe Kundin, er hat Ihnen also schon 50 000 Dollar für Lebensmittel anvertraut. Glauben Sie nicht, er würde Ihnen auch noch weitere 400 zur Investition anvertrauen, damit Sie Lebensmittel für die nächsten 50 000 möglichst *gut* und wirtschaftlich kochen können?»

DESHALB HAT ER SIE GEHEIRATET

Wenn das noch nichts fruchtete, pflegte ich wie folgt weiterzufahren: «Ihr Mann erzählt den Leuten, er habe Sie unter anderem deswegen geheiratet, weil er Ihr Urteilsvermögen für Ihre Wahl so sehr bewundere.» Dann senkte ich meine Stimme, lachte, schaute ihr in die Augen und sagte:

«Nun, wenn er Ihnen schon zugetraut hat, Sie könnten sich Ihren eigenen Mann aussuchen, dann wird er Ihnen sicherlich auch zutrauen, ein paar Dollar in einen Satz Kochtöpfe zu investieren, um ihm darin *sein* Essen zu kochen.» Damit verkaufte ich eine ganze Menge Kochtöpfe!

Verstehen Sie mich bitte nicht falsch. Ich persönlich glaube nicht, dass ein Verkäufer jedem seiner Kunden etwas verkaufen kann. Ich glaube jedoch, mit etwas Fantasie könnten die meisten von uns ihre Abschlussquote wesentlich erhöhen. Ich weiß auch, dass es für einen Verkäufer nichts Frustrierenderes gibt, als ein Geschäft zu verpassen, das er eigentlich hätte buchen sollen. Dies bewirkt nicht nur, dass er im Augenblick weniger verdient, sondern es macht es auch unmöglich, dieser Person noch einen Dienst zu erweisen, und das ist von viel größerer Bedeutung. Ich möchte diesem Kunden jede nur erdenkliche Gelegenheit geben, zu einem positiven Entschluss zu gelangen.

In diesem Zusammenhang werde ich oft gefragt: «Wie lange sollte man eigentlich bei einem Kunden bleiben?» Dafür kenne ich keine bestimmte Regel. Das ist etwas, was man nur «spüren» und mit wachsender Erfahrung lernen kann. Ich selber blieb in der Regel so lange, als der Kunde offensichtlich

Interesse zeigte oder bis er mir klar gemacht hatte, dass er nichts kaufen würde.

ES KLAPPT AUCH IM DETAILHANDEL

Als ich dabei war, das Manuskript für dieses Buch für den Verleger vorzubereiten, besuchte mich Randy Cooper, der begeisterte junge Besitzer eines Möbelgeschäftes (der nicht an Rezessionen glaubt!). Er ging vor Begeisterung beinahe in die Luft und erzählte mir, wie er mit einer Variante dieses Abschlusses «das leichteste Geschäft aller Zeiten» gemacht habe. Im Dezember 1982 betrat eine Frau mit ihrer Tochter sein Geschäft, um sich einen Lehnstuhl anzuschauen, den ihr Mann ihr zu Weihnachten schenken wollte. Sie fand einen, der ihr gefiel, und er kostete 499 Dollar. Sie sagte Randy, sie würde mit ihrem Mann darüber sprechen. Zum Glück kannte Randy die Variante «Günstige Gelegenheit». Und nun spielte er damit.

Randy: «Liebe Kundin, ich erziehe meine zwei Kinder allein und habe sie an drei Wochentagen bei mir zu Hause. Ich kaufe meine Lebensmittel selbst ein, und das kostet mich ungefähr 100 Dollar pro Woche.» – Kundin: «Das tue ich auch, und es kostet mich ungefähr gleich viel.» – Randy: «100 Dollar in der Woche sind *über 5 000 Dollar pro Jahr* (hervorragende Stimmarbeit!), und ich gehe jede Wette ein, dass Sie nie mit Ihrem Mann darüber sprechen. Habe ich Recht?» Und bei diesen Worten streckte die Frau ihr Kinn in die Luft, blickte ihre Tochter an und sagte: «Ich nehme diesen Stuhl!»

Randy eröffnete sein Geschäft übrigens, ohne Verkaufsausbildung genossen zu haben, und bei unserem kurzen Zusammentreffen zeigte er sich erfreut und auch ein wenig überrascht, dass diese Dinge wirklich funktionieren. Besonders gut klappte es mit einer Kombination des «Annahme»- und des «Wahl»-Abschlusses. Ein Ehepaar hatte eine Reihe von Dingen ausgesucht, die einen hübschen Betrag ausmachten. Die Frau sagte zu Randy, sie würden zu Hause «noch einmal darüber nachdenken». Da wurde Randy plötzlich «schwerhörig», schaute den Mann an und fragte:

«Nehmen Sie die Sachen mit oder sollen wir sie Ihnen liefern?» – Ehemann zu seiner Frau: «Was wollen wir denn?» –

Frau: «Los, liefern kostet extra, wir nehmen die Sachen selbst mit.» (Und das ist nun die gleiche Dame, die knapp 20 Sekunden zuvor nach Hause gehen wollte, um es «sich da nochmals in Ruhe zu überlegen».)

Einmal mehr: Ich bin davon überzeugt, dass viele Geschäfte nur deshalb nicht abgeschlossen werden, weil der Verkäufer seine Kunden nicht dazu auffordert.

«VIELLEICHT» WIRD IHR ENDE BEDEUTEN

«Handle jetzt» ist das eigentliche Ziel jedes Kundenbesuches. Ich habe es schon mehrmals gesagt und werde es noch mehrmals wiederholen. Kunden, die ja sagen, werden Sie nicht aus Ihrem Beruf verjagen. Kunden, die nein sagen, werden das ebenfalls nicht fertig bringen. Aber Kunden, die «vielleicht» sagen, werden das schaffen, und sie werden Sie zum Wahnsinn treiben, vor allem, wenn Sie im Direktverkauf tätig sind.

Und hier ist der Grund dafür. Wenn Sie jede Person ernst nehmen, die sagt, sie werde «später kaufen», legen Sie sich einen Vorrat an falschen Sicherheiten an, auf den Sie zu passender Zeit zurückzugreifen gedenken. Natürlich, wenn Sie in einer Branche arbeiten, wo wiederholte Kundenbesuche üblich sind, dann halten Sie Ihr Versprechen ein, beim nächsten Mal wieder vorbeizukommen. Aber vergessen Sie nicht: «Vielleicht» wird Ihr Ende bedeuten.

Der «Aufforderungs»-Abschluss

Der Verkaufs- und Betriebsberater Larry Wilson zählte vor Beginn seiner Karriere auf diesem Gebiet zu den besten Lebensversicherungsagenten im ganzen Land. Von ihm stammt diese Variante, der ich den Namen «Aufforderungs»-Abschluss gegeben habe. Larry hatte bei seinen Besuchen immer eine Murmel, einen Baseball und einen aufblasbaren Strandball dabei. Wenn seine Kunden ihm beim Abschlussversuch zu viel Widerstand – insbesondere finanzieller Natur – entgegenbrachten, nahm Larry die Murmel und bat den Kunden, sie in seine Tasche zu stecken. Dann sagte er: «Die

Murmel ist so klein und leicht, dass sie Sie kaum stört. In ein paar Tagen werden Sie sie vergessen haben.»

Dann nahm Larry seinen Baseball und sprach: «Lieber Kunde, mit Müh und Not würden Sie auch diesen Ball in Ihre Tasche hineinstecken können. Sie könnten ihn überallhin mitnehmen, aber Sie würden ihn bei jedem Schritt und bei jeder Bewegung spüren.» Und zuletzt nahm Larry den Strandball aus seinem Aktenkoffer, blies ihn auf und sagte: «Diesen hier in Ihre Tasche zu stecken, ist ein Ding der Unmöglichkeit. Und so ist es eben mit Lebensversicherungen. Wenn Sie heute, in Ihrem Alter, eine abschließen, werden Ihnen die Prämien nicht mehr zu schaffen machen als diese Murmel. Sie sind so gering, dass sie Ihnen bald nicht mehr auffallen werden. Wenn Sie noch ein paar Jahre warten, sind sie mit dem Baseball vergleichbar. Sie können sie bezahlen, aber Sie werden sie immer spüren. Wenn Sie zu lange warten, werden sie Ihnen das gleiche Problem aufgeben wie der Strandball. Sie können ihn nicht tragen. Sie entscheiden heute also nicht, ob Sie eine Lebensversicherung abschließen oder nicht, Sie entscheiden, ob Sie die Murmel, den Baseball oder den Strandball in Ihre Tasche stecken wollen. Und ich fordere Sie auf, lieber Kunde, entscheiden Sie sich für die Murmel! Sie werden es leichter, Ihre Familie wird es besser haben.»

Oft antworteten die Kunden: «Nun ja, so habe ich die Angelegenheit noch nie angesehen.» Darauf Larry: «Übrigens, Murmeln kosten heute soundso viel, und Sie können sie jährlich, vierteljährlich oder monatlich begleichen. Was wäre Ihnen denn lieber?» Dass Larry sehr erfolgreich war, braucht wohl nicht gesagt zu werden.

Der «29-Tage»-Abschluss

Als ich selbst noch Lebensversicherungen verkaufte, wurmte mich oft die Tatsache, dass mir die wahren Einwände eines Kunden verborgen blieben. Ich war zuversichtlich, mit den meisten der ausgesprochenen Einwände fertig zu werden, aber verschwiegene Einwände sind viel schwerer zu entkräften. Gelegentlich ist es sogar unmöglich.

Eines Abends besuchte ich einen Kunden, der eine ziemlich umfangreiche Lebensversicherung benötigte. Er war finanziell dazu durchaus in der Lage, und er machte sich auch große Sorgen um das Wohlergehen seiner Familie. Ich kam aber einfach nicht voran; er unterbrach mich immer wieder mit mehr oder weniger fadenscheinigen Einwänden. Mit der Zeit wurde mir klar, dass ich hier nichts verkaufen würde, sofern es mir nicht irgendwie gelänge, seinen wirklichen Einwand gründlich auszuräumen. Ich überlegte fieberhaft, und nach langem Grübeln tauchte eine Idee auf, die ich mehrere Jahre zuvor an einem Seminar aufgeschnappt hatte. Ich nahm sie auf, formte sie tüchtig um und schaute dann meinen Kunden an:

«Lieber Kunde, ich weiß nicht, weshalb Sie noch zögern. Sie wissen, dass Sie eine Versicherung brauchen; finanziell sind keine Hindernisse vorhanden und dass Sie sich um das Wohlergehen Ihrer Familie sorgen, das ist offensichtlich. Das einzige, was mir noch einfällt, ist die Möglichkeit, dass ich Ihnen etwas Falsches angeboten habe. Vielleicht sollten wir einmal über unser ‹29-Tage-Angebot› sprechen.»

UND WIEDER DER NOTIZBLOCK

Nun nahm ich meinen Notizblock und sagte: «Darf ich Ihnen dieses ‹29-Tage-Angebot› kurz erläutern? Nun, es deckt den gleichen Versicherungsbetrag ab, den Sie ja brauchen. Auch die Rentenbeträge sind die gleichen, und das ist gut so, denn Sie haben mehrmals betont, die Zahlen, für die wir uns entschieden haben, bedeuteten ein Minimum. Drittens bietet dieses Angebot auch Prämienerlass und doppelte Entschädigung bei Invalidität oder Tod infolge Unfall. Und übrigens, wenn wir schon von Prämien sprechen, für dieses ‹29-Tage-Angebot› belaufen sie sich nur auf die Hälfte des üblichen Satzes. Würde Ihnen dieses Angebot besser zusagen?»

Der Kunde schaute mich erstaunt an und sagte: «Es ist bestimmt besser für meine Brieftasche, aber was bedeutet denn eigentlich dieses ‹29-Tage-Angebot›?»

Ich musste mir alle Mühe geben, ein Lachen zu verkneifen, als ich antwortete: «Nun, das bedeutet, dass Sie an 29 Tagen jedes Monats voll gedeckt sind. Wir haben April, und das sind nur 30 Tage; mit einer einzigen Ausnahme sind Sie an allen Tagen gedeckt, und Sie dürfen sogar selbst aussuchen, welches dieser Tag sein soll. Vielleicht ein Samstag oder ein Sonntag.» Dann hielt ich kurz inne, bevor ich weitersprach: «Nein, ich glaube, das wäre nicht gut, denn an diesen Tagen sind Sie wahrscheinlich zu Hause, und statistisch gesehen ist hier die Zahl der Unfälle besonders hoch.»

Dann blickte ich meinen Kunden an und sagte entschuldigend: «Offen gesagt, wenn Sie mich nun bitten, Ihr Haus zu verlassen, wären Sie vollkommen im Recht. Ich habe etwas getan, wozu ich eigentlich kein Recht habe. Ich habe anscheinend das zukünftige Wohlergehen Ihrer Familie auf die leichte Schulter genommen, und Sie sind offensichtlich ein Mann, der die Verantwortung für seine Familie sehr ernst nimmt.

Als ich gesagt habe, dieses Angebot biete Ihnen an ein oder zwei Tagen im Monat keine Deckung, haben Sie sich sicher überlegt, dass Sie das Unglück ohne weiteres an einem dieser Tage treffen könnte.»

BERUHIGEN SIE SICH, LIEBER KUNDE

«Aber lassen Sie sich doch beruhigen. Keine Versicherungsaufsichtsbehörde der Welt würde ein solches ‹29-Tage-Angebot› akzeptieren. Ich habe es von mir aus gemacht, weil ich wusste, dass Ihnen schon *ein einziger* Tag ohne Versicherungsschutz Sorge bereiten würde. Und deshalb wusste ich auch, dass Sie das Wohl Ihrer Familie nicht *jeden* Tag aufs Spiel setzen würden, wenn es eine andere Möglichkeit gäbe. Und so möchten Sie Ihre Familie doch schützen, nicht wahr?»

Ich hatte nicht nur an jenem Abend Erfolg, sondern noch viele Male während meiner Zeit als Versicherungsagent. Natürlich machte ich nicht jedes Mal ein Geschäft, wenn ich diesen Abschluss anwandte, aber ich verkaufte viele Versicherungen, weil ich mich an eine Idee erinnerte, die ich viele Jahre zuvor an einem Kurs aufgeschnappt hatte, und sie dann auf meine Situation übertrug.

Ich kann es nicht oft und stark genug betonen: Wenn Sie wirklich professionell verkaufen wollen, müssen Sie täglich lesen und lernen. Besuchen Sie von Profis geleitete Kurse und

Seminare. *Und dann gilt es, die gelernten Prinzipien und Ideen auf Ihre persönliche Situation zuzuschneiden. Nur so sind Sie jederzeit motiviert und informiert.*

FANTASIE UND GESUNDER MENSCHENVERSTAND

Es klingt vielleicht abgedroschen, aber es ist dennoch so: In der Welt des Verkaufens müssen wir herausfinden, was den Kunden am meisten interessiert, und ihm dann zeigen, wie unser Produkt seinen Bedürfnissen und Interessen entgegenkommt.

Im Zweiten Weltkrieg soll die Versicherung für die GIs eingeführt worden sein. Die Soldaten konnten für eine geringe Prämie von 6 oder 7 Dollar pro Monat eine Lebensversicherung über 10 000 Dollar abschließen, die im Todesfall an die Hinterbliebenen ausbezahlt wurde. Ein Super-Angebot, aber es musste auch erst verkauft werden.

Ein junger Leutnant rief seine Infanteriekompanie zusammen, erklärte ihnen diese Möglichkeit in sämtlichen Einzelheiten und verteilte dann Formulare an die Interessierten. Aber kaum einer wollte etwas davon wissen. Da bat ein alter Sergeant den Leutnant um Erlaubnis, das Programm nochmals erklären zu dürfen. Widerwillig stimmte der Leutnant zu, fest davon überzeugt, wenn es ihm nicht gelinge, die Versicherung an den Mann zu bringen, würde es dem Sergeant erst recht nicht gelingen.

Der «Front»-Abschluss

Der Sergeant trat vor und sagte: «Männer, wie ich es verstehe, sieht das Programm folgendermaßen aus. Sie werden auf ausländische Kriegsschauplätze versetzt werden. Wenn Sie die Versicherung haben und umkommen, überweist die Regierung Ihren Angehörigen eine Summe von 10 000 wunderschönen Dollar. Wenn Sie die Versicherung nicht haben und umkommen, wird die Regierung Ihrer Familie keinen Cent überweisen. Und nun meine Frage: Was glauben Sie, wen schickt die Regierung zuerst an die Front? Diejenigen, die sie 10 000 Dollar kosten, wenn sie fallen, oder diejenigen, die sie nichts kosten, wenn sie fallen?» Und die Männer stürzten sich auf die Versicherung.

Ich weiß nicht, ob diese Geschichte wahr ist. Immerhin zeigt sie den Punkt klar und deutlich: Unabhängig davon, was Sie verkaufen, machen Sie es Ihren Kunden kristallklar, dass sie besser dran sind, wenn sie kaufen.

VERKAUFEN SIE, WO IMMER SIE AUCH SIND

1952 wohnte ich in Florence, South Carolina, verkaufte und baute einen Teil meiner Verkaufsorganisation aber in Wilmington, North Carolina, auf. An einem Samstagabend war ich viel zu schnell unterwegs nach Hause. Ein Polizist hielt mich an und begann, einen Strafzettel auszufüllen. Da wir einen gemeinsamen Freund hatten, entließ er mich an jenem Abend, ohne dass ich bezahlen musste, allerdings unter der Bedingung, dass ich am Montag auf dem Posten in Whiteville vorbeikommen und die Angelegenheit erledigen würde.

Der «Gelegenheits»-Abschluss

Ich erinnere mich noch genau an jene Buße. Sie betrug 30 Dollar. Im Jahr 1952 war das noch ziemlich viel Geld. Am Montag regelte ich die Angelegenheit wie versprochen. Als ich das Geld dem jungen, unverheirateten Mädchen übergab, dass für die Bußgelder zuständig war, fiel mir plötzlich ein, ich könnte meinen Verlust unter Umständen wettmachen, wenn ich diese Gelegenheit ergriffe. Da ich nichts zu verlieren hatte, knüpfte ich folgendes Gespräch an.

Zig: «Hätten Sie etwas dagegen, wenn ich Ihnen ein paar Fragen stelle?» – Mädchen (mit einem Lächeln): «Nein.» – Zig: «Sie sind alleinstehend und arbeiten, und da frage ich mich, ob Sie einen Teil Ihres Einkommens auf die hohe Kante legen.» – Mädchen: «Das tue ich.» – Zig: «Wenn Sie nun etwas sehr Schönes sähen, das Sie später bestimmt brauchen könnten, wären Sie dann in der Lage, dafür 25 Cent pro Tag mehr auf die Seite zu legen, vorausgesetzt Sie würden es wirklich brauchen?» – Mädchen: «Das könnte ich schon.» – Zig: «Angenommen, ich habe etwas wirklich Einmaliges und Schönes in meinem Auto, das Sie nicht nur benötigen, sondern Ihr ganzes Leben lang benützen würden: Hätten Sie dann fünf Minuten Zeit, es sich anzusehen?» – Mädchen: «Ja, gern.» – Zig: «Nur einen Augenblick, bitte.»

Ich ging rasch zum Wagen und holte meine Kochtöpfe. Ich machte eine kurze, aber begeisterte Präsentation und stellte dann die entscheidende Frage. Daraufhin wandte sich das Mädchen einer etwa zehn Jahre älteren, verheirateten Dame zu und fragte sie: «Was würden Sie an meiner Stelle tun?»

Bevor die Dame noch antworten konnte, wandte ich mich ebenfalls an sie: «Verzeihen Sie, wenn ich Sie unterbreche. Wenn Sie diese junge Dame wären, aber alles über die Kosten und Verpflichtungen wüssten, die eine Familie so mit sich bringt, und wenn Sie ebenfalls die Gelegenheit hätten, diese Kochtöpfe noch vor Ihrer Heirat zu kaufen, was würden Sie dann tun?» Die Antwort kam ohne Zögern: «Ich würde sie kaufen.» Nun wandte ich mich wieder dem Mädchen zu und fragte: «Das ist doch auch das, was Sie tun möchten, nicht wahr?» Ihr Lächeln war Antwort genug, und ich füllte die Bestellung aus.

Der «Kolleginnen»-Abschluss

Als ich fertig geschrieben hatte, wandte ich mich wieder der älteren Dame zu: «Nur weil Sie die Kochtöpfe vor zehn Jahren nicht kaufen konnten, heißt das noch lange nicht, dass Sie und Ihre Familie auch in Zukunft darauf verzichten müssen, nicht wahr?» Das verneinte sie, und auf meine Frage, ob sie denn die gleichen Töpfe haben möchte, sagte sie: «Ja.»

Das zweite Geschäft kam zustande, weil ich erstens bemerkte, dass es in der Luft lag, und weil ich zweitens darum ersuchte. Ich bin überzeugt, dass viele Geschäfte nicht wegen mangelnder, sondern wegen völlig *fehlender* Technik verpasst werden. Verlangen Sie den Auftrag.

Dies waren zwei meiner leichtesten Geschäfte, und die Provisionen machten das Bußgeld mehr als nur wett. Ich begegnete sogar am selben Tag noch einmal jenem Polizisten;

diesmal führ ich allerdings nicht zu schnell, und so hielt ich ihn von mir aus an, um ihm für den Strafzettel zu danken!

Ich habe diese Geschichte erzählt, um Sie darauf aufmerksam zu machen, dass Sie so vollkommen in Ihrer Tätigkeit aufgehen sollten, dass Sie instinktiv jede Gelegenheit zu einem Geschäft ergreifen.

Der «Nette Leute»-Abschluss

Je alltäglicher und konkurrenzintensiver Ihr Geschäft ist, desto wichtiger ist es für Sie, Ihre Fantasie zu entwickeln und einzusetzen. Sehr oft kommt es darauf an, dass Sie als Verkäufer die Bedürfnisse Ihrer Kunden erkennen und sich darauf konzentrieren, diesen auf bestmögliche Weise entgegenzukommen. Wenn man zum Beispiel beim Tilier's Cafe und der Shell Tankstelle in der kleinen Stadt Chiilicothe, Texas, anhält, erhält man trotz Selbstbedienung an den Zapfsäulen ein gewisses «Extra».

Als meine Frau und ich einmal dort auftankten, fragte mich die Tankwartin nach meiner Autonummer für die Monatsrechnung. Da ich sie nicht auswendig wusste, musste ich zurück zum Wagen gehen, um sie abzulesen. Da schrieb sie sie auf eine weiße, selbstklebende Etikette und befestigte sie auf der Rückseite meiner Kreditkarte, «damit ich sie nun immer bei mir habe». *Eine nette Geste.* Dann zog sie eine Liste aus einer Schublade und bemerkte, hier habe sie die Autonummern ihrer Stammkunden aufgeschrieben, damit sie – vor allem bei schlechtem Wetter – nicht nochmals zu ihren Autos zurückgehen müssten.

Keineswegs weltbewegend, aber es zählt doch zu den netten kleinen Dingen, welche die Kunden schätzen und durch häufiges Wiederkommen belohnen. Das ist karrierefördernd. So packen *nette*, aufmerksame und *ehrgeizige* Verkäufer die Dinge an.

Der «Coca-Cola»-Abschluss

Einer der fantasievollsten Abschlüsse stammt von Hal Krause, dem Gründer der American Salesmasters, der sich sein Studium damit verdient hatte, unverheirateten jungen Damen Kochtöpfe, Porzellan, Kristall und Bestecke zu verkaufen. Nach seiner Präsentation lächelte er seine Kundinnen an und begann:

«Die Geschichte, die ich Ihnen jetzt erzähle, ist von A bis Z wahr. Ich bin der einzige Mensch auf der Welt, der diese Geschichte kennt. Und Sie werden wissen, dass ich die Wahrheit gesagt habe, sobald Sie sich die Geschichte angehört haben, denn ich lüge nie oder biege die Wahrheit zurecht, wie dies andere Vekäufer tun.

Wenn Sie mir keine Kochtöpfe abkaufen, werden Sie Ihr ganzes Geld für Coca-Cola, Schokolade, Filterzigaretten, Kleider und Kino ausgeben. Und nach einer Weile werden Sie feststellen, dass Coca-Cola und Filterzigaretten verschwunden sind, und Ihr Sparbuch wird ebenfalls geplündert sein.

Und was noch viel schlimmer ist: Sie werden in dünnen und blechernen, eisernen und bleiernen Pfannen kochen, von denen keine aussieht wie die andere.

Und deshalb sagen die Leute: ‹Was bleibt mir anderes übrig, als Ihnen Ihre Kochtöpfe abkaufen?› Und die meisten tun es, und ich habe auch für Sie gute Nachrichten: Auch Sie können sie kaufen!

Und wenn Sie finden, das sei zu unverschämt, dann dürfen Sie diese Bestellung sogar mit Ihrem eigenen Kugelschreiber unterzeichnen.»

Diese Kombination von Fantasie und Humor, gepaart mit harter Arbeit, führte zu sagenhaften Ergebnissen.

Ebenfalls zu den schöpferischsten und fantasievollsten Verkaufsberatern Amerikas zählt Ira Hayes. Er arbeitete als Chef der Werbeabteilung für die National Cash Register (NCR), bevor er 1980 seine eigene Firma gründete. Während Ira noch bei NCR war, leitete er im ganzen Land öffentliche Seminare, und natürlich waren auch des Öfteren Verkäufer von Konkurrenzfirmen unter seinen Zuhörern. Doch dies störte weder Ira noch die NCR, denn er und die Firma waren der Auffassung, wer *professionell* verkaufe, verschenke kein Stück von *seinem* Kuchen, sondern vergrößere ihn, damit man noch mehr davon haben könne.

Ira lachte auch und sagte, er habe oft Schwierigkeiten, seine eigenen Leute dazu zu bringen, nach seinen Methoden zu arbeiten, und so kümmere es ihn nicht groß, wenn auch seine Konkurrenz seine Ideen mitbekäme. Ira, international bekannt als «Amerikas Botschafter der Begeisterung», glaubt übrigens fest an die Wirkung von Fotos. Wenn er Briefe verschickt oder Geschäftskarten verteilt, legt er deshalb immer sein Bild *en miniature* bei. Und es funktioniert. Die Leute erkennen ihn, wo er auch geht und steht.

Die vielleicht fantasievollste Visitenkarte, die ich je gesehen habe, ist diejenige von Gerhard Gschwandtner, dem dynamischen Verleger von *Personal Selling Power*. Er führt auf der Rückseite seiner Karte neben seiner eigenen Telefonnummer auch die Nummern von Staatsoberhäuptern auf. Lesen Sie, was er dazu zu sagen hat:

«Darf ich Ihnen meine Visitenkarte überreichen? Die Telefonnummer steht auf der Rückseite. Ja, drehen Sie sie nur um.»

«Warum diese Staatsmänner auf meiner Geschäftskarte aufgeführt sind? Nun, das hat drei Gründe.

Erstens: Damit kann ich zu Anfang einer Besprechung das Eis brechen.

Zweitens: Es soll daran erinnern, dass gutes Verkäufertum Sie an die Spitze bringen kann. Wenn Sie daran zweifeln, überlegen Sie sich nur einmal, wo all diese Leute wären, wenn sie sich nicht selbst verkaufen könnten.

Drittens: Jeder dieser Namen steht für eine Eigenschaft, ohne die man nicht an die Spitze kommen kann. Schauen Sie sie an und sehen Sie, was sie mit Verkaufserfolg zu tun haben. Ein hervorragender Verkäufer muss die folgenden Fähigkeiten aufweisen: *hart* sein wie ein Russe, *überzeugend* wie der Präsident der Vereinigten Staaten, *diplomatisch* wie der französische Premierminister, *aufrichtig* wie der Papst, *gut organisiert* wie der deutsche Bundeskanzler und *selbstsicher* wie die Königin von England.»

DER KUNDE ÄNDERT SEINE MEINUNG NICHT

Howard Bonnell, ehemaliger Ausbildungsdirektor für die World Book Encyclopedia und jetziger Verkaufsberater für verschiedene Firmen hat mir die folgende Geschichte verraten. World Book arbeitet mit verschiedenen ausgezeichneten Methoden; eine ihrer besten besteht zweifellos darin, die leitenden Angestellten mit den Verkäufern loszuschicken, wenn ein neues Programm eingeführt wird.

Eines Tages arbeitete Howard mit einem Verkäufer der World Book. Howard besorgte die Präsentation, und am Ende sagte der Kunde: «Nun, Mr. Bonnell, ich möchte Ihnen etwas sagen. Wir wollen diese Bücher, wir benötigen sie, und unsere Kinder können bestimmt eine Menge davon profitieren. Aber als wir vor 15 Jahren heirateten, schwor ich mir, außer unserem Haus niemals etwas auf Kredit zu kaufen, und daran habe ich mich seit diesen 15 Jahren gehalten.»

Alle von uns haben schon solche Leute angetroffen, die derart pleite waren, dass sie nicht einmal in die nächste Stadt fahren könnten, wenn eine ganze Weltreise nur 50 Cent kosten würde, aber dennoch darauf beharren, alles bar zu bezahlen. In diesem Fall war der Kunde keineswegs pleite, aber sein Stolz stand auf dem Spiel, und so überzeugend Howard Bonnel ist, er brachte es dennoch nicht fertig, dass dieser Kunde seine Meinung änderte. Unmöglich. Er hielt sich dogmatisch an seinen Ausspruch: «Ich habe gesagt, ich würde nichts auf Kredit kaufen, und so halte ich es auch!» Howard hätte all seine Verfahren und Methoden ausprobieren können, zu einem Ergebnis wäre er nicht gekommen. Wie ich schon gesagt habe: Es ist beinahe unmöglich, einen Kunden dazu zu bringen, seine Meinung zu ändern.

Der «Fallen»-Abschluss

Howard musste diesen Mann aus seiner Falle befreien, damit er eine *neue* Entscheidung fällen konnte. Und auf diese Weise gelang es ihm: «Lieber Kunde, ich möchte Ihnen eine Frage stellen. Wenn ich Ihnen einen Weg zeige, wie Sie diese Bücher kaufen können, ohne Barzahlung – denn Sie haben ja gesagt, Sie hätten kein Geld – und ohne Ihr Wort brechen zu müssen, wären Sie daran interessiert?» Der Mann fragte zurück: «Wie können Sie das denn tun?» Howard ließ ihn aber noch nicht vom Haken und wiederholte: «Ich stelle die Frage nochmals. Wenn ich Ihnen einen Weg zeige, wie Sie diese Bücher kaufen können, ohne Barzahlung und nicht auf Kredit und ohne *Ihr* Wort zu brechen, wären Sie interessiert?» – Der Kunde: «Ja, aber wie ist denn das möglich?» – Howard: «Das ist sehr einfach!»

Damit wandte er sich der Frau zu, schaute sie an und sagte: «Liebe Kundin, ich glaube, *Sie* haben sich nicht das Gleiche vorgenommen wie Ihr Mann, nicht wahr?» – Frau: «Nein, das ist richtig.» Nun sprach Howard wieder zum Mann: «Haben Sie etwas dagegen, wenn ich mit Ihrer Frau darüber spreche, wie sie das Problem für Sie und Ihren Sohn lösen kann?» – Kunde: «Nein, nein, was immer Sie mit meiner Frau ausmachen, ich bin damit einverstanden. Machen Sie ruhig weiter.»

Der Mann war wirklich froh, dass er nun nicht mehr zappeln musste und aus der Falle befreit war. Howard ermöglichte es ihm, sein Gesicht zu wahren, und das war entscheidend. Der Kunde wusste, dass er die Enzyklopädie brauchte, er wollte sie haben; er hätte sie aber nicht bekommen, wenn Howard nicht klug genug gewesen wäre, für ihn einzutreten und ihm den Kauf zu erleichtern. Vielfach dreht es sich beim Verkaufen nur darum, einen Weg zu finden, wie der Kunde das kaufen kann, was Sie verkaufen.

Howard weist auch daraufhin, der Einwand des Mannes sei gefühlsbetont und unlogisch, aber *er* kaufte nun einmal nicht. Um das Geschäft machen zu können, musste Howard an seine Gefühle appellieren. *Logischerweise* spielte es keine Rolle, ob der Mann oder die Frau die Bestellung unterzeichnete. *Gefühlsmässig* konnte der Kunde beruhigt kaufen, denn seine Frau unterzeichnete ja, und sein Kreditblatt blieb sauber und rein. Bemerkenswert: der Grund, weshalb er kaufte, waren seine Kinder; seine Ausrede, weshalb er kaufte, war, dass seine Frau es tat, nicht er.

Bei vielen dieser Abschlüsse und Verfahren ist es wichtig, dass Sie Ihre Fantasie einsetzen, dass Sie Ihren Kunden *logisch und gefühlsmässig* klar machen, was Sie ihnen anbieten, und dass Sie sie dazu auffordern, eine neue Entscheidung zu treffen. Ich möchte betonen: Es gibt kaum einen Besuch oder ein Verkaufsgespräch, wo alles reibungslos oder wie geplant abläuft. Wenn Sie aber über gewisse Richtlinien verfügen und sich jederzeit abrufbare Reserven an Wissen zulegen, dann hat Ihre Fantasie freie Hand. In der Folge werden Sie mehr verkaufen, und Ihre Karriere wird schneller und steiler nach oben führen.

FANTASIE IM UMGANG MIT DER ZEIT

Einer der zeitbewusstesten, hingebungsvollsten und fantasievollsten Verkäufer, die ich kenne, ist Hal Krause. Als er die American Salesmasters gründete, verfolgte er zwei Hauptziele. Das eine war, aus seiner Firma die beste und größte Verkaufsschulungsorganisation ihrer Art auf der ganzen Welt zu machen. Er hat dieses Ziel nicht nur erreicht, sondern auf dem Weg dahin wurde ihm auch der wertvolle «President's E-Preis» verliehen, ein Preis, mit dem sonst nur ein paar wenige Spitzen-Exportfirmen in Amerika ausgezeichnet werden.

Hals zweites Ziel war es, seine Firma zu verkaufen und sich «zurückzuziehen», bevor er 40 war. Auch dieses Ziel erreichte er, genau drei Wochen vor seinem 40. Geburtstag. Als «Rentner» dient Hal nun der Republikanischen Partei in Colorado als National Committeeman, geht ein paar eigenen Geschäften nach und hält auf der ganzen Welt Finanzseminare ab. Hal erledigt viele Dinge erfolgreich, weil er hart arbeitet, Fantasie hat und seine Zeit beherrscht.

Der «Zeitnutzungs»-Abschluss

Beispiel: Als Präsident der American Salesmasters hatte Hal einmal ungefähr eine Stunde Aufenthalt zwischen zwei Flügen in einer großen Stadt.

Der Hauptsitz einer größeren Versicherungsgesellschaft befand sich ganz in der Nähe des Flughafens, und so setzte sich Hal in ein Taxi, in der Hoffnung, mit einem Mitglied der Firmenleitung sprechen zu können. Hal überreichte der Empfangsdame seine Karte und sagte: «Ich bin nur wegen einer Zwischenlandung hier und habe keine Verabredung, aber wenn es möglich ist, würde ich gerne mit dem Direktor sprechen.»

Die Firma besaß eine mit dem Telefon verbundene Gegensprechanlage, und so hörte Hal mit an, wie die Empfangsdame den Direktor anrief und ihm mitteilte, Hal Krause von American Salesmasters würde ihn gern sprechen. Anstatt am Telefon zu antworten, wo man ihn nicht gehört hätte, meldete sich der Direktor leicht verärgert über die Sprechanlage und sagte: «Sagen Sie dem jungen Mann, ich sei beschäftigt und empfange niemanden ohne Voranmeldung.»

Hal und die junge Dame am Empfang hörten mit. Sie errötete, aber Hal lächelte nur und bat sie, den Knopf zu drücken, damit der Herr Direktor seinen Kommentar mitbekäme. Er sagte: «Herr Direktor, mein Name ist Hal Krause. Darf ich Ihnen eine Frage stellen?» Und dann: «Bringen Sie Ihren Agenten in der Ausbildung auch bei, sie sollen irgendwo unangemeldet vorsprechen, wenn sie zwischen zwei Verabredungen eine Stunde Zeit haben?» – Direktor (nach einer langen Pause): «Mr. Krause, Sie haben die richtige Frage gestellt, ich möchte mit Ihnen sprechen. Kommen Sie herein.»

Hal nützte seine Zeit. Bei diesem Gespräch wurden die grundlegenden Fragen abgeklärt, und ein weiterer Besuch brachte ihm einen großen Auftrag ein.

Der «Fragen»-Abschluss

Gute Verkaufsmethoden funktionieren immer und überall. Mike Bhag lernte die Methode von Hal Krause kennen. Lassen wir ihn erzählen, was er daraus gemacht hat:

Es war 1.40 Uhr an einem heißen Freitagnachmittag. Ich war soeben in der Stadt angekommen, wo ich um zwei Uhr eine Verabredung hatte. Es blieben mir also 20 Minuten, und da der Tag nur 1 440 Minuten hat, beschloss ich, die sonst verlorene Zeit zu nützen und irgendwo unangemeldet vorzusprechen. Ich entdeckte eine große Autoausstellungshalle, sprach ein paar aufmunternde Worte zu mir selbst und trat ein.

Ich fragte den Verkäufer: «Ist der Chef da?» Er verneinte. Ich ließ mich aber nicht abschrecken und fragte weiter: «Wenn er da wäre, wo könnte ich ihn finden?» – «Drüben, auf der anderen Seite.» Ich überquerte die Straße, betrat das Gebäude und sagte zur Empfangsdame: «Der Chef ist nicht da, nicht wahr?» – «Doch, er ist in seinem Büro, da vor Ihnen.» Der Chef befand sich mitten in einer Besprechung mit seinem Verkaufschef und hörte die Antwort der Empfangsdame. Er blickte zu mir herüber. Ich trat ein und sagte: «Als Geschäftsführer dieses Unternehmens suchen Sie wahrscheinlich immer nach Möglichkeiten, den Umsatz zu steigern, oder nicht?»

Weiter kam ich nicht, denn er unterbrach mich: «Junger Mann, sehen Sie nicht, dass ich beschäftigt bin? Es ist Freitagnachmittag! Es ist Mittagszeit! Sagen Sie, weshalb kommen Sie ausgerechnet jetzt vorbei?»

Ich sah ihm zuversichtlich in die Augen und sprach: «Wollen Sie das wirklich wissen?» – «Ja, das interessiert mich.» – «Nun gut, ich bin soeben aus Reading hier angekommen. Meine nächste Verabredung ist erst um zwei Uhr. Es bleiben mir also 20 Minuten, und da dachte ich eben, ich mache aus 20 unnützen 20 produktive Minuten und schaue mal irgendwo unangemeldet herein.» Dann senkte ich meine Stimme und fragte langsam: «Bringen Sie das nicht auch Ihren Verkäufern bei?»

Nun fiel sein Kinn hinunter, er blickte seinen Verkaufschef erstaunt und überrascht an und sagte dann freundlich zu mir: «Nehmen Sie Platz!» Als ich sein Büro verließ, hatte ich einen großen Auftrag in der Tasche, der unter anderem die gesamte Verkaufs- und Betriebsberatung für seine Firma mit einschloss.

Fantastisch, Mike! *So nutzt man seine Zeit und seine Fantasie, und so schneidert man das Manuskript auf seine eigene Situation zu. So kommt man mit nur sechs Fragen zu einem eigentlichen Verkaufsgespräch.*

MIT WORTBILDERN VERKAUFEN

Die meisten – nein, sagen wir: *alle* ehrgeizig aggressiven Verkäufer halten ununterbrochen Ausschau nach dem Zauberwort, dem Schlüsselsatz, der neuen Technik, mit der sie noch etwas mehr an Überzeugungskraft gewinnen und den Kunden praktisch wehrlos machen können. Zum Glück gibt es keine solche «Wunderwaffe», *aber* es gibt zahlreiche Wörter, Sätze und Techniken, die Sie lernen und anwenden können und die Sie in die Lage versetzen, Ihr Angebot in ein noch attraktiveres Licht zu setzen. Das Ergebnis ist eine überzeugendere Präsentation, die es Ihnen ermöglicht, mehr – aber nicht alle – Kunden zu überzeugen.

Einigen Hartgesottenen wird dies wie Ketzerei klingen, aber ich bin davon überzeugt, dass Sie von dem Moment an, in welchem Sie erkennen, dass nicht jedermann Ihr Produkt kaufen könnte oder sollte, jenen Kunden mehr verkaufen, die kaufen *können* und *sollen*.

Sie fördern Ihren Ruf oder Ihre Karriere *nicht*, indem Sie Ihre Kunden mit Angeboten überhäufen oder sie einschüchtern, damit sie etwas kaufen, was sie eigentlich gar nicht wollen, benötigen oder sich leisten können. Sobald Sie diesen Grundsatz begriffen haben, wird es Ihnen leichter fallen, sich selbst zu verzeihen, wenn Ihnen ein Geschäft misslingt, das Sie eigentlich hätten machen sollen. Dadurch befreien Sie Ihre Gedanken und können sich wieder hundertprozentig auf das nächste Geschäft konzentrieren.

Vorsicht. Dies erfordert ein bisschen gesunden Menschenverstand und ein gutes Urteilsvermögen, sonst könnten sie plötzlich auf den falschen Schluss kommen, dass alle, die nicht kaufen, keine echten Kunden sind. Und *das* wäre im Hinblick auf Ihre Karriere ein fataler Fehler.

Schauen wir uns nun ein paar Wörter und Verfahren an, welche der korrekte Verkäufer, der einwandfreie Produkte zu einem gerechten Preis anbietet, dazu verwenden kann, echte Kunden in deren eigenem Interesse zum Handeln zu bringen.

24 WÖRTER, DIE VERKAUFEN

Mein Freund Thorn Norman aus Scottsdale, Arizona, ist einer der vielseitigsten Verkaufsberater in Amerika. Seine Spezialität ist das Telefon, er hat aber auch auf anderen Gebieten großartige Arbeit geleistet. So hat er zum Beispiel eine Liste von 24 Wörtern zusammengestellt, die «verkaufen», eine weitere mit ebenfalls 24 Wörtern, die «nicht verkaufen». Thorn hat sich bereit erklärt, Ihnen diese Listen zu überlassen. Lernen Sie sie auswendig *und* lernen Sie sie kennen, indem Sie mit einem guten Wörterbuch die *genaue* Bedeutung jedes Einzelnen herausfinden. Ich verspreche Ihnen mindestens ein halbes Dutzend positive Überraschungen, wenn Sie die Wörter nachschlagen.

Das erste Wort, das verkauft, ist der Name Ihres Kunden. Es ist leicht einzusehen, dass dies zutrifft. Der eigene Name besitzt für jedermann den schönsten Klang. Sie sollten ihn im Laufe Ihrer Präsentation hin und wieder aussprechen. Hier nun die anderen 23 Wörter:

VERSTEHEN	ERWIESEN
GESUNDHEIT	LEICHT
GARANTIE	GELD
SPAREN	NEU
LIEBE	ENTDECKUNG
RECHT	ERGEBNISSE
WAHRHEIT	KOMFORT
STOLZ	GEWINN
VERDIENST	GLÜCKLICH
VERTRAUEN	WERT
GEBORGENHEIT	SPASS
LEBENSNOTWENDIG	

Die Yale University hat dieser Liste noch fünf weitere Wörter beigefügt: SIE, SICHERHEIT, VORTEIL, POSITIV und NUTZEN.

Und nun Thorns 24 Wörter, die «nicht verkaufen»:

KOSTEN	HANDEL
BEZAHLEN	VERTRAG
UNTERSCHREIBEN	VERSUCHEN
SORGEN	VERLUST
VERLIEREN	SCHMERZEN
KAUFEN	TOD
SCHLECHT	VERKAUFEN
VEKAUFT	PREIS
ENTSCHEIDUNG	HART
SCHWIERIG	VERPFLICHTUNG
VERPFLICHTET	VERSAGEN
VERBINDLICHKEIT	UNTERLASSUNG

Ich empfehle Ihnen, auch diese Begriffe im Wörterbuch nachzuschlagen. Natürlich gibt es noch viele andere Wörter, die den Kunden schmeicheln, sie unbeteiligt lassen oder gar abstoßen. Es ist bestimmt einfacher, einen Kunden dazu zu bringen, eine *Vereinbarung* zu akzeptieren als einen *Vertrag* zu unterzeichnen, und viele Leute *investieren* lieber, als dass sie *kaufen*. Und es fällt ihnen leichter, monatlich einen *Betrag* zu überweisen als eine *Zahlung* zu leisten.

Wörter und Sätze, die Bilder malen, haben für Sie und Ihre Firma hohen Verkaufsweit. Wer zum Beispiel bei uns Waren bestellt, findet auf der Adressetikette folgende Worte: «Mit Stolz zu behandeln: Enthält Zig Ziglar Material!» Unsere Frankiermaschinen drucken folgenden Zusatz aus: «AUF WIEDERSEHEN – GANZ OBEN!» In North Carolina bemüht sich die Verkehrspolizei um ein ähnlich positives und fantasievolles Verfahren; auf ihren Schildern ist zu lesen: «North Carolina setzt Radaranlagen ein, um Sie vor Rasern zu beschützen.» Das Bild spricht Bände, nicht wahr?

ACHTEN SIE AUF BESTIMMTE WÖRTER

Ich habe Sie früher dazu aufgefordert, Ihre Verkaufspräsentation auf Band aufzunehmen, damit Sie die positiven *und* negativen Aspekte Ihrer Wörter, Sätze und Phrasen leichter erkennen können. Wissen Sie, eines von den Dingen, wissen Sie, das die Kunden die Wände hochtreibt, wissen Sie, ist die ständige Wiederholung von *wissen Sie*. Man kann es sich zwar nur schwer vorstellen, wissen Sie, aber es gibt wirklich Leute, wissen Sie, die den Ausdruck *wissen Sie* in ihrem Gespräch so oft benutzen wie ich in diesen zwei Sätzen. Nichts ist für den Kunden störender, als in jedem Satz *wissen Sie* zu hören. Und Sie wissen, dass das stimmt, nicht wahr?

Ebenfalls negativ und störend ist die ständige Wiederholung der Frage: «Verstehen Sie, was ich meine?» oder «Sehen Sie, was ich meine?» Ein paarmal zu viel, und Ihr Kunde wird anfangen zu *zählen*, wie oft Sie es sagen. Da er aber nicht gleichzeitig zählen *und* sich konzentrieren kann, wird Ihre Überzeugungskraft dadurch beeinträchtigt.

Am negativsten und zerstörerischsten wirken sich aber ohne Zweifel obszöne, vulgäre und lästerliche Worte aus. Eine sichere Methode, Selbstmord bei einem Kunden zu begehen (das wäre zum Beispiel bei mir der Fall), wäre die missbräuchliche Anwendung von Gottes Namen. Frage:

Haben Sie schon einmal gehört, dass jemand einem Verkäufer etwas abgekauft hat, *weil* er Gossensprache oder missbräuchlich den Namen Gottes benützt hat? Tatsache: Viele Kunden kaufen *nicht*, weil der Verkäufer sich solcher Worte bedient. Frage: Da der Kunde eben wegen dieser Wörter *nicht* oder *vielleicht nicht* kauft, wäre es da nicht sinnvoll, einfach darauf zu verzichten?

IMMER, IMMER UND IMMER WIEDER

John Shedd, ein großartiger Verkaufschef, sagte: «*Man muss uns nichts erzählen – aber man muss uns immer wieder daran erinnern.*» In diesem ganzen Buch male ich immer wieder mit Worten Bilder in Ihr Gedächtnis. Sie mögen sich bestimmt an einige erinnern, wenn Sie zurückdenken, was Sie schon gelesen haben (wie ich ein Auto kaufte, das Haus, wie ich mir die

Schuhe putzen ließ usw.). Für den Rest des Buches werden Sie für die Bilder, die ich male, noch sensibler sein. Ich rate Ihnen unter anderem auch, dieses Buch *mehrmals* zu lesen, damit Sie diese Bilder in sich aufnehmen können, bis sie zu einem Teil Ihrer selbst werden.

In der Welt des Verkaufens müssen Sie zwei Dinge verstehen, wenn Sie ein richtiger Profi werden wollen. Erstens: das Gehirn denkt in Bildern. Wenn ich zum Beispiel «Auto» sage, denken Sie nicht «A-u-t-o», sondern Ihr geistiges Auge *sieht* ein Auto, und vermutlich erst noch ein schönes Auto. Wenn ich «Mädchen» sage, denken Sie nicht «M-ä-d-c-h-e-n», sondern Sie sehen in ihrem Geiste ein hübsches Mädchen. Wenn ich «Haus» sage, denken Sie als Leser oder Zuhörer nicht «H-a-u-s», sondern Sie sehen ein Haus. Wenn ich «Zuhause» sage, denken Sie nicht «Z-u-h-a-us-e», sondern Sie sehen ein Zuhause, *und* in diesem Zuhause eine *Familie*, währenddem das Haus, das Sie vor ein paar Sekunden gesehen haben, leer ist. Der Meister-Verkäufer nimmt seinen verbalen Pinsel und malt instinktiv *volle* Wörter wie *Zuhause*, nicht leere, wie zum Beispiel *Haus*.

Zweitens: Wenn Sie mehr von Ihrem Produkt verkaufen wollen, müssen Sie lernen, mit Ihrem Wortschatz umzugehen und Ihren Kunden unmittelbar ins Bild hineinzumalen. Sie müssen ihn ins Auto hineinsetzen und ihm zeigen, wie er den Luxus, den Komfort und die Sparsamkeit dieses Autos genießt. Sie müssen ein Bild der Zufriedenheit und Dankbarkeit malen, wie er an einem schönen Sommerabend eine Grillparty vorbereitet im Garten hinter dem Haus, das Sie ihm zeigen wollen. Das Bild muss (a) in Farbe und (b) in der Gegenwart sein.

Der «Bild»-Abschluss in nur 90 Worten

Die *New York Times* veröffentlichte einmal eine hübsche Geschichte von einer Hausfrau aus New Jersey, die dank ihren Gefühlen für ihr Zuhause und ihrem Gespür für eine gute Zeitungsannonce in einem einzigen Tag ihr Haus verkaufte, das fünf Immobilienhändler in drei Monaten nicht an den Mann bringen konnten. Mr. und Mrs. Lowe beschlossen, ihr Heim mit zwei Schlafzimmern zu verkaufen, weil es ihnen einfach langsam zu klein wurde. Die Immobilienhändler gaben die üblichen Anzeigen auf: «Gemütliches Sechs-Zimmer-Haus im Ranch-Stil, mit Kamin, Garage, Heißwasserheizung, zu verkaufen. Rutgers College, Stadion, Golfplätze und Primarschule in unmittelbarer Nähe.» Das sind Tatsachen, *aber die Leute kaufen keine Tatsachen oder Vorteile, wenn sie sie nicht auf sich selbst beziehen können.*

Nach drei Monaten gab Mrs. Lowe selbst eine Anzeige auf. Sie wollte, dass endlich etwas geschehe, und sie war der Überzeugung, ihr *Heim* verkaufen zu können. Ihre Anzeige hatte folgenden Wortlaut:

«Wir werden unser Zuhause vermissen: Wir waren dort glücklich, aber zwei Schlafzimmer waren einfach zu wenig, und deshalb mussten wir umziehen. Wenn Sie gemütlich am Feuer sitzen, durch große Fenster die Aussicht auf den Herbstwald genießen möchten, wenn Sie abseits vom Straßenlärm einen schattigen Sommergarten und wunderschöne Sonnenuntergänge im Winter mögen, die Stille des Frühlings mit quakenden Fröschen ersehnen, die Annehmlichkeiten der Stadt aber trotzdem in der Nähe haben möchten, dann würden Sie unser Zuhause vielleicht kaufen. Wir hoffen es. Wir möchten nicht, dass es an Weihnachten einsam und leer steht.»

Am folgenden Tag meldeten sich sechs Interessenten, und einer von ihnen kaufte das Haus.

Nun beachten Sie einmal diese Wortbilder. Nehmen Sie nur den ersten Satz: Sie können die glückliche Familie in ihrem hübschen Heim das für die *jetzigen* Besitzer leider zu klein geworden ist, buchstäblich *sehen*. Sie bemerken sofort, dass mit dem *Zuhause* alles in Ordnung ist. Das Problem ist nur, dass *zu viele* Menschen drin wohnen. *Wichtig:* Gehen Sie nun langsam den Rest der Anzeige durch, Satz für Satz. Sie werden noch weitere sieben Bilder entdecken. In dieser Anzeige mit nur 90 Wörtern verbergen sich also insgesamt acht Bilder. Und nun seien Sie ehrlich: Haben Sie das *neunte* Bild in der Überschrift gesehen – oder ist es so offensichtlich, dass Sie es gar nicht bemerkt haben? Deshalb empfehle ich Ihnen ja, dieses Buch *mehrmals zu studieren.*

Diese Anzeige – oder dieses «Verkaufsgespräch» – malt ein wunderschönes Bild von den Annehmlichkeiten und Vorzügen, welche die Lowes als Besitzer genossen hatten. Sie tut aber noch mehr. Sie verspricht den neuen Besitzern gleich viel Schönheit, Freude und Vorzüge. Sie malt ein prächtiges Bild von Glück, Zufriedenheit und Geborgenheit, wie es auch die neuen Besitzer empfinden würden.

Sie haben wahrscheinlich bemerkt, dass Mrs. Lowe ihr «Zuhause», nicht ihr «Haus» zum Kauf angeboten hat. Der Unterschied zwischen einem Zuhause und einem Haus ist *Liebe*. Die neuen Besitzer spürten zweifellos die Liebe, welche die Lowes für ihr «Zuhause» empfanden. Sie wollten nicht ein Haus *kaufen*, um es zu *besitzen*. Sie wollten in ein Zuhause *investieren*, um darin zu *leben*. Ja, so viel kann von der richtigen Wortwahl abhängen!

Im Idealfall beschreiben Wortbilder Schönheit, Luxus, Liebe, Zufriedenheit, Freude, Erfolg oder aber die Eigenschaften, die Mrs. Lowe gemalt hat. Die meisten Bilder werden natürlich eine Kombination von Eigenschaften und Vorteilen darstellen, aber um voll wirksam zu sein, *müssen* sie *alle* den Kunden *miteinschließen*. Fast jedes Produkt lässt sich mithilfe von Wortbildern verkaufen, vor allem, wenn die Bilder die Sprache der *Gegenwart* sprechen. Wie gesagt: Wir *denken* in Bildern und wir *kaufen* Bilder, wenn wir uns darin als zufriedene Kunden spiegeln können.

VERKAUFEN IN BILDERN IST GUT FÜR SPÄTER

Einer, der mit Wortbildern besonders gut umgehen konnte, war Fred Herman. Hier ist eine Geschichte von ihm, die er erzählte, als er vor Publikum über die Vorteile von Wortbildern sprach. Ich hatte das Privileg, Fred mehrmals persönlich zu erleben, und seine Witwe Kay überließ mir eine Kassette mit Aufnahmen seiner Präsentation, um mein Gedächtnis aufzufrischen. Da ich seine Präsentation sehen *und* hören konnte, wird die Szenerie von mir, die Worte aber werden von Fred Herman stammen.

Fred (zum Publikum): «Die Leute kaufen nicht Produkte oder Dienstleistungen – sie kaufen Bilder, welche das Ergebnis nach Anwendung der Produkte beziehungsweise nach Erfolgen der Dienstleistungen darstellen. Ich möchte Ihnen das anhand eines Beispiels beweisen. Ich brauche jemanden, der einen 5 oder 6 Jahre alten Sohn hat, und bitte ihn, zu mir auf die Bühne zu kommen und mir zu helfen.»

Fred zu einem Mann aus dem Publikum, der sich gemeldet hat: «Wie alt ist Ihr ältester Sohn?» Mann: «Zwölf.» – «Das ist gut, kommen Sie bitte zu mir. Wie heißt er?» – Mann: «Michael.» – Fred: «Und Sie heißen ...» – Mann: «Bob.» – Fred: «Bob, ich danke Ihnen, dass Sie sich gemeldet haben. Bob, wir sind nicht hier, um über Versicherungen oder Investitionen zu sprechen, sondern um uns darüber zu unterhalten, wie Michael zu einem Studium an der Universität kommen kann. Dafür opfern Sie doch bestimmt ein paar Minuten, nicht wahr?» – Bob: «Gewiss doch.»

Nun erklärt Fred, der Versicherungsmann beschreibe sein Programm und dessen Vorteile. Dann sagt er zum Publikum: «Ein Programm hätten wir also. Wir haben die Lösung gefunden. Das Programm sieht vor, dass die Summe zu einem bestimmten Termin bar ausbezahlt würde, aber ich würde Folgendes sagen: Bob, nachdem wir hier zusammengearbeitet haben, ist es mir vollständig klar geworden, dass es Ihnen unter anderem darum geht, dass Michael mit einem möglichst guten Rüstzeug sein eigenes Leben meistern kann. Stimmt das?» – Bob: «Ja, das ist richtig.» – Fred: «Gut, das Programm, das wir gemeinsam ausgearbeitet haben, wird das garantieren, egal was immer auch geschehen mag. Und Folgendes wird geschehen:

In vielleicht acht oder neun Jahren werden Sie per Post eine Einladung von Michaels College bekommen. Sie und Ihre Frau gehen zur Abschlussfeier. Sie betreten die Vorhalle, in der unglaubliches Stimmengewirr, aber auch menschliche Wärme herrschen; der Lärm ebbt allmählich ab, als die Kandidaten eintreten. Sie sehen das Gesicht Ihrer Frau. Es trägt ein strahlendes Lächeln, in einem Augenwinkel glitzert vielleicht eine Träne. Sie tasten nach ihrer Hand, Ihre Frau überlässt Sie ihnen gern. Der Höhepunkt von Jahren des Hoffens, Träumens und Planens hält Sie gefangen.

Nun ist es vorbei. Sie beobachten, wie Michael sein Diplom in Empfang nimmt. Langsam schreitet er die Gasse entlang, seine Augen suchen Sie und Ihre Frau. Sein Gesicht lacht. Sie spüren seinen warmen Händedruck, er legt seinen Arm um Ihre Schultern und sagt: ‹Dad, all das werde ich Dir nie vergessen.› Das ist es, was Sie möchten, nicht wahr, Bob?» – «Ja.»

Sentimental? Ja, aber nur, wenn Sie, der Verkäufer, die Gefühle der Eltern nicht wirklich nachempfinden. Außerdem ist dieses Vorgehen gut für spätere Zeiten. Es hilft Ihnen, das Geschäft sicherzustellen, *weil Sie dessen Ergebnis verkaufen.* Und ich möchte auch darauf hinweisen, dass die Eltern *jetzt* davon profitieren, denn sie haben die beruhigende Gewissheit, dass der Collegeausbildung ihres Sohnes nichts mehr im Wege steht.

Es spielt keine große Rolle, was Sie verkaufen; Sie können und sollten stets ein Bild malen, das der Kunde sehen und spüren kann. Da sich – in diesem Falle – viele Vorteile erst nach Jahren auswirken, ist es entscheidend, dass dem Kunden ein emotionales Bild dieser späteren Vorteile unauslöschlich eingeprägt wird. Dies verringert die Möglichkeit eines Rückzuges vom Geschäft ganz wesentlich.

Die Wirkung des Verkaufens in Bildern ist offensichtlich und erklärt auch, weshalb Charles Osgood von den CBS News sich zum Ausspruch hinreißen ließ: «Im Vergleich zu Worten und Fantasie ist eine Kamera etwas Erbärmliches.» Um sicher zu gehen, dass Sie es nicht übersehen haben, möchte ich auch noch erwähnen, dass der Dialog sechs Fragen enthält. Zu einer guten Verkaufs- und Abschlusstechnik werden bei einem guten Verkäufer immer mehrere Aspekte der Präsentation gehören.

Verkaufsberater John Hammond weist daraufhin, dass ein Kunde einem größeren Kauf in der Regel erst zustimmt, *nachdem* er sich diese Bilder vor seinem geistigen Auge ausgemalt hat. Als professioneller Verkäufer müssen Sie Ihrem Kunden beim Malen helfen.

Der «vorbereitete» Abschluss

Ein guter Freund von mir, Dr. Emol Fails, ehemaliger Professor an der North Carolina State University, hat sehr viel mit verschiedenen Handelskammern gearbeitet. Er überzeugte sie davon, Ausbildungszentren für die Verkäufer von Detailhandelsgeschäften in ihrer Umgebung einzurichten, um diesen Leuten beizubringen, wie sie viel mehr Verkaufsgelegenheiten beim Schopf packen könnten.

Um die Notwendigkeit dieser Ausbildung zu beweisen, nahm Emol seine Brieftasche, band sie an einer Schnur hinten an seinem Wagen fest und schleppte sie so ein paar Tage lang hinter sich her, bis sie vollständig zerfetzt war. Dann steckte er seine Kreditkarten, sein Geld und seinen Führerschein wieder rein. Dann ging er in ein Herrenmodegeschäft, um sich eine Krawatte zu kaufen. In unmittelbarer Nähe von Krawatten findet man in der Regel auch Brieftaschen. Er zog seine Brieftasche aus der Jacke und ließ sie «zufällig» zu Boden fallen. Kreditkarten, Geld und Führerschein flatterten natürlich in allen Himmelsrichtungen davon.

In einer einzigen kleinen Stadt trieb er sein Spiel fünfmal. Unweigerlich halfen ihm die Angestellten, seine Siebensachen wieder aufzusammeln. *Manchmal verzogen sie sogar ihr Gesicht beim Anblick jenes fürchterlichen Gebildes, das er als Brieftasche benützte, aber nicht ein einziges Mal schlug jemand vor, er solle sich doch nebst der Krawatte noch eine neue Brieftasche kaufen.*

Das Bild, das Emol malte, war sonnenklar. Verkaufsausbildung tat dringend Not. Und die Handelskammern sahen ohne weiteres die Vorteile ein, die den Kunden, den Geschäften und ihnen selbst daraus erwachsen würden.

Ich bin hundertprozentig davon überzeugt, dass Sie mithilfe Ihrer Fantasie wirkungsvolle Bilder für Ihre Kunden malen können. In Dr. Fails' Fall beanspruchte die Vorbereitung (Zerfetzen der Brieftasche und Besuch in den Geschäften) für den Besuch bei den Handelskammern vielleicht zehnmal so viel Zeit wie der eigentliche Besuch. Dies steht im Einklang mit dem Ausspruch von Abraham Lincoln: «Wenn ich neun

Stunden hätte, um einen Baum zu fällen, würde ich sechs davon aufwenden, um meine Axt zu schärfen.» Verkaufen ist nicht leicht, gute Vorbereitung macht es aber *leichter* und lohnender.

Dies gilt übrigens für die *meisten* Gebiete. Untersuchungsrichter verbringen vor jeder Stunde im Gerichtssaal Hunderte von Stunden mit Studien, Nachforschungen und Vorbereitungen. Ähnliches gilt für Chirurgen, professionelle Sportler *und* professionelle Verkäufer. Das Wunderpferd Nashua gewann in einer Rennzeit von insgesamt weniger als einer Stunde über 1 Million Dollar, aber es trainierte Hunderte von Stunden unter den verschiedensten Bedingungen. Dank der entsprechenden Vorbereitungen, einem ausgezeichneten physischen Zustand und dem Willen, im Notfall das Letzte zu geben, konnte Nashua alle Möglichkeiten wahrnehmen. Ich nehme an, das Bild ist angekommen! Wenn Sie sich in der Kunst des Abschließens genau so intensiv vorbereiten, wie dies eine Fußballmannschaft auf ein wichtiges Spiel tut, werden Sie bald ungeheure Fortschritte verzeichnen; Sie werden bei gewöhnlichen Kundenbesuchen mehr Geschäfte machen, vor allem aber auch in kritischen Fällen – wo Sie vorher oft versagt haben.

Der «Angst»-Abschluss

Fred Herman prägte eines der schnellsten und wirksamsten Wortbilder, von denen ich gehört habe. Er leitete die Ausbildung der Tankwarte einer großen Benzin- und Ölgesellschaft. Fred wollte ihnen in erster Linie beibringen, wie sie mehr Öl verkaufen konnten.

Er empfahl den Tankwarten, sie sollten die Motorhaube öffnen, den Ölstand prüfen und dann zum Kunden sagen: «Sie brauchen fünf Liter.» Diesen Satz interpretierte Fred richtigerweise als Angstmotivation. Er malt ein sehr lebendiges Wortbild. Man sieht förmlich, wie der Kunde Angst bekommt, wenn er diesen Satz hört; er ahnt schon einen schlimmen Motorschaden. Die meisten Leute rechnen mit dem Schlimmsten, und der

Gedanke daran, dass ein Auto fünf Liter Öl verbraucht, kann einem schon Angst einjagen.

Fred meinte, der Kunde würde erbleichen, blitzschnell aussteigen und fragen: «Was soll das heißen, ich brauche fünf Liter?» Dann sollte der Tankwart ruhig antworten: «Ihr Öl ist stark verschmutzt und sollte gewechselt werden, bevor der Motor Schaden nimmt. Es dauert nur ein paar Minuten, dann sind Sie schon wieder unterwegs.» (Dieser letzte Satz ist doch schon wieder ein Wortbild, oder nicht?)

SIE VERKAUFEN DAS, WAS IHR PRODUKT TUT ODER VERÄNDERT

Sie müssen ein Bild malen, in welchem der Kunde sieht, wie er Ihr Produkt benutzt und genießt. Wenn Sie sich dieses Vorgangs und seiner Vorteile vollständig bewusst geworden sind, werden Sie sich darum bemühen, bis Bildermalen zu einem Teil Ihrer selbst geworden ist.

Achten Sie beim Weiterlesen – und auch dann, wenn Sie das Buch erneut durcharbeiten – auf Wortbilder. Sie stellen stets Zufriedenheit und Dankbarkeit dar. Und der Grund dafür ist einfach. *Sie verkaufen nicht, was Ihr Produkt ist – Sie verkaufen immer, was Ihr Produkt tut.* Beispiel: Jahr für Jahr werden über 5 Millionen 15 mm-Bohrer verkauft, aber man darf – so glaube ich – ruhig behaupten, dass niemand einen 15 mm-Bohrer haben will. Was die Leute brauchen, sind 15 mm-Löcher.

Jedes Jahr werden Kosmetika im Wert von Hunderttausenden von Dollar verkauft, aber man darf – glaube ich – ruhig behaupten, dass niemand Lippenstift, Lidschatten oder Wangenrouge haben will. Was die Damen wollen, ist ein attraktiveres Aussehen. Sie möchten gut duften und auf das andere Geschlecht wirken.

Sie verkaufen nicht, was es ist –
Sie verkaufen, was es tut.

Schauen Sie sich die Reklame im Fernsehen an. Sie hören Wortbilder und sehen gleichzeitig, wie die Leute von den Vorteilen der Produkte profitieren.

Der «Im Nachhinein»-Abschluss

Thorn Norman malt Wortbilder in einem Brief. Er empfiehlt Verkäufern, ihren Kunden nach Abschluss eines Geschäftes einen Brief zu schreiben. Das ist gut für weitere Geschäfte im Nachhinein, und das wird bei der Verkäuferausbildung oft übersehen. Wie wichtig das ist, dürfte offensichtlich sein, denn wenn Sie einen Kunden gewonnen haben, müssen Sie auch alles tun, um ihn zu behalten.

Thorn rät seinen Kunden, das gleiche zu tun, was er selbst jahrelang tat, als er noch im Direktverkauf tätig war. Die Briefe sollten noch am gleichen, spätestens aber am Tag nach dem Verkauf geschrieben werden, unabhängig davon, ob der Besuch beim Kunden zu Hause oder in seinem Büro gemacht wurde.

Thorn beharrt darauf, der Brief müsse von Hand geschrieben sein. Er hat nichts gegen die Benutzung von Briefpapier mit Firmenkopf, findet es aber sehr wichtig, dass der Umschlag ebenfalls von Hand adressiert und nicht mit der Maschine, sondern mit einer Briefmarke frankiert wird. Das wirkt viel persönlicher.

In seinen Briefen schrieb Thorn ungefähr Folgendes: «Ein persönliches Zeichen, mit dem ich Ihnen für Ihre Freundlichkeit und Ihr Vertrauen danken möchte, das Sie mir gestern (oder heute, oder …) entgegengebracht haben. Ich habe mich sehr gefreut, Sie und Ihre Familie zu besuchen. Ich bin stolz, dass Sie nun unser Produkt verwenden, und weiß, dass Sie davon profitieren und mit dem Resultat zufrieden sein werden. Ich werde mich wieder mit Ihnen in Verbindung setzen, um zu sehen, ob ich Ihnen anderweitig zu Diensten sein kann. Falls Sie in der Zwischenzeit irgendwelche Hilfe benötigen, zögern Sie bitte nicht, mich anzurufen.» Dieser Brief malt eine Menge Bilder und versichert dem neuen Kunden mit kräftigen «Pinselstrichen», dass er richtig entschieden hat:

Danke für Ihre Freundlichkeit.

Ich habe mich gefreut, Sie zu besuchen. Ich bin stolz auf Sie.

Sie werden profitieren und zufrieden sein.

Ich werde mich mit Ihnen in Verbindung setzen, um zu sehen, ob Sie Hilfe benötigen.

Er malt das Bild eines Verkäufers, der sich um den Kunden kümmert, der den Kontakt mit ihm schätzt und ihn bei Bedarf auch weiter umsorgt. Er versichert dem Kunden: «Nur weil Sie jetzt etwas gekauft haben, heißt das noch lange nicht, dass ich das Interesse an Ihnen verliere.» Er malt das Bild eines Verkäufers, der auf die *Menschen* und auf *Dienstbereitschaft* ausgerichtet ist. *Auf diese Weise* können Sie mehr verkaufen *und* dabei eine solide Karriere aufbauen.

VERKAUFEN MIT BILDERN FÜR GRÖSSERE UND PERMANENTE AUFTRÄGE

Der «Repetitions»-Abschluss

Wollen wir es einmal wagen? Ich gebe Ihnen ein Wortbild, und Sie schreiben den Namen des Produktes hin, ohne nach der Antwort weiter unten zu gucken. Es wird nicht allzu kompliziert sein, denn Sie haben es schon sehr, sehr oft gehört. «Er läuft und läuft und läuft...» – «Es gibt viel zu tun, packen wir's an.» – «Das unmögliche Möbelhaus aus Schweden.»

Hat es geklappt? Nun, in all diesen Beispielen hat die Firma erreicht, dass man das Produkt durch ständige Wiederholung und Gebrauch von Wortbildern erkennt, und gleichzeitig hat sie mit dem Kauf des Produktes eine bestimmte *Erwartung* verknüpft. Diese Wiederholungen und Bilder fordern uns sehr *deutlich* auf, ein Auto der Marke VW, Esso-Benzin oder Ikea-Möbel zu kaufen. Natürlich lassen sich die Beispiele beliebig fortsetzen.

Wenn Ihre Präsentation oder Demonstration 15 Minuten oder länger dauert, müssen Sie unbedingt gewisse Vorteile immer wieder erwähnen; Sie müssen Ihren Kunden klar machen, dass diejenigen, die Ihr Produkt kaufen, gewisse Vorteile haben werden, welche den anderen, die nicht kaufen, immer versagt bleiben werden. Also zum Beispiel: «Damit lassen sich alle Ritzen luftdicht abschließen», «Das isoliert vollkommen; die Kälte bleibt draußen, die Wärme drinnen», «Damit können Sie ganz beträchtlich Strom sparen», «Sie sparen damit Ihr eigenes Geld, nicht das der Firma» oder «Investieren Sie Ihre Ersparnisse in Ihre Zukunft». All diese Sätze beinhalten auch eine gewisse Dauerhaftigkeit.

JEDER GUTE VERKÄUFER MALT BILDER

Gute Mechaniker und gute Ärzte tun genau das Gleiche. Der Arzt sagt: «Es ist nicht Krebs – noch nicht.» Der Mechaniker sagt: «Ich glaube nicht, dass größere Reparaturen notwendig sind – noch nicht.» Dieses «noch nicht» malt vor dem geistigen Auge des Kunden ein Bild der Angst.

Frage: Möchten Sie einen Arzt, der Ihnen nicht ein bisschen Angst einjagt, indem er zu Ihnen sagt, wenn Sie nicht etwas unternähmen, könne sich aus diesem gutartigen ein bösartiger Tumor entwickeln? Oder möchten Sie einen Mechaniker, der Ihnen nicht sagt, wenn Sie nicht demnächst größere Reparaturen machen ließen, könnte irgendetwas ganz schief gehen und Sie fünfmal soviel Geld kosten?

Wenn Sie als Verkäufer/Kunde denken: was halten Sie von einem Verkäufer, der sich nicht energisch genug um seine Kunden bemüht und ein gewisses Risiko scheut, ihnen noch ein oder zwei weitere Käufe nahe zu legen, um die Wirksamkeit oder den Genuss bereits getätigter Geschäfte noch zu erhöhen? *Motiv* ist das Schlüsselwort. Wenn Sie Ihren Kunden nur deshalb mehr verkaufen wollen, weil Sie dann mehr verdienen, dann sind Sie ein «Hausierer». Wenn Sie den Kunden dazu ermutigen, mehr zu kaufen zu seinem eigenen Vorteil, dann sind Sie ein «Profi», und beide Seiten haben etwas davon.

Wenn Sie diesen Kunden mit ins Bild setzen und seine Freunde auch noch mit einbeziehen, verkaufen Sie mehr und verkürzen erst noch die Fahr- und Einkaufszeit Ihrer Kunden. Es ist wahr: Sie können im Leben alles erreichen, was Sie wollen, wenn Sie nur genügend anderen Menschen helfen, zu erreichen, was diese haben wollen.

Der «Speisekarten»-Abschluss

Ich habe wohl noch nirgends so viele Wortbilder auf einmal angetroffen wie in den Speisekarten der Hyatt-Hotels. Ich habe eine aus Indianapolis, Indiana, vor mir liegen, und die vielsagenden Adjektive, die darin vorkommen, malen so herrliche Bilder, dass man «von allein» nicht nur einen, sondern gleich mehrere Gänge bestellt. Sie zeugen von einer sehr üppigen und blühenden Fantasie. Hier ein paar Beispiele:

Die Überschrift lautet: «Sinnenfreudige Salate. Kalifornische Palette. Eine bunte Auswahl frischester Beeren, Bananen, Melonen, Ananas und Trauben – je nach Jahreszeit – geschmackvoll arrangiert um einzelne Häppchen von gefrorenem Joghurt und Cottage-Cheese auf Wassermelone.»

Oder: «Spinat Supreme. Ein herrlicher Haufen knackigfrischer Spinatblätter mit frischen Pilzen, knusprigen Speckstreifen, frischen Tomaten an unserer hervorragenden heißen Honig-Speck-Sauce.»

Und auch das klingt nicht schlecht: «Für Protein-Liebhaber. Meister Hacksteak dirigiert ein Orchester von frischem Gemüse, Obst und Eiern vor einem Publikum aus Kopfsalat, begleitet von gefrorenem Joghurt und Cottage-Cheese.»

Und ein letzter Appetitanreger: «Tivoli. Ein reichhaltiges Garten-Sandwich mit frischen Avocado-Knospen, Schweizer Käse, Tomaten und Kopfsalat auf Honig-Weizen-Brot umgeben von einer Symphonie frischer, roher Gemüse; dazu unsere Esquire-Dip-Sauce.»

Ja, diese Leute verstehen es in der Tat, mit Worten Geschäfte zu machen. Sie jonglieren mit Worten, um ihre Speisen zu beschreiben, und da ich selbst schon öfter dort gegessen habe, darf ich Ihnen verraten: Hier wird auch geliefert, was verkauft wird. Die Speisen sind köstlich!

Der «Oooh-und-Aaah»-Abschluss

In den Jahren, in denen ich mit Bernie Lofchick und World Wide Distributors zusammengearbeitet habe, boten sich mir viele ungewöhnliche Gelegenheiten. Nie werde ich den Tag vergessen, als World Wide feines bayerisches Porzellan ins Sortiment aufnahm. Bernie war nach Deutschland gefahren und hatte mit einer Manufaktur in Bayern einen Liefervertrag ausgehandelt. Er durfte seine Dekors auswählen, und einige wurden sogar eigens für seine Firma entworfen. Dies bot nun natürlich eine ganz besondere Gelegenheit, um mit Wortbildern und Fantasie zu arbeiten.

Beim Verkauf von Porzellan für die Aussteuer junger Mädchen und Frauen spielte die mit dem jeweiligen Dekor verbundene «Romanze» oder «Geschichte» eine ganz besondere Rolle. Alles war in bester Ordnung, nur für ein einziges, wirklich ausnehmend schönes Dekor hatten wir noch keine «Geschichte» gefunden, und Bernie war der Meinung, ohne entsprechende Präsentation würde es bei der Kundschaft wohl nicht ankommen.

Buchstäblich um fünf Minuten vor zwölf, das heißt, am Abend, bevor das neue Porzellan unseren Verkäufern vorgestellt werden sollte, kamen Bernie und ich auf die erlösende Idee. Am folgenden Tag präsentierten wir das Porzellan also vor versammeltem Publikum, und unsere Leute zeigten sich von der Qualität und Schönheit, insbesondere auch von den anderen Feinheiten, die ein wirkliches Qualitätsprodukt auszeichnen, hell begeistert. Wir stellten ein Dekor nach dem anderen vor, und da es sich schließlich immer bis zu einem gewissen Grad auch um eine Geschmacksfrage handelt, reagierten die verschiedenen Verkäufer auch unterschiedlich auf die einzelnen Dekors.

Als dann endlich der große Augenblick gekommen war, machte ich eine kurze Pause, blickte dann ins Publikum, lächelte und sagte: «Nun, Leute, bevor Ihr dieses Dekor aus Euren Musterkoffern nehmt und dem Mädchen zeigt, sagt Ihr Folgendes: ‹Dieses nächste Dekor nennen wir *Oooh und Aaah*, und genau das werden auch Ihre Gäste Ihr ganzes Leben lang sagen, wenn Sie sich dafür entscheiden.›»

Nun nahm ich einen Teller aus dem Koffer, hielt ihn in die Höhe und – ohne Ausnahme – erklang aus aller Munde ein «Oooh» oder «Aaah». Dieses Dekor entwickelte sich zu einem wahren Renner, und World Wide verkaufte davon mehr als doppelt so viel als von irgendeinem anderen Dekor. Vielleicht wäre das so oder so der Fall gewesen, aber Bernie Lofchick ist hundertprozentig davon überzeugt, dass unsere Einführung des Dekors vor versammelter Verkäuferschar mit unserem kleinen Trick den Unterschied ausgemacht hat.

AUCH SO KÖNNEN SIE DAMIT ARBEITEN

Ich rate Ihnen wiederum dringend, diese Variante auf Ihre Situation abzustimmen. Nehmen wir beispielsweise an, Sie arbeiten in einem Damenmodegeschäft und haben eine Kundin, die sich einfach nicht für das eine oder andere Kleid entscheiden kann; ich würde Ihnen nun empfehlen, ein «Oooh und Aaah»-Kleid auf Reserve zu haben. Mit einigem Spürsinn werden Sie nach ein paar Minuten entdeckt haben, was Ihrer Kundin ungefähr gefällt. Die meisten guten Geschäfte führen ein paar besondere Kleider, die für «diese Kundin» gemacht worden sind. Oft zögert aber eine Kundin, weil sie sich einfach nicht entscheiden kann, welches von zwei Kleidern ihr besser gefällt. Im richtigen Moment nun – und das ist bestimmt nicht nach den ersten drei oder vier Kleidern, die Sie ihr zeigen – sagen Sie zu ihr: «Da fällt mir eben ein, ich glaube, wir haben genau das, was Sie suchen. Ich kann Ihnen sagen, wenn Ihr Mann (Freund) Sie in diesem Kleid sieht, wird er bestimmt ‹Oooh› oder ‹Aaah› sagen.» Dann, mit einem Lächeln: «Das ist also unser ‹Oooh›- oder ‹Aaah›-Kleid.» Natürlich werden nicht alle Kundinnen gleich gut auf diese Taktik ansprechen. Sie eignet sich genau so gut, wenn Sie ein Haus mit einer besonders schönen Aussicht oder ein ganz spezielles Auto verkaufen. Oder hübsche Schmuckstücke, lebendige Bilder, stilvolle Möbel, oder ... Vielleicht klappt sie sogar, wenn Sie Golfschläger verkaufen. Zeigen Sie sie dem Kunden und sagen Sie lächelnd: «Wenn Sie damit den Ball vom Tee wegschlagen, werden Ihre Partner wahrscheinlich ‹Oooh› oder ‹Aaah› rufen.»

Warme, gehaltvolle Wörter malen Bilder, und diese Bilder und Klänge haben einen wesentlichen Einfluss auf die Entscheidung des Kunden. Ja, Wörter machen einen großen Unterschied, und deshalb müssen auch Sie ein «Worthändler» werden. Lernen Sie, mit ihnen malen; dann können Sie Ihr ganzes Potenzial ausschöpfen und als professioneller Verkäufer die obersten Stufen der Erfolgsleiter erklimmen.

EINWÄNDE – DER SCHLÜSSEL ZUM ABSCHLUSS

Das Wort *Einwand* allein genügt, um im Herzen eines unsicheren und/oder unerfahrenen Verkäufers Angst aufsteigen zu lassen. An und für sich sollte es aber freudige Erregung hervorrufen, denn das Vorbringen eines Einwandes ist in Tat und Wahrheit ein Zeichen von Interesse, und das ist das erste, worauf ein Verkäufer achten sollte.

Es gibt ebenso viele Arten von Einwänden wie es Kunden gibt, und so gibt es auch zahlreiche Möglichkeiten und Variationen, wie man ihnen begegnen kann. Dieses Thema ist unendlich weitläufig und nimmt in *Der totale Verkaufserfolg* entsprechend viel Raum ein. Ich empfehle Ihnen dringend, diese Informationen mit dem Material Ihrer Firma zu kombinieren und sie auf die eigene Praxis abzustimmen; ich rate Ihnen auch, dieses Problem mit führenden Verkäufern in Ihrer Branche zu diskutieren.

VERKAUFEN TROTZ – ODER WEGEN EINWÄNDEN

Ich glaube mit ziemlicher Sicherheit behaupten zu dürfen, dass Sie es in den meisten Fällen gar nicht mit einem echten potenziellen Kunden zu tun haben, wenn er bei einem größeren Geschäft nach Ihrer Präsentation keine Einwände vorbringt. Wenn er Einwände erhebt, sollten Sie innerlich lächeln und denken: *Ausgezeichnet! Da habe ich aber einen aussichtsreichen Kunden erwischt!* Vergessen Sie nicht: Wenn alle Werte und Vorteile Ihres Produktes für den Kunden offensichtlich wären, wäre der Verkäufer (also Sie!) überflüssig. Vergessen Sie auch nicht, dass die Provisionsansätze mächtig fallen würden, wenn jedermann Ihr Produkt auf Anhieb kaufen würde.

KEINE EINWÄNDE – KEIN KUNDE

Wenn Sie mir zum Beispiel eine Taucherausrüstung verkaufen wollten, würde ich nie irgendwelche Einwände vorbringen. Selbst wenn Sie mir das Ganze komplett für 9,95 Dollar und mit 50 Jahren Garantie anböten, bekämen Sie keinen Einwand zu hören, weil ich einfach kein Interesse habe.

Wenn Sie mir Golfschläger verkaufen wollten, würde ich vielleicht sagen: «Dieser Schläger ist zu hart (oder zu wenig hart).» Ein solcher Kommentar sollte bei Ihnen ein zufriedenes inneres Lachen hervorrufen, denn jetzt könnten Sie sagen: «Dann wäre ein Schläger mit unserem neuen Grafitgriff das richtige für Sie.» Wenn ein Kunde an Ihrem Produkt interessiert ist, wird er meistens den einen oder anderen Vorwand vorbringen; wenn dies der Fall ist, haben Sie Grund zu freudiger Erregung.

Im Zusammenhang mit Einwänden wird folgende Frage am häufigsten gestellt: «Wann sollte man auf einen Einwand eingehen?» Nun, dafür gibt es eigentlich vier Zeitpunkte:

1. bevor er überhaupt gemacht wird
2. im Augenblick, wo er vorgebracht wird
3. später
4. nie

Zu «nie» möchte ich allerdings noch etwas erklären. Ein Einwand mag Ihnen nichtig oder unbedeutend erscheinen, wenn der Kunde ihn aber ein zweites Mal vorbringt, dürfen Sie mit Gewissheit annehmen, dass er für ihn wichtig ist. Und dann sollten Sie auch darauf eingehen, sonst bekommt er den Eindruck, Sie würden ihn ignorieren, Sie hätten kein Interesse an ihm oder wüssten keine Antwort darauf.

Ich bin felsenfest davon überzeugt, dass ein äußerst motivierter, fähiger, professioneller Verkäufer sämtliche Einwände seiner Kunden zerpflücken kann, sodass sie am Ende fast lächerlich dastehen, wenn sie nicht kaufen. Damit kann ein

Verkäufer manche Kunden «drängen». Ich glaube auch, dass manch ein Verkäufer so überzeugend und charmant sein kann, dass er seine Kunden buchstäblich unter «Hypnose» dazu bringen kann, etwas zu kaufen, was sie gar nicht brauchen oder viel zu teuer ist. Kein Verkäufer kann aber während seiner Präsentation so hypnotisch wirken, dass der Kunde hypnotisiert bleibt und den Kauf für ein gutes Geschäft hält, bis die Ware geliefert und bezahlt ist.

Deshalb bin ich der Ansicht, «unter Druck» zustande gekommene und zu überhöhten Preisen abgeschlossene Verkäufe sind das Schlimmste, was ein Verkäufer seiner Karriere antun kann. In beiden Fällen tritt der Kunde wahrscheinlich vom Kauf zurück, und der Verkäufer kann sich keine Kundschaft aufbauen, und das ist einfach *unerlässlich*, wenn er eine Karriere als Verkäufer anstrebt.

In einer ähnlichen Richtung verlaufen die Überlegungen des Kommunikations- und Organisationsexperten Dan Bellus, wenn er sagt, zu viele Verkäufer machten den Fehler, den Verkaufsvorgang als «Gewinn» für sich selbst und als «Verlust» für den Kunden anzusehen. Mit dieser Einstellung käme der Verkäufer zum Schluss, er müsse sein Gegenüber «besiegen». Und dann fragt Dan: «Dürfen Sie allen Ernstes erwarten, jemand, der von Ihnen soeben ‹besiegt› worden ist, würde Ihnen etwas abkaufen?» Wenn ein Kunde Einwände vorbringt oder eine andere Meinung äußert, so meint Dan, müsse der Verkäufer ihn überzeugen, nicht besiegen.

Der Kommunikationsprozess verlangt, dass wir in überzeugender, nicht in «besiegender» Art und Weise auf Einwände eingehen. *Unser Ziel ist es nicht, zu besiegen, sondern zu überzeugen und dann zu überreden.* Sobald wir jemanden «besiegen», bedeutet das für uns das Ende von Verständnis und Kommunikation und damit auch das Ende des Geschäftes. Dazu gibt uns Dan folgendes Beispiel:

Ein Tourist beobachtete in Hongkong zwei Orientalen, die sich gegenseitig in höchster Lautstärke anschrien und beschimpften. Der Tourist fragte seinen einheimischen Reiseleiter: «Worum geht es denn bei diesem Streit?» Der Führer antwortete: «Männer haben Diskussion über Besitz von Boot.» Darauf der

Tourist: «Die regen sich so auf, werden sie nicht demnächst mit den Fäusten aufeinander losgehen?» Der Reiseleiter antwortete: «Nein, dazu wird es nicht kommen, denn beide wissen ganz genau, dass derjenige, der als erster zuschlägt, zugibt, dass ihm die Argumente ausgegangen sind.»

Genau das Gleiche geschieht, wenn wir zulassen, dass ein Gespräch in ein Wortgefecht ausartet. Wenn wir zu streiten beginnen, sind uns die Argumente ausgegangen; in unserem Fall: Überzeugung – ist nicht mehr möglich.

Als letzte Vorbereitung auf das Kapitel Einwände möchte ich Ihnen noch verraten, was mein Bruder, einer der besten Verkaufsberater Amerikas, dazu zu sagen hat. Judge pflegt zu erklären, dass manche Leute nichts kaufen, weil der Nachtzug nicht mehr von Buffalo nach New York City fährt. Nun fragen Sie sich bestimmt zu Recht, was denn der Nachtzug von Buffalo nach New York City mit einem Kunden zu tun hat, der Ihnen nichts abkauft. Judge sagt: Ganz einfach, es hat überhaupt nichts damit zu tun, aber *wenn ein Kunde nicht kaufen will, ist eine Ausrede ebenso gut wie eine andere.*

Botschaft: Geben Sie bei jedem Besuch oder Gespräch das Beste. Bemühen Sie sich, die Person, mit der Sie reden, in Ihr Produkt miteinzubeziehen. Wenn dann trotzdem kein Geschäft zustande kommt, grämen Sie sich deswegen nicht zu Tode, sondern gehen Sie weiter und bereiten Sie sich geistig auf den nächsten Besuch vor. Denken Sie daran: *Sie haben nicht versagt, sofern Sie nicht zulassen, dass sich Ihr Misserfolg negativ auf Ihren nächsten Besuch oder Ihr nächstes Gespräch auswirkt.*

NEHMEN SIE DIE ANTWORTEN VORWEG

Sprechen wir zunächst einmal über den besten Zeitpunkt, auf einen Einwand einzugehen – nämlich, bevor er überhaupt erhoben wird. Übrigens: Wenn Sie nach Ihrer Präsentation immer wieder die gleichen Einwände zu hören kriegen, ist das ein sicheres Anzeichen dafür, dass mit dieser Präsentation etwas nicht stimmt. Analysieren Sie sie, damit Sie die *meisten* Einwände bereits im Hauptteil dieser Präsentation entkräften können. Damit können Sie aus der Offensive heraus verkaufen und müssen nicht aus der Defensive heraus antworten. Dies ist weit besser und wirksamer.

Hier ein paar Beispiele, wie Sie Einwänden in Ihrer Präsentation entgegentreten können, bevor der Kunde sie überhaupt ausspricht.

Vor vielen Jahren verkaufte ich Kombi-Küchengeräte, wie Sie sie bestimmt auch schon im Fernsehen gesehen haben. Nachdem ich die Maschine ein paar Monate lang demonstriert hatte, sprach sie buchstäblich für sich selbst! Sie produzierte in einem Höllentempo Scheiben, Würfel, Gehacktes, Gemischtes usw.

Die Kunden staunten nur, was da unten alles herauskam. «Ooohs» und «Aaahs» waren an der Tagesordnung. Zwei Einwände tauchten aber fast immer auf. In der Regel beugte sich der Ehemann zu seiner Gattin herüber und flüsterte ihr so laut ins Ohr, dass man es drei Häuser weiter noch hören konnte: «Ja, verblüffend, was der mit dieser Maschine alles tun kann. Aber ich wette, wenn wir eine kaufen würden, brächtest *Du* das nie fertig.» Dieser Einwand kam so sicher wie das Amen in der Kirche. Beinahe ebenso häufig folgte der Kommentar der Hausfrau: «Ich glaube, da kann man sich auch ganz tüchtig in die Finger schneiden!»

MACHEN SIE ES GLAUBWÜRDIG

Es war uns klar, dass wir diesen beiden Einwänden positiv und von vornherein begegnen mussten, wenn wir die Maschine wirklich gut verkaufen wollten. Harry Lemmons, der Gründer und Direktor der Saladmaster Corporation, gab mir folgenden Tipp. Ich sollte rasch und einfach drei oder vier verschiedene «Tricks» vorführen und mich dann an meine Zuschauer wenden. «Nun, viele Leute schauen mir zu, was ich mit dieser Maschine alles bewerkstelligen kann und fragen dann: ‹Mr. Ziglar, wenn ich eine kaufen würde, könnte ich das alles dann auch fertig bringen?›

Ich will ehrlich zu Ihnen sein und muss deshalb sagen: *Ganz bestimmt nicht!* Sie werden diese Maschine nie so gut bedienen können wie ich. Damit will ich nicht prahlen, meine Damen, das ist schlicht und einfach Tatsache. Sehen Sie, ich mache jeden Tag stundenlang nichts anderes, als diese Kurbel drehen und zuschauen, was passiert (ich arbeitete fröhlich weiter, während ich sprach). Ist diese Maschine nicht kinderleicht zu bedienen?

Ich weiß, es sieht kinderleicht aus, aber wenn man tagtäglich damit umgeht, ist das ja auch kein Wunder.»

Der «Annahme»-Abschluss

«Nun, meine Damen, wenn Sie eine solche Maschine kaufen (das ist meine erste, auf einer Annahme basierende Kaufandeutung), dann haben Sie natürlich noch eine Menge anderer Dinge zu tun. Wenn Sie mit ihr arbeiten, müssen Sie gleichzeitig nach den Kindern sehen, das Telefon abnehmen, putzen, mit dem Hund spazieren gehen und noch hundert andere Dinge erledigen. Ich hingegen brauche nur diese Kurbel zu drehen, und deshalb kann ich es so gut.»

VERKAUFEN, WAS DAS PRODUKT TUT

Sie glaubten mir, aber bis dahin hatte ich noch keine einzige Maschine verkauft, was ja eigentlich der Zweck der Demonstration gewesen war. Ich fuhr also weiter: «Wenn Sie mit dieser Maschine schon nicht so gut umgehen können wie ich, fragen Sie sich vermutlich, *wie* gut Sie sie werden bedienen können, wie viel Zeit und Geld Sie sparen werden und wie viele hübsch zubereitete Gerichte Sie Ihrer Familie werden vorsetzen können.

Nun, vielleicht ist diese Dame hier so freundlich, mir einen Augenblick zu helfen (ich wählte stets eine jüngere Dame aus einer der vordersten Reihen aus). Geben wir ihr fünf Minuten, um die Gebrauchsanweisung zu lesen; danach wird sie mit der Maschine das Gemüse schneller und besser schneiden als *drei* andere Frauen in diesem Raum, denen ich die schärfsten Messer in der Stadt zur Verfügung stelle. Wahrscheinlich haben diese drei Frauen ihr ganzes Leben lang mit Messern gearbeitet, währenddem unsere Dame diese Maschine hier zum ersten

Mal bedient. Warum sie es besser und schneller kann, ist ganz einfach. Es ist nicht, weil sie *meisterhaft* damit umgehen kann, sondern weil die *Maschine* ihr die Arbeit abnimmt, und das möchten Sie doch alle, nicht wahr?» (Kopfnicken.)

Der «Versuchs»-Abschluss

Damit war diesem Einwand ziemlich gut Genüge getan. Nun zerkleinerte ich zwei oder drei weitere Lebensmittel, entfernte danach die erste Klinge aus der Maschine und unternahm einen ersten Abschlussversuch: «Meine Damen, wie Sie sehen können, gibt es insgesamt fünf Messer für diese Maschine. Was Sie bisher gesehen haben, hat alles dieses erste Messer erledigt. Und dann möchte ich Sie etwas fragen. Wenn die Maschine nur dieses eine Messer hätte (Stimme senken und ins Publikum schauen), wer von Ihnen wäre bereits fest entschlossen, eine solche Maschine kaufen zu wollen? Darf ich mal Ihre Hände sehen, bitte?» Fast ohne Ausnahme antworteten 5 bis 10 Prozent der anwesenden Damen und noch mehr Männer mit Kopfnicken, Handerheben oder lautem Zuruf.

Ich bin stets der Meinung gewesen, es sei grausam und unnötig, einen Kunden während der gesamten Präsentation zuhören zu lassen, *nachdem* er mir gesagt hat, er möchte kaufen. Man sollte nett zu den Leuten sein und sie kaufen lassen, wenn *sie* dazu bereit sind und nicht erst, wenn sie die gesamte Präsentation über sich haben ergehen lassen.

(*WICHTIG:* Bei Gruppendemonstrationen muss unbedingt ein Helfer dabei sein, um diese Kunden sofort zu bedienen, während Sie mit Ihrer Präsentation weiterfahren!) Vorsicht! Manche Kunden tun in einer Gruppe so, als ob sie kaufen wollten, und wollen dabei nur nett und freundlich sein. Es ist manchmal schwierig, diesen Unterschied festzustellen. Dazu braucht es Erfahrung und gute Menschenkenntnis.

HUMOR KANN VON UNSCHÄTZBAREM WERT SEIN

Nun pflegte ich wieder zwei, drei weitere Lebensmittel zu schneiden oder zu hacken und mich mit dem zweiten unausgesprochenen Einwand zu befassen. «Schon oft haben mich Hausfrauen gefragt: ‹Mr. Ziglar, wenn ich eine solche Maschine hätte, könnte ich mir damit auch in die Finger schneiden?›» Darauf antwortete ich lächelnd: «Natürlich können Sie das, aber wir empfehlen es nicht.»

Oft erreicht man mit Humor wesentlich mehr als mit tödlicher Ernsthaftigkeit. Dann sprach ich weiter: «Meine Damen, wenn Sie sich in die Finger schneiden wollen, ist das sehr einfach. Sie brauchen bloß die Kurbel zu drehen und die Finger der anderen Hand hier hereinzustecken. Wenn Sie sich dabei geschickt anstellen, tropft das Rot hier direkt in die Schüssel!

Meine Damen, wenn Sie sich aber nicht in die Finger schneiden wollen, *halten Sie sie fern von der Maschine*! Haben Sie Fragen?» Offenbar bewährte sich dieses Vorgehen bestens, denn dieser Einwand tauchte fortan kaum mehr auf.

Über den Preis haben wir uns im ersten Teil von *Der totale Verkaufserfolg* ja schon eingehend unterhalten. Da es sich aber doch um einen Einwand handelt, möchte ich an dieser Stelle noch ein letztes Wort dazu sagen.

ZU TEUER

Einwand: «Das kostet zu viel.» Antwort: «Na ja, ich bin mit Ihnen einverstanden, lieber Kunde, denn *gute Dinge sind nicht billig und billige Dinge sind nicht gut.* Unsere Firma musste sich entscheiden. Sie konnte ein Produkt entwickeln, das möglichst wenig leistet, um es möglichst billig zu verkaufen, oder sie konnte ein Produkt herstellen, das möglichst viel leistet und auf lange Sicht wesentlich geringere Kosten verursacht.

Es ist mehr als ein Klischee, lieber Kunde, wenn es heißt, man solle von allem Anfang an nur in das Beste investieren, um nicht am Ende für ‹Mittelmäßiges› bezahlen zu müssen. Warum also nicht gleich das Beste? Als sich unsere Firma entschloss, das bestmögliche Produkt mit einem möglichst hohen Leistungsvermögen herzustellen, hat sie sich im Grunde genommen in Ihre Lage versetzt und überlegt, was wohl das Beste für Sie wäre. Und deshalb können wir Ihnen dieses Produkt ohne Zögern so sehr empfehlen.»

«Der Preis ist hoch.» – «Ich glaube, das steht außer Frage, lieber Kunde, aber wenn Sie die Vorzüge von Qualität addieren, die Unannehmlichkeiten von Wohlfeilheit subtrahieren, das Ganze mit der Freude über einen guten Kauf multiplizieren und die Kosten durch eine gewisse Zeitspanne dividieren, dann fällt das Ergebnis zu Ihren Gunsten aus.»

«Der Preis ist hoch.» – «Zugegeben, lieber Kunde, letztlich liegt der Wert eines Produktes in dem, was es für Sie tun kann, nicht in dem, was Sie dafür bezahlen müssen. Wenn es Sie 100 Dollar kostet, Ihnen aber Dienste im Wert von 1 000 Dollar leistet, dann haben Sie doch auf alle Fälle etwas Gutes gekauft, nicht wahr?»

DER PREIS IST NICHT DER ENTSCHEIDENDE FAKTOR

Am 16. Dezember 1982 unterzeichnete der Pitcher (Werfer) Floyd Bannister einen Vertrag über fünf Jahre und 4,5 Millionen Dollar mit den Chicago White Sox. Er zog dieses Angebot demjenigen der Atlanta Braves vor, die ihm einen Sechs-Jahres-Vertrag und 6,3 Millionen Dollar offeriert hatten. Das sind immerhin 1,8 Millionen Dollar *mehr*, und überdies hatten die Braves im Jahr 1982 die Meisterschaft in ihrer Baseball-Liga gewonnen.

Als Kunde waren Floyd Bannister offenbar einige Dinge wichtiger als Geld. Dazu sagte Floyds Frau Jana (ich werde später darauf eingehen, weshalb stets Mann *und* Frau in den Entscheidungsprozess miteinbezogen werden sollten):

Die Sox waren an Floyd als Mensch, nicht als Ware interessiert. Bis gegen Ende der Verhandlungen lagen sie nicht gut im Rennen, aber wir ließen die Tür noch offen. Als wir uns dann entscheiden mussten, war es für uns sehr wichtig, dass Jerry Reinsdorf (der Besitzer der Mannschaft) und Dave Duncan (der Coach der White Sox) nach Arizona flogen und uns zum Abendessen einluden. Es war ebenfalls wichtig, dass Tony LaRussa (der Manager) Floyd mehrmals anrief und dass auch einige der Spieler, Carlton Fisk und Tom Paciorek, anriefen.

Jerry Reinsdorf meinte dazu: «Bei Floyd hatten wir es nicht einfach mit einem durchschnittlichen Spieler zu tun. Die Stadt und die übrigen Mannschaftsspieler waren ihm mindestens ebenso wichtig wie Geld.»

Auch folgende Faktoren trugen zu dieser Entscheidung bei: 1. ein sehr großes Heimstadion, das Floyds Qualitäten als Pitcher sehr entgegenkam; 2. die Möglichkeit, in der American League zu verbleiben; und 3. eine Stadt, in der er Verwandte und Freunde hat.

All diese Dinge waren wichtig, aber ich kenne Floyd Bannister gut genug, um mit seinen Prioritäten vertraut zu sein: Gott steht an erster, seine Familie an zweiter, Baseball an dritter Stelle. Er verglich die Angebote der verschiedenen Clubs und fällte dann die Entscheidung aufgrund seiner Prioritäten. Ich erzähle diese Geschichte hier, weil sie bestätigt, was der professionelle Verkäufer in seiner Karriere gelernt hat. Finden Sie heraus, was Ihr Kunde *wirklich* will, und zeigen Sie ihm, wie Ihr Produkt ihm helfen kann, seine Ziele zu erreichen. Dann haben Sie das Geschäft in der Tasche.

Der Preis *ist* wichtig, aber er ist nur *einer* von vielen bedeutenden Faktoren. Wenn Sie einen Preisvorteil zu bieten haben, nützen Sie ihn selbstverständlich aus. Wenn Sie keinen haben, tun Sie das, was die White Sox getan haben, um Floyd Bannister zu verpflichten – nützen Sie Ihre anderen Vorteile aus. Sherlock Holmes würde sagen: «Das ist elementar, mein lieber Watson.»

VIELLEICHT HABEN SIE ES MIT DER FALSCHEN PERSON ZU TUN

Wenn Sie schon eine Reihe von Einwänden abgetan haben und der Kunde ständig weitere vorbringt, ist es oft so, dass Sie sich unter Umständen mit der falschen Person unterhalten, weil diese gar nicht in der Lage ist, Entscheidungen zu treffen. Möglicherweise muss sich diese Person erst mit dem Einkäufer, dem Direktor oder dem Geschäftsführer besprechen und hält Sie nur hin, um nicht zugeben zu müssen, dass sie gar nicht entscheidungsberechtigt ist.

Um dies herauszufinden, schlägt John Hammond folgendes Vorgehen vor: «Lieber Kunde, es soll nicht anmaßend klingen, aber ich glaube in der Tat, dass unser Produkt dank seiner Vielseitigkeit und im Hinblick auf Ihre Bedürfnisse die Antwort auf all Ihre Fragen darstellt. Aber bevor wir uns noch weiter darüber unterhalten, möchte ich Sie etwas fragen. Wenn ich Ihnen zu Ihrer vollen Zufriedenheit beweisen kann, dass dies das richtige Produkt zur richtigen Zeit und zum richtigen Preis für Sie ist, sind Sie dann persönlich in der Lage, mir jetzt und hier einen Auftrag zu erteilen, und werden Sie das auch tun?»

Wenn Sie geschickt vorgehen und Ihr Verhandlungspartner wirklich keine Entscheidung treffen kann, werden Sie es herausfinden und eine Menge Zeit sparen. Stellt es sich heraus, dass er nicht entscheidungsfähig ist, müssen Sie – mit seiner Hilfe – mit der *zuständigen* Person eine Verabredung treffen.

Ich betone nochmals: Wenn Sie ständig die gleichen Einwände zu hören bekommen, ist mit Ihrer Präsentation höchstwahrscheinlich etwas nicht in Ordnung.

EINWÄNDE HÄNGEN MIT DER PRÄSENTATION ZUSAMMEN

Der beste Zeitpunkt, auf einen Einwand einzugehen, ist also, bevor ihn der Kunde überhaupt vorbringt. In der Regel tauchen die meisten gleichartigen Einwände nach Ihrer jeweiligen Präsentation auf. In diesem Fall sollten Sie diese Präsentation auf Band aufnehmen und analysieren, welche Punkte auf welche Art darin abgedeckt sind. Mit einer Wahrscheinlichkeit von zehn zu eins werden Sie feststellen, dass Sie sehr «wortreich» sind und dabei einige wichtige Punkte außer Acht gelassen haben. Sie konzentrieren sich möglicherweise zu sehr auf jene Punkte, die Sie selbst interessieren, Ihre Kunden aber weit weniger.

Sie müssen erkennen, dass Sie bereits im Geschäft sein sollten, und deshalb nicht versuchen, nochmals ins Geschäft zu kommen. Es ist sinnvoll, *sich in die Lage des Kunden zu versetzen*, seine Einwände vorauszuahnen und sie in Ihrer Präsentation vorweg zu beantworten.

DIE VERSCHIEDENEN KUNDEN

Zunächst möchte ich – in keiner bestimmten Reihenfolge – die verschiedenen Arten von Kunden identifizieren und Ihnen anschließend in ein paar Sätzen einige Richtlinien vermitteln, wie Sie sie behandeln können.

Es gibt streitbare Kunden, skeptische, leichtgläubige, egoistische, besserwisserische, zaudernde, feindselige, zähe, großzügige, knauserige, kritische, spitzfindige, gutmütige, pokergesichtige und viele mehr. Zwei Dinge müssen Sie aber wissen, die für alle Gültigkeit haben.

Erstens: Alle Kunden wollen Recht haben und sie wollen verstanden werden; so drückt es Verkaufsberater Thorn Norman aus. Zweitens: Im Augenblick des Kaufens haben alle Kunden Angst, einen Fehler zu begehen, vor allem, wenn größere Beträge auf dem Spiel stehen, und in der Folge kann man sie als «nicht ganz zurechnungsfähig» bezeichnen. Das Herz eines Käufers schlägt im Augenblick der Entscheidung erwiesenermaßen wesentlich schneller. Das heißt, er hat Angst, und Angst beeinflusst das Urteilsvermögen, und insofern kann man – glaube ich – ruhig sagen, dass der Käufer in jenem Moment nicht ganz normal ist. Alle Kunden sehnen sich deshalb nach einer Zusicherung, dass sie die richtige Entscheidung treffen.

ÜBERZEUGEN SIE DEN KUNDEN

Erinnern wir uns nochmals an das, was der Kommunikations- und Organisationsfachmann Dan Bellus sagt: «Es ist nicht das Ziel, den Kunden zu besiegen, sondern ihn davon zu überzeugen, dass er glücklicher und besser leben wird, wenn er kauft.»

Wir sollten uns aber auch den Grundsatz merken, den Cavett Robert formuliert: Wenn Einwände erhoben werden, ganz egal von was für einem Kunden, ob von einem leichtgläubigen oder einem feindseligen, sollten wir uns zunächst einmal darüber erfreut zeigen und ihm dann versichern, dass seine Probleme keine mehr sein werden, wenn er sich erst die gesamte Präsentation angehört hat *(Einwände gedeihen mit Opposition, ersterben aber mit Zustimmung).* Zweitens behandeln wir den Einwand als Frage und benützen diese Frage dann als Katalysator, um den Kunden in den Verkaufsvorgang miteinzubeziehen. Drittens versuchen wir den Einwand wenn immer möglich in einen Kaufgrund umzuwandeln.

Um es ganz klar zu sagen: Es gibt kein Prinzip und keine Methode, die jedem Einwand, dem Sie begegnen werden, gerecht werden kann. Wenn Sie aber die Grundregel beherrschen, verfügen Sie über eine solide Ausgangsbasis, von der aus Sie rasch und leicht zu einer Situation hinüberwechseln können, auf welche die Grundregel nicht maßgeschneidert anzuwenden ist.

Wenn wir uns eingehender mit Einwänden befassen, so wie wir dies mit einigen schon getan haben, werden Sie vermutlich feststellen, dass wir uns meistens, aber nicht immer, an diese Grundregel halten. Ich rate Ihnen, sich diese Formel gründlich einzuprägen.

DIE KUNDEN WOLLEN JA SAGEN

Die Kunden wollen nicht nein sagen, weil nein endgültig ist, und der Kunde ist ja genau so darauf erpicht, dass sein Problem gelöst wird, wie Sie darauf erpicht sind, ihm bei der Lösung seines Problems zu helfen. Vor dem endgültigen *Nein* schrecken die meisten Leute zurück. Vergessen Sie nicht, dass Einwände nicht auf Sie persönlich gemünzt sind. Bewahren Sie ruhig Blut und Ihre Erfolgsaussichten werden bedeutend besser stehen.

Vergessen Sie auch nicht, dass Einwände, denen Sie widersprechen, stärker werden, mit Zustimmung aber in der Regel ersterben. Dies ist einer der Hauptgründe, weshalb wir einige der in den folgenden Abschnitten beschriebenen Verfahren wählen. Sie sollten auch daran denken, dass Sie keine Vorlesung halten, dass also nicht Sie reden und der Kunde einfach zuhört. Sie verkaufen am besten, wenn Sie den Kunden in Ihr Gespräch miteinbeziehen. Darum werden in diesem Buch auch immer wieder Fragen gestellt. Auch gute Ärzte und gute Rechtsanwälte stellen immer wieder Fragen, um ein Problem möglichst genau zu identifizieren und dann nach entsprechender Abhilfe zu suchen.

Dies sind Ihre «Leichten» Kunden

Beginnen wir mit den «leichten» Kunden, mit *Ludwig dem Leichtgläubigen».* Ihm sei dank, denn er schenkt uns allen Hoffnung für die Menschheit; wenn wir ihm begegnen, wird unser Tag hell und freundlich; er glaubt immer noch, der Mond bestehe aus einem Stück Emmentaler Käse. Gehen Sie mit ihm offen und freimütig um. Erzählen Sie ihm jede Menge Geschichten von menschlichem Interesse. Er kauft wohl am ehesten, weil er Sie mag und Ihnen vertraut. Er spricht auf überzeugende Worte an, fühlt sich aber durch Tempo und Druck beleidigt. Behandeln Sie ihn sanft und nett, aber zuversichtlich.

Ihr zweiter «leichter» Kunde ist *«Simon der Skeptiker».* Er ist nicht nur skeptisch, sondern oft auch streitsüchtig. Ich erinnere Sie in diesem Zusammenhang nochmals daran, dass der skeptische, widersprechende Kunde ganz besonders immer Recht haben und verstanden werden will.

Wenn er also mit einem leichten Unterton von Ärger, Zynismus oder Sarkasmus einen kategorischen Einwand vorbringt, sollten Sie antworten:

«Ich bin froh, dass Sie diese Fragen angesprochen haben, lieber Kunde, und um ganz sicher zu sein, dass ich richtig verstanden habe, würden Sie sie bitte nochmals formulieren?»

Damit schlagen Sie drei Fliegen mit einer Klappe: Sie beweisen damit Ihr aufrichtiges Bemühen, fair zu sein, und Sie zeigen ihm, dass Sie das, was er sagt, wirklich ernst nehmen. Außerdem wird er sich eines wesentlich gemäßigteren Tones bedienen, wenn er seinen Einwand ein zweites Mal vorbringen muss. Ferner gewinnen Sie für Ihre Antwort Zeit.

Im Umgang mit skeptischen, streitsüchtigen Kunden ist es wichtig, dass Sie nicht versuchen, ihnen zu widersprechen, selbst wenn die Kunden im Unrecht sind. Lassen Sie sie zunächst ruhig ausreden, was sie auf dem Herzen haben; geben Sie ihnen Zeit, Dampf abzulassen. Wenn der Kunde dann merkt, dass Sie ihn ernst nehmen und sich um ihn bemühen, finden Sie viel leichter Zugang zu ihm, und Ihr Umsatz wird sich erheblich steigern.

Wenn der Kunde eine ziemlich kategorische Aussage in Form eines Einwandes macht, sagen Sie freundlich: «Das ist eine gute Frage, lieber Kunde, denn sie zielt mitten ins Schwarze, und da auch ich gern möglichst direkt zur Sache komme, wollen wir ja eigentlich beide das Gleiche.»

Kunde Nummer drei, *«Frieda die Feindselige»*, ist aus gleichem Schrot und Korn. Sie verhält sich aber wahrscheinlich aus einem ganz bestimmten Grund so feindselig. Möglicherweise hat früher ein Verkäufer sein Unwesen mit ihr getrieben. Oder vielleicht hat einfach einmal ein Verkäufer nicht auf eine Klage reagiert.

Eines der Geheimnisse im Umgang mit ihr besteht darin, sie zum Sprechen zu bringen. Wenn sie ihrem Unmut Ausdruck gibt, nehmen Sie einen der ältesten Tricks zu Hilfe (das 3-F-Prinzip) und sagen: «Ich weiß genau, wie Sie *fühlen*. Vor Ihnen *fühlten* schon andere genau gleich (Pause). Als sie alle Tatsachen kannten, *fanden* sie, das damals eingeschlagene Verfahren sei in gewisser Weise gerechtfertigt gewesen. Und sie kamen zum Ergebnis, allfällige Fehler seien Fehler des Denkens und nicht des Herzens gewesen.

Übrigens, liebe Kundin, was mir unter anderem gefällt an dem, was Sie sagen, ist Folgendes: Ich habe festgestellt, dass die meisten Leute, die so offen und frei (sagen Sie *ja nicht* gehässig oder feindlich!) sind wie Sie, auch viel empfänglicher sind. Sie sind fair und gerecht, wenn ihre Fragen beantwortet werden, und deshalb bin ich froh, dass Sie mir gegenüber Ihre Sorgen und Kümmernisse so offen auf den Tisch legen.»

ER KANN SICH EINFACH NICHT ENTSCHEIDEN

Dann ist da *«Udo der Unentschlossene»*, der eigentlich einen «Klub der Zauderer» gründen wollte, dann aber beschloss, noch etwas zu warten. Udo kann sich einfach zu nichts entschließen, er gehört zu Ihren *schwierigen Kunden* und erinnert an den uralten Witz, in welchem der Psychiater seinen Patienten fragt: «Sie haben also Schwierigkeiten, sich zu entscheiden. Stimmt das?» und der Patient antwortet: «Nun, ja und nein.»

Der unentschlossene Kunde ist in mancher Hinsicht ein sehr glücklicher Mensch. Er kann sich nicht entschließen, was er zu Mittag essen soll, und noch viel weniger was für ein Auto, Haus oder Versicherungsprogramm zu ihm passt. Er schluckt Aufputschmittel, um sich für ein bestimmtes Vorhaben in Form zu bringen, nimmt dann aber gleichzeitig Valium, damit er sich nicht aufregt, wenn dann doch nichts geschieht.

Sie müssen sein Vertrauen gewinnen, und zwar indem Sie – wie schon öfter gesagt – der richtige Mensch für ihn sind. Beweisen Sie Einfühlungsvermögen; versetzen Sie sich in seine Lage; lassen Sie ihn spüren, dass Sie auf seiner Seite sind; versichern Sie ihm, dass er bestimmt das Richtige tue. Ihre Überzeugung und Ihr Glaube, dass Ihr Produkt genau das ist, was er kaufen sollte, sind von entscheidender Bedeutung. Vergessen Sie nicht, er weiß ja nicht, ob er kaufen soll oder nicht. Wenn Sie selbst zweifeln, ob Sie ihm etwas verkaufen sollten, dann können Sie hundertprozentig damit rechnen, dass er nicht kauft. Schubsen Sie ihn – geben Sie sich entschlossen und fest.

Innerer Druck ist ein wichtiger Faktor. Sie erzeugen ihn, indem Sie noch mehr Fragen als sonst stellen. Später in diesem Teil von *Der totale Verkaufserfolg* zeige ich Ihnen, wie man Fragen stellt, und ich gebe Ihnen zahlreiche Beispiele. Nebenbei bemerkt, bisher habe ich in diesem Buch über 500 Fragen verwendet. Überrascht Sie das? Das war doch schon wieder eine Frage, nicht wahr?

Die nächste Kundin, von meinem erfinderischen Kollegen Jim Savage *«Susi die Sonderangebotsjägerin»* getauft, ist stets darauf aus, noch ein bisschen mehr zu bekommen als alle anderen. Sie betrachtet jeden Kauf als «Wettbewerb». Sie fühlt sich nicht wohl, wenn Sie nicht die «Gewinnerin» ist. Für den Umgang mit ihr gibt es zwei Möglichkeiten. Entweder Sie sagen ihr, das Schöne an Ihrer Firma sei, dass alle Kunden genau gleich behandelt würden. Sie kann Ihr Produkt in der absoluten Gewissheit kaufen, dass niemand – aber auch niemand – ein besseres Angebot als sie bekommt und dass dieses Angebot sie zur Gewinnerin macht. In der Regel ist es das, was sie will – die Zusicherung, dass sie die Gewinnerin ist – dass *sie* die Kluge ist – dass *sie* Ihr bestes Angebot bekommen hat.

Oder es gelingt Ihnen, Susi für sich zu gewinnen, indem Sie *persönlich* irgendetwas für sie tun, was ihr garantiert, dass sie das beste Angebot hat, weil sie *Sie* hat. Das kann ein persönlicher Dienst sein: «Ich werde für Sie etwas tun, das ich sonst für niemanden tue: Ich werde Ihre Bestellung selbst in die Versandabteilung bringen und dafür sorgen, dass Ihnen sofort alles zugestellt wird – natürlich ohne zusätzliche Kosten.» Oder: «Ich werde persönlich dafür sorgen, dass Ihr Kredit gutgeheißen wird, und damit gewinnen wir mindestens 24 Stunden.» Oder: «Ich werde persönlich dabei sein, wenn das Gerät installiert wird, damit ich sicher bin, dass alles in Ordnung ist und Ihren Wünschen entspricht.»

DER MÜHSAME KUNDE – PROFITIEREN SIE VON IHM

Der nächste Kunde ist *«Lukas der Lästige»*, ein vorlauter Besserwisser. Im Allgemeinen haben die Lästigen dieser Welt kein gutes Bild von sich selbst und glauben, sich nur negative Anerkennung verdienen zu können. Sie verlangen nach Aufmerksamkeit, also bieten Sie ihnen Ihre uneingeschränkte Aufmerksamkeit, aber auf bestimmte, positive Art. Fordern Sie den Lästigen heraus. Unter seiner Großtuerei verbirgt sich oft ein weicher, sentimentaler Kern. Auch *er* will Recht haben, sich verstanden fühlen, anerkannt werden.

Fordern Sie ihn beispielsweise mit folgender Aussage heraus: «Unsere Nachforschungen haben ergeben, dass nur 3 Prozent der Bevölkerung finanziell in der Lage sind, sich dieses Produkt leisten zu können.»

Oder: «Es werden große Zahlungen sein, lieber Kunde, kommen Sie mit einem hohen Betrag zurecht?»

Diese lästigen Besserwisser mögen es auch, wenn man an ihren Stolz appelliert. «Das ist ein besonders schöner Anzug» oder «ein ganz exquisites Landschaftsgemälde». Das ist der Snobismus, der Lukas gefällt. So macht es sich auch sehr gut, wenn Sie ihn darauf aufmerksam machen, dass ein bekannter Fernsehstar oder Sportler «genau das gleiche Modell» fährt. (Dies natürlich nur, wenn es tatsächlich stimmt. Nie lügen oder nur die halbe Wahrheit sagen!) Bitte bewahren Sie aber Ihr Fingerspitzengefühl und tragen Sie nicht «zu dick» auf, das könnte Ihnen schaden.

DIE EILIGE KUNDIN

Weiter geht es mit *«Erna der Eiligen»*, der Kundin, die nicht mit Einzelheiten belästigt werden will. Auch Erna gehört zu Ihren schwierigeren Kunden. Sie will «Tatsachen, nur die Tatsachen, denn ich habe viel zu tun, ich bin in Eile». Manchmal sind diese Leute mehr daran interessiert, Zeit statt Dollars herauszuholen. Seien Sie kurz, präzise, streng geschäftlich. Schließen Sie so rasch wie möglich ab. Versichern Sie ihr, Sie würden sich um die Einzelheiten kümmern, die Lieferung überwachen, dafür sorgen, dass sie das Richtige erhält. *Und tun Sie es dann auch!*

Als nächster ist *«Gustav der Gemütliche»* an der Reihe. Er ist ein fideler, gutmütiger Kunde, der oft äußerst frustrierend sein kann, weil er bald impulsiv, bald unentschlossen ist. Er kauft von jemandem, den er gut mag und den er gern in seiner Nähe hat. Schließen Sie Freundschaft mit ihm, lachen Sie mit ihm, benehmen Sie sich zwanglos. Und dann – als *Freund* ermutigen Sie ihn, jetzt zu handeln, damit er die Vorteile seines Entschlusses jetzt genießen kann.

ICH WEISS ALLES BESSER

«Berta die Besserwisserin» ist darauf aus, Ihnen Eindruck zu machen, lassen Sie sie also gewähren. Berta gehört zur schwierigsten Kundengruppe. Sie haben bestimmt nichts zu verlieren. Eine Warnung noch: Sie neigt dazu, Sie den ganzen Tag mit

Beschlag zu belegen, achten Sie also auf die Zeit. Zeigen Sie sich beeindruckt von ihrer Kompetenz, von ihrem Sachverstand; möglicherweise ist eine diesbezügliche Herausforderung, eine Frage von Ihnen, sogar der Schlüssel zu einem Erfolgserlebnis.

Ungefähr in der gleichen Art verfahren Sie mit «*Willi dem Wichtigen*». Er muss das Gefühl haben, ein großes Tier zu sein, also geben Sie es ihm um Himmels willen. Er will mitten auf der Bühne im Rampenlicht stehen. Und so möchte er auch wissen, dass sich nicht irgendein «Laufbursche» um ihn kümmert, sondern jemand, der wirklich qualifiziert ist, *seine* Geschäfte zu erledigen. Wenn Sie ein paar Verkaufsrekorde aufgestellt oder sonst irgendetwas Großartiges geleistet haben, flechten Sie das unauffällig in Ihre Präsentation ein damit er wirklich weiß, mit wem er es zu tun hat, anderenfalls lassen Sie Ihren Verkaufsleiter, besser noch Ihren Generaldirektor anrufen und sich für den Auftrag bedanken. Natürlich muss dabei auch *Ihre* Kompetenz herausgestrichen werden – sonst will Willi, dass Ihr Direktor ihn besucht.

Genauso wie es den ängstlichen Zauderer gibt, der sich zu nichts entscheiden kann, so gibt es auch häufig «*Inxe die Impulsive*», die es beinahe in einem Atemzug fertig bringt, Ja und Nein zu sagen. Wenn Sie ihre Zustimmung erreicht haben und in Richtung Kauf steuern, machen Sie rasch vorwärts und schließen Sie mit Überzeugung und Bestimmtheit ab. Lassen Sie sich ihre Unterschrift geben, solange sie auf dem Wellenberg ihres Impulses schwimmt.

DER ZÄHESTE KUNDE VON ALLEN

John Hammond bezeichnet «*Alex den Angenehmen*» als zähesten Kunden, denn er hat nie etwas einzuwenden. Er sagt während des ganzen Gesprächs immer nur ja, lächelt, nickt und ist mit allem einverstanden. John behandelt ihn wie folgt: Wenn er instinktiv zu Beginn eines Vekaufsgesprächs den Eindruck hat, es handle sich um einen *solchen* Kunden, der sowieso nichts kaufen werde, dann hält John mitten in einem Satz inne, lächelt, beugt sich vor und sagt: «Lieber Kunde, darf ich fragen, warum Sie sich entschlossen haben, diese Gelegenheit nicht zu ergreifen und von den Vorzügen unseres Produktes nicht zu profitieren?» Dann wartet er – wortlos.

«Alex der Angenehme» hat nun zwei Möglichkeiten. Er sagt entweder: «Nun, weil eben ...» und bringt einen Einwand vor, dem Sie entgegenhalten können. *Oder* er sagt: «Wie kommen Sie auf die Idee, ich hätte mich entschlossen, nichts zu kaufen?» In diesem Fall frisch voran und die Bestellung geschrieben! Eine gute Strategie, John!

ES GIBT ALLE MÖGLICHEN KUNDEN

Ich glaube, es würde uns nicht schwer fallen, 100 verschiedene Kunden aufzuzählen: langsame und schnelle Denker, falsche Denker, Nichtsdenker; großzügige und knauserige, kritische und spezifische, ängstliche und positive, impulsive und stichelnde; nicht zuhörende und pokergesichtige usw.

Dann gibt es junge, nicht mehr so junge und alte Kunden; männliche und weibliche; hübsche und hässliche und alles dazwischen. Egal wer, jeder Kunde möchte Recht haben, verstanden und geschätzt werden. Alle haben physische, geistige und emotionale Bedürfnisse. Unser Ziel ist es, diese Bedürfnisse zu befriedigen, damit unsere potenziellen Kunden zu Stammkunden werden.

Es ist nun einmal so, wie Bill Gove lachend sagt: «Das Dumme an einem Verkauf ist die Tatsache, dass man seinen besten potenziellen Kunden verliert».

Vergessen Sie nie, dass kategorisch und streitsüchtig vorgebrachte Einwände oft nur einen Abwehrmechanismus widerspiegeln. Ihr Kunde lässt vielleicht durchblicken, «alle Verkäufer sind Strauchdiebe». Wichtig ist, dass Sie sich als Verkäufer nicht angegriffen fühlen. Die eine oder andere schlechte Erfahrung ist vielleicht schuld an dieser Aussage. Höchstwahrscheinlich *will* dieser Kunde einen echt professionellen Verkäufer finden, der ihn davon überzeugt, dass er zu einem falschen Schluss gekommen ist. Vielleicht will er sogar *jetzt* etwas kaufen. Das heißt, er will vermutlich jemanden haben, der ihm etwas verkauft, und da Sie ja schon bei ihm sind, könnten es doch genauso gut Sie sein, der es ihm verkauft.

DES VERKÄUFERS FREUND

Etwas vom Wichtigsten im Umgang mit Einwänden sind Fragen. Wie ich schon des Öfteren betont habe, helfen Fragen, den Kunden jetzt zum Handeln zu bewegen. Fragen erlauben Ihnen, das entscheidende Kaufmotiv aufzudecken, und das ist unerlässlich, wenn Sie mit Erfolg verkaufen wollen.

Vorsicht, wenn der Kunde sich ziemlich heftig beschwert, ist es häufig sehr leicht, ihm zuzustimmen und gegen Ihre Firma Partei zu ergreifen. Ich rate Ihnen dringend, beim Behandeln von Beschwerden größte Vorsicht walten zu lassen. Gehen Sie so vor, wie wir es besprochen haben. Zeigen Sie sich erfreut darüber, dass der Kunde darauf zu sprechen kommt. Stimmen Sie ihm zu, dass da offenbar ein Problem vorhanden ist. Versichern Sie ihm, dass Sie, die Firma und sehr wahrscheinlich auch der andere Verkäufer die Sache bereinigen und das Problem zum Vorteil aller lösen wollen. Und dann benützen Sie die Klage als Hauptargument, weshalb der Kunde mit Ihnen und Ihrer Firma ins Geschäft kommen sollte. Auf eine massive Beschwerde erwidern Sie: «Lieber Kunde, würden Sie bitte noch einmal ganz genau wiederholen, was geschehen ist, damit ich die Situation auch wirklich richtig sehe und wir das Problem lösen können?» Sie handeln als Unparteiischer, als Vermittler. Sie haben weder das Recht des Kunden in Abrede gestellt noch Ihre Firma in eine schwierige Lage gebracht. Und das ist gut so, denn wenn erst alle Tatsachen bekannt sind, könnte sich herausstellen (und stellt sich auch oft heraus), dass der Kunde stark übertreibt. Wenn das so ist und Sie Dinge versprechen, die Sie nicht halten können, sind Sie der Dumme, die Firma wird noch weiter in Misskredit gebracht und der Kunde wird ihr gegenüber noch negativer eingestellt.

Mit diesem Vorgehen können Sie die Wut des Kunden weitgehend dämpfen, ohne dem anderen Verkäufer in den Rücken zu fallen. Dadurch bleibt seine Glaubwürdigkeit – und diejenige der Firma – unberührt.

Je heftiger der Einwand, desto wichtiger ist es, dass Sie auf diese Weise vorgehen, denn vernünftige Leute zeigen sich in ihren Protesten im Allgemeinen nicht zu kriegerisch oder vehement.

EINWAND ODER FRAGE?

Wir müssen uns stets vergewissern, dass wir es mit einem Einwand, nicht mit einer Frage zu tun haben. Die Unterscheidung ist einfach. Eine Frage ist eine Bitte um Information. Wie viel kostet es? Wie lange wird es dauern, bis ich es bekomme? Gibt es diesen Artikel auch in grün und gelb? Haben Sie auch teurere oder billigere Modelle? Gibt es das auch größer oder kleiner? Das sind Fragen, die Sie beantworten. In der Regel sind Fragen ein Beweis von Interesse, und sie tauchen im Verlaufe der Präsentation auf.

Ich meine, Fragen sollten im Normalfall dann beantwortet werden, wenn sie gestellt werden, vorausgesetzt dass sie den Ablauf der Präsentation nicht zu sehr stören. Wenn beispielsweise schon im ersten Teil Ihrer Präsentation die Frage auftaucht: «Was kostet das?», möchten Sie vielleicht nicht zu jenem Zeitpunkt darauf eingehen, je nachdem, ob Ihr Produkt günstig ist oder eher an der oberen Preisgrenze liegt. Erfahrung, Menschenverstand und Urteilsvermögen werden Ihr Vorgehen diktieren, *falls* der Preis zu Ihren Vorzügen gehört.

Wenn Ihr Produkt aber eher qualitative und leistungsbezogene Vorteile aufweist, jedoch verhältnismäßig viel kostet, sollten Sie die Frage nach Möglichkeit erst beantworten, nachdem Sie bereits einige dieser Vorteile vorgeführt oder erklärt haben.

EIN PAAR ANTWORTEN

Auf die Frage nach dem Preis können Sie zum Beispiel sehr direkt antworten: «Darauf werde ich in ein paar Augenblicken zu sprechen kommen.» Oder: «Ich bin froh, dass Sie sich nach dem Preis erkundigen. In einigen Minuten, wenn ich zum Preis kommen werde, sind auch Sie froh, dass Sie sich danach erkundigt haben.» Wenn der Kunde auf einer sofortigen Auskunft beharrt, sagen Sie: «Ich würde es Ihnen gern sagen, aber es wäre ungefähr das Gleiche, wenn Sie einen Anzug bezahlen müssten, bevor Sie ihn gesehen haben. Ich möchte nur, dass Sie zunächst unsere Vorzüge kennen lernen, damit Sie dann unser Preisangebot auch entsprechend würdigen können.»

Eine andere Möglichkeit wäre: «Beim Preis spielen so viele Faktoren eine Rolle, unter anderem Größe, Modell, Zahlungs- und Lieferungsbedingungen, dass ich erst davon sprechen möchte, wenn wir all diese Dinge etwas konkreter abgesprochen haben.»

Wenn der Kunde die Preisfrage stellt, bevor Sie Gelegenheit gehabt haben, Wert und Vorteile Ihrer Produkte zu erklären, könnten sie folgendes Vorgehen wählen. Sie schauen den Kunden an, lächeln und sagen: «Die Anwort wird Ihnen gefallen. Es freut mich, dass Sie jetzt schon so sehr interessiert sind, dass Sie sich nach dem Preis erkundigen. Ich komme demnächst darauf zu sprechen.» Fahren Sie dann in Ihrer Präsentation fort.

RICHTEN SIE SICH NACH DEM TEMPO DES KUNDEN

Die Geschwindigkeit, mit der Sie vorgehen, ist sehr wichtig. Benehmen Sie sich nicht, als ob Sie auf dem Weg zu einem Rennen wären; wenn Sie aber sagen, Sie kämen demnächst auf den Preis zu sprechen, dann sollten Sie rasch ein paar attraktive Eigenschaften und Vorzüge aufzählen, die den Preis rechtfertigen.

Es gibt natürlich Kunden, die von Natur aus nicht sehr geduldig sind, und wenn sie in den nächsten zwei Minuten eine Antwort erwarten, könnten Sie zum Beispiel sagen: «Ich weiß Ihre Frage zu schätzen, und glauben Sie mir, ich will auch nicht ausweichen. Bevor wir aber in unserem Gespräch nicht abgeklärt haben, was Ihren Bedürfnissen entspricht, kann ich Ihnen beim besten Willen keine Zahlen nennen. Vielleicht würde ich jetzt zu viel oder zu wenig sagen. Wenn ich zu hoch gehe, sind Sie nicht mehr interessiert. Wenn ich zu tief gehe und Sie dann den wahren Preis erfahren, sind Sie enttäuscht.»

Nun wenden Sie sich wieder Ihrer Präsentation zu. Wenn der Kunde nun die Frage nach dem Preis ein zweites Mal stellt, können Sie wohl kaum mehr ausweichen. Nennen Sie ihm nun einen möglichst hohen Preis, der *alle* Vorzüge, Zusatzeinrichtungen oder Extras einschließt. Sagen sie:

«Der höchste Preis ist … Wahrscheinlich wird es aber nicht so viel sein, wenn wir erst genau wissen, was Sie brauchen. Ich nehme an, Ihre größte Sorge wird doch sein, dass das Produkt Ihren Bedürfnissen entspricht, nicht wahr?» Warten Sie die Antwort ab, und widmen Sie sich dann wieder den Vorzügen Ihres Produktes.

Lässt der Kunde durchblicken, der Preis entspreche ungefähr seinen Vorstellungen oder sei sogar noch tiefer, als er gedacht habe, stellen Sie die Abschlussfrage: «Da das Produkt Ihren Bedürfnissen und auch Ihren finanziellen Rahmen entspricht, möchten Sie, dass ich es sofort installiere (liefere) oder haben Sie sich einen bestimmten Zeitpunkt vorgestellt?»

SIE MÜSSEN NICHT ALLE EINWÄNDE AUSRÄUMEN

Während eines Gesprächs oder einer Präsentation dürfen Sie nicht vergessen, dass Sie von Beruf nicht «Einwand-Beantworter» sind. Sie müssen nicht alle Einwände ausräumen, um ein Geschäft abzuschließen. Im Alltag gibt es wohl kaum einmal eine Situation, wo einem Kunden *alles* an Ihrem Produkt passt. Glücklicherweise ist das auch nicht erforderlich, damit Sie ihm Ihr Produkt verkaufen können. Um ins Geschäft zu kommen, muss Ihr Kunde das, was Sie ihm verkaufen, einfach *mehr* schätzen als das, was er dafür hergeben muss.

Beispiel: Ich habe kürzlich einen Anzug gekauft, obwohl mir zwei Dinge daran missfielen. Erstens war ich über den Preis nicht eben entzückt, aber mit etwas Schützenhilfe von Jean und meinem Freund und «Einkleider» Doyle Hoyer konnte ich ihn letzlich rechtfertigen. (Alles ist teuer, Qualität kostet, dauerhaft, du musst doch nach Erfolg aussehen usw.)

Und zweitens muss ich die Hose mit einem Gürtel tragen, aber das ist ein kleineres Übel.

Trotz dieser zwei Einwände kaufte ich den Anzug, weil mir seine Farbe und seine Passform gefielen. Und als ich ihn anprobierte, schmiegte sich Jean, offensichtlich die größte «Anschmiegerin» der Welt, eng an mich und murmelte: «Er fühlt sich so gut an.» Und das reichte.

Was ich damit sagen will: Es gibt oft Einwände, die Sie nicht beantworten können. Vielleicht gibt es auf gewisse Einwände und Fragen gar keine Antworten, also machen Sie sich deswegen keine Sorgen. Ich erinnere Sie daran: Wenn ein Kunde einen Einwand vorbringt, vergessen Sie nicht, dass Sie Verkäufer sind und dass der Einwand – sofern Sie richtig auf ihn eingehen – ein Freund ist, der Ihnen unter Umständen zu einem Geschäft verhilft.

SIE SIND NICHT «EINWAND-BEANTWORTER»

Manchmal verfallen (an Erfahrung, nicht an Jahren) junge oder unsichere Verkäufer dem Irrglauben, sie seien von Beruf «Einwand-Beantworter». In der Folge *fordern* sie den Kunden förmlich dazu *heraus*, noch mehr Fragen oder Einwände vorzubringen. Dies trifft besonders dann zu, wenn der Verkäufer auf eine harte Frage oder einen hartnäckigen Einwand eine (seiner Meinung nach) scharfe Antwort gibt. Als Verkaufsberater habe ich erlebt, wie Verkäufer buchstäblich die Arme in die Hüften gestemmt und das Kinn vorgestreckt oder mit einem anderen «Wort» der Körpersprache dem Kunden gesagt haben: «Und ich gehe jede Wette ein, ich kann auch den nächsten beantworten. Also, schießen Sie los, stellen Sie mich auf die Probe!»

Mit einer solchen Einstellung ist das Spiel oft verloren, weil der Kunde fast unweigerlich den Eindruck bekommt, der Verkäufer habe mit seinem Ego Probleme und sei mehr daran interessiert, sein Verkaufswissen zur Schau zu stellen als sein (des Kunden) Problem zu lösen.

FORMULIEREN SIE DEN EINWAND NOCHMALS UND SCHWÄCHEN SIE IHN AB

Oft lässt sich ein Einwand deutlich abschwächen, wenn er nochmals formuliert wird. Der Kunde sagt beispielsweise: «Die Qualität Ihres Produktes lässt wirklich zu wünschen übrig. Das wird keine drei Wochen halten, ganz zu schweigen von den drei Jahren, die Sie garantieren!» Das ist ziemlich hart, aber es lässt sich durch Neuformulieren weitgehend neutralisieren. Senken Sie die Stimme, schauen Sie Ihren Kunden an und sagen Sie:

«Wenn ich Sie richtig verstehe, möchten Sie sicher gehen, dass das Produkt dauerhaft ist und dass Sie für Ihr Geld einen entsprechenden Gegenwert bekommen. Ist das Ihre Frage, lieber Kunde?» *Oder* Sie machen es noch kürzer: «Ihre Frage lautet also ... Ist das richtig?» (Sagen Sie nie: «Um auf Ihren Einwand zu antworten, ...»)

Die Chancen stehen gut, dass er die Neuformulierung seines Einwandes akzeptieren wird. (Die meisten Leute übertreiben, besonders wenn sie im Moment nicht interessiert sind. Das entmutigt den Verkäufer und veranlasst ihn, sich zurückzuziehen, und genau das war ja die Absicht des Kunden.) Von dieser sanfteren, freundlicheren Basis aus können Sie viel besser auf das Geschäft hinlenken. *Auf diese Weise benützen Sie Ihre verkäuferischen Fähigkeiten als Instrument der Überzeugung, nicht als Joch zur Unterdrückung.* Und das gereicht Ihnen *und* Ihrem Kunden zum Vorteil.

GEHEN SIE SANFT IN DIE OFFENSIVE

Der häufigste Kommentar von Kunden lautet: *«Ich bin einfach nicht interessiert.»* Stimmgebung und Tonfall entscheiden darüber, ob es sich dabei um einen milden, einen mäßigen oder einen starken Einwand handelt.

In einem leichteren Fall erwidern sie: «Dass Sie nicht interessiert sind, überrascht mich ein wenig, denn Sie würden ... (zählen Sie die Vorteile Ihres Produktes auf). Aber Sie haben bestimmt Ihre Gründe, dass Sie so kein Interesse haben. Dürfte ich vielleicht erfahren, welches diese Gründe sind?» Damit haben Sie den Ball wieder zurückgespielt.

Verkaufsberater John Hammond sagt, er wende diese Methode schon seit 1957 an, und bisher hätten sich nur zwei Kunden geweigert, ihm diese Gründe mitzuteilen (Einzelheiten sind ihm noch in lebhafter Erinnerung). John meint, auf diese Weise brauche man nicht zu *raten*, weshalb der Kunde kein Interesse hat, und man könne unmittelbar auf den *wirklichen* Einwand lossteuern.

Wenn der Kunde ziemlich brüsk und kategorisch verkündet, er habe kein Interesse, empfehle ich Ihnen Charlie Cullens Methode. Seien Sie ruhig ein bisschen kühn und wiederholen Sie seine Worte so, dass sie gleichzeitig nach Aussage *und* nach Frage klingen. (Da wären wir wieder bei den Stimmmodulationen!) Dadurch zwingen Sie den Kunden praktisch, sich mit *Ihrer* Aussage zu befassen und müssen sich nicht selbst verteidigen. Das ist viel wirkungsvoller.

Bringt der Kunde *irgendeinen* Einwand vor und Sie wissen nicht *weshalb*, sollten Sie nicht raten, sondern *fragen*, wie dies Verkaufsberater Lee DuBois empfiehlt: «Sie haben offensichtlich Grund, das zu sagen. Darf ich fragen, was dieser Grund ist?» Fertig – warten Sie auf die Antwort.

DENKEN SIE DARÜBER NACH

Wenn Sie schon seit mindestens drei Tagen auf Ihrem Beruf arbeiten, kennen Sie bestimmt den Kunden, der nach Ihrer Präsentation meint:

«Ich muss mir das noch überlegen.» Um diese Aussage ins richtige Licht zu rücken, Ihnen etwas über die menschliche Natur zu enthüllen und Sie auf den Abschluss eines solchen Geschäftes vorzubereiten, möchte ich Ihnen verraten, wie ich vorgehe, wenn ich das Problem mit einer Gruppe bespreche.

Ich frage zunächst: «Wie viele von Ihnen würden von sich sagen, sie seien durchaus ehrlich?» (Alle Hände gehen in die Höhe.) Dann frage ich: «Wieviele von Euch durchaus ehrlichen Verkäufern haben schon jemals einem anderen Verkäufer gesagt, Sie ‹müssten sich das nochmals überlegen›?» (Wiederum gehen alle Hände in die Höhe.) Dann: «Wie viele von Euch durchaus ehrlichen Verkäufern haben schon einmal einem anderen Verkäufer gesagt, Sie ‹müssten sich das nochmals überlegen› und haben es sich dann wirklich ehrlich, ernsthaft und sorgfältig nochmals überlegt?» Nun gehen nur noch ganz wenige Hände in die Höhe. Und dann die letzte Frage: «Habt Ihr ‹ehrlichen› Verkäufer vielleicht sogar versucht, den anderen Verkäufer loszuwerden?»

Die Antwort auf diese Frage kann ja oder nein lauten. Manchmal versucht der Kunde in der Tat, das Gespräch zu beenden oder den Verkäufer loszuwerden. Die Aussage «ich will mir das noch überlegen» oder «ich muss das noch mit meinem Bankier, Partner, Freund usw. besprechen» kann in der Tat auf elegante Art und Weise ein Verkaufsgespräch beenden. Es gibt aber auch noch eine andere Möglichkeit.

Die meisten Leute sagen nicht gern *nein*, weil das eben so endgültig ist. Wenn der Kunde nein sagt, bedeutet das das Ende dieser Beziehung, und deshalb bringen sie in ihrem Bemühen, nicht nein sagen zu müssen, sehr oft die verschiedensten Ausreden vor. Wenn wir als Verkäufer dies wissen und verstehen, befinden wir uns in einer wesentlich besseren Verkaufsposition, denn solange der Kunde nicht ausdrücklich *nein* sagt, bleiben die Aussichten auf einen Abschluss intakt.

An diesem Punkt ist es wichtig, dass wir als Verkäufer *immer* daran denken, dass wir auch Konsumenten sind, und *wir müssen fähig sein, als Käufer ebenso gut wie als Verkäufer zu denken*. Da geht es nun eben um das Einfühlungsvermögen, von dem ich früher gesprochen habe. Wenn Sie Einfühlungsvermögen haben, sind Sie nicht Bestandteil des Problems, sondern Sie verstehen es, und das kann Ihnen wiederum helfen, das Problem zu lösen, wenn Sie die Denkweise des Kunden verstehen.

ER WIRD ES SICH NICHT «NOCHMALS ÜBERLEGEN»

Übersehen Sie diese Tatsache nicht. In den weitaus meisten Fällen wird sich Ihr Kunde die Sache nicht nochmals überlegen, genauso wenig, wie Sie es wahrscheinlich tun würden, indem Sie nochmals sorgfältig alle Pros und Kontras eines Angebotes gegeneinander abwögen. Ihre Kunden werden es sich also nicht mehr überlegen und schließlich nur zu oft nein sagen.

Die Umstände sind natürlich nicht immer gleich, und auch hier spielen gesunder Menschenverstand und Erfahrung eine große Rolle. Ganz allgemein möchte ich Ihnen aber versichern, dass ein *Nein* heute besser ist als ein *Nein* morgen. Natürlich ist ein *Ja morgen besser als ein Nein heute,* aber ich betone: Wenn ein Kunde sich aus keinem ersichtlichen Grund einfach nicht entscheiden will, dürfte es in den meisten Fällen zu einem *Nein* morgen kommen.

Das *Nein* heute ist besser als ein *Nein* morgen, weil es Ihre Gedanken befreit. Sie können sich dann neuen Kunden zuwenden, ohne auf das andere Geschäft irgendwann in der Zukunft zu rechnen. Falls Sie das doch tun, vergessen Sie, nach neuen Kunden Ausschau zu halten, und das Geschäft, das Sie heute verpassen, wird Sie morgen eine ganze Menge Geschäfte kosten.

MACHEN SIE ES SO

Es gibt verschiedene Wege, mit dieser Hinhaltetaktik fertig zu werden. Sie könnten zum Beispiel lachen und sagen: «Prima! Ich freue mich, dass Sie es sich nochmals überlegen wollen, denn Sie würden bestimmt nicht Zeit mit Überlegen verschwenden, wenn Sie an unserem Angebot nicht interessiert wären. Deshalb nehme ich an, Sie wollen es sich nochmals überlegen, um zu keinem falschen Entschluss zu kommen. Trifft diese Annahme zu, lieber Kunde? (Antwort abwarten.) Würden Sie mir zustimmen, dass es nicht so wichtig ist, *wie lange* Sie darüber nachdenken? Wenn ich Sie richtig verstehe, liegt es Ihnen in erster Linie daran, möglichst sicher zu sein, dass Sie die richtige Entscheidung treffen, unabhängig davon, ob Sie zwei Minuten oder zwei Tage lang darüber nachdenken. Was Sie suchen, ist doch die *richtige* Entscheidung, nicht wahr, lieber Kunde?

Geschäftsleute und Fachleute sind sich darin einig, dass der richtige Zeitpunkt für richtige Entscheidungen dann gekommen ist, wenn man über die notwendigen Tatsachen verfügt und nicht mit anderen Tagesproblemen belastet ist. Das vergrößert die Gewissheit, dass man sich auf die Entscheidung konzentrieren und diese auf frische, präsente Informationen abstützen kann. Vergessene Tatsachen oder verworrene Informationen führen fast unweigerlich zu Fehlentscheidungen. Glauben Sie also nicht, wir sollten ein paar Minuten lang miteinander nachdenken, um sicher zu sein, dass Sie sich richtig entscheiden? Und das möchten Sie ja, nicht wahr?» (Antwort abwarten.)

Der «Vier Fragen»-Abschluss

«Im Grunde genommen sind es nur vier Fragen, die Sie sich selbst beantworten müssen, und drei davon haben Sie bereits bejaht. (Legen Sie nach jeder Frage eine kurze Pause ein.) Gefällt Ihnen das Produkt? Wollen Sie es haben? Können Sie es sich leisten? Und nun bleibt nur noch offen, ab wann Sie in den Genuss all seiner Vorteile kommen wollen. Nur Sie können diese Frage beantworten. Aber ich möchte Ihnen noch eine andere Frage stellen. (Pause.) Der Preis wird gleich bleiben, vielleicht sogar noch steigen. Da Sie sich erst freuen können, wenn Sie das Produkt gekauft haben, hängt Ihre Entscheidung letztlich nur von der Frage ab, wann es denn so weit sein soll, nicht wahr? (Pause.) Ist es also nicht vernünftig, jetzt ja zu sagen für Vorteile, die Sie *ab jetzt* genießen können?»

Mark Gardner von der E. F. Hutton and Company, Inc., Houston, Texas, geht viel direkter vor. Er fragt: «Wollen Sie nochmals darüber nachdenken, weil ich in meiner Präsentation vielleicht irgendeinen wichtigen Punkt ausgelassen habe?» Oder: «Worüber wollen Sie eigentlich noch nachdenken? Könnten Sie mir das erklären?» Nach der Antwort fährt Mark fort:

«Würden Sie nicht auch sagen, dass es *für eine vernünftige Entscheidung* Folgendes braucht:

1. Zugang zu den Informationen,
2. Sachkenntnis, damit Sie sich ein Urteil bilden können, und
3. vielleicht die persönliche Bekanntschaft mit einem leitenden Angestellten der Firma?

Nun, genau das trifft in Ihrem Falle zu, lieber Kunde. Wir diskutieren wichtige geschäftliche Entscheidungen.

Sehr oft sagen Leute wie Sie: ‹Geben Sie mir Zeit, um darüber nachzudenken› oder ‹ich werde mich wieder melden›. Im Grunde genommen meinen sie aber, dass ihnen mein Vorschlag nicht gefällt. Reden wir doch ein offenes Wort miteinander.

Bitte, seien Sie nicht einfach höflich. Ist da irgendetwas, was Ihnen nicht behagt? Oder möchten Sie noch etwas wissen?»

Hier noch eine andere Möglichkeit. Wenn Ihr Kunde ein bisschen Humor hat und sagt, er möchte noch darüber nachdenken, schauen Sie ihn an, lächeln Sie, führen Sie sich mit einer weit ausholenden Bewegung Ihre Armbanduhr vor Augen und sagen Sie: «Los!» Diese Idee stammt von Dick Gardner, dem Gründer der National Association of Sales Education, und sie bewirkt in der Regel ein herzliches Lachen. Sie trägt auch dazu bei, Spannungen abzubauen, und schon sind Sie im Geschäft. Gehen Sie mit dieser Methode vorsichtig um, aber ich glaube, man darf ruhig sagen, dass Sie jedes Mal eine Nasenlänge gewinnen, wenn es Ihnen im Verlauf Ihrer Präsentation gelingt, den Kunden zum Lachen oder Schmunzeln zu bringen.

Und noch eine Möglichkeit, ganz besonders geeignet, wenn Sie ein Produkt verkaufen, das ein Leben lang hält. «Lieber Kunde, es ist genau gleich preisgünstig, egal ob Sie es ein Leben lang oder nur ein paar Jahre lang verwenden. Es kostet Sie also viel weniger pro Jahr, Monat und Tag, wenn Sie es jetzt kaufen, als wenn Sie noch fünf Jahre oder Monate warten. Sind Sie nicht auch der Meinung, Sie sollten jetzt damit beginnen, die Vorteile zu genießen?»

AM ANFANG LOGIK – AM ENDE GEFÜHL

Vergessen Sie nicht: Wenn Sie mit einem Kunden verhandeln, der Einwände erhebt, beginnen Sie mit einer logischen und enden mit einer gefühlsmäßigen Antwort. Unser *denkendes* Gehirn ist rund zehnmal kleiner als unser *fühlendes* Gehirn. Die Leute kaufen also viel eher nach gefühlsmäßigen als nach logischen Gesichtspunkten.

Wenn Sie Einwände schön der Reihe nach so erledigen, dass der Kunde Sie mag und Ihnen vertraut, merken Sie in der Regel ganz genau, wenn sich das Blatt zu wenden beginnt. Der Kunde wird zunehmend freundlicher, sieht sich das Produkt noch einmal an, nimmt es noch einmal in die Hand. Manchmal verfällt er auch einfach in Schweigen und beginnt den Vertrag oder die Prospekte zu lesen, die vor ihm auf dem Tisch liegen.

Was nun, wenn der Kunde einen Einwand oder eine Frage vorbringt, die Sie nicht beantworten können? Sagen Sie Folgendes: «Das ist offensichtlich eine wichtige Frage für Sie, sonst hätten Sie sie nicht an dieser Stelle gestellt. Ich gratuliere Ihnen zu Ihrer Einsicht, da aber noch niemand vor Ihnen diese Frage vorgebracht hat, kann ich sie Ihnen nicht vollständig beantworten. Da sie aber für Sie – und ehrlich gesagt auch für mich – so wichtig ist, möchte ich lieber zuerst in der Firma überprüfen, ob meine Antwort auch richtig ist. Wenn Sie damit einverstanden sind, melde ich mich am nächsten Montag gleich bei Ihnen.»

Nebenbei bemerkt, *sagen Sie nie*: «Verstehen Sie, was ich sagen will?» Sagen Sie stattdessen: «Habe ich mich klar verständlich ausgedrückt?» oder «Sind Sie mit meiner Antwort zufrieden?»

MIT EINWÄNDEN ZUM VERKAUFSERFOLG

WIE VIELE BEANTWORTEN SIE?

Immer wieder werde ich gefragt: «Wie viele Einwände soll man beantworten, bevor man einen Abschlussversuch wagt?» Meiner Meinung nach höchstens zwei oder drei; meistens werden zwei genügen (vergessen Sie nicht: zwischen Fragen und Einwänden besteht ein Unterschied!). Wenn Ihr Kunde den zweiten oder dritten Einwand vorbringt (je nach Situation), schauen Sie ihm in die Augen und sagen (Ihr Stimmtraining kann hier von unschätzbarem Wert sein): «Lieber Kunde, darf ich Sie etwas fragen? Ist das das Einzige, was zwischen Ihnen und dem Besitz meines Produktes steht, oder gilt es noch andere Dinge zu berücksichtigen?»

Wenn der Kunde zur Antwort gibt: «Nein, das ist das Einzige, was mir Sorgen macht», räumen Sie den Einwand aus dem Weg und formulieren dann folgende Aussage in Frageform: «Ich glaube, damit ist Ihre Frage beantwortet, nicht wahr?» Bekommen Sie keine oder eine positive Antwort zu hören, fahren Sie weiter: «Ich freue mich, dass ich Ihre Frage beantworten konnte, denn ich weiß, dass Sie mit unserem Produkt zufrieden sein werden!» Sie nehmen an, dass das Geschäft abgeschlossen ist, denn der Kunde sagte ja, er habe nur einen einzigen Einwand, und Sie haben sich seiner Bestätigung versichert, dass das Hindernis (Frage, Einwand) aus dem Weg geräumt ist.

Der «Notizblock»-Abschluss

Vielfach hat ein Kunde mehr als nur eine Frage oder einen Einwand. Er beantwortet also die Frage im vorherigen Abschnitt vielleicht so: «Nein, ich bin nicht überzeugt, dass der Preis fair ist. Dann habe ich auch Bedenken, dass Sie Ihre Serviceversprechungen einhalten können, und drittens lässt Ihre Garantie einiges zu wünschen übrig.» Greifen Sie nun zu Ihrem Notizblock und sagen Sie: «Wenn ich Sie richtig verstanden habe, stellen Sie mir drei wichtige *Fragen*. Erstens: Preis (schreiben Sie das Wort *Preis* auf). Zweitens: Sie zweifeln an unserem Service. (Schreiben Sie: *Service.*) Und drittens: Sie stellen unsere Garantie infrage (schreiben Sie: *Garantie*).»

Auf Ihrem Notizblock stehen nur die drei Wörter: Preis, Service und Garantie. Schauen Sie Ihren Kunden an und fahren Sie fort: «Mit anderen Worten, wenn Sie sich davon überzeugen könnten, dass der Preis angemessen ist, dass wir die versprochenen Serviceleistungen erbringen können und dass die Garantie fair ist, dann könnten Sie sich für unser Produkt entscheiden und sich dabei wohl fühlen. Ist es das, was Sie sagen wollen?» Warten Sie auf die Bestätigung.

Sagt der Kunde ja, beginnen Sie mit dem Preis-Einwand. Ich erinnere Sie an die Kapitel «Mit Stimmbildung zum Verkaufserfolg» und «Einwände – der Schlüssel zum Abschluss». Darin habe ich diesen Einwand ausführlich besprochen, und Sie verfügen nun über die notwendigen Informationen. Wenn Sie den Einwand ausgeräumt haben, schauen Sie den Kunden an und stellen wieder infrageform fest: «Nun sind Sie doch bestimmt mit dem Preis einverstanden, nicht wahr? Dann würde ich, mit Ihrer Erlaubnis, *Preis* als eine der drei Fragen streichen. Einverstanden?» (Nicken Sie mit dem Kopf und streichen Sie das Wort *Preis*.) Übrigens: «Ist das ein fairer Vorschlag?», «Klingt das vernünftig?» und «Einverstanden?» sind wohl die *stärksten* Fragen bei einem Abschlussversuch.

RÄUMEN SIE DIE HINDERNISSE DER REIHE NACH AUS

Als nächstes ist das Problem Service an der Reihe. Hier wirkt nichts überzeugender als Briefe von zufriedenen Kunden, die sich ganz spezifisch auf die Dienstleistungen Ihrer Firma beziehen. (Das sind die Empfehlungsschreiben, von denen Mike Frank in Kapitel «Der Aufbau geistiger Reserven» gesprochen hat.) Da dies eine Frage der Stabilität und Integrität Ihrer Firma ist, sind Ihre Mitgliedschaft bei wichtigen Berufsorganisationen und Referenzen bezüglich Größe, Alter und Integrität Ihrer Firma von wesentlicher Bedeutung. Nachdem Ihr Kunde verbal oder durch Körpersprache Zufriedenheit geäußert hat, beschließen Sie Ihre Servicepräsentation mit der Frage: «Beantwortet das Ihre Frage in Bezug auf unseren Service und unsere Dienstleistungen?» Falls ja: «Darf ich dann diese Frage ebenfalls streichen?» Setzen Sie dabei eine positive Antwort voraus und streichen Sie das Wort *Service* kräftig durch.

«Die dritte Frage, lieber Kunde, bezieht sich auf unsere Garantie. Zunächst möchte ich einmal sagen, dass jede Garantie nur so gut ist wie die Firma, die sie offeriert. Wie ich Ihnen schon gezeigt habe, ist unsere Firma ein zuverlässiges, solides Unternehmen. Ich möchte aber betonen, dass die Garantie völlig wertlos ist, wenn sie nicht für Käufer und Verkäufer fair ist. Wenn wir nicht dafür geradestehen könnten, würde unsere Firma schon längst nicht mehr existieren. Und dann wäre jede Garantie wertlos, egal wie umfangreich sie auch wäre. Unsere Garantie schützt Sie buchstäblich vor allem, menschliches Versagen, Fahrlässigkeit und Missbrauch ausgenommen. Unser Produkt ist, wie ich demonstriert habe, auf Gebrauch, nicht auf Missbrauch ausgelegt. Wir garantieren für sämtliche Produktionsfehler bei normaler Anwendung. Und ich glaube, das ist Ihre Hauptsorge, nicht wahr?»

STELLEN SIE IHRE STÄRKEN ZUR SCHAU

Jede Firma hat ihre Stärken, und ich kann Ihnen nur raten, sich damit vertraut zu machen und damit zu arbeiten. Im Umgang mit Einwänden dieser Art geht es nicht darum, sich in die

Defensive zurückzuziehen, Ihren Kunden in irgendeiner Art mit Worten anzugreifen oder lautstark zu werden. «Ruhig Blut» lautet hier die Devise. Der Kunde sucht ruhige, zuversichtliche Gelassenheit. Ich sage es noch einmal: An dieser Stelle kommen Ihre menschlichen Qualitäten mindestens ebenso sehr zum Zug wie Ihre Fähigkeiten als Verkäufer. Wenn Sie der richtige Mensch sind und über professionelle Fähigkeiten verfügen, werden Sie kaum ein Geschäft an diesen Einwand verlieren.

Nachdem Sie die drei Einwände ausgeräumt haben, schauen Sie dem Kunden in die Augen und sagen: «Ich glaube, nun haben Sie auch in Bezug auf unsere Garantie ein gutes Gefühl, nicht wahr?» Setzen Sie wiederum eine positive Antwort voraus und streichen Sie lächelnd das Wort *Garantie* aus.

Dazu haben Sie die Informationen benutzt, die Sie den firmeninternen Unterlagen entnommen oder vom firmeninternen Verkaufsberater gelernt haben. Nochmals: Dieses Buch soll diese Informationen lediglich unterstützen, sie aber nicht ersetzen.

An diesem Punkt angelangt, schauen Sie Ihren Kunden an und sagen: «Ich wünschte mir, alle meine Kunden wären so präzise mit ihren Fragen wie Sie, denn wenn jemand seine eigenen Gefühle genau kennt, macht es viel mehr Spaß, unsere Produkte vorzuführen. Ich weiß, dass Sie damit zufrieden sein werden!» Mit breitem Lachen strecken Sie die Hand aus, in der Annahme, das Geschäft sei hiermit abgeschlossen.

Vorsicht: Gehen Sie nicht zu ausführlich auf einen Einwand ein. Erstens könnte der Kunde auf die Idee kommen, Sie müssten Ihr Produkt in Schutz nehmen, weil Sie es nicht genau kennen. Zweitens – und noch schlimmer – könnten Sie den Einwand so gründlich auseinander nehmen, dass sich der Kunde leicht idiotisch vorkommt, dass er überhaupt etwas gesagt hat. Und dann wäre es höchstwahrscheinlich wieder um ein Geschäft geschehen.

Der «Sicherheitsventil»-Abschluss

Im Umgang mit Einwänden brauchen wir – so glaube ich – alle das, was Dick Gardner ein «Sicherheitsventil» nannte. Alle erfahrenen Verkäufer sind schon mit Fragen oder Einwänden konfrontiert worden, auf die sie zwar Antworten bereit haben, an die sie sich aber unglücklicherweise im entscheidenden Augenblick nicht erinnern können. In einem solchen Fall kann man sich nicht einfach für ein paar Minuten in sein Schneckenhaus zurückziehen, und es ist auch nicht ratsam zu sagen: «Ich weiß die Antwort, aber sie fällt mir im Moment nicht ein. Lassen Sie mich ein paar Minuten überlegen.» Da Sie die Antwort ja wissen (hoffentlich tun Sie das auch!), müssen Sie eben irgendein «Sicherheitsventil» entwickeln.

Das könnte zum Beispiel so aussehen: Sie antworten auf die Frage des Kunden: «Ich bin froh, dass Sie das erwähnen, denn es ist in meinen Augen sehr wichtig. Ich gratuliere Ihnen, dass Sie so viel Interesse haben, dass Sie sich auch mit diesem Aspekt unseres Angebotes befassen. Dadurch werden Sie noch mehr davon profitieren können.» Inzwischen sollte Ihnen die Antwort auf die betreffende Frage eingefallen sein. Und damit sind die bangen Sekunden überbrückt.

Ähnlich können Sie vorgehen, wenn Sie die Antwort zwar wissen, sie aber möglichst gut formulieren wollen. Ein Arzt braucht zum Beispiel ein bisschen Zeit, um sich zu überlegen, wie er seinem Patienten den schlechten Befund am besten mitteilen könnte. Tonfall, Wortwahl und Gehabe spielen eine sehr wichtige Rolle. Sie kennen die Antwort, aber das Problem ist, wie Sie sie vermitteln sollen.

RUHIG BLUT – ES GIBT SICHERHEITSVENTILE

Gelegentlich macht ein Kunde eine kategorische Aussage, die ein eingebautes Sicherheitsventil bedingt. «Mit dieser Bude, die Sie vertreten, würde ich in hundert Jahren kein Geschäft machen!» Er klingt sehr kategorisch, sogar leicht ausfällig. Ihr Sicherheitsventil fünktioniert ganz einfach und wirksam. Senken Sie Ihre Stimme, schauen Sie ihm in die Augen und sagen Sie: «Offenbar sind da sehr starke negative Gefühle im Spiel, aber Sie haben bestimmt ausgezeichnete Gründe dafür. Würden Sie mir diese Gründe vielleicht erklären?»

Sehr sanft, sehr ruhig, aber damit nehmen Sie der Szene viel von ihren vehementen Gefühlen. Sie werden feststellen, dass es sich in den meisten Fällen um irgendein Personalproblem, um eine Kommunikationslücke oder um ein nebensächliches Detail handelt. Egal wie groß es ist, wenn es in den Augen des Kunden groß ist – ist es eben groß.

Dieses Vorgehen bringt in jedem Fall den Einwand an den Tag, und damit können Sie fertig werden. Der Schlüssel dazu besteht darin, es nicht persönlich zu nehmen, wenn der Kunde Ihre Firma, deren Vorgehen oder ein vergangenes Ereignis angreift. Vergessen Sie nicht: Keine Beherrschung, kein Geschäft!

Der «Wahl»-Abschluss, Variante

Vieles von dem, was wir bisher gesagt haben, bezieht sich vorwiegend auf den direkten Verkauf, wo der Verkäufer mehr Zeit hat und unter anderen Umständen arbeitet als sein Kollege in einem normalen Einzelwarengeschäft. Da sind natürlich die Antworten und Verfahren verschieden. Ebenfalls zu berücksichtigen ist die Tatsache, dass alle direkten Geschäfte – vom Staubsauger über Kosmetika, Kochtöpfe und Enzyklopädien bis zur Lebensversicherung – in der Regel bei einem einzigen Kundenbesuch abgeschlossen werden. Bei Immobilien sieht die Sache aber wieder ganz anders aus.

Wenn Sie in einem Detailgeschäft arbeiten, werden Sie den letzten Teil nach dem Beseitigen von Einwänden ein bisschen anders gestalten. Sie gehen ebenfalls davon aus, dass das Geschäft abgeschlossen ist, aber Sie können Ihrem Kunden eine Wahl anbieten: «Es freut mich, dass ich Ihnen bei dieser Frage helfen konnte, denn wir sind dazu da, unsere Kunden möglichst gut zu bedienen. Ich weiß, Sie werden an diesem Produkt viel Freude haben, und – falls notwendig – stehen wir Ihnen selbstverständlich auch für Reparaturen und Servicearbeiten zur Verfügung. Nun sagen Sie mir bitte, möchten Sie es selbst nach Hause nehmen oder dürfen wir es Ihnen durch unsern Hauslieferdienst nach Hause bringen lassen?»

Andere Wahlangebote beim Abschluss: «Das rote scheint Ihnen besser zu gefallen, oder ziehen Sie doch das blaue vor?» Oder: «Möchten Sie bar zahlen oder mit Kreditkarte?»

Der «Welcher Wheeler»-Abschluss

Da ich den «Wahl»-Abschluss schon einmal erwähnt habe und später nochmals erwähnen werde, möchte ich nicht versäumen anzumerken, dass er in den 30er Jahren vom Verkaufsberater Elmer Wheeler entwickelt wurde. Und daher stammt auch der Name «Welcher Wheeler»-Abschluss. Er hatte von der Walgreen Drug-Kette den Auftrag erhalten, ihren Geschäften wieder auf die Beine zu helfen. Die Walgreen-Kette betrieb im ganzen Land so genannte «Drugstores», Drogerien mit Schnellimbissecken, Papeterie-, Rauchwaren- und Kosmetikabteilungen. Damals gab es in all diesen Drugstores Sodawasserbrunnen, die sehr viel zu den positiven Geschäftsbilanzen, aber auch zum Kundenstrom beitrugen.

Malzmilch, das Glas zu 15 Cent, war in jenen Jahren der Depression äußerst beliebt. Oft wurde dieser Malzmilch ein Ei beigegeben. Das kostete dann einen Nickel (5 Cent) mehr, und da Walgreen die Eier zu 15 Cent pro Dutzend einkaufte, war der Verdienst natürlich größer, wenn möglichst viel Malzmilch mit Eiern verkauft wurde.

Elmer brachte den Angestellten Folgendes bei. Wenn ein Kunde Malzmilch bestellt, sollten sie in jede Hand ein Ei nehmen, nett lächeln und fragen: «Eins oder zwei?» In den meisten Fällen hatten die Kunden überhaupt nicht im Sinn gehabt, auch nur *ein* Ei zu bestellen, aber viele von ihnen gingen einfach den Weg des geringsten Widerstandes und sagten: «Eins, bitte.»

Walgreen stellte bald fest, dass ungefähr gleich viele Kunden «zwei» beziehungsweise «keins» sagten. Und so wurden die Eier pro Woche kartonweise verkauft, und das wirkte sich ganz erstaunlich auf die Gewinnrechnung aus.

Manchmal bezieht sich die «Wahl» auf eine sehr unbedeutende Entscheidung, die aber mit einer sehr viel größeren verbunden ist. Beispiel: Im Immobiliengeschäft könnte der Makler zum Beispiel sagen: «Ich besorge meinen Kunden immer gern einen wunderschönen Türklopfer mit eingraviertem Namen. Sagen Sie, hätten Sie ihn lieber in Antiqua- oder in gotischer Schrift?» Automobilverkäufer, vor allem diejenigen, die Luxuswagen anbieten, können und *sollten* persönliche Monogramme auf Armaturenbrett oder Türen anbieten, und zwar nach dem genau gleichen Prinzip. Natürlich kauft niemand ein Haus oder ein Luxusauto wegen eines Türklopfers oder eines Monogramms, und kein Abschluss funktioniert, wenn der Kunde partout nicht kaufen will. Und dennoch tut dieser Abschluss – wie viele andere auch – etwas für all jene Leute, die etwas kaufen wollen. Er liefert ihnen einen zusätzlichen Kaufanstoß in Form einer kleinen Ausrede, jetzt sofort zu handeln. Kurz: Ein guter Abschluss soll eine Entscheidung herbeiführen, und zwar zu Ihren Gunsten. Bei einer wirklich guten Abschlusstechnik hat der Kunde das Gefühl, nicht Sie *verkaufen*, sondern er *kaufe*. Und dieses Gefühl macht ihn zum Stammkunden.

Wir *alle* benutzen den «Wahl»-Abschluss tagtäglich Hunderte von Malen. Denn – ich sage es nochmals – es ist ganz egal, welchen Beruf Sie ausüben, *Sie verkaufen jeden Tag.*

Mutter zum Kind: «Willst du lieber den Rasen mähen oder die Fenster putzen?»

Arzt zum Patienten: «Möchten Sie lieber lang leben oder fröhlich weiterrauchen?»

Mechaniker zum Wagenbesitzer: «Soll ich die Reifen seitenverkehrt montieren, damit sie nochmals 5 000 Kilometer durchhalten, oder soll ich sie so belassen?»

Junge zu seiner Angebeteten: «Soll ich dich um halb acht abholen oder passt dir acht Uhr besser?»

Kellner zum Gast: «Möchten Sie lieber Suppe oder Salat?»

Polizist zum Raser: «Möchten Sie das Bußgeld gleich bezahlen oder Anfang August lieber vor Gericht gehen?»

Punkt: Wir alle verkaufen doch jeden Tag. Ist es da nicht vernünftig zu lernen, wie man besser und mehr verkaufen kann?

SPEZIFISCHE EINWÄNDE

Eine Frage taucht sehr häufig auf, wenn ich mich mit einzelnen Verkäufern unterhalte oder bei Seminaren frei über Einwände diskutieren lasse:

«Was tun Sie bei einem Kunden, der seinen Bedarf zurzeit bei einem altbekannten und vertrauten Lieferanten deckt, praktisch das gleiche Produkt zu ungefähr dem gleichen Preis bekommt, einigermaßen gleich gut bedient wird und den Vorteil hat, mit einem alten Freund seit Jahren Geschäfte zu machen?»

Das ist nicht einfach, und was ich sage, wird weder alle Einwände ausräumen noch stets zum Effolg führen. Ich bin aber überzeugt, dass es Ihnen ermöglichen wird, einige Geschäfte abzuschließen, und es wird Ihnen in jedem Fall das Gefühl vermitteln, wenigstens eine Chance zu haben. Hoffnung bleibt immer.

Wenn der Kunde ungefähr die oben erwähnten Einwände vorbnngt, könnten Sie nichts Schlimmeres tun, als die Glaubwürdigkeit des anderen Verkäufers oder die Qualität seiner Produkte anzuzweifeln. Das wird Ihnen *nie* ein Geschäft einbringen, wahrscheinlich genauso wenig wie ein Frontalangriff. Wenn Sie aber meinem Rat folgen, dürften Ihre Aussichten nicht schlecht sein. Es ist eine Methode, die ich in zwei oder drei Teilen dieses Buches behandelt habe, und sie besteht aus vielen Fragen.

Der «Verpflichtungs»-Abschluss

Sie können unter Umständen jemanden mit einem Frontalangriff davon überzeugen, dass Sie gewisse Vorteile zu bieten haben, Sie können aber nur mit ihm ins Geschäft kommen, indem Sie ihn dazu *überreden*. Und überreden können Sie jemanden – wie bereits erwähnt – am besten, indem Sie Fragen stellen, sodass sich der Kunde buchstäblich selbst zu einem *Ja* überredet.

In diesem besonderen Fall schlage ich Folgendes vor: «Lieber Kunde, nehmen wir an, es gäbe eine Möglichkeit, das gleiche Produkt zu einem günstigeren Preis und verbunden mit besseren Dienstleistungen von Ihrem gegenwärtigen Lieferanten zu kaufen. Dann hätten Sie doch bestimmt Interesse zu erfahren, wie das möglich ist, nicht wahr?» Warten Sie auf die Antwort, die zweifellos lauten wird: «Ja, wie könnte ich das erreichen?» – Sie: «Bevor ich antworte, möchte ich Ihnen noch zwei weitere Fragen stellen. Erstens: Glauben Sie in diesem Augenblick irgendeine Verpflichtung zu haben, mir, einem Fremden, den Sie noch nie zuvor gesehen haben, etwas abzukaufen?» Warten Sie auf die Antwort; sie wird *Nein* sein.

«Zweite Frage: Fühlen Sie sich irgendwie verpflichtet oder geneigt, weiterhin bei Ihrem derzeitigen Lieferanten einzukaufen, der ein guter Freund von Ihnen ist und mit dem Sie seit x Jahren Geschäfte machen?» Warten Sie auf die Antwort. Sie wird lauten: «Ja», oder: «In gewissem Maße.» – Sie: «Nun, es versteht sich von selbst, dass Ihre Loyalität in erster Linie Ihnen selbst und Ihrer Familie gehört, nicht unbedingt dem, was für irgendeinen Verkäufer am besten ist. Würden Sie mir dabei zustimmen?» Wenn Ihr Kunde Ihnen zustimmt, haben Sie einen ersten kleinen Schritt in Richtung Erfolg getan. Wenn nicht, haben Sie es offensichtlich nicht mit einem offenen Geschäftsmann zu tun.

ICH WERDE MIR «MEHR MÜHE GEBEN»

Nun fahren Sie fort: «Gut, wenn Sie sich nicht mir, sondern ihm verpflichtet fühlen, wäre es dann vernünftig, wenn ich mich bereit erklärte, mir mehr Mühe zu geben, Ihnen bessere Dienstleistungen zu bieten und mich um die Abrechnung zu kümmern? Wäre es nicht vernünftig, wenn ich Sie ganz oben auf der Liste meiner Prioritäten einsetze, um mit Ihnen auf die einzige Art ins Geschäft zu kommen, die mir offen steht, nämlich indem ich Ihnen ein gutes Produkt zu einem guten Preis mit einem noch besseren Service anbiete?» Diese Art von Logik muss irgendwo Anklang finden.

«Ich möchte nicht anmaßend sein, aber ich gehe doch wohl recht in der Annahme, dass Sie sich ziemlich stark für die Zahl unter dem Strich interessieren, nicht wahr? (Antwort abwarten.) Ein besserer Preis, eine bessere Qualität und/oder ein besserer Service – jeder dieser Faktoren würde sich unmittelbar auf diese Zahl und auf Ihre Zufriedenheit auswirken, nicht wahr? Und wenn schon zwei dieser Faktoren einen großen Einfluss hätten, dann würden sich alle drei ganz sicher substanziell auf die Zahl unter dem Strich auswirken.

Nachdem Sie ja schon gesagt haben, Ihre Loyalität gelte in erster Linie Ihnen selbst, glauben Sie dann nicht, es liege in Ihrem Interesse, mir wenigstens die Chance zum Beweis zu geben, dass ich Ihnen für Ihr Geld mehr bieten kann und will? Auf diese Weise muss ich mir das Geschäft *verdienen*, und Sie werden automatisch zum Gewinner.

Ich verlange ja nicht, dass Sie mir Ihr ganzes Geschäft anvertrauen. Ich möchte nur die Chance haben, einen Teil davon zu übernehmen. Sie haben dabei eine Menge zu gewinnen, aber nichts zu verlieren.

Wenn Sie meine Lieferung erhalten, sollten Sie die Artikel gut sichtbar ausstellen, wo Ihr gegenwärtiger Lieferant sie nicht übersehen kann. Dann gibt es zwei Möglichkeiten. Entweder wird er sich überlegen, dass er sich mehr anstrengen oder Ihnen einen besseren Preis geben muss, um mit Ihnen im Geschäft zu bleiben, oder Sie werden feststellen, dass wir Ihnen wirklich einen besseren Preis und/oder einen besseren Service bieten können.

Könnten wir mit einem Gros anfangen, oder möchten Sie lieber gleich drei wegen des entsprechend höheren Rabattes?»

WAS BILL SAGTE

Vor vielen Jahren prägte Bill Gove, einer meiner Lehrmeister, eine sehr einfache und wirksame Taktik gegen diesen «Freund oder Verwandten»-Einwand. Ihre wahre Bedeutung ging mir aber erst richtig auf, als John Hammond mir vorschlug, sie in dieses Buch aufzunehmen. Sie geht folgendermaßen:

«Lieber Kunde, ich verstehe, was Sie sagen, und ich begreife auch, dass Sie diese Beziehung aufrechterhalten möchten. Es geht mir aber nicht darum, dass Sie ihm ein Geschäft wegnehmen und mir weitergeben. Ich habe aber hie und da Einfälle, die Ihren Umsatz ziemlich sicher fördern würden, und damit steigt natürlich Ihr Bedarf für meine Produkte. Wenn ich nun diese Ideen mit Ihnen teilen würde – wozu ich gerne bereit bin –, würden Sie mir dann dieses *zusätzliche* Geschäft überlassen, das meine Ideen bewirken? Auf diese Weise gewinnen wir alle. Sie machen weiterhin Geschäfte mit Ihrem Freund, und Ihr Umsatz vergrößert sich, wodurch wiederum Sie und Ihr Freund gewinnen. Ihre Umsatzsteigerung bedeutet, dass Sie mehr Produkte von mir brauchen, und das kommt dann wieder mir zugute. Klingt das nicht nach einer guten Idee und einem fairen Tausch?»

Der «Ähnliche Produkte»-Abschluss

Gelegentlich sagt ein Kunde: «Ihr Produkt ist genau wie das der Firma XY.» Lehnen Sie in einem solchen Fall nicht entrüstet ab oder behaupten Sie kategorisch, Ihr Produkt sei ganz anders. Suchen Sie nach einem Bereich der Übereinstimmung, das sollte nicht allzu schwierig sein. Schauen Sie Ihren Kunden dann an und sagen Sie: «Ja, Sie haben Recht, es sind da gewisse Ähnlichkeiten vorhanden. Das ist es doch, was Sie sagen wollten, nicht wahr? (Antwort abwarten.) Darf ich Sie aber in diesem Zusammenhang daran erinnern, dass der Unterschied zwischen einem echten Rembrandt und einer Reproduktion oder Imitation sehr klein ist. Wenn sie aber Original und Kopie zum Verkauf anböten, wäre ein gewaltiger Preisunterschied festzustellen, nicht wahr? Nun, gestatten Sie mir, dass ich Ihnen die kleinen Unterschiede zeige, welche unser Produkt zum ‹Rembrandt› machen, was Leistung und Qualität anbetrifft. Und Sie möchten doch das *beste* Produkt zum *besten* Preis, nicht wahr?»

Wenn Ihr Kunde Humor hat und Sie ein Verkäufer sind, haben Sie auch die folgende Möglichkeit: «Ja, die Produkte sind ähnlich, aber ich könnte genauso gut sagen, meine Frau und ich seien einander sehr ähnlich. Wir haben beide zwei Arme, zwei Beine und einen Kopf, und dennoch gibt es da ein paar ganz wesentliche Unterschiede. Ehrlich gesagt, es sind diese Unterschiede, die uns ursprünglich zusammengebracht haben, und es sind diese Unterschiede, die uns immer noch zusammenhalten!

Es ist wahr, unser Produkt weist gewisse Ähnlichkeiten auf, aber es sind die Unterschiede, die es für Sie zu einem guten Geschäft machen.» Gehen Sie nun auf diese Unterschiede ein, erläutern Sie, *weshalb* sie Ihr Produkt vom anderen abheben und kommen Sie zum Abschluss: «Sie möchten doch nur das Beste für Ihr Geld, nicht wahr?»

Es gibt zahlreiche Einwände, und es gibt noch mehr Antworten, letztlich läuft es aber auf Folgendes hinaus: Wenn Sie die richtige Person sind, die das richtige Produkt zum richtigen Preis verkauft, und wenn Sie überzeugt sind, dass der Kunde der eigentliche Gewinner ist, dann sind Sie schon in einer ausgezeichneten Startposition. Wenn Sie nun noch die richtigen Worte finden, sie mit Ihrer Stimme entsprechend modulieren und richtig nachfassen können, werden Sie wesentlich mehr Geschäfte abschließen können.

Der «Erfahrungs»-Abschluss

Auch bei einer Stellenbewerbung geht es in gewissem Sinne ums «Verkaufen». Das folgende Beispiel, wie man einen wichtigen Einwand entkräften kann, richtet sich vorwiegend an junge Leute, die sich zum ersten Mal um eine Stelle bewerben. Mit gewissen Variationen lässt es sich aber auch auf jeden anderen Bewerber übertragen.

Da ich von Anfang an immer wieder betont habe, der Verkäufer sei das wichtigste Element des Verkaufsvorganges, gehe ich nun von der Annahme aus, dass der Stellenbewerber gelernt hat, wie wichtig Ehrlichkeit, Charakterstärke, Integrität, Glaube, Liebe und Loyalität sind. Er hat auch gelernt, Verantwortung zu übernehmen, zuverlässig zu sein und eine gute Einstellung zu haben.

EINWAND: «WAS HABEN SIE FÜR ERFAHRUNGEN?»

Ein durchschnittlicher junger Mensch hat in der Regel keine Verkaufsausbildung genossen, und wenn er nach seinen Erfahrungen gefragt wird, antwortet er wahrscheinlich ungefähr so: «Ich habe noch an keiner Stelle Erfahrungen sammeln können.

Ich habe hie und da Babies gehütet oder in den Ferien nach Nachbars Haustieren geschaut. Aber dies wird meine erste Stelle sein.»

Ein junger Mensch nimmt wahrscheinlich an, das sei die einzige Antwort auf einen solchen Einwand. Solange er das annimmt und auf diese Weise antwortet, wird er Mühe haben, eine Stelle zu bekommen, weil er den eigentlichen Einwand seines potenziellen Arbeitgebers im Grunde genommen nicht beantwortet hat.

In Wirklichkeit kann er aber ganz anders antworten. Wenn er nur über ein bisschen Verkaufsausbildung verfügt oder einen entsprechenden Kurs besucht hat, wie sie überall angeboten werden, kann er zum Beispiel sagen:

«Danke, dass Sie mich nach meinen Erfahrungen gefragt haben. Ich sehe ein, dass das für Sie sehr wichtig ist. Sie müssen wissen, ob ich wirklich die richtige Person für diese Stelle bin, damit Ihre Kunden möglichst gut bedient werden. Habe ich Sie da richtig verstanden? (Antwort abwarten.) Nun, ich habe die Erfahrungen meines ganzen Lebens, die mir helfen werden, ein guter Angestellter zu sein. Ich habe zum Beispiel gelernt, wie wichtig es ist, dass ich zuverlässig bin und in allen Dingen immer die Wahrheit sage. Außerdem habe ich auch gelernt, wie wichtig es ist, dass ich mit anderen Leuten umgehen kann, und ich weiß aus Erfahrung, dass jedermann besser arbeitet, wenn er mit den anderen Leuten auskommt. Ich weiß auch, dass von mir gewisse Dinge erwartet werden, wenn Sie mich einstellen. Ich werde die Arbeiten, die Sie mir zuweisen, mit positiver Einstellung und großem Verantwortungsbewusstsein erledigen. Es ist mir auch klar, dass ich bereit sein muss, am Morgen früher zu kommen und abends länger zu bleiben, wenn ich eine Gehaltserhöhung bekommen möchte.

Und schließlich weiß ich auch, dass jedes Unternehmen Gewinn machen muss, um im Geschäft bleiben und seine Angestellten bezahlen zu können. Wenn also die Angestellten gute Arbeit leisten, wird das Unternehmen mit größter Wahrscheinlichkeit einen Gewinn erzielen. Um meine Stelle behalten zu können und in meinem Beruf vorwärts zu kommen, bin ich bereit, hart zu arbeiten und mein Bestes zu geben. Ich glaube, genau wie alle anderen ist auch Ihr Unternehmen auf solche Erfahrungen angewiesen.»

SIE HABEN IHRE GESCHICHTE ERZÄHLT – KOMMEN SIE NUN ZUM ABSCHLUSS

Wenn er all das gesagt hat – und es beansprucht nur eine oder zwei Minuten –, kann sich dieser «erfahrene» junge Mensch um den Abschluss bemühen. Zu diesem Zweck schlage ich eine Aussage und eine Frage vor:

«Ich brauche eine Stelle, und ich verspreche Ihnen etwas. Ich werde hart für Sie arbeiten, und Sie werden nie bereuen, dass Sie mich angestellt haben. Sie werden sogar stolz darauf sein, dass Sie es waren, der mir meine erste Chance und Ausbildung gegeben hat. Ich kann die Stelle sofort antreten oder wann immer es Ihnen am besten passt. Wann soll ich denn anfangen? Jetzt gleich oder lieber erst Anfang des nächsten Monats?» (Das reicht. Nun ist *er* wieder am Ball.)

Dieses «Verkaufsgespräch» ist natürlich keine Garantie für eine Stelle, denn vielleicht ist in dieser Firma gar keine frei. Aber wenn Sie diese Präsentation oft genug darbieten, werden Sie bestimmt nicht lange suchen müssen.

Selbstverständlich rechne ich nicht damit, dass ein junger Mensch (ängstlich und nervös) bei seinem ersten Vorstellungsgespräch sich seelenruhig auf diese Art «verkaufen» kann, aber von etwas bin ich überzeugt: Wenn Sie als junger Stellenbewerber diese Informationen präsentieren, wird kaum ein Arbeitgeber unbeeindruckt bleiben. Er stellt Sie vielleicht nicht ein, wenn Sie aber in Ihrer Präsentation überzeugend genug sind, wird er alles tun, was in seiner Macht steht, um Sie einem anderen Arbeitgeber vermitteln zu können.

Auch wenn Sie zurzeit arbeitslos sind und auf Ihrem Fachgebiet keine Stellen frei sind, können Sie mit diesem Vorgehen in ein anderes Gebiet einsteigen. Sie verfügen über jene «Erfahrung» – und zwar über sehr viel –, die Tausende von Arbeitgebern benötigen. Sie werden Sie und Ihre Erfahrung *kaufen*, sofern Sie sich ihnen *verkaufen*.

Wie bei *jedem anderen* Geschäft müssen Sie unter Umständen auch hier viele Besuche abstatten, aber mit dieser Einführung wird Ihr Name auf zahlreichen Wartelisten zuoberst stehen. Wenn Sie sich gründlich mit diesen Grundlagen vertraut machen (und ich nehme natürlich an, dass Sie wirklich so sind, wie Sie sich beschreiben), können Sie dem Gespräch in Ruhe und Zuversicht entgegensehen, und das bedeutet, dass Sie Ihr Produkt (das sind Sie) optimal präsentieren können. Dadurch steigen Ihre Chancen, die Stelle zu bekommen, ganz wesentlich.

GRÜNDE UND AUSREDEN
FÜR EINEN KAUF

VERKAUFEN SIE DAS GREIFBARE –
SCHLIESSEN SIE MIT DEM NICHTGREIFBAREN AB

Beim Überwinden von Einwänden ist es oft erforderlich, das Greifbare als *Grund* für einen Kauf anzubieten, das Nichtgreifbare jedoch als *Ausrede* dafür in den Vordergrund zu schieben. Nehmen wir an, Sie haben ein wunderschönes Grundstück an einem See, einen prächtigen Alterssitz oder eine Reise mit allem Drum und Dran zu verkaufen. In allen drei Fällen ist eindeutig etwas Greifbares da, an dem sich der Kunde festhalten kann.

Wenn es sich aber um ein typisches Grundstück an einem See oder an einem Golfplatz handelt, wird es viele Tausend Dollar kosten. Vom rein logischen Gesichtspunkt her wird Ihr Kunde nicht so viel Geld für ein Grundstück auslegen wollen, das so eingeschränkte Möglichkeiten bietet. Das Grundstück ist greifbar, es liefert somit den Grund zum Kaufen. Wenn Sie aber das Geschäft wirklich machen wollen, müssen Sie auf das Nichtgreifbare eingehen, das die Ausrede zum Kauf liefern wird.

Beispiel: «Nebst diesem wunderschönen Grundstück bekommen sie auch diesen herrlichen See, in dem es von Barschen und Brassen nur so wimmelt. Sie haben jederzeit Zutritt zum Golfplatz. Dann gibt es ausgezeichnete Rad- und Wanderwege, auf denen Sie sich nach Herzenslust tummeln können. Und vielleicht das Schönste am Ganzen: Sie leben in einer stillen, ruhigen Umgebung mit Menschen, die diese Ruhe und Stille ebenfalls zu schätzen wissen. Die Erholsamkeit fern von Hetze, Lärm und vom Verkehrschaos des Stadtlebens wird

Ihnen zuträglich sein. Sie werden länger leben, und Ihr Leben wird geruhsam und erfüllt sein.»

Der «Das haben Sie verdient»-Abschluss

Nun sind Sie vom Greifbaren weg in den Bereich des Nichtgreifbaren vorgestoßen. Das heißt, Sie sind von einer greifbaren Basis, vom Grundstück nämlich, ausgegangen und haben dem Kunden das, was er wirklich sucht, sozusagen in einem Paket gegeben. Sie haben ihm einen Grund für den Kauf geliefert (wunderschönes Grundstück am See) und eine Ausrede obendrein (schöneres, längeres Leben usw.).

Nun besiegeln Sie das Geschäft folgendermaßen: «Sie haben Ihr ganzes Leben lang gearbeitet und der Welt und der Zukunft viel gegeben. Glauben Sie nicht, Sie haben es nun *verdient*, allmählich die Früchte langer, arbeitsreicher und mühseliger Jahre zu *genießen*? Das sind Sie sich doch schuldig.

Wenn ich Ihre Frau richtig verstanden habe, ist Sie damit einverstanden; auch ich bin natürlich damit einverstanden; nun müssen nur noch Sie sich selbst erlauben, das zu genießen, wofür Sie Ihr Leben lang gearbeitet haben. Wie wär's? Das Grundstück gefällt Ihnen, sie fischen gern und spielen gern Golf, nicht wahr? Gibt es irgendeinen Grund, weshalb Sie auf die Erfüllung dieses lebenslangen Wunsches verzichten sollten?»

VERGESSEN SIE NICHT: ER HAT ANGST

Wenn Sie mit Ihrem Kunden sprechen – und es ist ganz gleichgültig, was er kauft –, müssen Sie sich an vier entscheidende Dinge erinnern.

Erstens: Er braucht die Beteuerung, dass das, was er zu tun gedenkt, in Ordnung ist, dass das, was er kauft, einen fairen Preis kostet, dass Sie eine legitime Organisation vertreten und dass Ihre Integrität über jeden Zweifel erhaben ist.

Zweitens: Jeder Kunde, egal was für ein unnötiges oder luxuriöses Produkt er auch kauft, wird stets von der Angst verfolgt, er müsse zu viel dafür bezahlen und es sei diesen Preis gar nicht wert. Diese Angst können Sie zum Teil dadurch beschwichtigen, dass Sie ihm hieb- und stichfeste Beweise für die Berechtigung des Preises liefern; letztlich wird er seine Angst aber nur überwinden, wenn er Ihnen als Mensch vertrauen kann. *Sie sind die Brücke, über die er gehen muss, wenn er sich von einem ängstlichen Kunden in einen vertrauensvollen Käufer verwandeln soll.*

Drittens: Der Gerechtigkeitssinn Ihres Kunden spielt eine große Rolle (Sie sind der Experte – er ist das «unschuldige Lamm»). Vielleicht ist er irgendwann einmal übervorteilt worden, und das soll ihm nicht noch einmal passieren. Manchmal handelt ein Kunde aus Angst oder unangenehmer Erfahrung heraus eher unvernünftig oder widersprüchlich. Deshalb müssen Sie, der Verkäufer, ruhig Blut bewahren, absolut ethisch handeln und felsenfest an den Wert und gerechten Preis glauben.

Viertens: Ihr Kunde kauft nicht nur für sich selbst, sondern denkt auch an andere Leute. Er überlegt sich, was andere von ihm denken werden. Und das ist immer so, unabhängig davon, was für ein Image er sich zu geben versucht. Er fragt sich, was seine Familie, seine Freunde, seine Arbeitskollegen und seine Nachbarn denken.

Unter anderem deshalb sind auch Sätze wie die folgenden so wirkungsvoll: «Ihre ganze Nachbarschaft wird Sie beneiden», «Ihre Familie wird stolz sein, dass Sie so gehandelt haben», «Ihre Arbeitskollegen werden sich freuen, dass Sie sich auch einmal etwas leisten». Denken Sie einfach daran, dass es Leute gibt, die ihn wegen seines Kaufes foppen werden; und wenn Sie nicht mit einer Annullierung des Auftrages rechnen wollen, müssen Sie ihn mit den notwendigen Waffen dagegen ausstatten.

DER KUNDE KAUFT, WAS ER SPÄTER GENIESSEN KANN

Denken Sie auch wieder einmal daran, dass der Kunde nicht kauft, was ein Produkt ist, sondern dass er zukünftigen Genuss und spätere Freude kauft. Er kauft nicht das Haus auf dem Grundstück, er kauft den Schatten der Bäume im Garten, die

Wärme des Feuers an kalten Winterabenden, die Annehmlichkeiten des Telefons im Badezimmer, die angenehme Kühle der Sommerabende am See. All dies sind nichtgreifbare Dinge, die durch den Erwerb des Greifbaren erst möglich werden. Machen Sie nun folgendes: *Blättern Sie zehn Seiten zurück und unterstreichen Sie all diese vollen, warmen Wörter und Wortbilder, die ich benutzt habe und die so verkaufsfördernd wirken.*

Anmerkung: Nun sollten Sie unser Buch zur Seite legen, Ihren Notizblock zur Hand nehmen und eine Liste mit allen *Gründen* und *Ausreden* zusammenstellen, die Sie Ihren Kunden geben können, damit sie in Ihr Produkt investieren.

GEBEN SIE EINE AUSREDE UND EINEN GRUND

Geben Sie einem Kunden einen Grund für einen Kauf, und er wird vielleicht kaufen. Geben Sie ihm eine Ausrede für einen Kauf, und er wird vielleicht kaufen. Geben Sie ihm aber einen Grund *und* eine Ausrede, erleichtern Sie ihm also den Kauf, dann steigen Ihre Geschäftsaussichten ganz gewaltig. Dies können Ihnen die Leute von der Firma A. O. Smith Harvestore bestätigen.

EIN TEAM VON PROFIS

Ich habe die Ehre gehabt, einige der ganz hervorragenden Leute der Firma A. O. Smith kennen zu lernen. Der Direktor der Marketingabteilung, Carl K. Clayton, ist einer der ganz großen Profis auf dem Gebiet des Verkaufens. Er ist von einem beinahe missionarischen Eifer beseelt, und er und seine Profis – einschließlich seines Chefs, James Schaap – haben eines der professionellsten Marketingteams für landwirtschaftliche Geräte und Maschinen auf die Beine gestellt.

Ich war schon mehrmals mit Carl zusammen, einmal vier Tage lang an einem unserer Seminare, einmal kürzlich erst für ein paar Stunden vor meinem Vortrag anlässlich eines nationalen Verkäufermeetings der Firma, und deshalb hatte ich in ihn als Mensch ein ungeheuer großes Vertrauen. An jenem Morgen aber lernte ich Carl von einer neuen Seite kennen; er erzählte mir ausführlich von ihrem neuen Harvestore und den großen Vorteilen für die Bauern. Beim Harvestore handelt es sich um ein neues Lagersystem, das gegenüber dem herkömm-lichen Silo ganz entscheidende Vorzüge aufweist. Es ermöglicht dem Bauern, das Getreide zu speichern, bevor es ganz trocken ist.

Der Bauer bringt das Getreide vom Feld ein, wenn sein Feuchtigkeitsgehalt noch 25–30 Prozent beträgt, und füllt es von oben her in den Harvestore ein. Dieser Speicher weist am oberen Ende so etwas wie «Lungen» auf. Dadurch wird bei Expansion und Kontraktion die Außenluft ferngehalten, und es geht wesentlich weniger Getreide zugrunde. Wegen des höheren Feuchtigkeitsgehaltes brauchen die Tiere weniger Futter, das sie obendrein noch besser verdauen können. Der Bauer braucht 10–15 Prozent weniger Futtermittel und erhält erst noch 10–15 Prozent mehr Fleisch. Der Harvestore ist wirklich ein großartiges Konzept, das dem Bauern manchen Dollar sparen hilft.

Der «Grund-Ausrede»-Abschluss

Ein weiterer gewaltiger Vorteil für den Bauern besteht darin, dass er sein Heu nicht mehr in Ballen verpacken muss. Er bringt es einfach ein und speichert es in seinem Harvestore (ich erwähne nur dieses eine Produkt der Firma). Der Bauer weiß natürlich, dass die Heuverarbeitung zu Ballen mehr junge Männer von seinem Gut vertrieben hat als irgendein anderer Grund.

Bei seiner Präsentation kann der Harvestore-Verkäufer dem Bauern eine Menge interessanter Daten aufzählen. Erstens macht sich die Einrichtung durch geringere Verluste und erhöhte Produktivität in maximal sieben Jahren selbst bezahlt. Zweitens fällt mit dem Harvestore-System wesentlich weniger Arbeit an, als wenn das Heu geballt, das Getreide nach dem Trocknen eingebracht oder gar künstlich getrocknet werden muss.

Kurz, die Firma kann den Harvestore verkaufen, weil sie dem Bauern die *Ausrede* gibt (die dieser im Zusammenhang mit der Finanzierung an seine Bank weitergibt), dass dieses System äußerst kosteneffizient ist und eben viel Geld sparen hilft. Der Bauer selbst benützt natürlich die finanzielle Ausrede.

Wie Carl mir gesagt hat, ist der eigentliche *Grund*, weshalb viele Bauern kaufen, der, dass sie mit Harvestore-Kunden gesprochen haben, und diese bezeugen eben, dass sie durch den geringeren Arbeitsaufwand mehr Freizeit haben und sich sogar Urlaub leisten können. *Und vor allen Dingen werden ihre eigenen Kinder viel eher auf dem Bauernhof bleiben, weil er nun viel einfacher und moderner zu betreiben ist.*

Wie schon gesagt: Geben Sie einem Kunden einen *Grund* für einen Kauf, und er wird *vielleicht* kaufen; geben Sie ihm eine *Ausrede* für einen Kauf, und er wird *vielleicht* kaufen. Geben sie ihm aber einen Grund *und* eine Ausrede und erleichtern Sie ihm damit den Kauf, dann steigen Ihre Geschäftsaussichten ganz gewaltig.

VON SCHWIERIGEN KUNDEN KANN MAN LERNEN

Im Laufe der Jahre habe ich wahrscheinlich auf einzelne Kundenbesuche mindestens ebenso viel Zeit aufgewendet wie die meisten anderen Verkäufer auch. Nicht, dass ich stur oder hartnäckig wäre, obschon das bis zu einem gewissen Grad mitspielen kann; nicht, dass ich außergewöhnlich ausdauernd wäre, obschon ich mich auch hier vielleicht schuldig bekennen muss. Ich bin auch nicht so wettbewerbseifrig, dass ich nicht einmal auf ein Geschäft verzichten könnte, obwohl meine Frau Jean mit dieser Aussage wohl nicht einverstanden wäre.

Es gibt mindestens noch einen anderen Grund, weshalb ich auf einzelne Besuche so viel Zeit aufgewendet habe, und der lautet ganz einfach: Je schwieriger der Kunde ist, desto mehr kann man von ihm lernen. Je mehr Einwände er vorbringt – Einwände, mit denen ich zurechtkomme –, desto besser bringe ich das nächste Verkaufsgespräch über die Runde. Je mehr Hindernisse er mir in den Weg legt, desto besser kann ich meinen Verkaufswitz schärfen. Ich glaube, dieses Training unter «feindlichem Feuer» hat dazu geführt, dass ich ein paar große Verkaufswahrheiten entdeckt habe, die ich nun mit Ihnen teilen kann, weil ich 36 Jahre lang an diesem Buch geschrieben habe. Es bedurfte sehr vieler «Lektionen von schwierigen Kunden», um dieses Buch überhaupt schreiben zu können.

Auch Sie brauchen zahlreiche «Lektionen von den Schwierigen», wenn Sie zu jenem Verkäufer heranwachsen und reifen sollen, der Sie sein könnten. Howard Bonnell meint, ein Kunde beginne oft mit dem resoluten Einwand: «Das kommt gar nicht infrage.» Sein nächster Einwand fällt jedoch schon bedeutend milder aus, und weitere Einwände werden immer schwächer und schwächer.

Wenn der Verkäufer spürt, dass der Wille des Kunden nachlässt, fasst er selbst Mut und Entschlossenheit. Ich wiederhole, ich spreche nicht davon, einen Wettkampf zu «gewinnen» und einem Kunden den Willen des Verkäufers oder sein Produkt aufzuzwingen. Ich habe von allem Anfang an betont: Der professionelle Verkäufer glaubt daran, durch seine Tätigkeit dem Kunden einen Dienst zu erweisen und ihm einen Gefallen zu tun. Was mich selber angeht, so kann ich nur mit Nachdruck betonen, dass ich *nur* deshalb alles Denkbare unternommen habe, um jemandem etwas zu verkaufen, weil ich mich moralisch verpflichtet fühlte, dem Kunden ein Produkt zu verkaufen, *das ihm Vorteile brachte.*

Es gibt allerdings einen bestimmten Augenblick, an dem ich das Handtuch werfe und mir keine weitere Mühe mehr gebe, zu einem Abschluss zu kommen. Das ist dann der Fall, wenn der Kunde – nachdem er alle Vorteile kennen gelernt hat – klar und deutlich zu erkennen gibt, dass er nicht interessiert ist und nicht kaufen kann oder will. Bis zu diesem Punkt aber scheue ich keine Anstrengung, ein Geschäft abzuschließen. Und das tue ich, wie bereits erwähnt, mit überzeugender Freundlichkeit; darauf werde ich im letzten Teil von *Der totale Verkaufserfolg* kommen.

Der Abschluss ist ein ganz natürlicher Teil des Verkaufsvorganges, genauso wie Arme und Beine Teile von Ihnen sind. Gehen Sie sanft, natürlich und vor allem ohne zu zögern zum Abschluss über. Das tun Sie, wenn Sie versuchen, dem Kunden ein Gefühl der Dringlichkeit zu vermitteln, er müsse *jetzt handeln.* Dringlichkeit ist übrigens ebenfalls ein Element aus dem Repertoire aller Profis.

Der Arzt sagt zum Beispiel, der Zustand Ihrer Gallenblase sei nicht der beste, aber «es ist noch kein Notfall – noch nicht». Sie müssen entscheiden, *wann* sie entfernt werden soll. Soll es in Ruhe und im Einklang mit Ihren Plänen passieren oder erst dann, wenn sie platzt, Ihnen Schmerzen bereitet und ein notfallmäßiges Eingreifen erforderlich macht?

Der Mechaniker verrät eine gewisse Dringlichkeit, wenn er sagt, die Bremsbeläge seien nicht heruntergefahren – noch nicht. Sie müssen nun entscheiden, ob Sie jetzt ein paar Dollar für neue Beläge und damit für Sicherheit ausgeben wollen oder ob Sie noch warten und vielleicht Ihr Leben in Gefahr bringen möchten. Ja, Dringlichkeit gehört zum Wortschatz aller professionellen Leute.

Ich erinnere Sie weiterhin daran, dass Ihre Kunden bei Ihnen kaufen, weil sie sich vom Kauf Freude oder Zufriedenheit erhoffen. Ein Kunde, der ja sagt, wird Ihre Karriere bestimmt nicht ruinieren, ebenso wenig wie ein Kunde, der nein sagt. Zwei andere Dinge aber können Ihrer Laufbahn ein Ende setzen: erstens die Leute, die Sie nicht besuchen, und zweitens die Leute, die sagen: «vielleicht» oder «ich werde es mir nochmals überlegen». Aus diesem Grund versuchen wir, diese Bereiche des Verkaufens in diesem Buch so gründlich zu besprechen, dass «ich werde es mir nochmals überlegen» zu «in Ordnung, ich kaufe» wird.

MIT FRAGEN ZUM ABSCHLUSS

Frage: Wie überreden Sie Leute, jetzt zu handeln? Antwort: Indem Sie Fragen stellen, welche den Kunden zu einem Schluss kommen lassen, der es erforderlich macht, dass er jetzt handelt, weil eine Idee auftaucht, die ursprünglich von ihm (dem Kunden) ausgegangen ist. Dies erzeugt Druck, den der Kunde auf sich selbst ausübt. Es ist Druck von innen – und er ist stark.

Frei nach Sokrates – der es wahrscheinlich am besten ausgedrückt hat:

«Wenn Sie eine Aussage machen, welcher Ihr Kunde problemlos zustimmen kann (die er nicht widerlegen kann), wenn sie dann aufgrund dieser Zustimmung eine Reihe von Fragen stellen und endlich ebenfalls aufgrund dieser Zustimmungen zu einer abschließenden Frage kommen, gelangen Sie zwangsläufig zur erwünschten Antwort.» Mit eben dieser Methode arbeiten auch erfolgreiche Verteidiger, um ihre Gefühle auf die Geschworenen zu übertragen.

VERKAUFEN IST NICHT ERZÄHLEN, SONDERN FRAGEN

Die Fähigkeit, Fragen zu stellen, ist – genau wie die Fähigkeit, Ihre Stimme richtig zu modulieren und einzusetzen – eine Kunst, die in der Welt des Verkaufens leider viel zu sehr vernachlässigt und zu wenig entwickelt wird. Es ist eine Fähigkeit, die wir als Menschen verlernt haben. Ich sage dies, weil ein normales sechsjähriges Kind unter normalen Umständen unglaublich viele Fragen stellt, ein durchschnittlicher Akademiker aber nur sehr wenige. Wenn Sie nur ein bisschen Lebenserfahrung besitzen oder jemals Kinder um sich gehabt haben, wissen Sie, dass das sechsjährige Kind mehr bekommt als der Akademiker. Fragen zu stellen ist eine wichtige Fähigkeit, die erlernt werden kann.

Ich gebe Ihnen hier eine Reihe von Fragen und zeige Ihnen mögliche Situationen, in denen sie gestellt werden können. Ich empfehle Ihnen wieder, sie auf Ihre Situation abzustimmen, da bestimmt nicht alle direkt für Sie geeignet sind.

Gewisse Fragen gehen von Annahmen aus; andere wiederum haben mit Phantasie oder bevorstehenden Ereignissen zu tun. Beispiel: Sie zeigen einer Familie ein Haus. Wenn Sie nun das Wohnzimmer betreten, schlägt Verkaufsberater Tom Hopkins einfach folgende Frage vor: «Wo würden Sie denn das Sofa platzieren?» In einem anderen Zimmer: «Wo würden Sie denn Johnnys Bett aufstellen? Hier an der Wand oder eher in der Mitte?» Vergessen Sie nicht: Ein Kunde kann Ihnen wegen einer Antwort, die er Ihnen gibt, nicht böse sein. Eine andere Frage: «Wenn dieses wunderschöne Haus nur diese prächtige Aussicht zu bieten hätte oder wenn der Rundgang nun in dieser einzigartigen Wohnküche zu Ende wäre, dann würde es sich dennoch lohnen, es anzuschauen, nicht wahr?» Oder: «Wenn nichts anderes für das Haus sprechen würde als seine Lage, dann müsste man es sich dennoch überlegen, nicht wahr?»

Um einen Abschluss für einen späteren Zeitpunkt des Gespräches vorzubereiten, können Sie zum Beispiel folgende Einleitung anwenden: «Vor vielen Jahren sagte Andrew Carnegie, der Mann, der vermutlich mehr Millionäre hervorgebracht hat als irgendein anderer Mann in Amerika: ‹Zeige mir einen Mann, der eine Entscheidung trifft, danach handelt und dabei bleibt, und ich zeige dir einen Mann, der Erfolg haben wird.› Erfolgreiche Geschäftsleute stimmen ziemlich einmütig mit diesem Prinzip überein, aber was haben Sie selbst für ein Gefühl?» Die meisten Ihrer Kunden stimmen ebenfalls zu.

Diese Variante eignet sich, wenn Sie mit einem Geschäftsmann über eine Investition in Geräte oder Maschinen sprechen. Hingegen wäre sie wohl unbrauchbar, wenn Sie einem jungen Paar Möbel verkaufen und sich die beiden Gedanken darüber machen, ob sie sich das wohl leisten können.

16 «FRAGEN»-ABSCHLÜSSE

Ganz ähnlich wie beim Grundstück könnten Sie auch nach der Präsentation eines Computers oder irgendeines Gerätes fragen: «Selbst wenn diese Maschine nur das tun könnte, würde es sich schon lohnen, sie zu besitzen, nicht wahr?»

Frage: «Wenn wir die Einrichtung installieren, möchten Sie, dass ich Ihnen die wichtigsten Punkte nochmals vorführe?»

Frage: «Wollen Sie, dass wir heute noch liefern, oder wäre Ihnen nächste Woche lieber?»

Frage: «Soll ich hier *verkauft* anschreiben, während wir uns überlegen, wie wir es am besten finanzieren können?»

Frage: «Müssen Sie noch mit jemandem reden, bevor Sie bestellen können?»

Frage: «Wird der Auftrag von dieser Abteilung erteilt?»

Frage: «Möchten Sie den Kauf lieber von Ihrer eigenen Bank finanzieren lassen oder sollen wir Ihnen einen Finanzierungsvorschlag ausarbeiten?»

Frage: «Dieses Produkt ist augenblicklich ziemlich knapp. Würde es Ihnen etwas ausmachen, drei Wochen zu warten?»

Frage: «Möchten Sie ein großes Depot leisten, damit die monatlichen Überweisungen kleiner sind, oder hätten Sie lieber ein sehr kleines Depot und dafür etwas größere monatliche Überweisungen?»

Frage: «Hätten Sie es lieber in Grün, oder gefällt Ihnen Rot doch besser?»

Frage: «Sollen wir es per Frachtgut oder express per Luftpost schicken?»

Frage: «Wollen Sie das Grundstück auf Ihren oder auf den Namen Ihrer Frau registrieren lassen?»

Frage: «Hätten Sie lieber das Grundstück am Golfplatz, oder gefällt Ihnen das am See besser?»

Frage: «Falls Sie sähen, dass Sie durch den Besitz dieses Produktes Vorteile hätten und dass die Bedingungen annehmbar wären, spräche dann noch etwas dagegen, dass Sie jetzt und hier bestellen?»

Frage: «Sehen Sie die finanziellen Vorteile, wenn wir diese starken Deckenlampen, die gewisse Raumbereiche unnötig erhellen, durch eine Beleuchtung ersetzen, die zu gewissen Tageszeiten automatisch ein- oder ausgeschaltet wird?»

Frage: «Finden Sie es vernünftig, in ein solide gebautes Produkt zu investieren, das eine lange Lebensdauer hat und störungsfrei funktioniert?»

FRAGEN ALS ENTSCHEIDUNGSHILFEN

Viele Fragen sind eigentliche «Denk»-Fragen und führen den Kunden zu einer Entscheidung.

Mark Gardner stellt – wie *alle* professionellen Verkäufer – eine Menge Fragen, um Informationen zu bekommen und einen Abschluss herbeizuführen. Hier eine kleine Auswahl, die für sich selbst spricht.

Frage: «Investieren Sie zur Zeit in Börsengeschäfte?»

Frage: «Sind Sie an Kapitalgewinn oder Kapitalrenditen interessiert?»

Frage: «Können Sie mir in groben Zügen sagen, wieviel Sie investieren wollen? Sind Sie eher zurückhaltend oder forsch?»

Frage: «Wie sieht Ihr Portefeuille aus?»

1. größter Ertrag

2. umfangreichste Position

Frage: «Geben Sie mir doch bitte ein Beispiel für eine Ihrer letzten Transaktionen. Wann hat sie stattgefunden?»

Frage: «Normalerweise suchen wir Verbindlichkeiten in der Größenordnung zwischen XY und XYZ. Wieviel Kapital setzen Sie gewöhnlich ein?»

«Lieber Kunde, ich möchte mit Ihnen ein Abkommen von Geschäftsmann zu Geschäftsmann treffen. *Erstens:* Ich werde Ihre Zeit nicht unnötig in Anspruch nehmen. *Zweitens:* Wenn wir uns wieder bei Ihnen melden, bringen wir einen vollständig ausgearbeiteten Vorschlag mit. Aus diesen Gründen möchten wir, dass Sie sich ernsthaft Gedanken über eine größere Verbindlichkeit machen. Nachdem Sie nun alle Größen der Investition kennen, wären Sie in der Lage, eine sofortige Entscheidung zu fällen?»

Diese Serie führt unmittelbar zu einem Abschluss.

«Besitzen Sie irgendwelche Wertpapiere, die Ihre Erwartungen nicht erfüllt haben? Wie lange sind diese schon in Ihrem Besitz? Ich weiß, ich verlange eine sehr schwierige Entscheidung von Ihnen. Warum haben Sie sie nicht verkauft, als sie nichts einbrachten?

Warum? Weil

1. es ein Verlustgeschäft ist
2. die meisten Investoren den Fehler machen zu *hoffen*, dass der Kurs wieder einmal steigen wird.

Könnten Sie dem zustimmen? Nun, in der Wirklichkeit wird nicht jede Investition zu einem Erfolg. Wäre es nicht das Beste, wenn wir einfach akzeptieren, dass es damit aus irgendwelchen Gründen nicht geklappt hat, und uns entschließen, die Situation zu bereinigen, indem wir ABC abstoßen und dafür XYZ ankaufen?»

DIESE FRAGEN BRINGEN ABSCHLÜSSE

Das folgende Beispiel stammt von Charles Roth. Es beschreibt, wie der Verkäufer einer luxuriösen Büroagentur in New York nach dem Prinzip von Frage und Annahme vorgeht. Der Verkäufer führt den Kunden in ein Büro mit einer herrlichen Aussicht über den Hudson River und fragt:

«Diese Aussicht gefällt Ihnen, stimmt es?» Die Antwort lautet unweigerlich: «Ja, sie ist herrlich.» Dann führt er den Kunden in ein Büro auf der anderen Seite des Gebäudes und fragt: «Gefällt Ihnen diese Aussicht ebenso gut wie die andere?» Darauf kann der Kunde mit Ja oder Nein antworten. In der Annahme, die Antwort laute Nein, sagt der Verkäufer dann: «In diesem Falle möchten Sie lieber die anderen Räumlichkeiten, nicht wahr?» Auf diese Art kommt manch ein Geschäft zustande.

Der «Eliminations»-Abschluss

Als ich noch Porzellan, Bestecke und Kristall verkaufte, war es eine unserer wichtigsten und schwierigsten Aufgaben, die

Kundin, meist eine junge Dame, zur richtigen Auswahl zu führen und ihr dennoch das Gefühl zu verleihen, *sie* habe die Wahl getroffen.

Wir begannen mit dem Porzellan, und da wir sieben verschiedene Dekors anzubieten hatten, gingen wir wie folgt vor. Wir zeigten ihr zunächst ein «sicheres» Dekor, eines, von dem wir wussten, es würde ihr gefallen. Ob es nun genau ihren Herzenswünschen entsprach oder nicht, war eine andere Angelegenheit. Nachdem wir dieses Dekor – in eine hübsche Geschichte verpackt – präsentiert hatten, kam Dekor Nummer zwei an die Reihe. Danach fragten wir: «Mary, wenn es nun auf der ganzen Welt nur diese beiden Dekors gäbe und Sie sich jetzt gleich entscheiden müssten, welches würden Sie wählen?»

Damit war ein Dekor eliminiert und es verschwand wieder in unserem Musterkoffer. Nun fuhren wir in gleichem Stil weiter, und die letzte Auswahl fiel meistens verhältnismäßig leicht. Nachdem sich die junge Frau also für ein Dekor entschieden hatte, wurde sie noch vor eine letzte Wahlfrage gestellt: «Mary, möchten Sie die einzelnen Gedecke nun fünf- oder siebenteilig?» Und nach dieser Antwort konnten wir die Bestellung ausfüllen.

Mein Freund Mike Ingram ist Direktor der Waffenfirma Tufts & Son in Oklahoma City. Ich bezeichne ihn immer lachend als «Amerikas Rattenfänger-Verkäufer Nummer eins», denn das ist er. Mike und seine Firma haben schon sehr viele Ideen entwickelt, wie solche Rattenfängerangebote aussehen könnten, und eines der besten, das sie ihren Kunden machen, betrifft ein 22er Gewehr. Mike empfiehlt seinen Leuten, den Waffenhändlern das Angebot vorzustellen und dann zu fragen: «Möchten Sie nun unser Sechser-Spezialangebot oder lieber das Neuner mit dieser schönen 22er Büchse als Werbegeschenk?» Mit diesem Werbeangebot haben Tufts & Son alle Rekorde der Verkaufsgeschichte gebrochen, ein richtiger Köder!

Frage: «Möchten Sie lieber diese einzelne Leuchte oder diese Dreierkombination mit 15 Prozent Rabatt?» Oft können Sie den Kunden zu einem größeren Auftrag bewegen, indem Sie einfach diese oder eine ähnliche Frage stellen. Bei diesen Fragestellungen geht es nur darum, den Kunden anzusprechen und miteinzubeziehen. Harry Overstreet hat dies sehr treffend formuliert: *«Das eigentliche Geheimnis bei jeder Art der Einflussnahme besteht darin, die andere Person teilhaben zu lassen.»* Beziehen Sie sie mit ein, und Ihre Verkaufschancen steigen ganz beträchtlich.

Frage: «Wenn ich Ihnen etwas zeige, das Ihnen oder Ihrer Firma eine Menge Geld sparen hilft, sind sie dann in der Lage, jetzt und hier zu handeln?»

Nebenbei bemerkt, eine Frage, die Sie Ihren Kunden *nie* stellen sollten, lautet: «Wie denken Sie darüber?» Ich habe schon früher erwähnt, dass das «denkende» Gehirn rund zehnmal kleiner ist als das «fühlende», und die Leute kaufen in der Regel nicht nach logischen Gesichtspunkten. Sie kaufen gefühlsmäßig. Sie kaufen, was sie wollen, nicht unbedingt, was sie brauchen. Fragen Sie: «Was haben Sie für ein Gefühl?», und Ihre Aussichten auf ein Geschäft stehen unendlich viel besser.

Der «Festhalte»-Abschluss, Variante

Doug Edwards pflegte und lehrte den so genannten «Festhalte»-Abschluss. Er war darin ein wahrer Meister. Häufig stellt ein Kunde eine Frage wie: «Gibt es das auch in Grün?» Wenn Sie bejahen, sind Sie dem Abschluss kein bisschen näher als zuvor. Stellen Sie vielmehr eine Gegenfrage: «Wenn es das auch in Grün gibt, würden Sie es dann kaufen?» Wenn der Kunde auf diese Frage anspricht, haben Sie gewonnen. Nun brauchen Sie ihn nur noch festzuhalten: «Wir können es Ihnen in drei Wochen besorgen, oder wäre es Ihnen lieber, wenn ich etwas Dampf aufsetze, damit Sie es vielleicht schon in zwei Wochen haben?»

Wenn der Kunde fragt: «Sind die Vorhänge im Kaufpreis inbegriffen?», antworten Sie: «Möchten Sie, dass die Vorhänge mit zum Haus gehören?» Oder: «Nehmen Sie das Haus, wenn ich dafür sorge. dass die Vorhänge mitgeliefert werden?» Mit dieser Frage nageln Sie ihn fest. Doug pflegte seine Fragen oder Aussagen automatisch oder instinktiv mit einem derart bindenden Element abzuschließen. «In Rot ist das wunderschön, nicht wahr?», «Das zusätzliche Gewicht macht es viel komfortabler, stimmt's?», «Diese paar PS mehr sind schon toll, nicht wahr?» Jede dieser Formulierungen verpflichtet den Kunden gefühlsmäßig, Ihr Angebot anzunehmen, und wenn Sie es in eine verpflichtende Frage verpacken, ist das Geschäft nicht nur möglich, sondern schon sehr wahrscheinlich. (Wenn Sie *Der totale Verkaufserfolg* zum zweiten Mal lesen, werden Ihnen diese bindenden Elemente noch viel stärker auffallen.)

Machen Sie sich nun an die Arbeit und entwickeln Sie eine Reihe von spezifischen Fragen für Ihr Produkt und Ihre Kunden. Vergessen Sie nicht:

Der Profi *arbeitet*, um noch *professioneller* zu werden. Es ist nicht leicht, aber sehr befriedigend und finanziell lohnend.

Der «Stammkunden»-Abschluss

Nehmen wir einmal an, Sie arbeiten in einem Modegeschäft und es kommt ein Kunde herein und sagt: «Ich brauche einen Anzug.» Sie lächeln und erwidern: «Gern, die Herrenanzüge haben wir dort drüben.» Gehen Sie ein paar Schritte in die entsprechende Richtung, drehen Sie sich dann um und sagen Sie: «Es wäre von Vorteil, wenn ich wüsste, ob es ein Anzug für eine bestimmte Gelegenheit sein oder ob er einfach Ihre übrige Garderobe ergänzen soll?»

Diese Methode, die auch in allen möglichen anderen Branchen des Verkaufes denkbar ist, hilft Ihnen nicht nur für dieses eine Geschäft; sie enthält auch die Andeutung, dass Sie in der Lage und daran interessiert sind, Ihrem Kunden auch bei zukünftigen Garderobenproblemen behilflich zu sein. Dieses Vorgehen ist äußerst professionell, und aufrichtiges Interesse löst manch ein Problem. Ihre erste Frage eröffnet den «Stammkunden»-Abschluss.

In einem Möbelgeschäft wünscht der Kunde vielleicht eine Lampe, einen Teppich oder ein Sofa zu sehen. Sie lächeln und sagen: «Ich zeige sie Ihnen gern; bitte sehr, wir haben sie dort drüben.» Sie gehen ein paar Schritte und sagen: «Ach, wollen Sie es als Einzelstück oder soll es zum Rest Ihrer Einrichtung passen, damit Sie Ihr Möbelgeld möglichst gut anlegen können?» Ihr Kunde wird zu einer Entscheidung veranlasst, die von größerer Tragweite ist als nur die augenblickliche Entscheidung über den Kauf jenes Möbelstücks, das er jetzt gerade kaufen will.

Ich behandle und verwende Fragen in allen Teilen diese Buches. *Persönlich hege ich keine Zweifel, dass Ihre Karriere als Verkäufer steiler und rascher nach oben führen wird, wenn Sie lernen, wie man Fragen stellt und wie Sie Ihre Stimme richtig modulieren und einsetzen können; diese beiden Fähigkeiten haben vor allen anderen den Vorrang.*

Die meisten Verkäufer wissen, wie wichtig es ist, Fragen zu stellen, aber allzu viele begehen dabei ein paar schwerwiegende Fehler. In erster Linie verhalten sie sich zu sehr als «Polizist» und sind zu aggressiv und zu anmaßend. Der Verkäufer ist kritisch eingestellt. Er darf nicht vergessen, dass er seinen Kunden ja einen Dienst erweisen will. Er sollte die erste Frage niemals stellen, ohne zuvor um Erlaubnis gebeten zu haben. «Lieber Kunde, um herauszufinden, wie ich Ihnen helfen kann, muss ich Ihnen ein paar Fragen stellen. Sind Sie einverstanden, wenn ich das gleich tue?» Dadurch erzielen Sie nicht nur eine positive Antwort, sondern Sie erklären Ihrem Kunden auch, *weshalb* Sie die Fragen stellen. Sie bekommen so nicht nur freie Bahn für Ihre Fragen, sondern Sie verpflichten den Kunden in seinem Unterbewusstsein auch dazu, sie zu beantworten.

DER «SOFORT»-ABSCHLUSS BEIM KUNDEN

Dieses Kapitel richtet sich hauptsächlich an diejenigen unter Ihnen, die im Direktverkauf beim Kunden arbeiten. Ich empfehle aber allen Lesern, die folgenden Seiten mindestens einmal zu lesen, denn es ist durchaus wahrscheinlich, dass Sie von der einen oder anderen Idee profitieren und sie auf Ihre spezifische Situation übertragen können.

KÖNNEN, WAS MAN TUT – TUN, WAS MAN KANN

Es war einmal, vor vielen Jahren, da saßen Fuchs und Hase bei einem kühlen Bier im Dorfgasthaus. Unter anderem kamen sie auch auf ihre gemeinsamen Feinde, die Hunde der Jäger aus dem Dorf, zu sprechen. Der Fuchs meinte prahlerisch, er habe keine Angst vor ihnen, weil ihm verschiedene Fluchtmöglichkeiten offen stünden. Wenn die Hunde jetzt kämen, könnte er sich zum Beispiel blitzschnell auf dem Dachboden verstecken, bis die Gefahr vorbei wäre. Oder er könnte rasch durch die Tür entwischen, und dann könne ihn kein Hund der Welt einholen. Er könne zum nächsten Bach laufen und ein Stück weit im Wasser gehen, bis die Hunde seine Spur verloren hätten. Oder er könne mehrmals im Kreis herumgehen und dadurch die Hunde so verwirren, dass er auf einen Baum klettern und ihnen von oben gemütlich zuschauen könne. Ja, der Fuchs hatte viele Auswege, und sein Vertrauen war grenzenlos.

Der Hase seinerseits gab ziemlich ängstlich und ein bisschen verlegen zu, wenn die Hunde jetzt kämen, habe er nur eine einzige Möglichkeit, nämlich wie ein «Angsthase» davonzulaufen.

Er hatte kaum fertig geredet, als schon das Bellen der Meute erklang. Der Hase – getreu seinen Worten – sprang auf und hoppelte in Windeseile wie ein «Angsthase» durch die Tür, auf und davon. Der Fuchs aber zögerte und überlegte, was nun wohl besser wäre: sich auf dem Dachboden verstecken, blitzschnell zur Tür hinauslaufen und sich auf seine Geschwindigkeit verlassen, zum Bach laufen und die Spur im Wasser verlieren oder im Kreise herumlaufen und die Hunde zu verwirren. Er war noch mitten in seinen Überlegungen, als die Hunde sich auf ihn stürzten und ihn zur Strecke brachten.

Die Moral von der Geschicht' ist ziemlich einfach. Es ist besser, sieh einer einzigen wirksamen Methode zu bedienen, wenn das alles ist, was man kann, als sämtliche Verfahren und Varianten in diesem Buch zu kennen und keine davon anzuwenden.

Der totale Verkaufserfolg enthält aus mehreren Gründen eine solche Vielzahl von Verfahren und Abschlüssen. Zum einen stammen die Leute, die verkaufen, und auch die Produkte, die sie verkaufen, aus allen möglichen Bereichen und Branchen. Jeder Mensch verkauft ein unglaubliches Sortiment von Produkten und Dienstleistungen. Offensichtlich kann ich nicht einzeln auf alle eingehen, dafür sind die Techniken und Prinzipien, die ich erläutere, sehr breit gefächert und dennoch spezifisch in ihrem Ziel für jeden Verkäufer anzuwenden.

Vieles von dem, was ich geschrieben habe, ist dazu bestimmt, Verkäufern aus allen Sparten des Lebens zu mehr Professionalität und Erfolg zu verhelfen. Ich erwähne so viele verschiedene Möglichkeiten, weil es so viele verschiedene Arten von Verkäufern gibt, die ihre Produkte einem noch weiteren Spektrum von Kunden verkaufen.

Zum anderen haben Sie vermutlich bemerkt, dass die meisten Abschlüsse und Verfahren in *Der totale Verkaufserfolg* einen gewissen Lehr- oder Bildungswert besitzen. Denken Sie daran, der Kunde sagt in der Regel nein, wenn er nicht über genügend Informationen verfügt, um ja sagen zu können; deshalb müssen wir ihm zusätzliche Informationen samt (logischen und gefühlsmäßigen) Gründen vermitteln, weshalb er in seinem eigenen Interesse ja sagen sollte. Und dabei dürfen wir nicht vergessen, dass «Kunden lernen, aber nicht belehrt werden wollen», wie es Gerard I. Nierenberg in einem Interview formuliert hat.

Nachdem Sie in diesem Buch schon so weit gekommen sind, darf ich ohne weiteres annehmen, dass Sie die bereits erwähnten Abschlusstechniken und Verfahren gelernt haben und sie bereits *anwenden*. Ich glaube auch, dass Sie sich darauf freuen, all jene Methoden und Verfahren zu lernen *und* anzuwenden, die auf den weiteren Seiten dieses Buches noch erwähnt werden.

URALT, ABER IMMER NOCH WIRKSAM

Dieser spezielle Abschluss wird in erster Linie im Direktverkauf angewendet, mit gewissen Variationen eignet er sich aber auch für Verkäufer, die Autos, Immobilien, Einrichtungen oder andere größere Produkte in Warenhäusern oder Spezialgeschäften an den Mann bringen. Er gelangt dann zur Ausführung, *nachdem* der Wert des Produktes bereits hervorgehoben worden ist, aber *bevor* Sie Ihrem Kunden *alle* Informationen über Ihr Produkt vermittelt haben. Diesen Abschluss betrachten wir unter verschiedenen Gesichtspunkten:

Er besitzt zunächst einmal einen gewissen Lehrwert, denn er enthüllt alle Einzelheiten der Transaktion. Er gehört auch zu den «Uralten», die alt geworden sind, weil sie eben *gut* sind. Wenn er nicht wirksam wäre, gäbe es ihn schon längst nicht mehr. Als ich zu verkaufen begann, war er als «Großvater»-Abschluss bekannt. Einige Verkaufsfachleute bezeichnen ihn als «Bestellbuch»-Abschluss, andere wiederum als «Elementaren» Abschluss.

Er ist – wie gesagt – sehr alt, und Gene Montrose, ein Verkaufsberater aus Portland, Oregon, taufte ihn neu auf den Namen «Enthüllungs»-Abschluss, und wenn ich ihn Ihnen «enthüllt» habe, werden Sie begreifen, weshalb dieser Name so viel zutreffender ist.

Der «Enthüllungs»-Abschluss

Nachdem Sie den Wert Ihres Produktes in angemessener Weise hervorgehoben haben, leiten Sie den Abschluss mit folgenden Worten ein: «Liebe Kundin, lieber Kunde, wie Sie wissen, mischt sich der Staat in alle möglichen Angelegenheiten unseres Lebens. In gewissen Fällen ist das gut so, in anderen eben weniger. Eines seiner Gesetze, das ich für gut halte, verlangt, dass Firmen ihren Kunden gegenüber alle Einzelheiten eines Geschäftes enthüllen müssen. Das verhindert, dass plötzlich unliebsame und unbekannte Kostenfaktoren auftauchen. Alle ehrlichen Verkäufer und Firmen finden dieses Gesetz ausgezeichnet.

Unsere Firma geht nun noch einen Schritt weiter, indem sie verlangt, dass *alle* unsere Verkäufer *sämtliche* Informationen enthüllen, und zwar nicht nur bei jedem Geschäft, sondern sogar bei jedem einzelnen Angebot, das wir machen. Auf diese Weise verhindern wir jede Verwirrung über unser Angebot und die damit verbundenen Kosten. Wenn Sie unser Angebot mit Ihrem Nachbarn besprechen, werden Sie auch feststellen, dass es mit demjenigen, das wir Ihrem Nachbarn unterbreitet haben, absolut identisch ist. Es wird Sie zweifellos freuen zu wissen, dass Sie es mit einer Firma zu tun haben, die alle Kunden gleich gerecht und offen behandelt.» (Wenn Sie den letzten Abschnitt nochmals durchlesen, wird Ihnen nicht entgehen, dass ich ausdrücklich gesagt habe, wir würden jedermann alle Informationen über unser Angebot «enthüllen». Das bedeutet im Klartext: «Ich werde jetzt die Bestellung ausfüllen.»)

DAS BESTELLFORMULAR

«Der Auftrag, den Sie mit mir besprochen haben, lieber Kunde, trägt die Nummer 87. (Ihr Bestellformular liegt offen vor Ihnen, und Sie tragen an der entsprechenden Stelle ein: Nr. 87.) Die Investition für die Bestellung beläuft sich auf 399,95. (Ich sage das so und setze auf dem Formular auch kein Dollarzeichen ein. Nicht weltbewegend, aber doch eine dieser Kleinigkeiten, die einen Unterschied ausmachen.) 20 für Versand und Bearbeitung, das macht dann 419,95. Der Staat verlangt für all seine guten Dienste auch sein Scherflein; nochmals 20, insgesamt also 439,95.»

An diesem Punkt wird der Kunde oft unruhig und sagt: «Augenblick mal, ich habe nicht gesagt, ich würde etwas kaufen!» Darauf können Sie ohne weiteres antworten: «Natürlich nicht. Ich habe doch gesagt, ich möchte nur, dass Sie die genauen Bedingungen des Angebotes kennen, das wir Ihnen unterbreiten. Meiner Meinung nach, lieber Kunde, gehören Sie nicht zu den Leuten, die einfach ja oder nein sagen, bevor sie genau wissen, *wozu* sie ja oder nein sagen. Oder irre ich mich da?»

UND WIEDER KOMMT IHRE STIMME INS SPIEL

(Es ist schwierig, vorauszusagen, was ein Kunde antworten wird, außer Sie befänden sich in einem Rollenspiel; aber in der Regel wird er Ihnen hier zustimmen.) Nun fahren Sie weiter: «Übrigens, lieber Kunde, *falls* (betonen Sie dieses *falls* sehr stark) Sie sich für dieses Programm entscheiden würden, möchten Sie dann lieber 20 Dollar pro Monat überweisen oder erledigen Sie solche Beträge eher netto in 60 Tagen?» (Antwort abwarten.)

In sehr vielen Fällen werden Sie zu hören bekommen: «Nun, falls – und ich sage: *falls* – ich kaufe, würde ich lieber die 20 Dollar pro Monat überweisen.» Nun wieder Sie: «Ach, das habe ich ja glatt vergessen, lieber Kunde. Bei dieser Bestellung haben Sie die Wahl zwischen einem Messerschleifer und einem Bodenpflegemittel. (Sie sind soeben in den «Wahl»-Abschluss eingestiegen.) Oder Sie können zwischen Porzellan oder Steingut wählen.»

Falls Sie keine zusätzlichen Artikel als «Anreiz» bieten können, steht Ihnen der «Wahl»-Abschluss dennoch offen. «Ich habe ganz vergessen zu erwähnen, dass Sie dieses Produkt in zwei Brauntönen oder in Grau haben können. Welche Farbe *würden* Sie vorziehen?» Diesmal betonen Sie das Wort *würden*.

Aus eigener Erfahrung weiß ich, dass Sie oft folgende Antwort bekommen werden: «Nun, wenn ich es kaufe, dann hätte ich lieber grau.» Schreiben Sie das Wort *grau* auf das

Bestellformular und sagen Sie zu Ihrem Kunden: «Im (und legen Sie eine leichte Betonung auf das *Im*) Falle eines Kaufes, würden Sie die Überweisungen lieber am 1. oder 15. vornehmen, oder würden Sie sogar den 25. vorziehen?»

Wiederum genau nach Buch. Ich habe nicht gezählt, wie oft ein Kunde gesagt hat: «Tja, das spielt wohl kaum eine große Rolle, aber nehmen wir einmal den 25.» Und nun bringe ich erstmals Persönlichkeit in die Bestellung, indem ich frage: «Der Name ist doch J. J. Jonston, nicht wahr?» Und mit diesen Worten fülle ich die Bestellung fertig aus.

Der «Kleinere Entscheidungs»-Abschluss

Hier sind nun verschiedene Faktoren mit im Spiel. Erstens: Wenn Sie zum «Wahl»-Abschluss übergehen, veranlassen Sie den Kunden zu einer kleineren Entscheidung, die oft eine größere nach sich zieht.

Zweitens: Selbst wenn der Kunde diesmal nichts kauft, sind Ihre Bemühungen immer noch wichtig, denn Sie haben Ihren Kunden informiert, indem Sie ihm die Bestellung, die Bedingungen und die Wahlmöglichkeiten vorgeführt haben.

Das ist deshalb wichtig, weil der Kunde die Informationen benötigt, bevor er eine vernünftige oder wenigstens angenehme Entscheidung fällen kann. Ihre Erklärungen flößen ihm das Vertrauen ein, nun wenigstens zu wissen, was seine Entscheidung für Folgen hat. Ja, Erklärungen fördern Vertrauen.

Oft braucht ein Kunde auch Zeit zum «Brüten». Vielfach ist mir ein Geschäft an diesem Punkt entgangen, aber wenn ich später über andere Dinge sprach, kam der Kunde darauf zurück und stellte eine Frage im Zusammenhang mit dem «Enthüllungs»-Abschluss: «Laufen diese Überweisungen nun während 18 oder 20 Monaten?» Oder: «Wann kann ich mit einer Lieferung rechnen?» Oder: «Angenommen, ich entscheide mich für die monatlichen Beträge und ziehe es dann doch vor, alles auf einmal zu bezahlen. Wieviel verliere ich dann?» Oft sagt der Kunde in dieser Phase nein, kommt dann aber nach einer gewissen Zeit des «Brütens» und nach zusätzlichen Informationen zu einem neuen, diesmal *positiven* Entschluss.

ER RECHNET NACH

In vielen Fällen habe ich zu weiteren Erklärungen ausgeholt, ohne dass der Kunde auch nur ein Wort davon mitbekommen hätte. Er dachte über andere Abzahlungsverträge nach, die bald auslaufen würden, und überlegte sich, dann könne er mit dieser neuen Verpflichtung schon fertig werden. Das ist einer der Gründe, weshalb der «Enthüllungs»-Abschluss schon bald eingesetzt werden sollte, *nachdem* Sie dem Kunden genügend Gründe für einen Kauf gegeben haben. Er ordnet die Gedanken des Kunden und vermittelt ihm die grundlegenden, soliden Informationen, ohne die er sich nicht entscheiden kann. Er soll *nicht* jemanden dazu veranlassen, etwas zu kaufen, was er nicht braucht, nicht will oder sich nicht leisten kann. Er *wirkt* dann, wenn Sie es mit echten Kunden zu tun haben, die noch zögern und mit sanftem Nachdruck dazu überredet werden müssen, in ihrem eigenen besten Interesse zu handeln.

Der «Pingpong»-Abschluss

Bestimmt hat schon jeder erfahrene Verkäufer nach erfolgter Präsentation ungefähr diesen oder einen ähnlichen Dialog zwischen Ehemann und Ehefrau miterlebt. Er: «Was sagst du dazu, Liebling?» – Sie: «Nun, du musst das doch wissen.» – Er: «Nein, du würdest es doch brauchen.» – Sie: «Ja, schon, aber du müsstest es bezahlen.» Und er sagt … und sie sagt … und so weiter, hin und her.

In diesem Fall stehen Sie vor einer von drei Situationen. Erstens: Beide möchten ja sagen. Zweitens: Keiner von beiden möchte ja sagen. Drittens: Der eine sagt ja, der andere nein. Sie können aber auf jeden Fall sicher sein, dass *keiner* der beiden die Entscheidung übernehmen will. Der Ball wird hin- und hergespielt: «Sag du!»

Aus diesem Grund nenne ich dies den «Pingpong»-Abschluss. Und Sie müssen verstehen, dass – wenn Sie als Zuschauer an der Seitenlinie sitzen und das «Spiel» nur beobachten – einer von ihnen (in der Regel dürfte es der

Ehemann sein) lächeln und sagen wird: «Ich weiß, dass wir Ihr Produkt kaufen, aber *sie* kann sich nicht entscheiden.»

GREIFEN SIE EIN

Nachdem das Paar den Ball der Entscheidung einige Male über das Netz hin- und hergespielt hat, heben Sie Ihre Hand und sagen: «Verzeihung. Vielleicht sollte ich das nicht sagen, aber ich sage es trotzdem. Ich glaube nicht, dass jemand von Ihnen sich in diesem Augenblick entscheiden sollte. Halten Sie mich bitte nicht für anmaßend, ich will Ihnen das erklären. In diesem Augenblick sind Sie beide gefühlsmäßig aufgebracht, und das ist die schlimmste Zeit für Entscheidungen.

Der Grund ist einfach. Wenn Sie ja sagen, sagt der andere ein bisschen später unter Umständen: ‹Ich habe ja versucht, dich von diesem Kauf abzuhalten!› Wenn Sie nein sagen, sagt der andere vielleicht ein wenig später: ‹Erinnerst du dich, ich habe dir ja gesagt, du sollst kaufen.› Ob Sie ja oder nein sagen, es könnte in jedem Fall die falsche Entscheidung sein, weil sie gefühlsmäßig getroffen worden ist.»

Der «Benjamin Franklin»-Abschluss

Ich erwähne diesen Abschluss in diesem Kapitel, weil ich mir keine einzige Situation im Verkauf – und nur ganz wenige Situationen im Leben – vorstellen kann, wo er sich nicht anwenden ließe. Ich fordere Sie auf, mit Ihrer Fantasie ans Werk zu gehen und ihn auch in Ihrem Leben zu benutzen. Er kann Ihnen sehr viel helfen, wenn es darum geht, ein Haus, ein Auto, eine Stelle, eine Schule oder einen Urlaubsort auszuwählen. Und in diesem Zusammenhang brauche ich Sie wohl nicht daran zu erinnern, dass er auch Ihrem Kunden helfen wird, die richtige Entscheidung zu treffen. Ich habe keine Ahnung, woher dieser Abschluss stammt; mein Freund Bill Cranford verriet ihn mir im Jahre 1947. Aber nun wieder zurück zu unserem Paar.

«Anstatt eine gefühlsbetonte Entscheidung zu treffen, schlage ich vor, wir borgen uns eine Seite aus dem Leben eines der weisesten Männer, die Amerika hervorgebracht hat. Sein Name ist Benjamin Franklin. Wenn er vor einer schwierigen Entscheidung stand, nahm er ein Blatt Papier und zog in der Mitte einen senkrechten Strich. Links schrieb er hin ‹Gründe dafür›, rechts ‹Gründe dagegen›. Ich schlage nun vor, dass wir genau das Gleiche tun. So stellen wir auf einfachste Art die Fakten zusammen, die für und gegen den Kauf sprechen, und dann lassen wir die *Fakten* entscheiden. So kann keiner von Ihnen unrecht haben, sondern *beide* werden Recht haben, egal wie die Entscheidung auch ausfällt. Sind Sie mit diesem Vorschlag einverstanden?» (Sie dürfen sicher sein – sie sind es!)

DESHALB SOLLTEN SIE JA SAGEN

Nehmen Sie nun Ihren Notizblock, ziehen Sie einen Strich in der Mitte und schreiben Sie links «Gründe dafür», rechts «Gründe dagegen».

«Nun gibt es mehrere Gründe, weshalb Sie ja sagen sollten. Erstens: Das Produkt gefällt Ihnen.» Nummerieren Sie die einzelnen Gründe nicht, bevor Sie sie zusammenzählen. Sie nummerieren die «Gründe dafür» nicht, weil dies auf einen rein zahlenmäßigen Wettbewerb zwischen «dafür» und «dagegen» hinauslaufen würde. Der Kunde könnte sich veranlasst sehen, möglichst viele Gründe «dagegen» aufzuzählen. Einige davon sind unter Umständen vollkommen lächerlich, aber einzig dadurch, dass sie erwähnt werden, entsteht eine absurde und damit potenziell negative Situation, unabhängig davon, auf welcher Seite mehr Gründe stehen.

Setzen Sie «es gefällt Ihnen» an die erste Stelle, weil Kunden ja kaufen, was ihnen gefällt, nicht unbedingt das, was sie benötigen. «Zweitens (nur sagen, nicht aufschreiben!): Sie haben gesagt, Sie glaubten, mit unserem Produkt ließe sich *Geld sparen.*» (Zählen Sie so alle Gründe *für* einen Kauf auf.)

Dann ist die Reihe an den «Gründen dagegen». Beginnen Sie wie folgt:

«Einer der Gründe, weshalb Sie heute nicht kaufen sollten, ist ... (führen Sie den stärksten Einwand an, den die beiden im Laufe Ihrer Präsentation vorgebracht haben).» Sie müssen das wichtigste Gegenargument herauskristallisieren. Wenn *Sie* es nicht tun, werden es die Kunden tun, und es nimmt dem Einwand einiges von seiner Schärfe, wenn Sie ihn selbst erwähnen. Lassen Sie dann die beiden weitere Gründe anführen, weshalb sie nicht kaufen sollten. Wenn Sie ganze Arbeit geleistet haben, werden auf der *positiven* Seite viel mehr Gründe stehen als auf der *negativen*.

GEHEN SIE DAVON AUS, DASS SIE ETWAS VERKAUFEN

Zählen Sie erst jetzt zusammen, zunächst die «Gründe dafür», und nummerieren Sie sie mit großen, deutlichen Ziffern. Kreisen Sie die Gesamtheit mehrmals ein (beispielsweise zehn). Dann die «Gründe dagegen». Kreisen Sie auch diese Gesamtheit (sagen wir: sieben) mehrmals ein. Nun drehen Sie den Notizblock gegen Ihre Kunden und fragen: «Welche Seite wiegt nun stärker? Die ‹Gründe dafür› oder die ‹Gründe dagegen›?» Warten Sie die Antwort ab.

Nun sollten Sie – wie Charlie Cullen vorschlagen würde – etwas kühner werden, von Ihrem Notizblock in die Augen des Kunden sehen, die Hand ausstrecken und sagen: «Sehen Sie, lieber Kunde, wenn alle Leute, mit denen ich zu tun habe, ebenso logisch und vernünftig zu ihren Entscheidungen kämen, würde mir meine Arbeit noch viel mehr Freude bereiten! Dieses Produkt wird *Ihnen* Freude bereiten.»

Häufig fragen Verkäufer: «Zig, klappt das wirklich?» Die Antwort heißt:

«Nein, nicht immer, aber doch das eine oder andere Mal.» Das ist der Hauptgrund, weshalb eine Präsentation stets mit dem größten Vorteil anfangen und mit dem zweitgrößten enden sollte. Denn – wie wir schon gesehen haben – der Kunde erinnert sich viel eher an das, was Sie am Anfang und am Ende Ihrer Präsentation gesagt haben.

In diesem Zusammenhang noch zwei Bemerkungen. Erstens: Ein Kunde kann nur einen einzigen «Grund dagegen» anführen und dennoch sagen:

«Und ich werde nicht kaufen. Mir ist egal, wie viele ‹Gründe dafür› Sie haben!» Zweitens: Kunden kaufen nicht aus zehn Gründen, sondern aus einem wichtigeren und einem weniger wichtigen.

DIES ÜBERZEUGT AUCH DIE BEKANNTEN IHRER KUNDEN

Mithilfe dieser Liste können Sie Ihrem Kunden die Logik des Konzeptes vor Augen führen. Das kann einen Einfluss haben. Außerdem brauchen auch viele Leute Verstärkung, wenn sie etwas kaufen, und können dann im Gespräch mit ihren Ehegatten, Freunden oder Bekannten zusätzliche Fakten ins Feld führen. Nur allzu oft geschieht es, dass jemand zufrieden etwas kauft und später vom Vertrag zurücktritt, nur weil er von seinen Freunden wegen einer in ihren Augen lächerlichen Entscheidung gefoppt wird. Dieses Zusammentragen von Gründen im «Benjamin Franklin»-Abschluss trägt nicht nur dazu bei, ein Geschäft abzuschließen, sondern hilft auch oft mit, dass es dabei bleibt. Aus diesem Grund empfehle ich Ihnen, damit zu arbeiten. Ich werde später auf das zurückkommen, was ich «emotionale Logik» nenne, und ihnen dann mehr Gründe für das Warum liefern.

Jeder Abschluss sollte neue Aufschlüsse geben. Dies ist hier zwar nicht der Fall, aber er fasst die zuvor schon erwähnten Gründe zusammen, die für einen Kauf sprechen. Dadurch gewinnt der Kunde an Sicherheit und Vertrauen, dass seine neue Entscheidung (falls er vorher nein gesagt hat) richtig ist.

Es gibt noch zwei andere wichtige Faktoren. Erstens: Man kann einem Kunden alle Fakten über ein Produkt geben, und er verpasst den wichtigsten Punkt dennoch. Zweitens: Der Kunde kann alle Informationen haben und dennoch die falsche Entscheidung treffen. Der «Benjamin Franklin»-Abschluss gewährleistet, dass der Kunde nichts Wichtiges verpasst, und die Zusammenfassung der Gründe verringert die Möglichkeit, dass er sich falsch entscheidet.

Der «Sockel»-Abschluss

Dieser Abschluss eignet sich für Situationen, in denen die Frau während oder nach einer Demonstration ihrem Mann gegenüber einigermaßen heftig äußert: «Das können wir uns nicht leisten!» In einem solchen Fall gibt es in der Regel nur zwei Möglichkeiten. Entweder trägt sie die Hosen in diesem Haushalt, oder es ist genau umgekehrt, das heißt, sie wird von ihrem Mann vollkommen beherrscht.

Im zweiten Fall macht sie diese Aussage um des Punktesammelns und/oder der Selbstaufopferung willen. Sie versucht sich bei ihrem Mann einzuschmeicheln, indem sie ihm zeigt, dass sie durchaus bereit ist, etwas «aufzugeben», wovon er glaubt, sie möchte es nur haben, weil es in erster Linie ihr zukünftige Vorteile bringen würde.

So oder so, wenn Sie das Geschäft machen wollen, müssen Sie die Frau auf einen Sockel heben, damit ihr Mann sie sieht und damit Sie mit ihr von einer günstigeren Position aus verhandeln können.

Wenn sie sagt: «Das können wir uns nicht leisten», lächeln Sie und sagen zu ihm: «Ich bin immer froh, wenn eine Frau eine solche Aussage macht. Das sage ich, weil ich glaube, dass Ihre Frau das nur geäußert hat, weil sie befürchtet, Sie könnten das nur *ihretwegen* kaufen. Es ist doch schön zu wissen, dass es noch solche Menschen wie Ihre Frau gibt, oder nicht? (Was bleibt dem Mann anderes übrig, als irgendetwas Nettes zu sagen?) Sie, lieber Kunde, dürfen sich glücklich schätzen, eine so uneigennützige Helferin zu haben. Natürlich darf auch sie sich glücklich schätzen, denn ich wette, Sie sind jene Art von Mann, der seine Dankbarkeit für eine solche Frau auf sehr reale und konkrete Weise ausdrückt.»

DIE «RICHTIGEN» WORTE UND GUTER STIMMEINSATZ – VERKAUFT

Halten wir nun inne und schauen wir uns an, in welche Position Sie die beiden gebracht haben. Zunächst haben Sie die Frau auf einen Sockel gestellt. Von diesem Augenblick an wird sie Sie für einen sehr klugen Verkäufer halten. Sie wird Ihnen gern zuhören, weil das, was Sie sagen, vernünftig klingt, und vor allem, weil Sie ihr das Gefühl vermittelt haben, sie sei wichtig. Auch beim Mann haben Sie einen Stein im Brett; Sie haben ihn nicht nur dazu herausgefordert, sich von seiner besten Seite zu zeigen und seiner Frau etwas zu kaufen, sondern Sie haben ihm auch Komplimente gemacht.

Eingedenk dieser Tatsachen fahren Sie nun weiter: «Eigentlich bringt hier niemand ein Opfer, denn selbst wenn Ihre Frau das Produkt in diesem Sinne benützt, wird doch die ganze Familie davon profitieren, und unsere Familie ist doch eigentlich das, was zählt, nicht wahr?»

«Es ist offensichtlich, lieber Kunde, dass Ihre Frau das Produkt haben will (und nun kommen die entscheidenden Worte; senken Sie Ihre Stimme, schauen Sie dem Mann in die Augen und fahren Sie fort), aber noch schlimmer ist, dass *sie* möchte, dass *Sie wollen*, dass sie es bekommt. Ist es nicht so, verehrte Kundin?»

Unzählige Male habe ich die Frau antworten hören: «Ja, es wäre schon schön.» Und dann, bevor sie noch weitersprechen kann, strecke ich dem Mann meine Hand entgegen und sage: «Ich möchte Ihnen doppelt gratulieren, lieber Kunde. Einmal dafür, dass Sie eine solche Frau geheiratet haben, und einmal dafür, dass Sie zu jenen Männern gehören, die ihre Dankbarkeit auf sehr positive Art äußern. Sie werden mit diesem Produkt zufrieden sein!»

UND DAMIT SOLL ES WIRKLICH KLAPPEN?

Ja, mit diesen Methoden klappt es – hie und da. Denken Sie auch daran, dass jeder Abschluss, den Sie anwenden, Ihrem Kunden eine neue Möglichkeit gibt, zu handeln und zu einer *neuen* Entscheidung zu kommen. Er verfügt nun über mehr Fakten oder ist gefühlsmäßig stärker beteiligt, und das bedeutet, dass er inneren Druck auf sich selbst ausübt.

Ich darf Sie auch daran erinnern, dass jeder Abschluss den Wert des Produktes in den Augen des Kunden weiter steigern sollte. Natürlich, wenn Sie damit immer weiter fortfahren, wenn Sie genügend emotionale und/oder informative Abschlüsse kennen *und* anwenden, wird der Wert den Preis schließlich übersteigen, und somit machen Sie *theoretisch* in jedem Fall ein Geschäft.

Das wäre übrigens *immer* so, *wenn* Ihr Kunde ein Computer wäre. Aber er ist nun einmal ein Mensch. So viel zur Theorie. Aber eines verspreche ich Ihnen. Die Methoden und Verfahren, die ich beschreibe, werden Ihre Abschlussquote verbessern, in manchen Fällen sogar ganz beträchtlich. Und vergessen Sie nicht: Wenn Sie streng auf Provisionsbasis arbeiten, bedeutet jede Zunahme Ihrer Abschlusseffizienz um 1 Prozent eine Erhöhung Ihres Netto-Einkommens um 2 bis 10 Prozent, denn Ihr Aufwand wird sich ja ungefähr gleich bleiben.

Der «Hut in der Hand»-Abschluss

Es wird Ihnen trotz aller Bemühungen oft nicht gelingen, den wahren Grund herauszufinden, weshalb ein Kunde nicht kauft. Es ist frustrierend, so nahe an einem Abschluss zu stehen und ihn dennoch nicht zu bekommen. Es gibt natürlich Grenzen, wie weit Sie mit einem Kunden gehen können, bevor Sie ihn nicht nur für dieses, sondern auch für mögliche zukünftige Geschäfte verlieren. Wenn es offensichtlich wird, dass Sie auf der Stelle treten und alles Bohren, Versuchen und Fragen ergebnislos ist, kann die Methode mit dem «Hut in der Hand» vielleicht noch etwas retten. Ich lernte das Prinzip dieses Abschlusses von Bill Cranford, meinem ersten Lehrmeister. Doug Edwards und Dick Gardner fügten später noch einige Retuschen bei.

Wenn klar ist, dass aus dem Geschäft nichts wird, «brechen Sie Ihre Zelte ab», indem Sie Ihre Muster und Papiere in Ihr Köfferchen einpacken. In früheren Zeiten trugen alle Verkäufer Hüte, daher der Name «Hut in der Hand»-Abschluss. Heute sprechen einige Verkaufsberater vom «Verlorenen Geschäft». Während Sie einpacken und sich auf den Aufbruch vorbereiten, danken Sie Ihrem Kunden für seine Zeit und drücken die Hoffnung aus, vielleicht zu einem späteren Zeitpunkt mit ihm ins Geschäft zu kommen. Sie stehen auf, gehen Richtung Tür und wenden sich dann nochmals Ihrem Kunden zu: «Lieber Kunde, es ist mir peinlich, diese Frage zu stellen, aber es wäre für meine Karriere sehr wichtig, wenn Sie mir helfen würden, indem Sie mir eine Frage beantworten (erstaunlich viele Leute sind hilfsbereit). Offensichtlich haben wir heute kein Geschäft miteinander machen können; das ist in Ordnung. Ich kann ja nicht immer etwas verkaufen. Ich hatte mir allerdings Hoffnungen gemacht, denn ich hatte den Eindruck, unser Produkt würde genau Ihren Bedürfnissen entsprechen. Nun haben Sie sich entschlossen, nicht zu kaufen, und ich habe dabei ein schlechtes Gefühl, weil ich Ihnen offenbar die Vorteile unseres Produktes zu wenig genau erklärt habe. Es würde mir aber für meine Besuche bei anderen Kunden wirklich helfen, wenn Sie mir sagen würden, welche Fehler ich gemacht und wo ich als Verkäufer versagt habe.»

Sie werden erstaunlich viele Antworten bekommen, aber meistens werden Sie hören: «Es war überhaupt nicht Ihr Fehler. Wir haben nur nicht gekauft, weil ...» Und dann werden Sie den wahren Grund erfahren. Daraufhin schlagen Sie die Hände zusammen oder schnippen mit den Fingern und sagen: «Oh, Mann! Wie konnte ich nur! Kein Wunder, dass Sie gezögert haben! An Ihrer Stelle hätte ich nicht anders gehandelt. Wie konnte ich nur einen solchen Fehler machen?»

Sie öffnen rasch Ihre Aktentasche, geben ihm die Antwort auf seinen Einwand und fragen zum Abschluss, ob das nun einen Einfluss auf seine Entscheidung habe. Dies ist nicht allzu oft der Fall, aber ich kann Ihnen aus eigener Erfahrung verraten, dass gelegentlich doch das eine oder andere Geschäft auf diese Weise gerettet werden kann. Und das zählt dann natürlich doppelt, denn es handelt sich ja um ein Geschäft, das eigentlich schon verloren war.

Zwei Dinge möchte ich betonen. Erstens: Fassen Sie sich *sehr* kurz und ziehen Sie sich elegant zurück, wenn Sie den Auftrag nicht *sofort* erhalten. Zweitens: Wenn Sie *wirklich glauben*, Sie und Ihr Produkt könnten dem Kunden von Nutzen sein, dann handeln Sie in seinem besten Interesse. Diese Methode erfordert ein gewisses Maß an Kühnheit und Keckheit, *aber eine Möglichkeit, nicht als «ehemaliger» Verkäufer zu enden, sondern als «alter» Verkäufer weiterzuarbeiten, besteht darin, ein kühner Verkäufer zu sein.*

ANGENOMMEN, DER KUNDE SAGT GAR NICHTS

Manchmal entwickelt sich bei einem Verkaufsgespräch eine sehr frustrierende und schwierige Situation. Der Verkäufer stellt die berühmte Frage und der Kunde sagt einfach nichts. Vielleicht haben Sie das auch schon erlebt, und wenn nicht, dann steht Ihnen das noch bevor, das kann ich Ihnen versichern.

Nach der entscheidenden Frage sitzen Sie da und sagen gar nichts. Er sitzt da und sagt gar nichts. Kurz, niemand sagt irgendetwas. Vor Jahren herrschte ganz allgemein die Auffassung, wer zuerst rede, sei der Verlierer. Vor 15 oder 20 Jahren mag dies so gewesen sein, heute aber stimmt das mit einer Ausnahme, die ich in einem späteren Kapitel erwähnen werde, nicht mehr. Und zwar aus folgenden Gründen:

Erstens: Die Kunden von heute sind meist intelligenter und verständiger als früher. Zweitens: Der alte Trick mit «eine-Frage-stellen-und-dann-den-Mund-halten» ist so alt, dass ihn schon viele Kunden kennen. Drittens: Es ist gut möglich, dass der Kunde nicht zugehört oder Ihre Frage nicht richtig verstanden hat. Er hat vielleicht an andere Dinge gedacht und plötzlich festgestellt, dass Sie nichts mehr sagen, ohne zu wissen, weshalb. Viertens: Unter Umständen hat der Kunde den Eindruck, Sie versuchten Druck auszuüben, und er hat etwas dagegen. Fünftens: Der Kunde weiß genau, was für ein Spiel Sie spielen und hat beschlossen, länger zu warten als Sie es können.

Der «Mutter»-Abschluss

Hier nun eine Variante, wie Sie weiterfahren können. Nachdem Sie die entscheidende Frage gestellt haben und keine Antwort bekommen, warten Sie eine Weile. Wie lange eine Weile ist? Ich weiß es nicht, das wird sehr unterschiedlich sein. Erfahrung und gesunder Menschenverstand werden da mitreden, aber in der Regel wird diese Weile zwischen zehn und 60 Sekunden lang sein. Eines aber kann ich Ihnen sagen: Wenn Sie sehen, wie dem Kunden langsam die Röte vom Hals heraufsteigt, sollten Sie nicht abwarten, bis sie seine Ohrläppchen erreicht hat. Schauen Sie ihm vorher in die Augen, lächeln Sie und sagen Sie: «Lieber Kunde, als ich ein kleiner Junge (ein kleines Mädchen) war, pflegte mir meine Mutter zu sagen, Schweigen bedeute Zustimmung. Glauben Sie, meine Mutter hat die Wahrheit gesprochen?»

Damit brechen Sie das Schweigen und spielen den Ball wieder zu Ihrem Kunden zurück. Die Frage ist, was wird er nun tun? Er wird kaum sagen:

«Nein, Ihre Mutter war eine Lügnerin.» Vielleicht fragen *Sie* sich, ob dies «Verkaufen unter Druck» sei. Kann sein – in erster Linie soll es aber dem Kunden helfen, sich selbst unter Druck zu setzen. Die folgende Geschichte wird noch mehr zur Klärung dieses Punktes beitragen und Ihnen außerdem zeigen, wie Sie von Ihrem Kunden die Erlaubnis einholen können, ihm sogar zu helfen, sich selbst unter Druck zu setzen.

DIE GESCHICHTE VON CHUCK ADKINS

Von Zeit zu Zeit taucht trotz all unserer vorgefassten und festgelegten Ideen, Formeln und Methoden jemand auf, der alle unsere Theorien über den Haufen wirft. Chuck Adkins war ein solcher Jemand. Chuck *sah* nicht so *aus*, als ob er von Beruf Verkäufer wäre. Er konnte sich rasieren und sah schon 20 Minuten später wieder so aus, als ob er eine Rasur dringend nötig hätte. Er war nicht dick, aber sein Bauch fiel doch recht weit über seinen Hosengurt hinunter. Er trug mokassinartige Schuhe, die nie Bekanntschaft mit einer Bürste oder einem Putzlappen gemacht hatten. Und wenn Chuck lächelte, dachte man an alles andere, nur nicht an eine Pepsodent-Reklame. Chuck arbeitete für einen Regionalvertreter. Eigentlich hätte man ihm den Job nie geben dürfen, denn er besaß kein Auto und «passte» auch nicht zu den anderen Verkäufern. Chuck besaß immerhin ein Fahrrad, und außerdem stellte er für den ehrgeizigen jungen Regionalvertreter eine Herausforderung dar.

Die Regeln besagten, dass mindestens fünf Leute für jeden Regionalvertreter arbeiten mussten, der junge Mann hatte aber nur vier und brauchte ganz dringend einen fünften. Chuck erhielt den Vertrag, wobei wir fest damit rechneten, dass er höchstens drei Tage lang bleiben würde. Aber Chuck narrte uns alle. Er blieb nicht nur, sondern war schon nach kurzer Zeit von den fünfen der beste. Bald schon war er der beste Verkäufer der Stadt, dann Nummer eins im ganzen Staat, Nummer eins im ganzen Süden und schließlich Nummer sieben in den USA.

Trotz seines Aussehens (Chuck putzte sich übrigens tüchtig heraus) arbeitete Chuck hart, und er besaß diese schwer zu definierende Eigenschaft, die man «Charme» nennt. Ich verfolgte seinen Aufstieg nur anhand der eingehenden Berichte und anhand von Telefongesprächen mit seinem Direktor. Als er Nummer eins im Süden wurde, beschloss ich, es sei an der Zeit zu sehen, was er da tat. Unterdessen war Chuck nach Georgetown, South Carolina, gezogen und arbeitete selbst auf seine Qualifikation als Regionalvertreter hin.

Ich kam früh an einem Montagmorgen in Georgetown an und konnte ihm deshalb bei allen Phasen seiner Geschäfte über die Schultern sehen. Ich beobachtete, wie er Demonstrationen arrangierte. Ich beobachtete, wie er sie durchführte und wie er Geschäfte abschloss. Ich erzähle seine Geschichte, weil sie drei Lektionen enthält, die uns allen helfen werden, auf unserem jeweiligen Gebiet produktiver zu werden.

Nie werde ich die Demonstration vergessen, die ich an jenem Abend miterlebte. Chuck kochte mit seinem Gehilfen ein vollständiges Abendessen für mehrere Paare. Mir selbst war es höchst peinlich, auch dort zu sein. Noch nie zuvor hatte ich eine so wirre, chaotische Demonstration gesehen. Ich war froh, wenigstens nichts essen zu müssen. Immerhin, die Gäste schienen sich zu amüsieren, und Chuck brachte seine Punkte unmissverständlich an. Anschließend traf er die Verabredungen mit den einzelnen Gastpaaren, und nachdem diese weggegangen waren, setzte er sich hin, um mit Gastgeber und Gastgeberin das Geschäftliche zu besprechen.

Auf den ersten Blick war Chuck ein umgänglicher, freundlicher Mensch, der dem Leben im Allgemeinen und seinem Geschäft im Besonderen ziemlich indifferent gegenüberzustehen schien. Als es aber an der Zeit war, zum Abschluss zu kommen, ging Chuck seinen Kunden direkt an den Hals. Ich war wirklich überrascht, dass ich den ganzen Tag lang mit diesem Mann zusammengearbeitet und nie auch nur das kleinste Anzeichen dieses «Killerinstinktes» bemerkt hatte, der nun nach außen drängte. Er veranstaltete eine wahre Hetzjagd und vergaß dabei gesunden Menschenverstand und normales Urteilsvermögen vollkommen. Und so dauerte es auch nur ein paar Minuten, bis der Herr des Hauses buchstäblich in die Luft ging, die Faust auf den Tisch knallte, aufsprang und Chuck vor Wut kochend mitteilte, auf derartige «Hochdruck-Taktiken» würde er nicht ansprechen und er würde von einem solchen Verkäufer nie im Leben etwas kaufen.

Der «Druck-Erlaubnis»-Abschluss

Ich saß leicht amüsiert, ängstlich und verlegen da und fragte mich, wie sich Chuck wohl aus der Affäre ziehen würde. Ich selbst sah keine Möglichkeit, wie er seine Haut retten konnte. Von mir aus gesehen hatte er nicht die geringste Chance, doch noch ein Geschäft machen zu können. Doch was dann geschah, werde ich nie vergessen. Chuck blieb absolut kühl und gelassen. Er saß einfach mit bestürztem Gesichtsausdruck da. Dann schüttelte er langsam seinen Kopf. Halb zu sich selbst, halb zu mir und seinem Kunden gewandt, sagte er: «Das wollte ich um alles in der Welt nicht! Es ist mir wahnsinnig peinlich. Mr. Zig (so nannte er mich) ist mein Chef, und nun wird er glauben, ich sei ein solcher Hochdruck-Verkäufer, wie Sie gesagt haben. In Wirklichkeit hasse ich solche Verkäufer mehr als Sie, und wenn Sie das Gefühl gehabt haben, ich übe Druck auf Sie aus, dann verstehe ich sehr gut, dass Sie sich aufgeregt haben. Mir wäre es genau gleich ergangen. Ich hasse es besonders, weil ich hier Gast in Ihrem Haus bin und Sie noch die Freundlichkeit hatten, mir zuliebe weitere Gäste einzuladen. Die ganze Sache ist mir äußerst peinlich und tut mir sehr, sehr leid. Ich kann es Ihnen wirklich nicht verdenken, dass Sie sich aufgeregt haben, denn wenn ich das Gefühl hätte, jemand würde Druck auf mich ausüben, würde auch ich mich aufregen.»

Diese kleine Rede dauerte vielleicht zwei Minuten, aber Chucks Ruhe und Aufrichtigkeit – verbunden mit der Tatsache, dass er sitzen geblieben war – wirkten Wunder auf den Kunden. Nach einigen Augenblicken setzte er sich wieder, und Chuck fragte: «Bitte nehmen Sie meine Entschuldigung an. Können wir trotzdem Freunde bleiben?» Daraufhin lächelte der alte Bauer und sagte: «Nun, es ist ja nichts Schlimmes passiert.» Die beiden Männer besiegelten es mit einem Händedruck.

Was dann geschah, gehört zu den Dingen, die man sieht und hört – und glauben Sie mir, ich sperrte Augen und Ohren weit auf – und sich nachher dennoch fragt: «Habe ich wirklich gesehen und gehört, was ich gesehen und gehört habe?» Chuck sagte nämlich: «Ich bin wahrscheinlich einfach ins Feuer geraten, aber hätten Sie etwas dagegen, wenn ich Ihnen eine Frage stelle?» – Kunde: «Nein, nur los.» – Chuck: «Wenn ich sähe, dass Sie drauf und dran sind, einen Fehler zu machen, der Sie Geld und Ihrer Frau viel unnötige Arbeit kostet, wären Sie mir dann dankbar, wenn ich Sie darauf aufmerksam machte, oder würden Sie einfach sagen, das gehe mich nichts an?» – Kunde: «Wenn ich wirklich einen Fehler beginge, der mich teuer zu stehen käme und der meiner Frau viel unnötige Arbeit aufhalsen würde, dann wäre ich schon froh, wenn Sie es mir sagen würden.»

Nun schenkte Chuck seinem Kunden ein «strahlendes» Lächeln und erklärte mit der Unschuld eines Neugeborenen: «Sehen Sie, lieber Kunde, genau das habe ich ja versucht – und Sie sind böse geworden. Nun, ich bin gerne bereit, es noch einmal zu versuchen, wenn Sie mir versprechen, nicht wieder böse über mich zu sein.» Zu meiner vollkommenen Verblüffung versprach der Mann, ruhig zu bleiben, und Chuck wandte sich erneut seinem Abschluss zu.

Wenn ich mir die Situation richtig überlege, hat mir Chuck Adkins, dieser fachlich so ungehobelte Mann, eine wichtige Lektion in Sachen Verkauf erteilt. Er hatte buchstäblich um Erlaubnis gebeten, seinen Kunden unter Druck setzen zu dürfen – und der Kunde hatte ihm diese Erlaubnis bereitwillig erteilt. Mit seiner Frage hatte Chuck um die Bewilligung nachgesucht, Druck ausüben zu dürfen. Und es hat funktioniert. Chuck schloss jenes Geschäft wirklich ab.

Die zweite große Lektion, die ich Chuck Adkins verdanke, war die Bedeutung positiver Erwartung im Umgang mit *jedem*

Kunden. Wie ich schon gesagt habe, war Chuck nicht sehr gebildet. Er konnte ein Bestellformular ausfüllen, solange der Kunde hinsichtlich Auftrag und Zahlungsweise nicht von der Norm abwich. Wenn der Kunde aber die Kaffeemaschine gegen eine Saftpresse austauschte, eine zusätzliche Pfanne bestellte oder einen anderen Zahlungsmodus vorzog, war Chuck verloren. Ein volles Drittel der Bestellungen, die Chuck einbrachte, flatterte ohne Addition auf meinen Schreibtisch. Er hatte da seine eigene Methode.

«Lieber Kunde, ich weiß nicht genau, wie hoch die Summe zu stehen kommt. Es dürfte ungefähr 150 Dollar sein. Kaufen Sie also und geben Sie mir 40 Dollar als Anzahlung. Mr. Zig wird den genauen Betrag dann ausrechnen.» Unglaublich aber wahr: Chuck bekam deswegen kaum jemals Streit oder Unannehmlichkeiten. Die Leute gaben ihm das Geld, und Chuck füllte die Bestellung aus, denn er *erwartete*, dass er die Aufträge bekommen würde.

Chucks dritte große Lektion zeigte mir, dass wir *alle* von den unwahrscheinlichsten Leuten viel Wertvolles lernen können. Die Tatsache, dass Chuck mir zeigte, wie man von seinen Kunden die Erlaubnis bekommt, ein bisschen Druck auszuüben, heißt noch lange nicht, dass Chuck *mehr* vom Verkaufen verstand als Sie und ich. Es heißt nur, dass Chuck mindestens *eine* Technik beherrschte, die mir neu war.

Moral: Lernen Sie, wann und wo immer auch Lektionen gelehrt werden.

VIER ÜBERLEGUNGEN UND EIN SCHLÜSSEL ZUM VERKAUFSERFOLG

Ich beginne diesen letzten Teil unseres Buches mit vier Gedanken, die Sie «kaufen» müssen.

Erster Gedanke: Einen herausragenden Verkäufer, der die oberste Sprosse der Erfolgsleiter erklimmt, der alle Rekorde bricht und mehr verkauft als alle anderen und der dabei ganz «normal» ist, hat es nie gegeben, gibt es nicht und wird es nie geben. Ein solcher Verkäufer ist in jedem Fall in seinem Glauben an das, was er verkauft, ein wenig «verschroben».

Er würde es sich in seinen wildesten Träumen nicht einfallen lassen, auch nur andeutungsweise zu begreifen, dass jemand auch nur auf die Idee kommen könnte, nein zu sagen. Weil er gefühlsmäßig so stark mit seinem Produkt verbunden ist. Durch die sichere Kraft seiner Überzeugung, durch seinen Glauben und seine Begeisterung ist er fähig, viele Leute zu überreden, die eigentlich gar keine «heißen» Kunden sind.

Aber trotz allen Eifers, trotz Begeisterung und Glaube wird er irgendwann jenem sturen, dickköpfigen und ungläubigen Individuum begegnen, das bei seinem Nein bleibt. Eine solche Begegnung könnte für ihn zu einem echten Problem werden. Er glaubt so sehr an das, was er verkauft, dass er folgert, kein Kunde könne nein sagen, wenn er nur seine Anpreisungen verstehen und glauben würde. Er folgert deshalb auch, sein Kunde sage nicht nein zum Produkt – das ist viel zu gut –, sondern zu ihm, zum Verkäufer. Wenn er nicht vorsichtig ist, wird er durch diese Einstellung das Gefühl bekommen, er werde zurückgewiesen.

ABSAGE ODER ZURÜCKWEISUNG

Zweiter Gedanke: Der Verkäufer muss einsehen, dass es zwischen Absage und Zurückweisung einen Unterschied gibt, wenn er seinem Ego nicht schaden und sein Produkt weiterhin erfolgreich verkaufen will. Mein Sohn begriff diesen Unterschied schon, als er erst etwa drei Jahre alt war. Wenn er etwas haben wollte und meine Antwort nein war, fühlte er sich nicht zurückgewiesen. Er glaubte einfach, sein Daddy habe die Frage nicht richtig verstanden. Er wartete zwei oder drei Minuten und gab mir dann erneut die Chance, einen offensichtlichen Fehler zu korrigieren.

Wenn der Kunde zu Ihnen nein sagt, sollten Sie zu ihm genauso nett sein, wie mein Sohn zu mir war und wie es wahrscheinlich Ihre Kinder zu Ihnen sind (falls Sie Kinder haben). Entscheiden Sie im Zweifelsfall zu seinen (des Kunden) Gunsten; geben Sie ihm die Möglichkeit, einen offensichtlichen Fehler zu verbessern. Wenn er nein sagt, sollten Sie unbedingt annehmen, es handle sich um einen Fehler, und ihm deshalb die Chance geben, diesen Fehler zu berichtigen, indem er ja sagt.

ES GIBT KEINE «GEBORENEN» VERKÄUFER

Dritter Gedanke: Ein guter Verkäufer ist nicht ein «geborener» Verkäufer. Ich habe die halbe Welt bereist und ich habe erlebt, dass Frauen Knaben und Mädchen zur Welt bringen; ich habe aber nie erlebt, dass eine Frau einen Verkäufer geboren hätte. Andererseits habe ich erlebt, dass Verkäufer gestorben sind. Wenn sie also nicht geboren werden, aber dennoch sterben, dann werden sie offensichtlich irgendwann zwischen Geburt und Tod durch Wahl und Ausbildung zu dem, was zu werden sie beschlossen haben, nämlich zu professionellen Verkäufern.

Moral: Kommen Sie also nicht mit der Ausrede, Sie seien nicht der «geborene» Verkäufer. Das sind Sie wirklich nicht. Aber Sie können lernen, wie man etwas verkauft, und dieses Buch spielt beim Lernprozess eine gewisse Rolle.

Vierter Gedanke: Sie dürfen nicht vergessen, wer bei einem Verkaufsgeschäft als Gewinner hervorgeht. Davon war schon im Kapitel ‹‹König› Kunde wird zum Gewinner» die Rede. Sie erinnern sich vielleicht, dass ich Sie fragte, ob Sie noch all das Geld besäßen, das Sie während des letzten Jahres als Verkäufer verdient hätten. Und dann fragte ich, ob Sie Kunden hätten, die immer noch im Besitz eines Produktes wären, das Sie ihnen vor mehr als einem Jahr verkauft hätten. Die Antwort war klar. Sie erinnern sich hoffentlich, dass Sie zum Schluss kamen, *der Kunde sei der große Gewinner.* Wenn Sie wirklich verstehen und daran glauben, dass der *Kunde* der Gewinner *ist*, können Sie sich mit mehr Begeisterung und Intensität Ihren Abschlüssen widmen.

VERKNÜPFEN SIE LOGIK MIT EMOTIONEN

Selten kommt ein wirkungsvoller Abschluss mit nur einer Technik oder einem Prinzip aus. Das folgende Beispiel verknüpft Logik und Emotionen mit einer «Reduktion zum Lächerlichen».

Wenn jemand einen logischen Einwand vorbringt, beantworten Sie ihn auf gefühlsmäßiger Ebene und umgekehrt.

Ich arbeitete einst für eine Fahrradfirma und war weitgehend für die Ausbildung ihrer Verkäufer verantwortlich. Häufig wurden Einwände gegen den Preis eines Fahrrades erhoben; sie kosteten ungefähr 20 Dollar mehr als qualitativ ungefähr gleichwertige Konkurrenzprodukte. Meine Firma bestand aber nachdrücklich auf der Tatsache, ihre Fahrräder seien mit den besten Bremsen überhaupt ausgerüstet.

Nun empfahlen wir unseren Verkäufern, sich im Falle dieses Einwandes auf die Bremsen zu konzentrieren; sie sollten betonen, wie wirkungsvoll, dauerhaft und vor allem zuverlässig sie seien. Dennoch beharrten viele Kunden auf ihrem Preiseinwand. Nun sollten unsere Verkäufer folgendes Gespräch einleiten: «Lieber Kunde, was glauben Sie, wie lange wird Ihr Kind dieses Rad fahren?» – Kunde: «Ich weiß nicht, mehrere Jahre, vielleicht fünf, vielleicht aber auch mehr.» – Verkäufer: «Gut, rechnen wir einmal mit fünf Jahren; dieses Fahrrad kostet nur 20 Dollar mehr, das heißt, die besten Bremsen auf dem Markt kosten Sie nur 4 Dollar im Jahr. (Unsere Verkäufer sollten auch den berühmten kleinen Schreibblock dabeihaben, um den Kunden zeigen zu können, dass es wirklich nur 4 Dollar im Jahr waren.) Bei 365 Tagen im Jahr kosten also die besten Bremsen der Welt für das Fahrrad Ihres Kindes nur ungefähr 1 Cent pro Tag.»

Dann sollte der Verkäufer ein paar Sekunden innehalten, bevor er weitersprach: «Wenn diese Bremsen nur einmal in fünf Jahren im entscheidenden Fall wirksam sind, dann wären sie doch weit mehr als 20 Dollar wert, nicht wahr?» Die Methode wirkte, weil die Verkäufer von der Wahrheit ihrer Aussage überzeugt waren – oder war es eine Frage? Sie arbeitete mit Logik – ein Cent pro Tag war ganz zweifellos ein unbedeutender Betrag –, aber mit noch mehr Gefühl. Der Kunde konnte buchstäblich *sehen*, wie sein Kind das Fahrrad bei *jeder* Gefahr noch rechtzeitig abbremsen konnte.

DIE SCHLÜSSEL ZUM VERKAUF

Es gibt elf Schlüssel, mit deren Hilfe Sie zu einem echt professionellen Verkäufer werden und mehr Geschäfte abschließen können. Diese Schlüssel umfassen Einstellungen, Verfahren und Techniken. In manchen Fällen werden alle drei Elemente beteiligt sein, in ganz *seltenen* wird kein einziges auf Ihre Situation passen (etwas, das ich mir allerdings kaum vorstellen kann).

Beginnen wir mit dem ersten Schlüssel, den ich mit dem Anhänger «Schlüssel der positiven Projektion» versehen will. Ich möchte mit allem Nachdruck betonen, dass Ihre Geschäfte weder gut noch schlecht gehen dort draußen. Sie gehen nur in Ihrem Kopf drin schlecht oder gut. *Sie sollten in Gedanken das Geschäft schon abgeschlossen haben, bevor Sie überhaupt mit dem Kunden sprechen.* Egal ob er zu Ihnen kommt oder ob Sie ihn besuchen, Sie müssen ihm bereits in *Ihren* Gedanken verkauft haben, bevor Sie ihm im eigentlichen physischen Sinne etwas verkaufen.

NUR SCHAUEN!

Wenn Sie im Detailhandel arbeiten, kennen Sie bestimmt jene Kunden, die den Laden betreten, sich langsam umschauen und bei Ihrer Annäherung bemerken: «Ich möchte mich nur umschauen.» Die Frage ist nun, glaubten Sie diesen Kunden, wenn sie sagten, sie «möchten sich nur umschauen»? Ich hoffe doch, denn genau das haben sie ja getan! Nur schauen.

Ich habe das selbst lange Zeit auch nicht realisiert, erst 1973, als unsere jüngste Tochter Julie die Mittelschule abschloss. Wir hatten ihr zu diesem Anlass ein Auto versprochen, und es war natürlich ein aufregendes Erlebnis, dieses Auto zu kaufen.

Nun, ich gebe gern zu, dass ich nie in meinem Leben Autos verkauft habe, wenn Sie mich aber fragen, wie ich mir einen denkbar guten Autokunden vorstelle, würde ich ihn wie folgt beschreiben: «Ein Papa mit einer Tochter, die soeben ihren Mittelschulabschluss bestanden hat. Er verkündet öffentlich, er werde ihr ein Auto kaufen, und lässt auch durchblicken, dass er finanziell dazu in der Lage ist.» Von mir aus gesehen ist das ein wirklich aussichtsreicher Kunde!

BIETEN SIE NICHT MITLEID AN

Ich kam von der Arbeit nach Hause, als wir uns auf den Weg machten; ich trug also einen Geschäftsanzug. Meine Tochter hatte die letzte Nacht nicht geschlafen, weil sie sich für das große Ereignis hübsch zurechtmachen wollte.

Dies sollte ihr erstes Auto sein, und sie sah in ihrem «Sonntagskleid» zum Anbeißen aus. Ich fuhr einen ziemlich neuen Oldsmobile Ninety-Eight. Wir machten beide also einen nicht gerade ärmlichen Eindruck. Als wir ausstiegen, schwebte Julie förmlich in Richtung Ausstellhalle.

Dessen ungeachtet trat ein junger Verkäufer auf uns zu und bot uns Mitleid an, indem er fragte: «Kann ich Ihnen helfen?» Ich war in Eile und wollte mich nicht auf lange Diskussionen einlassen. Ich sagte nur: «Meine Tochter hat soeben die Mittelschule abgeschlossen, und wir suchen ein Auto, das ich ihr zu diesem Anlass schenken möchte.» Ehrenwort, er schaute uns nur an und sagte: «Gut, wenn Sie etwas Passendes sehen, sagen Sie es mir.» Damit wandte er sich von uns ab und ging weg.

Ich weiß nicht, ob der junge Mann am nächsten Tag auch noch Autos verkaufte. Ich weiß aber, dass er kaum je einen besseren Kunden gehabt hat, unabhängig davon, wie lange er noch in diesem Beruf tätig gewesen sein mag. Wie die meisten Kunden hatten wir unseren «Einkaufsbummel» bei jenem

Händler angefangen, dessen Autos Julie am meisten interessierten. Der junge Mann verpfuschte aber alles! Ich hielt ihn für sehr schlimm, bis wir am nächsten Ort waren. Der Verkäufer dort benutzte die genau gleichen Worte, und obendrein hatte er einen fürchterlichen Körpergeruch. Am dritten Ort war es ähnlich schlimm, erst beim vierten Anlauf hatten wir Glück.

JA – SIE SCHAUEN WIRKLICH «NUR»

Was heißt das, «wir hatten Glück»? Ganz einfach, meine Tochter war schon einmal mit dem Verkäufer ausgegangen; wir hatten also eine Verbindung zu seiner Firma und konnten endlich einen Wagen kaufen. Dieses Erlebnis machte mir zwei Dinge klar, die ich zuvor nicht verstanden hatte. Erstens: Ich verstand nun, weshalb wir uns in einer Rezession befanden. Wie schafften es nicht, bedient zu werden! Zweitens: Wenn ein Kunde hereinkommt und sagt: «Ich möchte mich nur umschauen!», dann können Sie Ihren letzten Cent darauf verwetten, dass er «sich nur umschaut» – aber ganz *verzweifelt*! Nach einem Verkäufer! Er hält Ausschau nach jemandem, der ihm etwas verkauft – damit er sich nicht mehr länger umschauen muss!

DENKEN SIE ALS KÄUFER UND VERKÄUFER

Werfen wir einen Blick zurück auf das Kapitel über Einfühlungsvermögen und Sympathie. Sie wollen hören, was der Kunde sagt *und* was er sagen will. Sie sollen als Verkäufer *und* Käufer denken. Wenn Sie einkaufen gehen, möchten Sie das, was Sie brauchen, lieber im ersten oder im zehnten Geschäft finden? Die Chancen stehen ungefähr 50 zu 1, dass Sie im ersten Geschäft fündig werden möchten, nicht wahr? Wenn also das nächste Mal jemand Ihr Geschäft betritt und sagt, er möchte sich nur umsehen, dann sollte das bei Ihnen als Verkäufer nicht Stirnrunzeln, sondern Lächeln hervorrufen. Vorsicht – nicht zu heftig! Stürzen Sie sich nicht auf den Kunden, lächeln Sie nur.

Scheint der Kunde scheu und introvertiert zu sein, lächeln Sie und treten einen Schritt zurück (Sie *dürfen* nicht drohend oder aggressiv wirken). «Wir freuen uns, dass Sie bei uns sind. Schauen Sie sich um, so lange Sie mögen. Mein Name ist Zig, und ich bin gern für Sie da, wenn Sie Hilfe benötigen. (Und, als ob Ihnen das gerade eingefallen wäre:) Ach, übrigens, wenn wir nicht *genau* das haben, was Sie suchen, kann ich Ihnen wahrscheinlich sagen, wo Sie es bekommen. Einverstanden?»

Ist der Kunde *augenscheinlich* extrovertiert und jovial, sollten Sie freundlich lachen und sagen: «Gratuliere! Sie haben soeben jemanden gefunden, der Ihnen gern hilft, genau das zu finden, was Sie suchen. Falls wir es nicht haben, kann ich Ihnen bestimmt sagen, wo man Ihr Problem lösen kann. Einverstanden?»

«Einverstanden?» ist eine sehr wichtige Frage. Menschen haben nun einmal den Wunsch oder das Bedürfnis nach Einverstandensein, nach Gerechtigkeit. Diese Frage wird fast immer positiv beantwortet, und das bedeutet, dass Sie soeben die ersten Punkte in einem Spiel gewonnen haben, das zwei Gewinner hervorbringen soll: Sie und Ihren Kunden.

Der «sichere» Abschluss

Die nächste Geschichte zeigt, welche Macht der «Schlüssel der positiven Projektion» ausüben kann.

Vor mehreren Jahren wollte sich eine kleine Druckerei an der Ostküste erheblich vergrößern. Alle sechs Monate wurde ein neuer Verkäufer eingestellt. Er erhielt zunächst an Ort und Stelle die notwendige fachliche und verkaufstechnische Ausbildung. Als nächstes wurde er mit einem erfahrenen Kollegen losgeschickt, um sich in den Verkaufsfähigkeiten und Methoden zu schulen. «Flügge» wurde er schließlich nach einem abschließenden Gespräch mit dem Direktor des Unternehmens, der ihm noch ein paar letzte aufmunternde Worte mit auf den Weg gab.

Einmal nun stellte die Druckerei einen besonders unerfahrenen jungen Mann ohne jegliches Selbstvertrauen ein. Er hatte sogar so viel Angst, dass der Chef beschloss, ihm noch zusätzliche Hilfe zuteil werden zu lassen. Nach dem üblichen Geplänkel sagte er zu ihm: «Nun habe ich mit Ihnen Folgendes vor: Sie gehen auf die andere Straßenseite und besuchen dort einen ‹sicheren› Kunden. Dorthin schicke ich alle unsere neuen Verkäufer, und zwar aus einem ganz einfachen Grund – der alte Mann kauft immer. Ich möchte Sie aber warnen. Er ist böse, ekelhaft, widerspenstig und er führt schmutzige Reden. Sie werden den Eindruck bekommen, er werde Ihnen gleich den Kopf abbeißen.

Aber seien Sie beruhigt. Hunde, die bellen, beißen nicht. Was immer er auch sagt, ich will, dass Sie nicht aufgeben, sondern zu ihm sagen: ‹Ja, mein Herr, ich verstehe, aber ich habe nun einmal das beste Angebot in der ganzen Stadt, und das sollten Sie sich nicht entgehen lassen.› Es spielt keine Rolle, was er sagt, Sie bleiben einfach standhaft und bearbeiten ihn weiter. Vergessen Sie nicht: Unsere neuen Verkäufer bekommen *immer* einen Auftrag von ihm.»

HINEIN IN DIE HÖHLE DES LÖWEN

Unser frisch motivierter Held überquerte also die Straße, trat ein, stellte sich und seine Firma vor und bekam in den nächsten fünf Minuten keine einzige Chance mehr, auch nur noch ein Wort zu sagen. Der alte Löwe zerriss ihn förmlich in der Luft. Er sagte dem jungen Mann mit einer Deutlichkeit, die nichts zu wünschen übrigließ, was er von ihm hielt. Und er machte ihn mit einem Wortschatz vertraut, den der junge Verkäufer vorher noch nie gehört hatte. Weil er aber vorgewarnt worden war, hielt unser Held standhaft durch. Er sagte: «Ja, ich verstehe, aber ich *habe* nun einmal das beste Angebot in der ganzen Stadt, und *das* sollten Sie sich nicht entgehen lassen.» Der Kampf tobte hin und her, und nach ungefähr 30 Minuten schloss der junge Mann das größte Geschäft seit Bestehen der Druckerei ab.

Er freute sich natürlich riesig darüber, packte seine Aktentasche, raste über die Straße, knallte seinem Chef die Bestellung auf den Schreibtisch und sagte: «Sie hatten vollkommen Recht! Dieser alte Mann ist böse, ekelhaft und widerspenstig, und er spricht eine fürchterliche Sprache! Aber etwas kann ich Ihnen sagen: Dieser *nette* alte Brummbär (es macht schon etwas aus, wenn ein Kunde kauft, nicht wahr?) – er *kauft*! Ich habe den größten Auftrag seit Bestehen dieser Firma bekommen, sehen Sie nur!» Der Chef war vollkommen verblüfft und sagte: «Meine Güte! Sie haben den falschen Mann besucht! Ihr alter Mann ist der böseste, ekelhafteste und widerspenstigste Kerl, mit dem wir es je zu tun gehabt haben! Seit über 15 Jahren versuchen wir, mit ihm ins Geschäft zu kommen, aber er hat noch keinem von uns auch nur für 1 Cent etwas abgekauft!»

MACHEN SIE DAS GESCHÄFT – IN IHREN GEDANKEN

Frage: Wo machte der junge Mann sein Geschäft? Da gibt es, glaube ich, keine Zweifel, nicht wahr? Sie wissen, dass der Verkäufer das Geschäft *in Gedanken* machte, bevor er die Straße überquerte. Er benutzte den «Schlüssel der positiven Projektion». Der junge Mann ging einfach über die Straße, vollkommen vorbereitet, sogar auf Schlimmes gefasst, weil er *wusste*, dass er das Geschäft machen würde.

Nehmen wir an, sein Chef hätte gesagt: «Nun, ich schicke Sie über die Straße, warum weiß ich zwar nicht. Seit 15 Jahren schicke ich meine besten Leute dorthin, und dieser alte Bösewicht nimmt sie einfach auseinander. Niemand hat ihm je etwas verkaufen können!» Was glauben Sie, wie groß wären seine Aussichten auf das Geschäft gewesen? Null. Ich sage nur: Sie *müssen* das Geschäft in Gedanken abschließen, bevor Sie überhaupt mit dem Kunden reden. Und dabei spielt es keine Rolle, ob Sie als Vertreter tätig sind oder im Einzelhandel, wo die Kunden zu Ihnen kommen.

EXERZIEREN, ÜBEN, PLANEN

Ihre Planung und Vorbereitung *vor* einem Kundenbesuch wird weitgehend bestimmen, was geschieht, *wenn* Sie den Kunden dann sehen. *Eine aufsehenerregende Leistung* ist stets die Folge einer aufsehenerregenden Vorbereitung. Ein Fehler (missglückter Verkauf) im Schulzimmer bedeutet eine *kostenlose* Erfahrung. Ein Fehler bei einem guten Kunden kommt nicht nur den Verkäufer *und* seine Firma teuer zu stehen, sondern er wirkt auch entmutigend. Wenn sich solche Erfahrungen häufen, wird das das Ende einer Verkäuferlaufbahn bedeuten.

Physische und geistige Vorbereitung und unermüdliches Üben und Exerzieren schaffen die Voraussetzung für Ihre technische *und* emotionale Verkaufsbereitschaft.

Das ist Üben ohne Druck. Dazu müssen Sie das erfolgreiche Geschäft in einer geistigen Projektion abschließen, bevor Sie den Kunden besuchen. Das Schöne an geistigen Übungen besteht darin, dass Sie auf Ihrem geistigen Spielfeld zur Perfektion gelangen können, wie Dr. Maxwell Maltz es ausdrückt. Sie machen alles genau richtig, geben auf jede Frage die bestmögliche Antwort, entkräften jeden Einwand auf optimale Art und kommen schließlich zum erfolgreichen Geschäftsabschluss.

Auf diesem geistigen Spielfeld können Sie ungeheuer viel Vertrauen und Mut entwickeln. Wenn alle großen Meisterverkäufer der Welt überhaupt etwas gemeinsam haben, dann ist es ihre Zuversicht, Erfolg zu haben. Und diese Zuversicht setzen sie mutig in die Tat um.

Wenn Sie ebenfalls Erfolg im Abschluss haben wollen, müssen Sie sich geistig in dieser Rolle sehen, bevor Sie in der realen Welt zum Abschluss kommen. Sobald Sie am Morgen aufgestanden sind, füllen Sie zuerst in Gedanken ein Bestellformular aus. Dann schreiben Sie den ganzen Tag lang an solchen Aufträgen weiter. Der professionelle Verkäufer beobachtet, denkt und verkauft ununterbrochen. Abschlüsse werden zu einem Teil seiner selbst. Er prägt sie tief in sein Unterbewusstsein ein. Bei *jedem* Verkaufsgespräch projiziert er erfolgreiche Ergebnisse, sodass die Resultate am Ende nichts anderes als vorweggenommene Schlüsse sind.

Glauben Sie ja nicht, ich würde diese Verkaufsprojektion *vor* dem Kundenbesuch überbewerten. Eine Studie der Sales and Marketing Executives International (S.M.E.I.) hat als wichtigsten Grund für das Versagen von Verkäufern ergeben, dass sie dazu neigen, ihre Kunden im Voraus zu beurteilen und von vornherein anzunehmen, dass sie nichts kaufen. Wie bereits gesagt: Sie *sollten* ihre Kunden im Voraus beurteilen, sie *schuldig* sprechen und zum Kaufen *verurteilen*, bevor Sie sie überhaupt sehen.

Ich glaube nicht, dass die Verkäuferin in der folgenden Geschichte «uns kommen sah», aber aufgrund ihres Vorgehens bin ich überzeugt, dass sie jeden Kunden, der ihre Abteilung betritt, «beurteilt» und zum Kaufen «verurteilt».

Der «Neiman-Marcus»-Abschluss

Vor mehreren Jahren besorgten Jean und ich Weihnachtseinkäufe in einem großen Warenhaus. Als wir den Lift im ersten Stock verließen und uns nach links wandten, fiel unser Blick auf eine Schaufensterpuppe mit einem wunderschönen Pelzmantel. Ich sah den Pelz und Jean an. Jean sah den Pelz und mich an. Ohne ein Wort zu sagen, wussten wir beide, dass dies *ihr* Pelz war. Wir blieben wie auf ein geheimes Kommando hin stehen, um ihn etwas näher anzuschauen. Ich nahm mir einen Teil des Mantels vor, Jean sich einen anderen. Ich wette, Sie wissen schon, was jeden von uns besonders interessierte. Jean griff nach dem Ärmel und sah sich den Preis an. Ich knöpfte den Mantel auf, besah mir das Futter und fühlte den Pelz. Dann sagte ich: «Liebling, der ist wunderbar.» Sie wusste unterdessen, was er kostete, und gab zurück: «Das muss er auch sein!» Und mit diesen Worten schickte sie sich an weiterzugehen.

Als sie sich umwandte, stieß sie buchstäblich mit einer der raffiniertesten Verkäuferinnen zusammen, die ich je gesehen habe. Sie war klein und freundlich, eine Art Großmuttertyp, liebenswert und Vertrauen erweckend. Sie sah meine Frau an und meinte augenzwinkernd: «Das ist ein schöner Mantel, nicht wahr?» – Jean: «Das muss er auch sein!» – Verkäuferin: «Sie haben anscheinend das Preisschild gesehen. Kommen Sie, ich zeige Ihnen, was Sie hätten anschauen sollen.» Sehr rasch ging sie zur Tat über, öffnete den Mantel und sprach: «Schauen Sie, eine Eliot-Etikette. Dieser Name in Verbindung mit dem Ruf unseres Hauses bedeutet Qualität und Zufriedenheit. Diesen Mantel werden Sie sehr lange tragen, und er wird jeden Tag praktisch und schön sein.» Dann zog sie ihn der Puppe rasch und geschickt aus und meinte: «Ziehen Sie ihn einmal an, nur wegen der Größe.» (Nun bringt sie meine Frau auch physisch komplett ins Spiel.)

Jean schlüpfte unter denkbar schwachem Protest hinein und die Verkäuferin fragte: «Nun, wie fühlen Sie sich darin?» – Jean: «Ich fühle mich herrlich, aber das *muss* ich auch!» (Sie denkt immer noch an den Preis.) Und dann legte die Verkäuferin ihrem Beruf alle Ehre ein, indem sie sagte:

«Nun sollten Sie das Preisschild nehmen (sie hatte in dieser Situation natürlich keinen Block bei sich, um uns die Zahlen aufzuschreiben) und die Zahl durch zehn teilen. Sie werden diesen Mantel fünf oder sechs Jahre lang tragen. Dann wird Ihr Mann ihn zu einem Cape oder zu einer Jacke umändern lassen, die Sie nochmals fünf oder sechs Jahre tragen werden. Dieser schöne Pelz wird Sie weniger kosten als ein Stoffmantel, den Sie höchstens 1 oder 2 Jahre tragen könnten. Und, das ist Qualität, und an Ihnen wirkt das ganz natürlich.» (In dieser Situation einfach brillant!)

DRUCK? GEWISS – ABER SO SANFT, DASS MAN IHN KAUM WAHRNIMMT!

Dann schaute sie erst meine Frau, danach mich an. Während sie den Kopf mir zuwandte, warf sie noch einen Blick zurück und ertappte meine Frau, wie sie sanft über den Pelz streichelte. Bei diesem Anblick brach sie in ein strahlendes Lachen aus. Sie wusste, dass das Geschäft gemacht war. Trotz ihrer verbalen Proteste hatte ihr Jeans Körpersprache ihre wahren Gefühle verraten, und Körpersprache kann nicht lügen.

Sie schaute wieder Jean an und fuhr fort: «Wissen Sie, Sie gehören schon zu den Glücklichen. Unzählige Frauen kommen hier herein und bestaunen einen solchen Mantel. Leider sind aber ihre Männer nicht aus dem gleichen Holz geschnitzt wie Ihrer (ich hatte kein Wort gesagt, aber offenbar hatte meine Körpersprache auch mich verraten) und sind nicht bereit, ihren Frauen auch etwas so Schönes zu kaufen.» Wer ging wohl mit einem Pelzmantel nach Hause? Richtig geraten! Diese nette Verkäuferin hatte mich auf ein so hohes Podest erhoben, dass ich sie einfach nicht enttäuschen konnte, nicht wahr? Es war auch nicht allzu schwierig, Jean davon zu überzeugen, sie sollte «mich den Traummantel für sie kaufen lassen».

KLAPPT ES?

Obwohl die ganze Transaktion nur knapp fünf Minuten dauerte, gelangten dabei mehrere wichtige Prinzipien zur Anwendung.

Erstens: Die Verkäuferin war auf Draht, und sie liebte ihren Beruf. Sie hatte diese kleine, vielleicht 20 Sekunden dauernde Szene beobachtet, als Jean das Preisschild, ich den Pelzmantel begutachtete. Vielleicht hörte sie sogar meinen Kommentar, aber das könnte ich nicht beschwören.

Zweitens: Sie bezog meine Frau sofort in ihr Tun mit ein (sie sah, dass es um mich geschehen war und dachte sich wohl: «Den einen hätten wir, nun noch sie!»). Drittens: Sie wusste, dass meine Frau den Mantel haben wollte, offenbar aber noch gewisse Zweifel hegte. Viertens: Sie zerlegte den Preis «bis ins Lächerliche», damit wir beide sehen konnten, dass das Geschäft praktikabel und finanziell erschwinglich war.

Sie gab uns eine Ausrede für den Kauf (der Mantel war praktisch, dauerhaft und schön) und einen Grund (Jean wollte den Mantel wirklich haben). Also noch einmal: Geben Sie einem Kunden eine Ausrede *und* einen Grund und erleichtern Sie ihm dadurch den Kauf, dann stehen die Chancen gut, dass Sie nur noch die Abschlussfrage zu stellen brauchen.

VERKAUFEN UND FREIEN GEHEN PARALLELE WEGE

Den zweiten Schlüssel zum Abschluss nenne ich «Schlüssel der selbstverständlichen Annahme». Zu Beginn möchte ich einfach einmal den Gedanken in den Raum stellen, dass Verkaufen und Freien ähnliche Wege gehen. Bei den Damen, die dieses Buch lesen, darf ich mich im Voraus entschuldigen, denn für sie wird diese Analogie nicht den gleichen Wert haben wie für ihre männlichen Kollegen. Eigentlich wäre es ja an den Frauen, ein Buch über dieses spezielle Kapitel zu schreiben. Aber dennoch, Männer, bleiben Sie dabei, ich bin davon überzeugt, dass es für Sie von bedeutendem Wert sein wird.

Ich meine, wenn Sie über Liebeswerbung nur ein bisschen Bescheid wissen, wissen Sie schon sehr viel über das Verkaufen. Frage an die Herren: Als Sie noch ledig waren und auf Freiersfüßen wandelten (oder falls Sie es immer noch sind und tun), haben Sie jemals Ihr Mädchen gefragt:

«Liebling, darf ich deine Hand halten?» Oder: «Stört es dich, wenn ich den Arm um dich lege?» Oder: «Ist es gut, wenn ich dich küsse? Nur einmal, mehr will ich nicht, nur einen Kuss?»

Wenn Sie auf solchen Freiersfüßen wandeln, sind Sie höchstwahrscheinlich immer noch ledig. Nächste Frage: Haben Sie jemals ein Mädchen geküsst? Nun, wenn Sie ein Mann sind, haben Sie diese Frage positiv beantwortet, das heißt, Sie haben das Mädchen ohne Erlaubnis geküsst.

Frage an die Damen: Hat der junge Mann aus dem Beispiel oben Sie ohne Erlaubnis geküsst? Ja oder Nein? Anmerkung: Wenn ich diese Frage in einem meiner Seminare stelle, ernte ich stets ein lautes, lachendes *Ja*. Daraufhin bezichtige ich sie scherzhaft der Lüge, und alle lachen.

In den meisten Fällen hatte der junge Mann die Erlaubnis wahrscheinlich schon zehn Minuten, bevor er davon Gebrauch machte. In noch mehr Fällen war es aber bestimmt nicht so, dass das Mädchen die Stirne gerunzelt und gesagt hat: «Also los, Partner, nun küss mich mal!» Auf diese Weise tut man das nicht!

Doch bringen wir dieses Beispiel nun unmittelbar mit dem Verkauf eines Produktes in Zusammenhang. Wenn Sie bei einem Kunden – zu Hause oder im Büro – anklopfen, wird er garantiert nicht die Tür aufmachen und begeistert ausrufen: «Gott sei Dank, dass Sie endlich da sind! Seit Jahren warte ich darauf, dass einer von Euch mal vorbeikommt! Treten Sie ein! Ich hole eben einmal mein Scheckbuch, während Sie die Bestellung ausfüllen!» Mit der Provision von Kunden, die auf diese Art «kaufen», könnten Sie nicht einmal Ihre Stromrechnung bezahlen.

WEDER VERKAUFEN NOCH FREIEN OHNE ZAHLREICHE ANNAHMEN UND VIEL FANTASIE

Wie sagt denn der Kunde ja? Genau gleich wie das Mädchen. Männer, haben Sie schon einmal versucht, einem Mädchen die Hand zu halten, wenn es «Nein!» sagt, und ein paar Minuten später gehen Sie mit ihm Hand in Hand die Straße entlang? Was das Mädchen eigentlich sagt, heißt: «Aufgrund der Informationen, die du mir bisher gegeben hast, sehe ich absolut keine Ursache, weshalb ich mit dir Händchenhalten üben sollte.»

Natürlich waren das nicht des Mädchens Worte, aber das sollte damit ausgedrückt werden. Ihr Handeln sagte: «Schau mal, die Nacht ist noch jung. Hab Geduld. Nimm dir Zeit – und VERKAUFE!» Im Verkauf können wir mehr verkaufen, wenn wir das, was wir in der Welt des Freiens und Werbens lernen, auf die Welt des Verkaufens übertragen, indem wir uns daran erinnern, dass man in beiden Welten mit zahlreichen Annahmen und mit viel Fantasie ans Werk geht.

Wenn Sie ein Mädchen um ein Stelldichein baten, *nahmen Sie an*, es würde ja sagen. Sie *nahmen an*, wenn Sie sich anständig verhielten, würden Sie vor ihrer Haustür einen Gutenachtkuss bekommen. Sie brachten Ihre Angebetete aber nicht vor die Haustür und sagten: «Schatz, ich sage dir etwas. Es ist schon spät. Warum komme ich nicht einfach morgen nachmittag um halb sechs auf dem Weg nach Hause bei dir vorbei und hole mir meinen Gutenachtkuss dann ab?»

DESHALB NICHT

Sie würden das aus zwei Gründen nicht tun. Erstens: Sie sind durch das Zusammensein mit Ihrer Angebeteten «motiviert» und haben den ganzen Abend lang gehofft, sie wäre es am Ende auch. Sich zu diesem Zeitpunkt von ihr zu verabschieden würde alle Bemühungen zunichte machen, die Sie an diesem Abend unternommen haben. Zweitens: *Sie wissen*, dass Sie am folgenden Tag wieder ganz von vorne beginnen müssten. Vielleicht kämen Sie nach einer schlaflosen Nacht sogar zur Erkenntnis, Sie seien noch weiter von jenem Punkt entfernt, an dem Sie gestern angefangen haben, denn möglicherweise hat sich Ihr Mädchen die Sache mit dem Gutenachtkuss in der Zwischenzeit auch wieder anders überlegt.

Es gibt viele Jungs und Mädchen in der Welt des Verkaufens, die den gleichen Fehler begehen. Sie stehen eine ganze Präsentation und Demonstration durch, etablieren den Wert ihres Produktes und legen gute Grundlagen für einen Verkauf, doch wenn der Kunde nur einen einzigen kleinen Vorwand oder eine fadenscheinige Ausrede vorbringt, geraten sie in Panik, treten den Rückzug an und sagen: «Gut, wir sehen uns morgen oder nächste Woche oder nächsten Monat.»

Lassen Sie sich eines gesagt sein, lieber Leser: In der Welt des Freiens genau so wie in der Welt des Verkaufens *müssen* Sie von Anfang an annehmen, Ihr Kunde werde sich freuen, Sie zu empfangen und mit Ihnen zu reden. Sie *nehmen an*, Ihre Präsentation sei eindrücklich und professionell. Sie *nehmen an*, dass der Kunde das Geld zum Kaufen hat, und Sie *nehmen an*, er kaufe *jetzt*. Wenn Sie viel annehmen, werden Sie viel verkaufen, in der Welt des Verkaufens *ebenso wie* in der Welt des Freiens.

Sie sollten *sehen*, wie der Kunde die Bestellung unterzeichnet und einen Teil seiner finanziellen Mittel auf Sie überträgt. Sie sollten vor Ihrem geistigen Auge *sehen*, wie Sie ihm Ihr Produkt überlassen. Bei jedem Schritt des Verkaufsvorganges treffen Sie Annahmen und sehen das ersehnte Ergebnis.

VORSTELLUNG UND ANNAHME

Verkaufen und Freien gehen parallele Wege. Die Herren erinnern sich bestimmt an die Zeit, als sie noch jung und ledig waren und sich allmählich für junge Damen zu interessieren begannen. Gewiss erinnern auch Sie sich lebhaft an das, was Sie sich vornahmen zu sagen, als Sie das junge hübsche Mädchen um ein erstes Stelldichein bitten wollten. Sie haben es in Gedanken wohl tausendmal geübt und Ihre «Verkaufsstrategie» wohl ebenso oft geändert. Voller Aufregung und Begeisterung stellten Sie sich vor, wie Ihre Angebetete huldvoll nicken und versprechen würde, Ihnen die Ehre ihrer Anwesenheit zu geben.

Sie erinnern sich, dass Sie sorgfältig planten, was Sie anziehen und was Sie sagen würden, wenn Sie sie von zu Hause abholten. Sie malten sich in Gedanken tausendmal aus, was für ein Kleid sie tragen und was sie sagen würde, wenn Sie ankämen, um sie zu entführen. Sie stellten sich den ersten, sanften Händedruck vor, ihr Lächeln und ihre Worte, wie froh sie sei, dass Sie endlich gekommen wären. Sie sahen, wie Sie ihr die Tür Ihres Wagens aufmachen und sie einsteigen lassen würden.

Sie hatten schon sorgfältig geplant, wohin Sie mit ihr gehen und was Sie tun würden. Sie planten – oder besser: Sie sannen aus –, wie Sie sich im Theater in Ihrem Sessel wohlig räkeln und Ihren Arm dabei «ganz natürlich» auf die Lehne ihres Sessels legen würden, wie Ihr Arm dann «zufällig» ihre Schulter berühren und schließlich dort verharren würde (Sie raffinierter Bursche!).

Sie planten die Cola und die Pizza nach dem Theater. Sie stellten sich vor, wie Sie gemächlich zu ihr nach Hause fahren und als Dank für Ihre Nettigkeit, Ihre gewandte Konversation, Ihre sprühende Persönlichkeit und alles andere – vielleicht –

schon an diesem allerersten Abend einen Gutenachtkuss bekommen würden. Ja, Sie planten alles, und Sie stellten sich alles
vor. Sie sahen förmlich, wie alles geschah. Sie waren bei einem
sehr wichtigen Kundenbesuch.

ABER AUCH DIE DAMEN

Und mit wenigen Ausnahmen taten auch Sie, meine Damen,
das Gleiche auf Ihrer Seite (hie und da geht man mit einem
jungen Mann aus, weil man nichts «besseres» oder «anderes»
vorhat und weil schließlich mit Hänschen ausgehen besser ist
als den Abend vor dem Fernseher zu verbringen). Um jenes
jungen Mannes willen, der Ihren Puls höher schlagen ließ,
arrangierten Sie allerhand kleine Manöver, um möglichst oft
«zufällig» am gleichen Ort auftauchen zu können wie Ihr
Traummann. Sie planten mit größter Sorgfalt, was *genau* Sie
sagen würden, wenn er Sie zum ersten Mal um ein Rendezvous
bäte. Dann stellten Sie sich vor, was Sie anziehen und wie Sie
ihn begrüßen würden. Sie stellten sich vor, was Sie tun würden,
wenn sein Arm sich «zufällig» an Ihre Schultern verirren sollte.
Sie stellten sich vor, wie Sie diese feinen, kleinen Hinweise und
Andeutungen anbringen würden, die Sie schon auf den Knien
Ihrer Mutter gelernt hatten. In Tat und Wahrheit ist es für den
Jungen *und* für das Mädchen ein Verkaufsvorgang, wobei das
Mädchen geschickter vorgeht, weil es schon von Kindesbeinen
an gelernt hat, als Käufer *und* Verkäufer zu denken.

NUR WEITER SO

Frage: Weshalb gehen Sie nicht haargenau gleich vor, jetzt wo
Sie Produkte oder Dienstleistungen verkaufen? Klar, ich verstehe. Der Kunde wird nicht so bereitwillig mitmachen wie das
Mädchen oder der Junge und er wird sicherlich nicht «planen»,
Ihnen bei Ihren Verkaufsbemühungen behilflich zu sein. Aber
denken Sie doch daran: Wenn das, was Sie verkaufen, eines
seiner Probleme löst oder eines seiner Bedürfnisse befriedigt,
wird er – genau wie das Mädchen – gleichermaßen wie Sie
daran interessiert sein, die Lösung kennen zu lernen. Wenn Sie
wirklich glauben, dass der Verkaufsprozess dem Kunden nichts
antut, sondern etwas für ihn tut, und wenn unsere Ver-

kaufstechnik genauso gut und sorgfältig geplant ist wie unser Liebeswerben, dann werden mehr und mehr Kunden in diesen Prozess miteinbezogen.

Nehmen wir nun den Vorgang beim Freien (Junge/Mädchen) und übertragen wir ihn auf den Vorgang beim Verkaufen (Verkäufer/Kunde). Beim Verkaufen müssen Sie das, was Sie bei der ersten Annäherung an den Kunden sagen wollen, ganz genau vor sich sehen, auswendig lernen, üben und exerzieren. Sie müssen sich die Antwort des Kunden vorstellen. Wenn Sie noch nicht lange verkaufen, hat Ihre Firma Ihnen höchstwahrscheinlich schon ihre Strategie und die zu erwartende Reaktion des Kunden klar gemacht.

Sie müssen sich vorstellen, dass der Kunde *ja* sagt, Sie könnten Ihre Präsentation vortragen. Sie müssen sich Ihre Präsentation so vorstellen, wie Sie sie vorbringen werden, und Sie müssen sich auch vorstellen, wie der Kunde darauf anspricht. Sie müssen sehen, wie er nickt und zugibt, dass er ein Problem hat, wie er einsieht, dass Ihr Produkt dieses Problem lösen kann. Sie müssen ihn sich vorstellen, wie er begeistert die gute Nachricht vernimmt, dass Sie ihm einen Dienst leisten können.

Ja, der ganze Verkaufsprozess ist – wie der Vorgang des Brautwerbens – ein Vorgang des Sich-etwas-Vorstellens. Wenn Sie den Verkaufsvorgang durchdenken und dann mit der gleichen Begeisterung, Fantasie und Vorstellungskraft wie bei Ihrem ersten Stelldichein ans Werk gehen, dann werden Ihre Verkaufsergebnisse wesentlich besser ausfallen, das garantiere ich Ihnen.

Während des ganzen Prozesses gehen Sie von der Annahme des Endergebnisses aus. Das gelingt beim Freien sehr leicht und auf natürliche Weise, beim Verkaufen muss es aber offenbar neu gelernt werden.

Die meisten Anträge erfolgen nicht in der Form: «Willst du mich heiraten?» Und die meisten Verkäufe gelingen nicht auf die Frage hin: «Wollen Sie mir einen Auftrag erteilen?» Diese Resultate kommen durch einen viel feineren Prozess des Annehmens zustande. Der Freier lässt nach seiner Präsentation immer wieder kleine Hinweise fallen: «Wenn wir erst verheiratet sind, brauchen wir nicht mehr so früh nach Hause zu gehen», «Unsere Kinder werden bestimmt hübscher sein als diese» oder «Sobald wir verheiratet sind, werden wir uns dies und jenes anschaffen.» Die Liste ist endlos, aber alle Sätze streben das gleiche Ziel an. Es sind alles «Annahme»-Abschlüsse.

Der «Annahme»-Abschluss, Variante

Das «Opfer» eines der effektivsten Abschlüsse dieser Art, die ich je erlebt habe, war ich selbst. Ende 1981 baten mich einige Mitglieder unserer Kirche, doch eine spezielle Sonntagsschulklasse, die so genannte «Auditoriumsklasse», zu übernehmen. Sie findet an einem Sonntagmorgen zwischen zwei Gottesdiensten statt. Sie wird in der Regel sehr gut besucht und stellt einige Anforderungen an den Lehrer. Und ich hatte ernsthafte Zweifel an meiner Qualifikation als Bibellehrer.

Aufgrund dieser Überlegungen dankte ich den Kirchenvertretern für die Einladung, teilte ihnen aber auch meine Zweifel mit. Ich sagte ihnen, ich würde es mir noch gründlich durch den Kopf gehen lassen und mir im Gebet Klarheit zu verschaffen suchen. Genau so wollten sie meine Botschaft dem Pfarrer überbringen, versprachen sie mir.

Am folgenden Tag schon brachte mir die Post einen Brief von unserem Pfarrer. Darin dankte er mir, dass ich die Aufgabe übernehmen wolle, und gab seiner Zuversicht Ausdruck, ich würde bestimmt einen großartigen Erfolg haben. Das ist der «Annahme»-Abschluss, und er wirkte in diesem Fall hundertprozentig, da ich Dr. W. A. Criswell nicht mit Nein antworten wollte, umso mehr, da ich ja von Anfang an eigentlich ja sagen wollte.

Punkt: Gehen Sie von der Annahme aus, Ihr Kunde *wolle* ja sagen, weil er es wahrscheinlich tun will; nehmen Sie dann an, er *werde* kaufen, und er wird es wahrscheinlich tun. Der «Annahme»-Abschluss erleichtert ihm den Kauf. Und das ist Ihre Aufgabe als professioneller Verkäufer.

Der «Kreepy Krauly»-Abschluss

Im Sommer 1983 klopfte Tom Brickman an unsere Tür. Tom war ein junger, begeisterter Kreepy Krauly-Verkäufer. Ich war eben am Joggen und lief vor unserem Haus vorbei, als ich Tom und Jean entdeckte, die in ein ernsthaftes Gespräch verwickelt waren. Ich ließ Jogging Jogging sein und gesellte mich zu den beiden, um zu erfahren, worum es ging. Tom erklärte mir rasch, Kreepy Krauly sei ein Roboter mit nur einem beweglichen Teil, und er führe vor, wie gut Kreepy Krauly Swimmingpools reinigen könne. Ein paar Fragen, ein kurzes Geplänkel, und schon verabschiedete sich Tom mit einer Verabredung für einen späteren Zeitpunkt. Den Schlüssel zu dieser Verabredung bildeten Toms Begeisterung und Aufrichtigkeit verbunden mit ein paar gut platzierten Fragen: 1. Wäre ich an einer Vorrichtung interessiert, welche das Algenwachstum in meinem Pool wesentlich reduzieren und den Verbrauch von Chemikalien um bis zu 50 Prozent senken könnte? 2. Wäre ich nicht stolz darauf, den saubersten Pool in der ganzen Gegend zu haben, ohne mehr als höchstens zehn Minuten pro Woche dafür aufwenden zu müssen? Beide Fragen ergaben die erwarteten Antworten, und so stand einer Demonstration nichts mehr im Wege.

Tom brachte einen neuen Kreepy Krauly mit, also war die Annahme klar, dass er *erwartete*, ihn in unserem Swimmingpool zurücklassen zu können. Er leitete ein Gespräch ein, das mit Sicherheit unser Interesse erwecken musste («erfunden von einem Ingenieur in Südafrika, der es leid wurde, seinen Swimmingpool selbst putzen oder unwirksame Geräte einsetzen zu müssen». Der «Ingenieur» sorgte für Akzeptanz und Glaubwürdigkeit. «Südafrika» und «soeben in Dallas eingeführt» verliehen einen Hauch von Faszination und Snobismus. «Leid, seinen Pool selbst zu putzen» klang nach Einfühlungsvermögen.) Ich kann Tom für seine Einstellung nur die allerbeste Note geben. Während dieses Gespräches packte er übrigens «Kreepy Krauly» aus der Kiste aus.

Während der Demonstration sprach Tom von Kreepy beinahe so, als ob es sich um einen Menschen handelte. Er erklärte, wir würden Kreepy schon bald als schweigendes, arbeitsames Mitglied unserer Familie betrachten (ein bisschen kitschig, aber Toms ansteckendes Grinsen machte sehr viel aus). Die ganze Zeit über beantwortete Tom Fragen und zeigte mir genau, was ich tun müsse, damit Kreepy einwandfrei funktioniere (die ganze Zeit von einer *Annahme* ausgehend). Der einzige Schritt, der *wirklich* herausstach, war die Art, wie er den «Annahme»-Abschluss zum Tragen brachte.

Tom: «Und das beste, Mr. Ziglar, wir notieren uns für alle Zeiten Form und Abmessungen Ihres Swimmingpools, und falls Kreepy aus irgendeinem Grund nicht das ganze Becken sauber zu halten vermöchte, wird ein Telefonanruf bei unserer Servicestelle das Problem im Nu lösen. Lassen Sie mich eine genaue Skizze des Pools mit sämtlichen Abmessungen herstellen, damit unser Service Sie möglichst gut beraten kann» (dies ist ein vollkommen natürlich wirkender «Annahme»-Abschluss). Rasch warf er eine Skizze auf seinen Block und fragte mich dabei nach den Abmessungen. Als er fertig war, zeigte er sie mir und fragte mich, ob alles seine Richtigkeit habe. Ich versicherte ihm, dass dem so sei. Tom: «Mr. Ziglar, wie Sie sehen, leistet Kreepy in Ihrem Swimmingpool ausgezeichnete Arbeit, und er ist neu; ich nehme ihn aber gern wieder mit und ersetze ihn durch einen *brandneuen.* Möchten Sie, dass ich das tue?» – Ich: «Nein, der hier ist schon in Ordnung» (ich hatte gekauft). – Tom: «Wollen Sie mir einen Scheck ausstellen oder möchten Sie es lieber auf eine Kreditkarte nehmen?» (Zwei «Wahl»-Abschlüsse dicht aufeinander!)

VERGESSEN SIE NICHT, WESHALB SIE KAUFEN – ODER EBEN NICHT

Lassen Sie mich an dieser Stelle von den Erfahrungen berichten, als ich selbst noch auf Freiersfüßen wandelte – na, sagen wir, von einer Erfahrung. Ich merkte schon bald, dass die Mädchen, mit denen ich mich traf, mich nicht zu *meinem* Vergnügen küssten. Sobald ich realisierte, dass es auch ihnen Vergnügen bereitete, begann ich mehr Mädchen zu küssen! (Immerhin, ich küsste meine Frau nie, *bevor* wir verheiratet waren. Und *bis* wir verheiratet waren, war sie ja nicht meine Frau, nicht wahr?)

Als Verkäufer muss Ihnen klar sein, dass niemand von Ihnen kauft, damit Sie eine Reise nach Hawaii gewinnen (gut, Ihre Mutter vielleicht, aber Sie können ja nicht Karriere machen, wenn Sie nur Ihrer Mutter etwas verkaufen); niemand kauft von Ihnen, damit Sie ein neues Auto gewinnen; niemand kauft von Ihnen, damit Sie Nummer eins werden. Die Leute kaufen von Ihnen der Vorteile wegen, die ihnen selbst erwachsen, wenn Sie Ihnen abkaufen, was Sie anzubieten haben. Vom «Guten Tag» bis zum «Auf Wiedersehen» nehmen Sie deshalb an, Ihre Kunden würden Ihnen *jetzt* etwas abkaufen.

Der «Duft»-Abschluss

Der dritte Schlüssel, der Ihnen das Tor zu mehr Abschlüssen öffnen soll, ist einer, den Sie – so hoffe ich inbrünstig – schon benutzen. Es ist mir ein wenig peinlich, davon zu sprechen, schmerzliche Erfahrungen und Beobachtungen zwingen mich aber dazu. Ich rede vom «Schlüssel der physischen Handlung». Es ist vor allem der erste Teil dieses Schlüssels, über den ich nicht gerne spreche.

Am Anfang steht nämlich die physische Reinlichkeit. Beginnen Sie jeden Verkaufstag mit einem Bad oder mit einer Dusche (vor allem, wenn Sie dieses neue 23-Stunden-Deodorant benutzen. Der Hersteller meint wohl, jedermann habe das Recht auf ein bisschen Zeit für sich selbst!). Benutzen Sie danach ein gutes Deodorant. Sie müssen angenehm – aber nicht aufdringlich duften, und Sie sollten sich auch vergewissern, dass Sie nicht unter üblem Mundgeruch leiden. (Es gibt Leute, die behaupten, ein schlechter Atem sei besser als gar kein Atem, aber verwetten Sie nicht die Kronjuwelen darauf, dass Ihr Kunde genau so denkt!)

Es ist äußerst schwierig, Leuten zu nahe zu treten und sie gleichzeitig zu beeinflussen. Lutschen Sie so ungefähr jede Stunde irgendeine Pastille gegen Mundgeruch, damit Sie Ihrem Kunden nicht zu nahe treten. Jede physische Handlung beginnt mit physischer Sauberkeit.

KEIN BAD – KEIN GESCHÄFT

1969 trat eine Organisation, die Auffrischkurse und Seminare für leitende Angestellte anbot, an die Firma heran, für die ich als Verkäufer und Vizedirektor tätig war. Wer an einem solchen Kurs oder Seminar teilnehmen wollte, musste entweder in der Chefetage einer Firma arbeiten oder wenigsten 100 000 Dollar im Jahr verdienen. Die Seminare boten Vorträge von hervorragenden Fachleuten und dazwischen sehr viel freie Zeit, damit sich die Teilnehmer gegenseitig kennen lernen und zu neuen Ideen inspirieren konnten. Der Verkäufer, der bei uns vorsprach, trug einen teuren, maßgeschneiderten Anzug, fuhr einen Luxuswagen und schleppte einen mächtigen Brillantring am Finger mit. Er war sehr überzeugend und beredt, aber einem Geschäft kam er nie auch nur nahe. Sein Körpergeruch war so lästig, dass wir es nach ein paar Minuten einfach nicht mehr im gleichen Raum aushielten. Das Gespräch wurde möglichst rasch beendet, und er hatte ein Geschäft verpasst.

Ich weiß nicht, ob wir unter idealeren Umständen miteinander ins Geschäft gekommen wären, aber wir waren immerhin daran interessiert. Der Verkäufer hatte nie eine Chance, obwohl er über ein umfangreiches Wissen und über ausgezeichnete Methoden verfügte. Seine Vorarbeit war gut. Er wusste ziemlich viel über unsere Firma. Er erwies sich als Meister in seinen einleitenden Bemerkungen, er war von seinem Produkt begeistert und machte kaum etwas falsch. Was ihn um sein Geschäft brachte, war sein Mangel an persönlicher Hygiene.

Ich habe aber auch Verkäufer angetroffen, die ins andere Extrem verfallen. Ich war mit Leuten zusammen, die so überreichliche Mengen eines teuren Rasierwassers oder Parfüms benutzten, dass mir beinahe schlecht wurde. Ein paar Damen benutzen viel zu viel Parfüm und/oder Make-up. Hier spielen Urteilsvermögen und Geschmack eine Rolle. In diesem wie auch in allen anderen Fällen bin ich davon überzeugt, dass die meisten Verkäufer, die üblen Mund- oder Körpergeruch haben oder zu viel Rasierwasser oder Parfüm verwenden, einfach unbekümmert sind und nicht wissen, was sie da tun. Dafür gibt es keine Entschuldigung. Achten Sie darauf – und Sie werden mehr verkaufen.

PS: an Gattinnen, Ehemänner und Verkaufschefs: Wenn Ihr Ehepartner oder Ihr Verkäufer sich je eines «Übergeruches» schuldig machen sollte, müssen Sie *vorsichtig* durchblicken lassen, dass etwas geschehen muss.

Der «Richtig-angezogen-sein»-Abschluss

Zu diesem Kapitel gehört auch, wie Sie sich anziehen. Narrensichere Regeln dafür gibt es leider nicht. Ihre Kleidung hängt von der Jahreszeit, der Landesgegend und Ihrem Produkt ab. Kleiden Sie sich nach der Branche, in der Sie arbeiten, und nach der Region, in der Sie leben. Wer Computer, Wertpapiere oder Immobilien verkauft, zieht sich bestimmt anders an als ein Verkäufer, der mit Futter- und Düngemitteln in ländlichen Gegenden von Bauernhof zu Bauernhof unterwegs ist.

Als Referent halte ich mich an eine Regel, die mir vernünftig erscheint:

Ich versuche, mich so anzuziehen, dass mein Publikum nicht bemerkt, was ich trage. Wenn Sie nach einer meiner Präsentationen von «seinem wunderschönen Anzug» schwärmen, war ich meiner Meinung nach nicht richtig angezogen. Wenn Sie zu sich selbst sagen: «Igitt, man würde meinen, der könnte sich etwas Besseres leisten!», dann war ich ebenfalls nicht richtig angezogen. Ich meine, ich müsste mich so kleiden, dass Sie sich nicht auf meinen Anzug, sondern auf mein Gesicht und meine Worte konzentrieren. Das ist eine sehr gute Richtlinie für Sie. Wenn Sie allzu sorgfältig oder allzu nachlässig gekleidet sind, lenkt das von Ihrer Präsentation ab. Wenn Sie, meine Damen, sich allzu verführerisch anziehen, wird es Sie als professionelle Verkäuferin teuer zu stehen kommen. Sie ziehen vielleicht mehr Aufmerksamkeit auf sich, aber es wird nicht jene Aufmerksamkeit sein, die für Ihre Geschäfte und Ihre Karriere von Vorteil ist.

GUTER RAT IST NICHT TEUER

Wie Sie sich kleiden, ist von so großer Bedeutung, dass ich Ihnen zwei Dinge empfehlen will. Erstens: Kaufen Sie sich irgendein einschlägiges Buch. Es sind viele davon auf dem Markt, und Sie werden ihnen bestimmt viele gute Tipps und Ratschläge entnehmen können.

Zweitens: Nehmen Sie Kontakt auf mit einem professionellen Verkäufer in einem erstklassigen Modegeschäft. Lernen Sie ihn kennen, lassen Sie sich beraten, arbeiten Sie mit ihm zusammen ein Konzept aus, schließen Sie Freundschaft mit ihm und bitten Sie ihn, Sie über alle Modeänderungen oder Angebote zu informieren, damit Sie sich noch professioneller einkleiden können.

Der gleiche Rat gilt natürlich auch für Damen, und für sie ist er vielleicht noch wichtiger. Es gibt eine haarfeine Grenze zwischen gutem Geschmack und Übertreibung, zwischen salopp und nachlässig, zwischen protzig und fantasievoll. Auch sind Qualität und Stil für Geschäftsfrauen weniger klar definiert als für ihre männlichen Kollegen. Schließen auch Sie Freundschaft mit Fachleuten in verschiedenen Modegeschäften und Boutiquen. Bitten Sie sie, Sie stets auf dem Laufenden zu halten. Dieses Vorgehen gereicht den Verkäufern, bei denen Sie kaufen, *in erster Linie* aber Ihnen selbst zum Vorteil.

In *Psychology Today* vom August 1977 veröffentlichte Edward Young von der Emory University eine Studie mit verblüffenden Ergebnissen. Wenn die Verkäufer in einem Herrenmodegeschäft in Montgomery, Alabama, Anzüge trugen, erzielten sie einen um 43 Prozent höheren Umsatz als in Hemd und Krawatte, und sogar einen um 60 Prozent höheren als in Hemden mit offenem Kragen.

Die alte Wahrheit gilt auch heute noch: Es gibt keinen bleibenderen Eindruck als den ersten! Und Sie wollen doch absolut sicher sein, dass dieser erste Eindruck gut ist. Es stimmt ja schon, man beurteilt ein Buch nicht nach seinem Umschlag, aber wenn Sie sich vom Umschlag schon nicht angesprochen fühlen, werden Sie sich wahrscheinlich kaum besonders für den Inhalt interessieren.

Wenn Sie ein gutes Produkt zu einem fairen Preis verkaufen, müssen Sie darauf achten, sich so anzuziehen, dass Sie dazu «passen», aber nicht wie eine Faust aufs Auge. Denken Sie daran, dass *die Leute, bei denen Sie Rat holen* (Ärzte, Anwälte, Geistliche, Bankiers, Finanzberater usw.) *stets sauber und konservativ angezogen sind.* Würden Sie sie wohl für glaubwürdig halten, wenn sie ausgefallen oder nachlässig angezogen wären? Würden Sie die Leute selbst *oder* ihre Ratschläge ernst nehmen?

Wichtig: Wenn Sie wollen, dass Ihre Kunden Ihren Rat annehmen («Kaufen Sie mein Produkt!»), sollten Sie sich als Berater dementsprechend anziehen. Es ist Ihnen bestimmt nicht entgangen, dass ich öfter gesagt habe:

«Schauen Sie Ihrem Kunden in die Augen.» Das ist nicht besonders gut möglich, wenn sie eine dunkle Brille tragen. Von Kindesbeinen an haben die meisten von uns gelernt: «Trau keinem Menschen, der dir nicht in die Augen schauen kann.» In Anbetracht der ständig zunehmenden Alkohol-und Drogenprobleme wollen die meisten Leute «das Weiße in den Augen» eines Verkäufers sehen, der sie zu überreden versucht, zu handeln und etwas zu kaufen. An sehr hellen Tagen mögen leicht getönte Gläser zulässig sein, solange Sie sich mit Ihrem Kunden im Freien aufhalten; sobald Sie sich aber mit ihm an den Verhandlungstisch setzen, *muss* die Brille weg, wenn Sie Ihre ganze Wirkung entfalten wollen.

BEIM GOLF UND BEIM VERKAUFEN IST DIE POSITION WICHTIG

Zur physischen Handlung gehört laut Verkaufsberater Donald Moine auch das Schaffen von Vertrauen, indem die Persönlichkeit des Kunden reflektiert wird. Wenn der Kunde sehr schnell spricht, erhöht auch der Verkäufer sein Sprechtempo. Wenn er mit Flüsterstimme spricht, senkt auch der Verkäufer seine Stimme rasch zu einem Flüstern. «Seine Stimme und Art sagen ihm: ‹Ich bin wie Sie. Sie sind sicher. Sie können mir vertrauen.›», meint Moine.

Zur physischen Handlung gehört auch, dass man physisch in der Position ist, zu verkaufen. Wenn Sie ein sehr kostspieliges Produkt verkaufen, sollten Sie nach Möglichkeit dafür sorgen, dass Ihr Kunde sich setzen kann. Psychologisch gesehen fällt dem Kunden die Entscheidung im Sitzen leichter als im Stehen. Und wenn es um hohe Beträge geht, möchten Sie doch, dass alles für Sie läuft.

Physische Handlung bedeutet auch eine richtige Sitzordnung. Wenn Sie als Verkäufer beispielsweise ein Ehepaar besuchen, sollten Sie entweder *neben der Frau* oder beiden gegenüber sitzen. Jedes Mal, wenn Sie mit ihm sprechen, sollten Sie dabei an ihr vorbei oder auch sie anblicken. Wenn der Mann der Kopf der Familie ist, dann ist die Frau der Hals. Und da der Hals den Kopf dreht, müssen Sie unbedingt darauf achten, dass auch der Mann in der Position ist, dies richtig zu tun.

Dieses Vorgehen hat noch einen anderen Vorteil. Indem Sie die Frau in die gesamte Präsentation miteinbeziehen, befolgen Sie ein weiteres Verkaufsprinzip. Bei vielen Gelegenheiten neigt der Verkäufer dazu, sich ausschließlich an jene Person innerhalb einer Gruppe zu wenden, die ihm die erhofften und notwendigen Antworten gibt. In der Regel ist das die Person, die am meisten Begeisterung an den Tag legt und dem Verkäufer am ehesten zustimmt. Das Problem ist aber, dass dieser «zustimmende» Kunde wenig oder gar nichts mit der Entscheidung zu tun haben kann. Indem Sie Mann und Frau an der Präsentation beteiligen, decken Sie eine weitere Verkaufsbasis ab. Das erhöht natürlich Ihre Aussichten auf ein Geschäft, und das ist ja schließlich der Zweck Ihres Besuches.

DIE LIEBE EIFERSUCHT!

Bei der Präsentation sollten Sie darauf achten, der Frau des Kunden nicht zu nahe zu kommen. Vielleicht gehört er zu den Eifersüchtigen, und wenn Sie seine Frau absichtlich oder unabsichtlich berühren, kommt er unter Umständen auf den Gedanken, Sie wollten nebst Ihrem Produkt noch etwas anderes verkaufen. Und in diesem Fall, das garantiere ich Ihnen, werden Sie ihm *nichts* verkaufen können.

Übrigens spielt das Alter in dieser Situation keine Rolle. Ob die Frau 25 oder 75 ist, macht für einen eifersüchtigen Ehemann keinen Unterschied. Die einzige Ausnahme ist hier vielleicht der Mann, der eine wesentlich jüngere Frau geheiratet hat. Dann benimmt er sich vermutlich noch fürsorglicher und eifersüchtiger.

Der gleiche Rat gilt auch für Sie, meine Damen. Unsere Gesellschaft ist heute zwar offener als jemals zuvor, aber das ändert nicht viel an der Tatsache, dass es Frauen gibt, die sehr eifersüchtig über ihre Ehemänner wachen. Wenn Sie versuchen, Ihren Sex-Appeal einzusetzen, um den Mann zu einem Kauf zu bewegen, machen Sie sich bei der Dame des Hauses nicht gerade sehr beliebt. Oft kann Sie das ein Geschäft kosten, ohne dass Sie wissen, weshalb. Damit will ich einfach sagen: Benutzen Sie Ihren gesunden Menschenverstand, und achten Sie sorgfältig darauf, wo und wie Sie sitzen und physisch mit Ihren Kunden in Kontakt kommen.

Selbst wenn ein Mitglied einer Gruppe, seien es nun Geschäftsleute oder Ehefrau und Ehemann, dominiert und in den meisten Fällen die Entscheidungen trifft, kann ein anderes Mitglied – so sagt der Verkaufsberater Don Hutson – das Geschäft immer noch mit einem Veto blockieren. Gehen Sie dieses dumme und unnötige Risiko nicht ein.

Wenn Sie es mit zwei oder mehr Kunden in einem Büro oder Restaurant zu tun haben, setzen Sie sich auf keinen Fall dazwischen, sonst kommen Sie sich entweder vor wie der Schiedsrichter bei einem Tennismatch oder Sie widmen dem einen viel mehr Aufmerksamkeit als dem anderen. Wenn Sie mit dem Chef in seinem Büro sprechen und er sich hinter seinem großen Schreibtisch verschanzt, wird es schwierig sein, mit ihm zu kommunizieren, besonders wenn Sie mit visuellem Hilfsmaterial oder Prospekten arbeiten. In solchen Fällen empfiehlt Ihnen John Hammond, um Erlaubnis zu bitten, einen Stuhl auf die Seite des Schreibtisches stellen zu dürfen:

«Lieber Kunde, ich habe Ihnen ein paar Dinge zu erzählen und zu zeigen. Dazu möchte ich einen Stuhl hier neben Ihren Schreibtisch stellen. Hätten Sie etwas dagegen?»

Wenn Sie in einem Spezialitätengeschäft oder in einem sehr kleinen Laden arbeiten, ist es immer gut, wenn Sie hinter dem Ladentisch hervortreten und sich neben Ihren Kunden stellen. Dies beseitigt eine Barriere und schafft Vertrauen. Hier gibt es nur zwei Ausnahmen: wenn zu viele Kunden im Laden sind oder wenn Ihr Kunde noch am Auswählen ist und Sie noch weitere Artikel aus den Regalen hinter sich benötigen.

Im Direktverkauf sollten Sie nach Möglichkeit (aber ohne aufsässig zu sein) versuchen, sich mit Ihrem Kunden an den Küchen- oder Frühstückstisch zu setzen. Dann befinden Sie sich in einer idealen Position. Irgendetwas lässt den Kunden sanfter werden, wenn er an jenem Tisch sitzt, an dem das Brot gebrochen wird. In der Regel führen die meisten Leute *gesellschaftliche Besuche* ins Wohnzimmer, *Freunde und Bekannte* ins Esszimmer; die Familie versammelt sich aber um den Küchentisch. Wenn Sie an diesem Tisch sitzen, betrachtet Sie der Kunde in seinem Unterbewusstsein als Familienmitglied. Und wir *vertrauen* doch unserer Familie, nicht wahr? Und wir *kaufen* von den Leuten, denen wir vertrauen, nicht wahr?

SORGEN SIE DAFÜR, DASS IHR KUNDE SICH WOHL FÜHLT

Physisches Handeln bedeutet, dass Ihre Warenmuster sauber, gepflegt und wohlgeordnet sind. Physisches Handeln bedeutet, dass Sie zu Beginn des Gespräches (vor allen Dingen im Direktverkauf) Ihren Notizblock und Ihr Präsentationsmaterial offen und klar sichtbar auflegen.

Wenn es um Immobilien geht, rate ich Ihnen, die Dokumente, die Sie zum Abschluss Ihres Verkaufs ausfüllen müssen, offen auf dem Vordersitz Ihres Wagens liegen lassen. Geben Sie nun dem Ehemann und der Ehefrau beim Einsteigen je eine Kopie dieses Vertrages mit den Worten:

«Das sind hier die Standardverträge, die wir benutzen. Vielleicht lesen Sie sie unterwegs einmal durch, um zu sehen, ob irgendwelche Fragen auftauchen.»

Dies ist eine einfache Methode, den Kunden den Vertrag in die Hand zu geben, und obendrein werden sie sich unterwegs viel wohler fühlen. Es gibt ihnen die Möglichkeit, alles durchzulesen, und erfolgt auf so natürliche, unaufdringliche Weise, dass es den Abschluss wesentlich erleichtert.

Der Kunde bekommt nicht den Eindruck, Sie wollten «Druck» auf ihn ausüben, sondern er stuft Sie als Verkäufer ein, der ihm alle verfügbaren Informationen geben will, damit er eine vernünftige und richtige Entscheidung treffen kann. Wenn wirklich Fragen auftauchen, will er sie natürlich beantwortet haben, und dieses Vorgehen beweist ihm, dass Sie willens sind, Fragen zu beantworten.

Physisches Handeln heißt auch, Sie sollten Ihr Produkt «sich selbst verkaufen» lassen. Die folgende Geschichte von Janet Corning aus *Cheer*, einer Monatszeitschrift der Realtor Larry Fargher and Realcom Associates aus Santa Clara, Kalifornien, bringt diesen Punkt sehr schön zum Ausdruck.

DER BESTE VERKÄUFER ALLER ZEITEN

Kurz nach Weihnachten stolperte ich um ein Haar über einen kleinen Jungen mitten auf dem Gehsteig, der so sehr in sein Spiel mit einem ferngesteuerten Spielzeugraumschiff und einem kleinen Robotermännchen vertieft war, dass er der Menschenmenge, die sich um ihn geschart hatte, gar nicht gewahr wurde. Die Freude und Begeisterung, die sein Gesicht verriet, ließen mich an meine eigenen Kinder denken; bestimmt hätten auch sie Freude an diesen Spielsachen. Ich fragte den kleinen Jungen, woher er sie habe.

«Von dort», sagte er und deutete auf das Geschäft, vor dem er auf dem Boden saß. Ich ging hinein und fragte nach den Spielsachen, mit denen der kleine Junge sich ergötzte. «Wer ist er denn?», erkundigte ich mich bei der Besitzerin, während sie mir meine Raumschiffe einpackte.

Sie lächelte. «Man könnte sagen, er sei mein Weihnachtsgeschenk. Vor ein paar Tagen kam er herein und bewunderte sehnsüchtig das Raumschiff. ‹Möchtest du es gern zu Weihnachten haben?›, fragte ich.

‹Mama sagt, wir haben dieses Jahr kein Geld für Weihnachten. Wir haben letzten Frühling unseren Daddy verloren›, erklärte er mir und wollte wieder gehen.

Ich hatte zwar keine guten Monate hinter mir, aber immerhin war es eine Woche vor Weihnachten. Ich gab ihm das Raumschiff, und seine Freude war so groß, dass er nur bis auf den Gehsteig kam, sich hinsetzte und die Batterien einlegte.

Und dann geschah etwas völlig Überraschendes. Die Leute blieben stehen, um mit ihm zu sprechen, und ich hatte noch nie so viele Kunden. Ich schrieb auf, wie viele Raumschiffe ich verkaufte, und als er aufstand, um nach Hause zu gehen, rief ich ihn herein und gab ihm eine Provision. Ich bat ihn, am folgenden Tag wieder zu kommen und gab ihm das Roboter-männchen dazu. Gestern verdiente er sich 12 Dollar!»

Die Geschichte beweist auch, dass es sich lohnt, großzügig zu sein, in Werbegeschenke zu investieren usw. Ich glaube, ich muss nicht darauf hinweisen, dass der kleine Junge deshalb «der beste Verkäufer aller Zeiten» war, weil er so augenschein-liche Begeisterung und Freude an seinen Spielzeugen an den Tag legte. Er glaubte an sein Produkt (Spielsachen), das er demonstrierte (durch sein Spielen), und obwohl er keine Ahnung von Verkaufstechnik haben konnte, «verkaufte» er sehr gut, weil er seine Gefühle auf seine «Kunden» übertrug.

DER «HÖREN UND SEHEN» -ABSCHLUSS

Physisches Handeln heißt, dass Sie Ihrem Kunden physisch *zuhören*, nicht nur mit den Ohren, sondern auch mit den Augen. Sie beobachten ihn. Physisches Handeln geht von der Beobachtung aus, was Ihr Kunde physisch tut. Er kann beispielsweise nein sagen, fährt dabei aber mit seiner Hand sanft über die Stuhllehne. Sein Mund spricht nein, aber seine Körpersprache sagt *vielleicht*: «Er ist wirklich schön», «Erzählen Sie mir mehr darüber» oder sogar «Ich bin interessiert und werde kaufen; machen Sie ruhig weiter und bringen Sie das Geschäft zum Abschluss».

Wenn so etwas geschieht. müssen Sie wissen, dass der Kunde zwar mit Worten, *nicht* aber mit seinem Körper lügen kann. Wenn Sie beispielsweise einem Kunden ein Haus zeigen und er immer wieder Einwände vorbringt («zu teuer, die Ecklage gefällt mir nicht, zu weit von der Stadt weg» usw.), dabei aber ununterbrochen die herrliche Aussicht oder das wunderschöne Elternschlafzimmer oder die komplette Kücheneinrichtung bewundert, alles noch einmal anschauen will, dann dürfen Sie sicher sein, dass er in seinem Inneren schon dabei ist, das Haus zu kaufen. Dann haben Sie eine ausgezeichnete Ausgangslage. Der Körper lügt nicht, und das ist einer der Gründe, weshalb *Sie lernen sollten, sich voller Erwartung etwas vorzubeugen, wenn Sie um den Auftrag bitten.*

Wenn der Autokäufer erklärt, er würde für eine der billigsten Ausführungen nicht 12 000 Dollar bezahlen, dabei aber über das Polster streicht oder sich nach den Fahrleistungen erkundigt, dann muss Ihnen klar sein, dass sein Mund und sein

Körper zwei vollkommen verschiedene Sprachen sprechen. Ich wiederhole: Sein Mund kann lügen, sein Körper nicht.

Das ist ganz ähnlich wie beim Abschiedskuss. Wenn Sie Ihre Angebetete zu küssen versuchen und sie nein sagt, sich dabei aber nicht von der Stelle rührt, will sie eigentlich sagen: «Na, warum versuchst du es nicht einfach noch einmal?» Wenn Sie aber nein sagt, Sie ins Gesicht schlägt, sich umdreht, ins Haus geht und die Tür hinter sich zuschlägt, dann können Sie beruhigt davon ausgehen, dass sie wirklich *nein* meint, oder wenigstens: «Nicht heute abend, mein Lieber.»

Wenn ein Kunde nein sagt, einen Satz jedoch mit *aber* beendet, wissen Sie, dass Sie es mit einem aussichtsreichen Kunden zu tun haben. «Nein, ich glaube nicht, *aber* es ist in der Tat sehr schön.» Wenn Sie darauf achten, was er tut, indem Sie seine Körpersprache lesen, werden Sie viel mehr Kunden dazu überreden können, ja zu sagen – *jetzt*.

Der nächste Schlüssel ist der «Schlüssel der Begeisterung». Er und der «Schlüssel der Beharrlichkeit» werden am häufigsten missverstanden. Für viele Leute ist Begeisterung oder – mit dem Fremdwort – Enthusiasmus gleichbedeutend mit «laut». Natürlich kann man begeistert *und* laut sein, im eigentlichen Sinne hat es aber nichts damit zu tun. Enthusiasmus kommt aus dem Griechischen und bedeutet wörtlich «in Gott». Wenn Sie selbst so sehr an Ihr Produkt glauben, dass Sie es sich selbst abkaufen würden, dann werden Präsentation und Abschluss entsprechend begeistert ausfallen.

Der «Begeisterungs»-Abschluss

Begeisterung verkauft. Wie ich von allem Anfang an betont habe, verkaufen wir, weil wir unsere Gefühle für das, was wir verkaufen, auf unsere Kunden übertragen. Manchmal, und davor möchte ich Sie warnen, kann zu viel Begeisterung Sie aber auch ein Geschäft kosten. Wenn ich aber schon ein Geschäft verpasse, dann lieber auf der positiven als auf der negativen Seite. Ich glaube auch, *dass Sie für jedes wegen zu großer Begeisterung verpasste Geschäft hundert andere verpas-*

sen werden, weil Sie zu wenig begeistert sind. Bei solchen Chancen halte ich mich doch lieber an die Begeisterung.

Ich habe nicht die geringste Ahnung weshalb, aber es gibt Leute, die überhaupt nicht verstehen, was Begeisterung wirklich ist. Sie setzen Enthusiasmus gleich mit Druck oder einem überwältigenden Zwang von Seiten des Verkäufers. Der Kunde glaubt unter Umständen, Sie würden mit Ihrer Begeisterung versuchen, ihm Ihre Gefühle, Ihren Glauben und Ihr Produkt aufzudrängen, und deshalb leistet er Widerstand. Ich betone, das geschieht nicht oft, aber es kommt vor. Aber dennoch, ich glaube, wenn ich schon ein Geschäft verpasse, dann lieber wegen zu großer als wegen zu kleiner Begeisterung.

DER WÜTENDE STIER

Bei einem Übermaß von Enthusiasmus könnte es Ihnen gleich ergehen wie dem jungen Mann, dem beinahe Übles widerfahren wäre. Er war auf dem Weg zu seiner Angebeteten schon ziemlich spät dran. Und er wusste, dass sie nicht mit ihm ausgehen würde, wenn er zu spät käme. Damals besaßen noch nicht alle Leute ein Auto, und auch er hatte keins. Nun konnte er zwischen zwei Möglichkeiten wählen. Wenn er um die große Weide herumginge, die zwischen ihm und seiner Freundin lag. wäre er so spät dran, dass sie nicht mehr mit ihm ausgehen würde. Wenn er die Abkürzung quer über die Weide nahm, würde er unter Umständen *gar nie* ankommen, denn die Weide gehörte einem mächtigen, bösartigen Bullen.

Er stand vor einer schwierigen Entscheidung, aber er glaubte dennoch, der Preis sei das Risiko wert, und wählte darum die Abkürzung. Er wollte nicht allzu schnell gehen, um möglichst wenig Aufmerksamkeit zu erregen, aber er wollte auch nicht länger auf der Weide sein, als unbedingt erforderlich war. Er schlug deshalb einen langsamen Laufschritt an. Plötzlich hörte er das Donnern von Hufen. Der mächtige, bösartige und nun noch wütende Bulle war hinter ihm her! Unser Held legte Tempo zu: 100 Meter in zehn Sekunden, aber der Bulle brauchte für 100 Meter nur 7,5 Sekunden. Die Lage war hoffnungslos, und mit jedem Schritt kam der Stier näher.

Der junge Mann wusste, dass er den rettenden Zaun auf der anderen Seite nie erreichen würde und hielt verzweifelt nach einer anderen Fluchtmöglichkeit Ausschau. Ungefähr auf halbem Weg stand ein großer Baum. Der einzige Ast, der ihn tragen würde, lag etwa sechs Meter über dem Boden. Unser Held beschleunigte noch mehr, aber der Bulle lief ebenfalls mit Volldampf und kam unerbittlich immer näher. Er konnte bereits seinen Atem im Nacken spüren. Ich weiß nicht, ob Sie schon eine ähnliche Situation erlebt haben, aber es muss das schrecklichste Gefühl sein, das man sich nur vorstellen kann!

Im letzten Augenblick, bevor er unter den stampfenden Hufen landete, hatte er sich dem Baum auf Sprungweite genähert. Mit der Kraft der Verzweiflung sprang er in die Höhe – und verpasste den Ast! Glücklicherweise erwischt er ihn dann aber im Fallen!

WENN SCHON VERFEHLEN – DANN POSITIV

Früher oder später werden auch Sie sich verzweifelt um einen Abschluss bemühen – und ihn dennoch verfehlen. Und wenn Sie ihn schon verfehlen, dann lieber auf der positiven Seite, denn vielleicht haben Sie doch noch Glück – beim Fallen.

Enthusiasmus verkauft. Vielleicht haben Sie im Verlauf der letzten paar Wochen einmal Eier zum Frühstück gehabt. Falls ja, dann waren es höchstwahrscheinlich Hühnereier und nicht Enteneier, obwohl Enteneier besser schmecken und einen höheren Nährwert haben. Und Enteneier haben Sie vermutlich deshalb nicht gegessen, weil Sie keine kaufen konnten.

Dass man sie nicht kaufen kann, liegt daran, dass die Enten zu wenig Begeisterung an den Tag legen und keine organisierte Präsentation bieten. Wenn eine Ente ein Ei legt, besteht ihre ganze Präsentation aus einem kurzen «Quak», dann watschelt sie davon. Fertig! Wenn aber ein Huhn ein Ei gelegt hat, verkündet es diese Leistung auf unerhört motivierte und begeisterte Weise. Kein Wunder, dass wir Enteneier höchstens dutzendweise, Hühnereier aber zu Zehntausenden essen.

Begeisterung verkauft – aber Begeisterung ohne Ziel ist wie ein Blindflug. Deshalb verkaufe ich Begeisterung mit sehr großer Begeisterung, aber ich verkaufe Verkaufstechnik, Methode und Wissen mit noch viel größerer Begeisterung – denn diese Fähigkeiten fördern Ihre Begeisterung, und diese wiederum erhöht Ihre Effizienz.

Ich bin sicher, auch Sie haben schon einmal etwas gekauft und sind später von einem Freund oder Bekannten gefragt worden: «Warum?» Die Antwort lautet stets: «Das ist doch sehr schön!» Der Frager fragt weiter: «Was kann man damit denn anfangen?» Bestimmt sagen Sie: «Ach, sehr viel.» Und weiter geht es: «Was zum Beispiel?» Und plötzlich wird Ihnen klar, dass Sie nicht einen einzigen Vorteil aufzählen können, den dieses Produkt Ihnen verschafft hätte. Was ist geschehen? Sie haben von einem begeisterten Verkäufer gekauft. Sie haben die Idee und die Gefühle des Verkäufers gekauft. Sie haben *seinen* Glauben an dieses Produkt gekauft. Sie haben gekauft, weil sich der Verkäufer selbst verkauft hat. Ja, Begeisterung verkauft.

Es stimmt: *Der totale Verkaufserfolg* enthält über hundert Abschlüsse, aber ich bin felsenfest davon überzeugt, dass ein begeisterter Verkäufer, der leidenschaftlich an sein Produkt glaubt, mehr verkaufen wird, wenn er sich auf ein paar wenige konzentriert, als ein Verkäufer, der alle Abschlüsse kennt, sie aber zu wenig begeistert präsentiert.

BITTET – UND EUCH WIRD GEGEBEN

Der nächste Schlüssel, mit dem Sie Leute dazu überreden können zu handeln, ist der «Schlüssel der nebensächlichen Frage». Eine nebensächliche Frage ist eine Frage, deren Antwort – sofern sie positiv ausfällt – bedeutet, dass der Kunde gekauft hat. Wenn sie negativ ausfällt, heißt das aber noch lange nicht, dass er nicht gekauft hat. Mein Freund Hal Krause stellte bei seinen Abschlüssen die folgende nebensächliche Frage: «Nun, lieber Kunde, haben Sie sich entschlossen oder soll ich Ihnen noch mehr erzählen?» Fragen Sie nie: «Habe ich Sie überredet?» Die Leute wollen nicht, dass *Sie* ihnen irgendetwas verkaufen. Sie werden gern und freudig kaufen, wenn sie sich selbst überredet haben. Die Art der Frage ist wichtig, denn die Leute wollen nicht, dass Sie ihnen etwas *verkaufen*.

Die Antwort auf eine solche Frage macht Sie in jedem Fall zum Gewinner. Wenn der Kunde sagt: «Nun, nein, ich habe mich entschlossen», dann füllen Sie die Bestellung aus. Wenn er andererseits antwortet: «Nein, ich habe mich noch nicht ganz entschlossen, vielleicht sollten Sie mir noch mehr erzählen», dann ist das alles. was sich ein guter Verkäufer nur wünschen kann – eine Chance, seine Geschichte zu erzählen. Und mit diesem Vorgehen bekommen Sie Ihre Chance.

Vor vielen Jahren sollte ich in Greenville, South Carolina. einen Vortrag halten. Ich hatte schriftlich ein Hotelzimmer reserviert. Ich hatte angenommen, ich würde eines bekommen, aber als ich die Halle des Holiday Inn betrat, wurde mir klar, dass ich Schwierigkeiten haben würde. Auf einem Plakat beim Eingang las ich: «Reisende – meiden Sie Greenville, South Carolina, in der Woche vom 11. bis 15. Oktober. Textilmesse!»

In dieser Zeit bekommt man kein Zimmer im Umkreis von 50 Meilen um Greenville. Alle Zimmer werden jeweils schon im Vorjahr gebucht. Ich trat an die Rezeption, griff nach dem Block mit den Anmeldezetteln und sprach kühn zur Empfangsdame: «Mein Name ist Zig Ziglar, würden Sie bitte nachsehen, ob Post für mich da ist?» Die Dame zeigte sich keineswegs beeindruckt und fragte: «Haben Sie eine Reservierung?» – Zig: «Natürlich – das heißt, ich habe schriftlich um eine Reservierung gebeten.» – Empfangsdame: «Wann?» – Zig: «Schon vor langer Zeit.» – Empfangsdame: «Wann?» – Zig: «Oh, vor ungefähr drei Wochen – und würden Sie bitte nachschauen, ob irgendwelche Telefonanrufe für mich gekommen sind?» – Empfangsdame: «Mr. Ziglar, ich sage Ihnen lieber gleich …»

Ich unterbrach sie: «Einen Augenblick mal, bitte.» Im gleichen Augenblick trat eine andere Dame hinzu, und da meine erste Empfangsdame offenbar noch nicht lange da war, wandte sie sich erleichtert an sie und sagte: «Das ist Miss Fortune (Glück); Sie wird Ihnen helfen.» Ich sah Miss Fortune an, lächelte und sprach: «Nun, sie sieht keineswegs so aus, als ob sie mir ‹Unglück› bringen würde, ganz im Gegenteil!»

Der «Präsidenten»-Abschluss

Sie lächelte freundlich und sagte: «Mr. Ziglar. normalerweise bringe ich ‹Glück›, heute jedoch ...» Ich unterbrach: «Einen Augenblick, bitte. Bevor Sie weitersprechen, möchte ich Ihnen zwei Fragen stellen.» – Miss Fortune: «In Ordnung.» – Zig: «Erste Frage: Würden Sie sich selbst als ehrlich bezeichnen?» – Miss Fortune: «Selbstverständlich!» – Zig: «Gut. Zweite Frage: Angenommen, der Präsident der Vereinigten Staaten käme jetzt durch diese Tür herein und fragte Sie: ‹Haben Sie ein Zimmer für mich?›; sagen Sie nun ehrlich, hätten Sie ein Zimmer für ihn?»

Miss Fortune lächelte und antwortete: «Mr. Ziglar, wir beide wissen ganz genau, dass ich ein Zimmer für den Präsidenten der Vereinigten Staaten hätte, wenn er jetzt hier hereinkäme.» – Zig: «Gut, Sie sind eine ehrliche Frau, und ich bin ein ehrlicher Mann. Ich gebe Ihnen mein Wort: Der Präsident der Vereinigten Staaten wird nicht durch diese Tür hereinkommen. Ich nehme sein Zimmer.» Und ich schlief jene Nacht in jenem Hotel – und den Ausschlag gab nicht, was ich Miss Fortune *erzählt*, sondern was ich sie *gefragt* hatte.

Nebenbei bemerkt: Die Organisation, für die ich sprechen musste, hatte versucht, ein Zimmer für mich zu bekommen, hatte aber auch kein Glück gehabt, obwohl die Sekretärin des Hotelgeschäftsführers die Frau des Mannes war, für dessen Organisation ich sprach. Der Punkt ist einfach:

Fragen führen oft zum Erfolg.

Mit dem gleichen «Trick» bekam ich auch ein Zimmer im Royal Sonesta Hotel in New Orleans. Meine Frau und ich hatten uns im letzten Augenblick entschlossen, einen unserer Hochzeitstage in New Orleans zu feiern, aber alles war ausgebucht. Ich führte ein Ferngespräch mit dem Direktor des Hotels und bekam mein Zimmer. Es klappte!

Frage: Wird es auch bei Ihnen klappen? Antwort: Ich kann nicht dafür garantieren, aber bei Larry Nichols, dem Verkaufschef der Kirby Company in Cleveland, Ohio, hat es auch geklappt. Seine Firma hatte für den 21. Juli 1983 im Industry Hills Sheraton in City of Industry, California, eine Direktorenkonferenz anberaumt. Larry kam spätabends an, und als er sein Zimmer beziehen wollte, wurde ihm gesagt, es sei keine Reservierung auf seinen Namen eingetragen und es seien keine Zimmer mehr frei.

Larry ging also genau so vor, wie er es auf meiner Kassette gehört hatte. Als er den Empfangschef fragte, ob er ein Zimmer für den Präsidenten der Vereinigten Staaten hätte, wenn dieser jetzt hereinkäme, erlebte er eine angenehme Überraschung. Der Mann lachte über das ganze Gesicht und meinte, er hätte zwar kein Zimmer für den *jetzigen* Präsidenten, aber er hätte eines für den *ehemaligen* Präsidenten. «Wirklich, wir haben die Gerald und Betty Ford Suite, und die beiden werden sie nicht brauchen, also können Sie sie haben.»

Zwei Punkte. Erstens: Die Methode funktioniert. Larry war erstklassig untergebracht. Zweitens: Der Empfangschef hatte *wirklich* nicht an diese Suite gedacht, und Larrys Fragen hatten ihm auf die Sprünge geholfen. Muss ich Sie daran erinnern, dass Sie dieses Verfahren anpassen und leicht abändern können, wenn Sie irgendetwas benötigen, was Mangelware ist, oder wenn Sie im Urlaub oder auf einem Wochenendausflug in Verlegenheit sind?

Mein alter Freund und «Bruder» Bernie Lofchick beantwortet instinktiv jede Frage mit einer Gegenfrage. Ich fragte ihn einmal: «Bernie, weshalb beantwortest du jede Frage mit einer Gegenfrage?» Antwort: «Warum auch nicht?»

Der «Drei Fragen»-Abschluss

Zu den einfachsten und wirkungsvollsten Methoden gehört der «Drei Fragen»-Abschluss. Er ist angebracht, nachdem Sie Ihren Kunden davon überzeugt haben, dass Ihr Produkt Zeit, Geld, Arbeit usw. einsparen wird. Wenn Sie beispielsweise etwas verkaufen, das Geld sparen hilft, lauten die drei Fragen:

1. «Können Sie sehen, wo und wie Sie damit Geld sparen können?»
2. «Sind Sie daran interessiert, Geld zu sparen?» (Antwort abwarten.)

3. «Falls Sie je beginnen würden, Geld zu sparen, wann wäre Ihrer Meinung nach der beste Zeitpunkt dafür?»

Die letzte Frage engt den Kunden ein und verlangt von ihm eine Entscheidung. Wenn Sie gute Arbeit geleistet und es mit einem ehrlichen Kunden zu tun haben, ist Ihnen das Geschäft sicher.

Wenn Sie ein Produkt verkaufen, das mit der Gesundheit zu tun hat, fragen Sie: «Können Sie sehen, inwiefern dies für Ihre Gesundheit besser wäre?», «Sind Sie an einer möglichst guten Gesundheit interessiert?», «Falls Sie jemals anfangen würden, auf Ihre Gesundheit zu achten, wann wäre Ihrer Meinung nach der beste Zeitpunkt dafür?»

In unserer Firma ist alles, was wir produzieren, grundsätzlich darauf angelegt, in der einen oder anderen Form die Produktion zu verbessern. Wenn unsere Verkäufer unsere Dienstleistungen anbieten, benutzen sie die folgenden «Drei Fragen»: «Können Sie sehen, wie dieser Verkaufs- und Motivationskurs Ihren Umsatz erhöhen würde?», «Sind Sie daran interessiert, mehr zu verkaufen?», «Falls Sie jemals beginnen würden, mehr zu verkaufen, wann wäre Ihrer Ansicht nach der beste Augenblick, damit zu beginnen?» Die «Drei Fragen» wirken.

WIE MAN EINE DIENSTLEISTUNG VERKAUFT

In den Jahren 1982 und 1983 arbeitete unsere Tochter Julie für die Beneke Company, eine Firma, welche die Ansprüche ihrer Klienten gegenüber Versicherungsgesellschaften vertrat, als einzige (weibliche) Beamtin im Staate Texas. Sie musste in erster Linie verkaufen, und so nützten sie und ich jede Gelegenheit, um über Verkaufstechnik und -methoden zu diskutieren. Ich war stolz auf ihre professionelle Einstellung und die vielen Fragen, die sie entwickelt hatte, um ihre Kunden zu günstigen und für beide Seiten vorteilhaften Entscheidungen zu führen.

Natürlich verdankte sie zahlreiche Verfahren und Strategien der firmeninternen Ausbildung, aber sie entwickelte auch selbst ein paar ausgezeichnete Ideen. Die meisten ihrer Kunden hatten durch Wetter, Feuer, Wasser oder andere – natürliche oder durch Menschen verursachte – Katastrophen Schaden erlitten. In den meisten Fällen ging es um Feuerschäden in der Höhe von über 20 000 Dollar.

Die erste Frage, die Julie bei ihren Besuchen stellte, war: «Sind alle unverletzt davongekommen?» Vergessen Sie nicht, dass sozusagen alle Leute, mit denen sie es zu tun hatte, sich in einem Zustand hochgradiger Erregung befanden. Feuersbrünste sind nicht nur lebensgefährlich, sondern sie verursachen auch Chaos und Kosten. Vielfach hatten die Opfer auch persönliches Gut, unersetzliche Andenken und Familienerbstücke verloren und brauchten dringend einen Menschen, der ihnen in ihrem Leid Einfühlungsvermögen und Verständnis entgegenbrachte. Julies einleitende Frage bewies ihre echte Sorge um die Opfer und trug wesentlich zu einem positiven Gesprächsklima bei. Sie erinnerte die Leute auch gleichzeitig an ihr Glück im Unglück, dass sie nur den Verlust von «Dingen», nicht von Menschenleben beklagen mussten (einen solchen Fall hatte Julie zum Glück nie).

EINE BEZIEHUNG HERSTELLEN – DANN FRAGEN

Nachdem der Kunde ihr versichert hatte, alle Betroffenen seien in Ordnung, gab Julie in ein paar Worten ihrer Erleichterung darüber Ausdruck und ließ erkennen, wie sehr sie den Verlust von Eigentum bedauerte. Dadurch war eine Beziehung hergestellt, und Julie stellte die zweite Frage:

«Haben Sie schon früher in ähnlichem Ausmaß Eigentum verloren?» (Das hatten die meisten Kunden nicht.) «Haben Sie schon jemals die Versicherung wegen eines Teil- oder Totalschadens an Ihrem Wagen beansprucht?» Falls ja, fragte sie weiter: «Wie wurde die Angelegenheit behandelt?» Wenn die Antwort «zufriedenstellend» hieß, fuhr Julie fort:

«In der Regel werden kleine Ansprüche gerecht behandelt.» Fiel die Antwort negativ aus, erwiderte sie: «Dann wissen Sie ja bereits, wie die Schadensinspektoren der Versicherungen arbeiten, um die Ersatzleistungen möglichst gering zu halten?» (Durch entsprechende Betonung wandelte sie die Aussage in eine Frage um.) Dann wartete Julie allfällige Kommentare ab.

Julie: «Wissen Sie, dass Sie Anrecht auf eine professionelle Vertretung haben, wenn Sie einen derartigen Schaden erleiden?» – Kunde: «Nein, das habe ich nicht gewusst.» – Julie: «Ist Ihnen klar, dass Sie in diesem Augenblick Ihre Forderungen selbst vertreten, ob Sie wollen oder nicht?» – Kunde: «Das habe ich mir noch nicht überlegt.» – Julie: «Fühlen Sie sich kompetent genug, um mit dem Experten zu verhandeln, den die Versicherungsgesellschaft zu Ihnen schicken wird, um den Schaden einzuschätzen?» – Kunde: «Wahrscheinlich nicht.» – Julie: «Ist Ihnen Ihr Geld ebenso viel wert wie der Versicherung das ihre?» – Kunde: «Ja, bestimmt.» – Julie: «Ist Ihnen bewusst, dass die Versicherung einen echten Profi ausschicken wird, um ihr Geld zu hüten?» – Kunde: «So habe ich mir das noch nicht überlegt.» – Julie: «Ihr Schadensinspektor ist ein Experte; glauben Sie demnach nicht, es läge auch in Ihrem Interesse, wenn ein Experte zu Ihrem Geld schauen würde?» – Kunde: «Wahrscheinlich schon.» – Julie: «Sie sehen ein, dass die Versicherung nicht einfach sagen wird: ‹Schicken Sie uns die Rechnung, wir werden bezahlen!›, nicht wahr?»

Jede dieser Fragen veranlasst den Kunden zur Überlegung, auch er müsse einen Experten haben, weil die Versicherung einen Experten haben wird. Damit will ich nicht sagen, dass die Versicherung jemanden betrügen oder ungerecht sein will. Realistisch gesehen, kennen aber die Geschädigten ihre Rechte nicht und vergessen in fast jedem Fall zahlreiche Dinge, die durch das Feuer zerstört worden sind.

Julie arbeitete manchmal aber auch mit anderen Varianten: «Wäre es für Sie und Ihre Frau nicht ein Problem, nebst Arbeit und Familie noch die Zeit aufwenden zu müssen, die notwendig ist, um alles, was Sie verloren haben, durchzugehen, aufzuschreiben und einzuschätzen, von den Zahnbürsten bis zu den Strümpfen in einer Schublade?» – Kunde: «Doch.» – Julie: «Wäre es Ihnen angenehm, mit all den Leuten zu tun zu haben, die nach einem Brand Zugang zu Ihrem Zuhause und zu Ihrem Besitz haben müssen?» – Kunde: «Das kommt darauf an, wo und wann.» – Julie: «Vor Gericht haben Sie einen Anwalt, der Sie vertritt. Wäre es nicht besser, wenn bei einem solchen Fall ein professioneller Experte Ihre Angelegenheiten vertreten und Ihre Interessen wahrnehmen würde?» – Kunde: «Das klingt vernünftig.» – Julie: «Werden Sie bei den Verhandlungen das Gefühl haben, die Zahlen, die Ihnen vorgelegt werden, seien gerechtfertigt und fair?» – Kunde: «Ich weiß nicht.» – Julie: «Wissen Sie, dass wir in der Regel nach dem ersten Angebot der Versicherung eine um 30 Prozent höhere Forderung durchsetzen?» – Kunde: «Nein.» – Julie: «Unser Honorar beträgt nur 10 Prozent. Also gewinnen Sie pro 1 000 Dollar immer noch zusätzliche 200 Dollar, wenn Sie die richtige Entscheidung treffen und die Angelegenheit einem Experten übergeben. Einfacher ausgedrückt: Bei einem Schaden von 20 000 Dollar wird Ihnen das 4 000 Dollar extra einbringen. Bei 50 000 Dollar wären es bereits 10 000 Dollar. Und das ist ja eigentlich Ihr Geld, das Sie zum Wiederaufbau und zur Wiederanschaffung Ihres Eigentums benötigen. Diese Zahlen sind nach Abzug unseres Honorars netto. Reizt Sie dieses zusätzliche Geld – das ja *Ihnen* gehört – nicht, lieber Kunde?» – Kunde: «Und ob!»

Julie: «Das Interessante ist, dass wir für unsere Arbeit garantieren. Wenn wir keinen Vergleich erreichen, der Ihre Ansprüche *und* unser Honorar deckt, wird es kein Honorar geben. Mit anderen Worten: Sie können überhaupt nichts verlieren. Ist das nicht eine Situation, an der Sie teilhaben möchten?» – Kunde: «Doch, gewiss.» – Julie: «Möchten Sie, dass wir heute für Sie zu arbeiten anfangen, damit Sie möglichst bald wieder in Ihr Heim einziehen können, oder gibt es Grund zu besonderer Eile?» – Kunde: «Im Augenblick haben wir kein Zuhause. Je schneller wir wieder einziehen können, desto besser.» – Julie: «Gut, wenn Sie diese Vereinbarung unterzeichnen, können wir das Verfahren in Gang bringen, und Sie müssen sich nebst Ihren anderen Problemen nicht auch noch mit den finanziellen herumschlagen. Und das möchten Sie doch, lieber Kunde, nicht wahr?» – Kunde: «Ja.»

Wenn Sie nachzählen, werden Sie feststellen, dass Julie insgesamt mehr als ein Dutzend Fragen gebraucht hat. Sie erzielte hervorragende Ergebnisse, weil diese Fragen den Kunden Schritt um Schritt bewogen, etwas zu unternehmen, um sein Problem zu lösen.

SIE KÖNNEN – SIE MÜSSEN – LERNEN, FRAGEN ZU STELLEN

Oft werde ich gefragt, wie man denn lernen könne, Fragen zu stellen. Was ich Ihnen zuerst erzähle, ist offensichtlich: Lesen Sie dieses Buch nicht, *studieren* Sie es. Nehmen Sie alle Fragen (es sind über 800) und formulieren Sie sie derart um, dass sie unmittelbar auf Ihre Situation passen. Nehmen Sie diese Fragen dann mit der richtigen Betonung auf Band auf und hören Sie sich das Band immer wieder an, bis die Fragen unauslöschlich in Ihrem Unterbewusstsein verankert sind.

Das wird Ihr Denken in verblüffendem Maße klären. Es wird Ihnen ermöglichen, sich auf Ihr Ziel zu konzentrieren, und das besteht darin, die Gedanken Ihres Kunden zu läutern, damit er sich richtig entscheiden kann. Dies ist von elementarer Bedeutung, denn *ihr* Erfolg *und* die Lösung seines Problems hängen letztlich davon ab, dass er die richtige Entscheidung trifft.

Außerdem sollten Sie lernen, wie man Fragen stellt, indem Sie mit Topverkäufern oder mit den Verkaufsberatern Ihrer Firma sprechen oder sich darüber mit anderen Verkäufern unterhalten, die ein ähnliches Produkt verkaufen. Erkundigen Sie sich nach den konkreten Fragen, die sie verwenden, um (1) Interesse zu erwecken, (2) Vorzüge anzupreisen, (3) Verabredungen zu treffen, (4) Kunden sicherzustellen, (5) Geschäfte abzuschließen, (6) die Bestellung festzuhalten und (7) Überzeugung zu vermitteln. Halten Sie Augen und Ohren offen, wenn Sie einkaufen gehen oder selbst von einem Verkäufer besucht werden.

Legen Sie sich eine Verkaufsbibliothek an und beginnen Sie das Studium des Verkaufens. Entwickeln Sie die Fähigkeit, sich nur auf eine Sache auf einmal zu konzentrieren. Diese eine Sache ist in diesem Fall: Wie stellt man Fragen? Wenn Sie eine gute und effektvolle Verkaufsfrage hören, schreiben Sie sie in Ihr Notizbuch. Vergessen Sie nicht: Der wirklich gute professionelle Verkäufer achtet mit seinem inneren Ohr und mit seinem sechsten Sinn *immer* auf gute Vekaufsmethoden. Er ist wirklich darauf erpicht, so viel wie möglich zu lernen, damit er die Kunde von seinem fantastischen Produkt möglichst vielen Leuten zugänglich machen kann.

Der «Auswärts essen»-Abschluss

Fragen sind besonders wirkungsvoll, wenn Sie sie mit Vorteilen für den Kunden verknüpfen können. Der «Kunde» ist die Person, welche die Idee oder das Produkt kauft, im Verkauf genauso wie im gesellschaftlichen Leben. Nie werde ich jenen Freitagabend vergessen, an dem ich nach einer harten Woche unterwegs nach Hause kam. Jean holte mich am Flugplatz ab, und sie war todschick angezogen. Und wie immer umgab sie auch ein Hauch jenes süßen Duftes, den ich so besonders mag.

Als wir am Gepäckband auf meine Koffer warteten, schmiegte sie sich eng an mich und legte ihre Hand in meine: «Liebling, ich weiß, Du hast eine lange und anstrengende Woche hinter Dir, und wenn Du willst, können wir unterwegs in einem Geschäft ein schönes Steak oder Meeresfrüchte kaufen. Während Du es Dir dann mit Deiner Zeitung bequem machst, bereite ich ein hübsches Abendessen für zwei vor. Tom schläft heute abend bei Sam, wir beide sind also ganz allein. Ich bin sicher, dass Du Dich nach unserem netten Abendessen nicht um schmutzige Teller, Schüsseln und Kochtöpfe kümmern willst; Du kannst dann ein bisschen fernsehen, während ich abwasche.

Dafür brauche ich kaum mehr als eine, eineinhalb oder zwei Stunden. (Pause.) Oder, mir fällt gerade ein, vielleicht würdest Du den Abend genießen, wenn ich meine ganze Zeit und Aufmerksamkeit Dir allein schenken könnte. Das könnte ich zum Beispiel in einem netten, gemütlichen Restaurant. Natürlich musst Du entscheiden, Liebling. Was würdest Du denn vorziehen?» (Und da redet man vom «schwachen Geschlecht»!) Ich brauche wohl kaum zu sagen, dass wir nicht einkaufen gingen und zu Hause kochten. Meine Frau verkaufte mir ihre Idee, indem sie Fragen stellte. Das ist wirksame *Überredung*, wenn man Fragen stellt, die den Kunden zu einer Entscheidung führen, die in seinem besten eigenen Interesse liegt.

HÖREN – WIRKLICH ZUHÖREN

Der nächste Schlüssel, der «Schlüssel des Hörens», ist von größter Bedeutung. Die meisten Verkäufer hören im Grunde genommen gar nicht alles, was der Kunde sagt oder fragt. Oft unterbrechen sie und versuchen vorwegzunehmen, was er fragen will. Salomo sagt in den Sprüchen (18,13) alles darüber: «Wer antwortet, ehe er gehört hat, dem ist es Torheit und Schande.» Wenn Sie hören – hören Sie zu! Lassen Sie den Kunden nicht einfach ausreden, damit Sie dann die Initiative ergreifen und «etwas wirklich Wichtiges sagen» können. Wenn Sie wirklich *hören*, was der Kunde sagt *und* sagen will, wird er Ihnen mit größter Sicherheit den Schlüssel zum Geschäft überreichen.

Ein unsicherer oder unerfahrener Verkäufer stellt die Fragen und beantwortet sie im gleichen Atemzug selbst. Beispiel: «Sehen Sie, wo Sie hier Geld einsparen könnten – natürlich sehen Sie es!» Oder: «Sehen Sie, wo Sie Arbeit sparen könnten – offensichtlich sehen Sie es!» Der Verkäufer hat Angst, er könnte die falsche Antwort bekommen, und lässt es deshalb gar nicht zu, dass der Kunde antwortet. Wenn Sie eine Frage stellen, hören Sie sich die Antwort an. Sie wird Ihnen die Richtung zum Abschluss weisen.

Erhebt der Kunde einen Einwand, prächtig! Eine gute Präsentation sollte so ausgelegt sein – vor allem im ersten Teil –, dass sie Einwände hervorruft. Je früher Sie einen Einwand ausräumen können, desto besser stehen die Chancen, dass Sie zum Erfolg kommen.

HÖREN SIE ALLES – MERKEN SIE SICH EINIGES

Sie müssen zuhören und alles hören; wenn der Kunde aber nein sagt, dann sollen Sie das «Nein» geflissentlich überhören.

Merlie Hoke, eine gute Freundin aus Great Falls, South Carolina, arbeitete jahrelang im Kochtopf-Business mit mir zusammen. Sie hatte ein eigenartiges «Hör»-Problem. Ich habe erlebt, dass Kunden aus einem knappen Meter Entfernung sie anschrien: «Nein, Merlie, ich will nicht kaufen!», und Merlie zuckte nicht mit der Wimper. Ich habe aber auch erlebt, dass Kunden auf eine Distanz von zehn Metern «Ja» flüsterten, und Merlie vernahm die gute Nachricht klar und deutlich. Merlie ist eben der Auffassung, der Kunde meine eigentlich gar nicht nein, wenn er nein sagt. Erst wenn er ja sagt, nimmt sie ihn ernst.

Der «Ich sorge dafür, dass Sie es bekommen»-Abschluss

Merlie Hoke hat eine echt bewundernswerte Technik. Wenn Sie sich um den Abschluss bemüht, lässt sie aus ihrer sitzenden Position gegenüber dem Ehepaar die Bemerkung fallen (und rückt dabei ihren Stuhl näher an die Frau heran): «Aaah, das ist so schön … und Sie verdienen es, und ich sorge dafür, dass Sie es bekommen.»

Als ich so dasaß und diese meisterhafte Verkäuferin bei Ihrer Arbeit beobachtete, kam ich unwillkürlich auf den Gedanken, ich sei Zeuge einer Verschwörung. Es sah so aus, als ob Merlie und die Dame des Hauses es gegen die große alte Kochtopf-Firma aufnehmen wollten, weil diese ja so viele tausend Pfannen besitzt und Sie, arme kleine Frau, nicht eine einzige! «Und ich werde dafür sorgen, dass Sie eine bekommen!»

GUTE VERKÄUFER HELFEN DEM KUNDEN BEIM KAUF

Ich wurde das Gefühl nicht los, sie sei zu einer Assistenz-Kundin geworden. *Sie hatte sich auf die Seite ihrer Kundin gesetzt und war nur daran interessiert, ihr zu einem eigenen Satz von Kochtöpfen zu verhelfen.* Und dabei gab sie offensichtlich das Geld der Kundin aus. In all den Jahren, in denen ich mit Merlie zusammenarbeitete, hörte ich sie nicht ein einziges Mal sagen: «Ich habe jemandem etwas verkauft.» Sie sagte stets: «Ich half ihr, es zu bekommen».

Letztlich wollen wir als professionelle Verkäufer nichts anderes tun, als Kunden mit einem Problem zu finden, das unser Produkt lösen kann. Wir wollen unseren Kunden helfen und uns auf ihre Seite setzen. Wir wollen ihre Gefühle fühlen, damit wir ihnen helfen können, ihr Problem zu lösen, indem sie unsere Produkte oder Dienstleistungen erwerben.

Sorgfältige Vorbereitung, aufrichtiges Interesse und Kauferwartung Ihrerseits sind in hohem Maße ausschlaggebend, ob Sie ein Geschäft machen oder ob es heißt: «Ich melde mich dann wieder bei Ihnen.»

HÖREN SIE MIT IHREN AUGEN

Im Umgang mit unseren Kunden müssen wir vor allen Dingen mit unseren Augen hören. Die Augen sind als einziges Sinnesorgan unmittelbar mit dem Gehirn verbunden. Jedes andere Sinnesorgan muss einen Umweg zurücklegen, bevor es das Gehirn erreicht, aber die «Augen sind die Fenster der Seele», und ein Reiz, der das Auge trifft, wird direkt ans Gehirn weitergeleitet. Vielleicht haben Sie deshalb Ihr Leben lang die beiden Sätze gehört: «Man kann nicht alles glauben, was man hört» und «Ich habe es mit eigenen Augen gesehen» – und sehen heißt glauben. Es ist also unerlässlich, dass wir mit unseren Ohren *und* mit unseren Augen hören.

Es gibt vier Dinge, auf die Sie achten müssen, wenn Sie mit den Augen hören. Da ist zunächst das Kinn. Wenn der Kunde sein Kinn reibt, ist das ein Zeichen der Zufriedenheit und Genugtuung. Vor seinem inneren Auge sieht er schon, wie er aus den Produkten, die Sie verkaufen, Vorteile zieht und sie genießt. Dieses Kaufsignal verrät Ihnen, dass es an der Zeit ist, zum Abschluss zu kommen.

Als nächstes kommen die Hände. Wenn sie mit den Fingerspitzen gegeneinander liegen und leicht massierende Bewegungen ausüben oder wenn die Fingerspitzen der einen Hand leicht über den Rücken der anderen Hand streichen, sieht sich der Kunde schon im Besitz dessen, was Sie verkaufen. Er sagt Ihnen, er sei zum Kauf bereit.

Drittens: Beobachten Sie die Augen des Kunden. Je weiter sie offen sind, desto aufmerksamer hört er zu, desto besser versteht er, desto mehr kauft er; das ist eine Tatsache. Um dies zu beweisen, hat man zahlreiche Werbespots am Fernsehen mithilfe von Kameras überprüft. Die Spots werden einer Gruppe von Menschen vorgeführt, die über ihre Meinung zu diesen Werbesendungen nie zuvor befragt worden sind. Dann richtet man hoch empfindliche Kameras auf die Augen der Zuschauer. Der Erweiterungsgrad der Pupillen verrät, ob der betreffende Kunde einen Werbespot tatsächlich «kauft» oder nicht. Interessanterweise kann ein solcher Zuschauer durchaus sagen, dieser Spot habe ihm gefallen; wenn sich aber seine Pupillen nicht erweitern, hat er ihn abgelehnt. Wie schon gesagt:

Körpersprache kann nicht lügen.

Achten Sie auch darauf, ob sich die Augen Ihres Kunden weiter öffnen. Wenn sich die Fältchen rundherum allmählich zu glätten beginnen, bedeutet das, dass Ihre Botschaft ankommt – Sie kommunizieren und verkaufen. Es ist ein optisches Signal, das Geschäft jetzt abzuschließen.

Das Letzte, worauf Sie achten müssen, sind die Gesten und Bewegungen Ihres Kunden. Wenn er lächelnd sagt: «John, Sie Mistkerl! Jesse James versuchte es mit der Pistole, Sie versuchen es mit dem Bleistift, mir mein Geld aus der Tasche zu ziehen!», dann kauft er.

Ihr Kunde schlägt die Beine übereinander, er lehnt sich zurück, entspannt sich. Oder er wird plötzlich ganz ruhig, steht auf, geht noch einmal wortlos um Ihr Produkt herum. Er schaut es sich vielleicht noch einmal genau an oder er blickt aus dem Fenster, zündet sich eine Zigarette an, holt sich eine Tasse Kaffee. Das alles sind Kaufsignale. *Kommen Sie zum Abschluss.*

HANDELN SIE AUF DIE SIGNALE HIN

Wenn der Kunde Ihnen solche «Kaufsignale» übermittelt (als «optisches» Kaufsignal definiert John Hammond alles, was der Kunde *tut* und darauf hinweist, dass er das Produkt akzeptiert hat), nützen Sie sie zu Ihrem Vorteil aus. Stellen Sie ganz *ruhig* Fragen. Gemäß Will Rogers hören die Leute offenbar intensiver zu und glauben eher, was man sagt. wenn man leise spricht oder gar flüstert.

Natürlich werden Sie auch die akustischen Kaufsignale eines Kunden nicht übersehen. Er bittet Sie vielleicht, ihm nochmals genau zu erklären, was alles zu Ihrem Angebot gehört. Oder er stellt Fragen folgender Art:

«Wie lange dauert die Garantie?», «Wann wäre die erste Uberweisung fällig?», «Wieviel müsste ich anzahlen?», «Wie lange wird es dauern, bis geliefert werden kann?», «Wie sind Ihre Service-Leistungen?», «Wo kann ich Ersatzteile bekommen?», «Ist da eine Garantie drauf?», «Was hältst du davon, Liebling?», «Wie hoch ist der Zinsfuss in Wirklichkeit?», «Wann können Sie installieren?»

Ja, der «Schlüssel des Hörens» ist ungeheuer wichtig. In der Kommunikation ist es sehr wichtig, ein guter Zuhörer zu sein. Viele Leute werden nur bei Ihnen kaufen, weil Sie sich an ihnen als Menschen interessiert zeigen. Sie kaufen, weil Sie ihren Hoffnungen und Träumen ein geneigtes Ohr schenken und die Vorteile Ihres Produktes direkt auf sie beziehen.

DER SCHLÜSSEL DER BEVORSTEHENDEN EREIGNISSE

Der siebente Schlüssel ist der «Schlüssel der bevorstehenden Ereignisse». Ein «bevorstehendes Ereignis» ist etwas, das in der Zukunft geschehen wird und einen direkten Einfluss hat auf den Preis, die Leistung, die Wünschbarkeit oder Verfügbarkeit des Produktes, das Sie verkaufen.

Ich glaube, ich kann wohl allen Lesern garantieren, dass – von ganz wenigen Ausnahmen abgesehen – alles, was sie heute verkaufen, morgen teurer sein wird. Auch in Zukunft wird es – wie in der Vergangenheit – ein paar löbliche Ausnahmen geben (Computer, Fernseher, Kühlschränke usw.), im Großen und Ganzen aber *wird* alles teurer. Wenn wir davon ausgehen und uns einmal vorgenommen haben, unseren Kunden zu dienen, müssen wir ihnen möglichst viele Produkte zu möglichst günstigen Preisen mit einem möglichst guten Service anbieten. Da Preiserhöhungen unumgänglich sind, handeln wir im besten Interesse unserer Kunden, wenn wir sie dazu überreden, *heute* zu handeln.

Wir haben sogar die moralische Verpflichtung. uns möglichst viel Berufswissen anzueignen. damit wir mehr Leute dazu überreden können, zu *ihrem* Vorteil heute zu handeln. Wenn wir unseren Kunden helfen, wird offensichtlich auch unser Umsatz steigen.

Als ich zu verkaufen begann, prophezeite mir mein alter Freund und Verkaufsberater Bill Cranford schon sehr bald, ich werde Erfolg haben, wenn ich der Ausrede «Ich werde später kaufen» wirksam entgegentreten könne. Im Laufe der Jahre lernte ich den Wert dieser Aussage kennen und schätzen. Ich lernte auch überzeugende Beweise dafür kennen, weshalb Kunden zögerten und «es sich noch einmal überlegen» wollten. Sie befürchteten, finanzielle Verluste zu erleiden oder dumm angesehen zu werden, wenn sie etwas kauften.

Das ist der Grund, weshalb ich ganz am Anfang des Buches und auch später immer wieder darauf hingewiesen habe, der Verkäufer *sei wichtiger als der Verkaufsvorgang selbst*, obwohl auch ihm natürlich eine nicht zu unterschätzende Bedeutung zukommt. Ich wiederhole: Wenn Sie wirklich eine Karriere aufbauen und anderen helfen wollen, müssen Sie Ihre Integrität um jeden Preis wahren und dabei möglichst viele Verfahren und Methoden kennen lernen, um Ihre Kunden besser zum Handeln überreden zu können.

Mit dem «Schlüssel der bevorstehenden Ereignisse» können Sie Ihren Kunden helfen, und das bedeutet natürlich, dass Sie sich auch selbst helfen. Dies gilt besonders dann, wenn Sie etwas verkaufen, das einen Wiederverkaufswert besitzt, wenn der Kunde also einen Gewinn oder eine Investition anstrebt. Typische Beispiele dafür sind Immobilien, Kunstgegenstände, Wertpapiere, handelsübliche Diamanten oder Aktien. Natürlich werden Sie sich bemühen, Ihre Kunden davon zu überzeugen, dass die Investitionen, die sie heute tätigen, aufgrund der wirtschaftlichen Entwicklung in naher oder ferner Zukunft ihren Wert vermehren werden.

Der «Bevorstehende Ereignis»-Abschluss

Ein Beispiel dafür. Kunde: «Der Preis für dieses Haus ist zu hoch.» – Sie: «Ja, ich bin geneigt, Ihnen zuzustimmen. Der Preis für dieses Heim – wie für die meisten anderen Dinge – ist zu hoch. Aber Sie, lieber Kunde, sind es doch, der den Preis macht.» – Kunde: «Was soll das heißen, ich mache den Preis?» – Sie: «Im Grunde genommen sind es doch Sie und all die anderen Leute, die Häuser kaufen, welche den Preis der Häuser festsetzen. Wenn zum Beispiel 90 Prozent aller Leute, die sich jetzt auf dem Markt nach Häusern umsehen, plötzlich kein Interesse mehr hätten, dann würde der Preis für dieses Haus in sechs Monaten wesentlich tiefer liegen, glauben Sie mir. Alles deutet aber darauf hin, dass in Kürze noch mehr – nicht weniger – Leute in den Markt einsteigen werden, und das Gesetz von Angebot und Nachfrage reguliert den Preis.

Wie Sie wissen, sind die Immobilienpreise ununterbrochen gestiegen. Ich bin hundertprozentig davon überzeugt, dass Sie in einem oder in zehn Jahren wesentlich mehr für dieses Haus bekommen, wenn Sie sich entschließen sollten, es zu verkaufen. Wenn Sie heute in dieses Haus investieren, profitieren Sie von der *bevorstehenden Preiserhöhung*, welche dadurch verursacht wird, dass Sie und Tausende von anderen Leuten die Nachfrage nach Häusern in die Höhe treiben.»

Ebenfalls in Richtung «bevorstehendes Ereignis» geht die Tatsache, dass die Leute immer länger leben und sich deshalb um ihre Pensionierung und Altersfürsorge kümmern müssen. Ihr Kunde *wird* auch in Zukunft gewisse Dinge genießen wollen, wenn er nicht mehr so hart arbeitet. Wenn Sie beispielsweise einen hübschen Alterssitz am Meer oder an einem See zu verkaufen haben, könnten Sie wie folgt vorgehen: «Sie haben nun viele Jahre lang sehr viel in Ihr Leben hineingesteckt. Glauben Sie nicht, dass es an der Zeit wäre, sich darauf vorzubereiten, dass das Leben Ihnen etwas zurückgibt? Und genau das wird dieses Grundstück tun.»

LASSEN SIE SICH NICHT BLENDEN

Geistige Wachsamkeit ist eine absolute Notwendigkeit, wenn Sie die Höhen der Erfolgsleiter erklimmen wollen. Machen wir doch einmal die Probe aufs Exempel (auf- oder abrunden ist gestattet).

Sie sind ein Busfahrer und auf der ersten Teilstrecke Ihrer Fahrt mit 55 Passagieren unterwegs nach Süden. Sie fahren vier und vier Zehntel Meilen, biegen dann für das zweite Teilstück Ihrer Fahrt nach Osten ein und legen drei und drei Zehntel Meilen zurück. Auf dem dritten Teilstück drehen Sie wieder nach Süden und fahren genau zwei und zwei Zehntel Meilen. Für das letzte Teilstück Ihrer Fahrt in Ihrem Bus wenden Sie sich wieder nach Osten und legen genau eine und eine Zehntel Meile zurück. Auf Ihrer Fahrt haben Sie Ihren Bus in zwei Himmelsrichtungen gesteuert, aber Sie haben für die vier Teilstrecken Ihres Busses dreimal Ihre Fahrtrichtung geändert. Sie haben 4,4 + 3,3 + 2,2 + 1,1, insgesamt also 11 Meilen zurückgelegt.

Und nun die Frage (zurückschauen gilt nicht!): Schreiben Sie aufgrund der Informationen, die ich Ihnen soeben gegeben habe, das Alter des Busfahrers hier hin: – (Ich wiederhole: gerundete Zahlen sind erlaubt.) Auf geht's! Rechnen Sie mit. Nur so kann man lernen.

Frage: Haben Sie Ihr eigenes Alter eingesetzt? Falls nicht, machen Sie sich auf eine etwas peinliche Mitteilung gefasst: Ich habe ungefähr 20-mal gesagt: »*Sie* sind ein Busfahrer und auf der ersten Teilstrecke *Ihrer* Fahrt ... usw.«!

LASSEN SIE SICH NICHT IN DIE IRRE FÜHREN

Wenn Sie falsch geraten haben dann vermutlich einfach deshalb, weil ich Sie mit all meinen verbalen Seitensprüngen verunsichert habe. Ich habe Sie abgelenkt indem ich von unwichtigen Dingen – Osten, Süden, Osten – gesprochen habe. Ich habe von 55 Passagieren, 4,4 + 3,3 + 2,2 + 1,1 Meilen gesprochen. Nun werden Sie sich wohl wundern, was das mit einem Abschluss zu tun hat. Sehr viel. Wenn Sie Ihren Kunden motiviert und an Ihrem Produkt interessiert haben, geschieht es oft, dass er plötzlich bemerkt, wie er direkt auf einen Kauf lossteuert, und es überfällt ihn heiß, dass ein solcher Kauf in seinem Budget gar nicht eingeplant ist.

Nun hat er ein Problem. Er hat Angst vor einer Ja-Entscheidung und weiß nicht, ob das richtig ist. Die Lösung: Er lenkt die Aufmerksamkeit und Stoßkraft des Verkäufers ab, indem er von den nächsten Wahlen, der Zunahme von Verbrechen oder der Gewalt am Fernsehen zu sprechen beginnt. Was tun Sie, der Verkäufer? Zwei Dinge. Erstens: Verlieren Sie nie Ihr Ziel aus den Augen, und das ist, ein Geschäft abzuschließen. Zweitens: Nehmen Sie den vom Kunden angestrebten Themenwechsel zur Kenntnis, geben Sie kurz Ihren Kommentar ab und verknüpfen Sie diesen mit ihrem alten Thema: «Ja, diese Wahlen dürften sehr spannend werden, ebenso spannend wie die Vorteile, die unser Produkt zu bieten hat.»

Als Kind sah ich ab und zu einen offensichtlich verletzten Vogel. Ich wollte ihn natürlich einfangen. Kaum hatte ich mich ihm bis auf einen Schritt genähert, flatterte er auf und ein paar Meter davon. Wieder näherte ich mich ihm und sagte mir: «Ich werde diesen Vogel fangen.» Etwas später und einige hundert Meter weiter flog Mutter Vogel elegant auf und davon, zurück zu ihrem Nest. Sie hatte mich nur von ihren Jungen ablenken wollen.

Moral: Lassen Sie sich von Ihren Kunden nicht in die Irre führen, indem sie das Thema wechseln und Sie von Ihrem Ziel ablenken. Es mag ja nett sein, auch über andere Dinge zu plaudern, aber Sie helfen niemandem, wenn es Ihnen nicht gelingt, dem Kunden eine Lösung für sein Problem anzubieten. Und Ihr Produkt stellt diese Lösung dar.

NEHMEN SIE DAS ZIEL INS FADENKREUZ

Fassen Sie Ihr Ziel ins Auge. Eine uralte Geschichte erzählt von einem Vater in den Schweizer Alpen, der seine drei Söhne in die Welt hinausschickte. Vor ihrer Abreise führte er sie ein Stück vom Haus weg und befahl ihnen, ihre Armbrust mitzunehmen. Dann sprach er zu seinem ältesten Sohn: «Ziele mit deiner Armbrust auf den Vogel, der da 20 Meter vor uns auf dem Boden sitzt.» Der Sohn tat, wie er geheißen wurde. Dann fragte der Vater: «Was siehst du?» Der Sohn erwiderte:

«Ich sehe den prächtigen Himmel, die herrlichen Wolken, die Größe von Gottes Schöpfung.» Der Vater meinte: «Das ist gut. Nimm deine Armbrust herunter.»

Nun befahl er seinem zweiten Sohn, mit der Armbrust auf den Vogel zu zielen. Und erneut fragte er: «Was siehst du?» Der zweite Sohn antwortete: «Ich sehe die herrlichen Berge, die sanften Täler, die schönen Weiden mit dem saftigen Gras.» Der Vater sagte: «Das ist gut. Nimm deine Armbrust herunter.»

Nun war die Reihe an seinem dritten Sohn, mit der Armbrust auf den Vogel zu zielen. Der Vater fragte: «Was siehst du?» Der jüngste Sohn antwortete: «Ich sehe die Stelle, wo die Flügel am Körper angewachsen sind.» Sprach's, ließ den Pfeil los und traf mitten ins Ziel.

Punkt. Bei einem Verkaufsgespräch haben Sie nur ein einziges Ziel, nämlich Ihrem Kunden zu dienen, indem Sie ihm Ihr Produkt verkaufen.

DER SCHLÜSSEL ZUM ABSCHLUSS

Von all den Schlüsseln der Überredung wird wohl der «Schlüssel der Beharrlichkeit» am häufigsten falsch verstanden. Viele Leute glauben, der beharrliche Verkäufer «reite» auf seinen Kunden herum und sage: «Ach, Sie wissen genau, dass Sie es früher oder später doch kaufen, also *unterschreiben Sie hier*!» Oder: «Sie wissen, dass Sie es haben wollen, also machen Sie schon, *unterschreiben Sie hier*!» Oder: «Sie können es nur bekommen, wenn Sie *unterschreiben*, also *unterschreiben Sie hier*!» Das ist nicht Beharrlichkeit, das ist schlicht und einfach Druck. Wenn Sie so vorgehen, irritieren Sie Ihre Kunden bloß. Darüber habe ich ausführlich im Kapitel »Verkaufen mit gesundem Menschenverstand« gesprochen; uns interessiert jetzt, was denn Beharrlichkeit eigentlich ist.

Beharrlichkeit ist ein gutes Wort, aber *Glaube* dürfte ein noch besseres sein. Ich bin felsenfest davon überzeugt: Wenn Sie wirklich glauben, Ihr Produkt sei die Lösung für ein Problem jener Person, mit der Sie es zu tun haben, werden Sie innerhalb vernünftiger Grenzen darauf bestehen, dass diese Person in ihrem eigenen Interesse handelt. Sie gehen dabei professionell, freundlich und nett vor, aber Sie legen Beharrlichkeit an den Tag.

Der «Druck und Glauben»-Abschluss

Das Wort *Beharrlichkeit* nahm für mich vor einigen Jahren eine ganz neue Bedeutung an. Auf einer Vortragsreise durch Australien traf ich John Nevin, damals Direktor der World Book Encyclopedia. John war ursprünglich als Milchmann jeden Morgen auf Tour und arbeitete an Nachmittagen und Abenden nebenbei als Verkäufer für World Book. Sein Einsatzwille, seine harte Arbeit und seine geistige Beweglichkeit ließen ihn rasch bis zum Direktor aufsteigen.

Ganz zu Beginn seiner Karriere besuchte John einst einen kurze Zeit zuvor angekommenen deutschen Einwanderer, dessen Frau und Sohn. Das Ehepaar hätte er eher für Großeltern als für Eltern gehalten. Sie hatten spät geheiratet, und ihr erstes und einziges Kind kam zur Welt, als die Frau schon zweiundvierzig Jahre alt war.

«DANKE, JUNGER MANN»

John traf pünktlich um acht Uhr ein, und es war lange nach Mitternacht, als er endlich sein Geschäft in der Tasche hatte. Viele Verkäufer würden nie so lange bei einem Kunden bleiben. Das ist der Beharrlichkeit zu viel!

Aber John sagte zu mir: «Siehst du, Zig, als das Geschäft endlich abgeschlossen war, begleitete mich die Frau bis zum Eingangstor, weil sie im Garten einen großen Hund hielten. Vor dem Tor streckte sich die kleine, mollige Frau, legte ihre Hand auf meine Schulter und sagte mit diesem deutschen Akzent, der so schwierig zu verstehen war: ‹Danke, junger Mann, dass Sie so lange geblieben sind, bis wir verstanden haben, was diese Bücher für unseren Sohn bedeuten werden. Danke, danke, danke.›»

John und die Eheleute standen vor einem großen Verständigungsproblem, denn die beiden waren mit der englischen Sprache noch keineswegs vertraut. Sie verstanden zwar gewisse Dinge, John musste aber sehr langsam sprechen und sich viele Male wiederholen. Nach langem konnte er den Leuten klar machen, dass die World Book Encyclopedia für die Ausbildung ihres Sohnes von großem Wert sein würde. Später fügte John hinzu: «Weißt Du, es widerstrebt mir, ein Geschäft verpasst zu haben, weil die Kommunikation nicht klappte und meine Kunden gar nicht verstanden, was mein Produkt für sie bedeuten würde.» Moral: *Der wahre Profi wünscht sich so sehr, dass seine Kunden sein Produkt besitzen, dass er immer und immer wieder eine positive Entscheidung anstrebt.*

Als Verkäufer müssen Sie auch Verständnis dafür haben, dass ein Kunde oft durchaus haben möchte, was Sie verkaufen, dass er aber früher einmal hereingelegt worden ist. Er hat früher durch allzu rasches Handeln Fehler gemacht und will jetzt nur wissen: «Glauben *Sie* (der Verkäufer) wirklich, das, was Sie verkaufen, sei zu *meinem* Vorteil, oder wollen Sie mir einfach etwas verkaufen, damit *Sie* davon profitieren?»

SORGEN SIE DAFÜR, DASS SIE DEN TEST BESTEHEN

Oft stellt Ihnen ein Kunde Fragen, die vollkommen sinnlos sind. Er versucht herauszufinden, ob Sie bei der Geschichte bleiben, die Sie ihm zuvor erzählt haben. Er stellt Sie auf die Probe. Oft habe ich ein Geschäft abgeschlossen, nachdem ich sehr viel Zeit bei einem Kunden verbracht hatte, nur um ihn dann lachend sagen zu hören: «Ich wollte schon die ganze Zeit über kaufen. Ich wollte nur herausfinden, was Sie sagen würden.»

Das *sagten* die Kunden, ich bin aber überzeugt, dass sie nur herausfinden wollten, wie sehr ich selbst an die Vorteile meines Produktes für sie glaubte. Nochmals Cavett Robert: «Ihr Glaube ist viel wichtiger als Ihre Redekunst und Verkaufsphraseologie.»

RUND UM DIE BEHARRLICHKEIT

Es ist gesagt worden – und ich glaube, es ist wahr –, dass viele Leute einen Verkäufer buchstäblich testen, und zwar mindestens dreimal, aus reiner Neugier. Und offensichtlich legen es verschiedene Leute – vor allem diejenigen, die nichts von Verkaufen verstehen – als «Druck» aus, wenn ein Verkäufer das erste *Nein* nicht als endgültig akzeptiert.

Ich habe im Kapitel «Der «Sofort»-Abschluss beim Kunden» darüber gesprochen, wie Sie sogar die Erlaubnis einholen können, «Druck» auszuüben. An dieser Stelle möchte ich nur noch erwähnen, dass ich über die Jahre hinweg Hunderte von Leuten gebeten habe, mir den Begriff «Druck» zu definieren, und dabei die verschiedensten Antworten erhalten habe. Verkäufer selber sagen, sie hätten etwas gegen Hochdruck-Verkäufer, aber sie scheinen nicht in der Lage zu sein zu erklären, was das genau bedeutet.

Ich glaube, es ist nicht so wichtig, was es für uns als Verkäufer bedeutet; entscheidend ist, wie es dem Kunden, mit dem wir gerade zu tun haben, zumute ist. Auch deshalb sage ich immer wieder, Sie müssten der anderen Person gegenüber sensibel sein. Der eine Kunde fühlt sich möglicherweise gar nicht wohl in seiner Haut, wenn Sie ihm den zweiten Grund geben, weshalb er kaufen sollte. Der andere lebt dabei förmlich auf und freut sich, einen Verkäufer zu sehen, der mit Leib und Seele bei seiner Arbeit ist und so sehr an die Vorteile des Kunden glaubt, dass er es immer und immer wieder versucht.

DAS BESTE, WAS ICH GEHÖRT HABE

Frank Bettger definierte in seinem ausgezeichneten Buch *How I Multiplied My Income and Happiness in Selling*[1] den Begriff «Druck» wie folgt:

«Ich will niemandem den Eindruck vermitteln, ich sei ein Hochdruck-Verkäufer. Das heißt, falls ich richtig verstehe, was ‹Hochdruck› eigentlich bedeutet. Solange ich mich selbst und das, was ich aus diesem Geschäft gewinne, vergessen und mich auf die andere Person und das, was sie aus diesem Geschäft gewinnt, konzentrieren kann, habe ich keinen Moment lang Angst, für einen Hochdruck-Verkäufer gehalten zu werden.»

Ist das Druck? Sie verkaufen Immobilien und haben soeben einem Ehepaar ein Haus gezeigt, das daran offensichtlich Gefallen findet. Es ist genau das, wovon die Eheleute geträumt haben, aber sie scheuen vor Entscheidungen zurück.

Die Leute sind liebenswürdig, nett und freundlich, aber sie können sich nicht entscheiden. Nun wissen Sie, dass sich ein anderes Ehepaar ebenfalls ernsthaft für das gleiche Haus interessiert. Erweisen Sie nun den jetzigen Kunden einen Gefallen, wenn Sie lächeln und sagen: «Ich will Sie keinesfalls zu übereiltem Handeln veranlassen oder Sie gar zu einer Entscheidung drängen. Geben Sie mir einfach Bescheid, sobald Sie sich entschlossen haben.» Das Ehepaar bedankt sich

---

[1] Frank Bettger, *Erlebte Verkaufspraxis*, Oesch Verlag.

bei Ihnen für Ihre Rücksicht und verspricht, sich am folgenden Tag bei Ihnen zu melden.

Problem: Am gleichen Nachmittag taucht das andere interessierte Ehepaar bei Ihnen auf und kauft das Haus. Ich meine, dass Sie viel umsichtiger, besorgter *und professioneller* hätten vorgehen können: Sie hätten das andere Ehepaar wahrheitsgemäß darauf hinweisen sollen, wie wichtig es für sie ist, dass sie eine richtige Entscheidung treffen und dass Sie sie zu nichts drängen wollen. Wenn sie jedoch ernsthaft an dem Haus interessiert seien, müssten sie sich ein wenig verbindlicher äußern, weil ein anderes Ehepaar aus den genau gleichen Gründen ebenfalls an dem Haus interessiert sei.

Auf diese Weise schmeicheln Sie sogar Ihren Kunden, weil Sie ihnen für ihr Urteil ein Kompliment machen – sie mögen das Haus aus denselben Gründen wie das andere Paar. Kurz: Beide haben also den gleichen guten Geschmack.

TUN SIE IHR BESTES, HERR DOKTOR

Im Jahr 1981 ging ein guter Freund und Geschäftspartner zu seinem Zahnarzt. Ergebnis: Weil er als Junge mit seinen Zähnen Probleme gehabt hatte, brauchte er nun neun Kronen. Dies bedeutete natürlich beträchtliche Investitionen an Geld und Zeit, und so fragte mein Freund, ob denn alle neun Kronen gleich wichtig seien. Der Zahnarzt meinte, fünf sollten unbedingt sofort gemacht werden, die restlichen vier seien weniger dringend. Aufgrund dieser Informationen beschloss mein Freund, sich zunächst mal die fünf wichtigen Kronen machen zu lassen.

Nun geht dieses Buch in Druck, und mein Freund hat seine anderen vier Kronen immer noch nicht. Frage: Hat dieser Zahnarzt gute Zahnarzt- oder gute Verkäuferarbeit geleistet? Antwort: Weder noch. Eine einzige Frage im Stil eines professionellen Verkäufers hätte ergeben, dass die Firma für die Zahnarztrechnungen meines Freundes aufkommt. Was die ärztliche Leistung angeht, haben meine Berater drei Bedenken angemeldet, die gegen ein Hinausschieben der notwendigen Arbeiten sprechen.

Erstens: Stückwerk sei in solchen Fällen weder interessant noch vertretbar. Der Zahnarzt könne ohne weiteres alle neun Kronen auf einmal einsetzen und es hätten dann alle die gleiche Farbe, was bei zwei Etappen nicht unbedingt gewährleistet sei. Zweitens: Die Chance sei zwar sehr klein, aber es wäre immerhin möglich, dass der Zahnzerfall sehr rasch weiterginge und mein Freund den einen oder anderen dieser vier «ungekrönten» Zähne verlieren könnte. Zugegeben, diese Chance war offenbar wirklich gering, denn mein Freund hat seine Zähne mehrmals kontrollieren lassen, seit er die ersten fünf Kronen eingesetzt bekommen hat. Und da wies der Zahnarzt jeweils darauf hin, dass die anderen vier gelegentlich auch drankommen müssten, versäumte es aber, dafür gleich ein Datum festzulegen. Da der Zahnarzt dieser Angelegenheit ziemlich gleichgültig gegenüberstand, verhielt sich mein Freund ebenso gleichgültig.

Vom zahnärztlichen Standpunkt aus gesehen dürfte der Preis für eine solche Krone in der Zeit zwischen den ersten fünf und den weiteren vier – wann immer das sein wird – wesentlich ansteigen. Außerdem ist auch der Zeitaufwand für neun Kronen in zwei Etappen wesentlich höher, als wenn sie alle gleichzeitig eingesetzt werden. Er dürfte sich auf drei bis vier Stunden belaufen, und für einen leitenden Angestellten, der sehr viel Arbeit hat, ist das eben sehr viel Zeit.

Offenbar ist ein gewisses Risiko damit verbunden, wenn ein Fachmann einem Kunden rät, zu handeln. Wenn Ihre Kunden (oder Patienten) aber auf Ihren professionellen Rat angewiesen sind, sollten Sie bereit sein, ein gewisses Risiko einzugehen.

NUN HABEN SIE ZWEI PROBLEME

Wenn gewisse Anzeichen vorhanden sind, dass Ihre Beharrlichkeit dem Kunden allmählich unangenehm wird, könnten Sie lächeln und sagen:

«Sehen Sie, lieber Kunde, als wir miteinander zu reden begannen, hatten Sie ein Problem. Nun haben Sie zwei, denn Sie müssen mich loswerden.» Lachen Sie bei diesen Worten und fahren Sie dann fort: «Nun, das zweite Problem ist einfach zu lösen. Sie brauchen mir bloß zu sagen, ich solle gehen, und ich bin im Nu weg. Aber damit wäre Ihr erstes Problem noch nicht gelöst. Warum bleiben wir nicht noch ein paar Minuten beisammen, um zu sehen, ob wir auch das lösen können? *Einverstanden?*» Oder: «Klingt das vernünftig?»

Ein ausgezeichneter Grund für eine gewisse Beharrlichkeit liegt in der Tatsache, dass Sie in hartnäckigen Fällen wirklich lernen können, wie man verkauft. *Die zähen Kunden sind die guten Lehrer.* Die Widerspenstigen zwingen Sie dazu, Ihre gesamten Reserven an Fantasie, Können und Wissen aufzubieten, die Sie im Laufe Ihres Berufslebens angelegt haben.

Manchmal kann es allerdings auch vorkommen, dass Ihre Kunden in ihrem Glauben an das, was Sie verkaufen, und in ihrem Wunsch nach Besitztum etwas verwirrt sind. Sie sind sich in ihrem Vertrauen zu Ihnen noch nicht ganz sicher und deshalb zeigen *sie* Beharrlichkeit, indem sie zahlreiche Fragen stellen, die gar nichts damit zu tun haben, ob sie Ihnen zugehört haben oder nicht.

Gelegentlich stellen diese skeptischen Kunden irgendwelche lauen Fragen, nur um zu sehen, wie Sie darauf ansprechen. Sie wollen nur sehen, ob sie Sie nervös machen können. Es geht ihnen nur darum, Sie zu kontrollieren und herauszufinden, ob Sie ihnen das Gleiche erzählen wie ein paar Minuten zuvor. Ich rate Ihnen dringend, sehr vorsichtig zu sein.

Wenn ein Kunde wieder das Gleiche fragt, dürfen Sie auf keinen Fall lächeln und sagen: «Nun, wie ich Ihnen vor ein paar Minuten erklärt habe …» Damit stempeln Sie ihn nämlich zu einem Dummkopf, der nicht zugehört hat, und es gibt keine Möglichkeit, einen Kunden auf elegante Weise einen Dummkopf zu nennen. Wenn die gleiche Frage wieder auftaucht, spielen Sie den leicht Überraschten und sagen: «Meine Güte! Kein Wunder, haben Sie bis jetzt gezögert und sich nicht entschließen können. Ich bin froh, dass Sie darauf zu sprechen kommen, denn wenn wir das klären, wird es keine Zweifel mehr geben.» Sie erklären, beugen sich in Ihrem Stuhl leicht vor und sagen: «Damit ist doch das einzige Hindernis überwunden, das noch zwischen Ihnen und dem Kauf gestanden hat, nicht wahr? Möchten Sie, dass ich es per Frachtgut oder per Lastwagen liefere?»

Ja, Beharrlichkeit ist ein wichtiger Schlüssel. Lernen Sie, ihn zu benützen – und brauchen Sie ihn dann, aber hüten Sie sich davor, ihn zu missbrauchen. Vergessen Sie nicht: Wer beim Verkaufen etwas beharrlich ist, gewinnt oft, weil er an das glaubt, was er tut, und Sie wissen ja bereits:

«Der Wille, der zuerst schwach wird, stärkt den anderen.»

DER SCHLÜSSEL DES ANREIZES

Als nächster ist der «Schlüssel des Anreizes» an der Reihe. Wenn Sie jemals einige Minuten mit mir zusammen gewesen wären, hätten Sie bestimmt meine pfeilförmigen Diamanten-Manschettenknöpfe bemerkt, die Jean mir zu unserem 25. Hochzeitstag geschenkt hat. Ich bekenne mich einer gewissen Voreingenommenheit schuldig, aber ich glaube wirklich, es sind die schönsten (nicht die größten) Manschettenknöpfe der Welt.

Als ich sie geschenkt bekam, waren Doppelmanschetten nicht besonders in Mode. Ich suchte solche Hemden in mindestens zwölf Modegeschäften in Dallas, aber leider vergeblich. Nicht nur, dass ich keine finden konnte; viel schlimmer war, dass man mich buchstäblich dazu aufforderte, mich doch woanders danach umzusehen. Die «Verkaufsgespräche» liefen ungefähr nach folgendem Schema ab. Zig: «Haben Sie Hemden mit Doppelmanschetten?» – Angestellter (bestimmt kein Verkäufer!): «Nein, haben wir nicht.» – Zig: «Wissen Sie, wo ich welche bekommen könnte?» – Angestellter: «Nein. Überhaupt sehen Sie doch, dass ich mit einem anderen Angestellten spreche; ich habe zu tun!» Dieses Gespräch hat fast wortwörtlich stattgefunden.

Im folgenden Frühling hielt ich für die Handelskammer in Burlington, Iowa, einen Vortrag. Nachher sah ich einen Mann in einem weißen Anzug, der mir sehr gefiel, und so fragte ich ihn, woher er ihn habe. Der Mann erzählte mir, er sei von Doyle Hoyer bei Glasgow Clothiers in Fort Madison, Iowa. Ich gab zurück, ich werde am folgenden Tag dorthin fahren und mir einen solchen Anzug kaufen. Der Mann meinte: «Ich habe morgen Vormittag ebenfalls dort zu tun; wenn Sie wollen, nehme ich Sie gern mit.»

Als ich dann Doyle Hoyer traf, fand das folgende Gespräch statt. Zig: «Doyle, haben Sie weiße Anzüge?» – Doyle: «Welche Größe?» – Zig: «Ich trage Größe 52.» – Doyle: «Ja, Zig, ich habe einen da.» Damit nahm er einen Anzug vom Gestell, half mir in die Jacke. Die Größe war perfekt. Einzig die Hosenaufschläge mussten noch umgeändert werden, dann konnte ich das Geschäft in meinem neuen Anzug verlassen.

Während Doyle Maß nahm, fragte ich: «Doyle, wie lange wird es dauern, bis dieser Anzug fertig ist?» – Doyle: «Nun, Sie reisen erst um zwei Uhr ab, nicht wahr?» – Zig: «Das ist richtig.» – Doyle: «Zig, dann können Sie ihn doch mitnehmen!» Damit übergab er den Anzug einem jungen Angestellten und trug ihm auf: «Bringen Sie den Anzug hinauf zum Schneider und sagen Sie ihm, ich möchte ihn sofort haben.»

ICH KAUFTE EINEN ANZUG – DOYLE VERKAUFTE DEN REST

Dann schaute mich Doyle augenzwinkernd an und sagte: «Zig, ich habe da noch etwas, was ich Ihnen unbedingt zeigen möchte.» Als ich das Geschäft verließ, hatte ich zwei Anzüge, fünf Paar Hosen und sämtliche Accessoires dazu gekauft!

Und ich kaufe heute noch 98 Prozent meiner Kleider in Fort Madison, Iowa, obwohl es in Dallas wohl hundertmal mehr Herrenmodegeschäfte gibt. Die Tatsache, dass Doyle ein netter Kerl und ein hervorragender Verkäufer ist, ist schon wichtig, aber das ist nicht der Hauptgrund, weshalb ich bei ihm kaufe. Diesen werden Sie gleich erfahren.

Als ich alles gekauft hatte, fiel mir plötzlich noch etwas ein. «Ach, übrigens, Doyle, haben Sie Hemden mit Doppelmanschetten?» Doyles Antwort fiel ganz anders aus als jene, die ich in Dallas zu hören bekommen hatte.

Der «Ich kann es Ihnen besorgen»-Abschluss

Doyle sagte: «Nein, leider nicht.» Aber er sagte noch etwas anderes: «Aber ich kann Ihnen welche besorgen!» Als frustrierter Jäger nach Hemden mit Doppelmanschetten waren diese Worte Musik in meinen Ohren! Ein paar Wochen später rief Doyle mich an und fragte: «Haben Sie Ihre Hemden bekommen?» – Zig: «Ja, natürlich.» – Doyle: «Gefallen Sie Ihnen?» – Zig: «Ja, sie gefallen mir sehr!»

Ungefähr zwei Wochen später war ich auf dem Flughafen von Kansas City, als mir ein Mann auffiel, der einen sehr schönen Anzug trug. (Allmählich dürfte Ihnen klar werden, wie ich zu meinen Kleidern komme!) Ich trat zu diesem Mann, machte ihm ein Kompliment und stellte ihm die übliche Frage. Bereitwillig verriet er mir die Marke und den Herkunftsort seines Anzuges. Daraufhin rief ich Doyle an und fragte ihn nach diesem spezifischen Anzug. Doyle: «Nein, leider nicht ... Aber ich kann ihn Ihnen besorgen!» Ein paar Wochen danach rief er mich wieder an: «Zig, haben Sie Ihren Anzug bekommen?» – Zig: «Ja, natürlich!» – Doyle: «Gefällt er Ihnen?» – Zig: «Ja, er gefällt mir ausgezeichnet!»

Wiederum einen Monat später rief ich Doyle an, aber als er an den Apparat kam, rief er aufgeregt: «Zig! Haben Sie immer noch die gleiche Telefonnummer?» – Zig: «Ja.» – Doyle: «Mensch, ich wollte Sie soeben anrufen.» – Zig: «Ja, und ich weiß sogar, weshalb!» – Doyle: «Glauben Sie?» – Zig: «Gewiss! Sie wollten mir berichten, Sie hätten soeben eine neue Kollektion bekommen und mindestens ein halbes Dutzend Anzüge seien wie maßgeschneidert für mich. Sie haben ein Schild mit meinem Namen dran befestigt und schicken sie nun nach Dallas, damit ich mir aussuchen kann, was mir gefällt. Den Rest kann ich Ihnen zurückschicken.» – Doyle: «Zig, Sie sind ein Genie!»

Gestatten Sie mir eine wichtige Bemerkung. Ich bin nicht farbenblind, aber ich habe kein Auge für Farben. Ich weiß einfach nicht, was zusammenpasst und was nicht. Doyle wählt Anzug, Hemd, Krawatte und Socken aus und schickt mir das Ganze mit einer Notiz: «Zig, das passt wunderbar zusammen!» Nun, eine solche Botschaft verstehe ich wohl! Zum Glück hat Jean einen guten Farbsinn und macht mich darauf aufmerksam, wenn ich wieder einmal allzu wild durcheinander mische.

Doyle Hoyer schickt mir meine Kleider, und wenn er einen Kauf für mich hat (und das hat er immer, wie er sagt), ruft er mich an: «Zig, ich habe da etwas für Sie. Ich schicke Ihnen ein paar Anzüge und sportliche Jacketts. Wählen Sie aus, was Ihnen gefällt, und senden Sie mir den Rest zurück!»

Der «Ich werde Sie gut behandeln»-Abschluss

Ich werde das eine Mal nie vergessen, als er mich anrief und von einer herrlichen marineblauen Kaschmirjacke schwärmte. Am Ende seines wortreichen und begeisterten Verkaufsgesprächs hatte ich wirklich Angst, der Preis entspräche ungefähr dem Verteidigungsbudget einer Großmacht. Und so fragte ich natürlich: «Doyle, wie viel kostet denn dieses Wunder?» Doyle: «Machen Sie sich keine Sorgen, Zig, ich werde Sie schon gut behandeln.» Im Grunde genommen weiß ich nicht, weshalb ich überhaupt fragte, denn er gab mir unausweichlich die gleiche Antwort. Ich möchte aber auch gleich hinzufügen, dass er sich im Laufe der Jahre das Recht *erworben* hat, mir diese Antwort zu geben.

Was heißt das nun für mich, «ich werde Sie schon gut behandeln»? Es heißt für mich, dass er gerecht, ehrlich und redlich sein wird. Es bedeutet nicht, dass er mir seinen Gewinn schenkt. Ich bin nämlich der festen Überzeugung, das Doyle seinen Gewinn braucht und verdient. Aber es bedeutet, dass er seine Geschäfte mit mir so abschließt, dass ich immer und immer wieder in sein Geschäft komme und bei ihm kaufe.

Ich kaufe wahrscheinlich ungefähr gleich viel Kleider wie 98 Prozent all Ihrer Bekannten, denn ich muss in der Regel in jenem Anzug reisen, in dem ich auch meine Vorträge halte, und da ich am Rednerpult auf der Bühne stehe, müssen meine Anzüge jederzeit einwandfrei und perfekt aussehen. Ich kaufe viele Kleider, aber ich glaube, ich wende pro Jahr nicht mehr als zwei Stunden auf, um die ganze Garderobe auszwählen. Doyle Hoyer nimmt mir den größten Teil dieser Arbeit ab. Er ist ein erstklassiger Verkäufer, der seine Kunden bedient.

Der *Hauptgrund*, weshalb ich meine Kleider bei Doyle Hoyer in Fort Madison, Iowa, kaufe, besteht also darin, dass er mir einen ansehnlichen *Anreiz* dazu bietet. *Sein Anreiz ist Zeitgewinn*, und für mich ist das ein Anreiz, der sich sehen lässt.

Doyle sagt, er helfe mir auch, mit meinen Kleidern Geld zu sparen, und wahrscheinlich tut er das auch. Solange Doyle mich weiterhin so behandelt, wie er mich bisher behandelt hat, ist er eines guten Kunden sicher, obwohl ich zugeben muss, dass ich schon seit beinahe einer Woche nichts mehr von ihm gekauft habe.

Der «Und noch mehr»-Abschluss

Doyle weiß, welches die drei größten Wörter in der Welt des Verkaufens sind: *und noch mehr*. Er hält jedes abgegebene Versprechen – *und noch mehr*. Die Kleider, die er mir verkauft, sind genau, was er sagt – *und noch mehr*. Kurz: Doyle Hoyer liefert mehr, als er verkauft – er verkauft nicht mehr, als er liefert. *So* kann man in kommenden Zeiten mehr verkaufen.

Und da ist noch ein zweiter Punkt. So etwas wie ein *kleines* Geschäft gibt es nicht. Als Doyle mir meine sechs Hemden besorgte, konnte er nicht wissen, wie viele Geschäfte dies nach sich ziehen würde. Ich war für ihn ein Fremder, der 800 Meilen von ihm entfernt lebte, und er hatte noch nie von mir gehört. Und dennoch scheute er keine Mühe, dafür zu sorgen, dass ich bekam, was ich wollte, und dass ich zufrieden und glücklich war.

Ich habe keine Ahnung, wie viele Kleider Doyle mir und durch mich verkauft hat, aber er sagt, es kämen jede Woche bis zu zehn Anrufe, weil ich ihn in meinen Vorträgen und Aufnahmen erwähne. Ich würde durchaus meinen, dass seine Verkäufe – aufgrund jenes ersten, «kleinen» Geschäftes – über eine Viertelmillion Dollar betragen, und wer weiß, was geschieht, wenn nun dieses Buch herauskommt!

Um nochmals auf diesen Punkt «es gibt kein ‹kleines› Geschäft» zurückzukommen, hier noch eine «kleine» Immobilien-Geschichte, die ebenfalls deutlich macht, was ich meine. Ein junges Ehepaar sprach bei verschiedenen Immobilienhändlern in Georgetown, Texas, vor. Sie wollten ein Haus mieten. Da in jener Zeit kaum Häuser vermietet wurden, schenkte ihnen niemand große Beachtung. Zuletzt betraten sie das Büro von McLester & Grisham. Dennis Robillard, der

Verkäufer, lachte die beiden nicht aus, sondern versprach ihnen Hilfe.

Nach rund zwei Dutzend Anrufen fand er etwas Passendes und war ihnen beim Einziehen behilflich. Die beiden waren so zufrieden mit ihm, dass sie ihn später baten, ihnen bei der Suche nach einem Eigenheim in der Preislage von 400 000 Dollar zu helfen. Das Ehepaar verdiente mit seiner neu gegründeten Transportfirma mehr als 10 000 Dollar im Monat und hatte überdies noch ein riesiges Stück uranreiches Land geerbt.

Moral: Behandeln Sie jeden Kunden gleich. Er ist wertvoll – oder könnte es sein oder später werden –, wenn Sie ihn richtig behandeln.

Der «Schlüssel des Anreizes» ist ungeheuer wichtig. Er besteht vielleicht nur aus einem Lächeln oder einer Freundlichkeit im Umgang mit den Kunden, vielleicht aber auch aus einem größeren Rabatt. Meiner Meinung nach sind es die persönliche Behandlung und die kleinen Nettigkeiten einem Kunden gegenüber, die ihm seine Geschäfte und sein eigenes Leben erleichtern.

DER WICHTIGSTE SCHLÜSSEL

Der nächste Schlüssel ist ohne jeden Zweifel der wichtigste von allen, der «Schlüssel der Ehrlichkeit». Bestimmt haben Sie als erfolgreicher professioneller Verkäufer schon einmal Folgendes erlebt. Jemand kaufte Ihnen etwas ab und sagte dann: «Wissen Sie, ich weiß eigentlich nicht, weshalb ich bei Ihnen gekauft habe. Es haben schon drei oder vier andere Verkäufer versucht, mir das gleiche Produkt zu verkaufen.» Oder: «Ich weiß nicht, weshalb ich jetzt mit Ihnen Geschäfte mache; ich habe meine Geschäfte seit vielen Jahren mit einem anderen Verkäufer gemacht.» Damit ist nichts anderes gesagt als: «Ich *vertraue* Ihnen.» Und das bestätigt, was ich in diesem Buch schon des Öfteren erwähnt habe. *Das wichtigste Element des Verkaufsvorganges ist der Verkäufer selbst.*

Vielleicht erinnern Sie sich, dass ich schon ganz zu Beginn gesagt habe, wir würden uns nicht nur mit dem Verkaufsvorgang, sondern – unendlich viel wichtiger – auch mit dem

Verkäufer befassen. Vertrauen ist entscheidend, und Ehrlichkeit ist der Schlüssel, der das Tor zum Vertrauen öffnet.

ER KENNT DEN VERFASSER

Vor vielen Jahren war der berühmte englische Schauspieler Charles Laughton auf einer Rundreise durch Amerika und veranstaltete manchenorts Bibellesungen. Er war ein Shakespeare-Darsteller mit hervorragenden dramatischen Fähigkeiten. Leider habe ich ihn nie selbst aus der Bibel lesen hören, aber nach allem, was ich gehört habe, muss es ein sehr bewegendes Erlebnis gewesen sein.

Einmal las er in einer großen Kirche in einer kleinen Gemeinde im Mittleren Westen. Nachdem er geendet hatte, verharrte sein Publikum in tiefem Schweigen. Es war, als wäre Gott selbst mitten in der Gemeinde. Nach einer kleinen Ewigkeit, die wohl kaum länger als eine Minute dauerte, erhob sich ein alter Mann von vielleicht 70 Jahren und bat, ebenfalls aus der Bibel lesen zu dürfen. Das wurde ihm gerne gestattet, und als er zu lesen begann, war allen klar, dass hier kein Shakespeare-Darsteller auf der Bühne stand. Er hatte weder die Stimme noch die Beredsamkeit oder Diktion eines Charles Laughton. Im Laufe der Zeit wurde aber allen klar, dass der große Schauspieler weit abgeschlagen auf dem zweiten Platz gelandet wäre, wenn es sich um eine Bibel-Lese-Konkurrenz gehandelt hätte. Nach Abschluss der Veranstaltung fragte ein Reporter Charles Laughton, was er denn von so einem Ereignis halte und was er zu dem alten Mann sage, der aus der Bibel gelesen hatte. Der große Schauspieler dachte einen Augenblick lang nach, sah dann den Reporter an und sprach: *«Nun, ich kannte das Manuskript, und ich kannte es gut, aber dieser alte Mann kannte den Verfasser.»*

Der Punkt ist klar und sehr einfach. Der alte Mann hatte den zusätzlichen Vorteil, absolut ehrlich und überzeugend zu wirken, weil er selbst aus tiefstem Herzen glaubte. Wenn Sie persönlich fest an das glauben, was Sie verkaufen, werden Sie besser kommunizieren und Ihre Gefühle auf Ihre Kunden übertragen können. Der «Schlüssel der Ehrlichkeit» wird Ihnen helfen, viel mehr Ware zu verkaufen. In der Zwischenzeit sollte Ihnen vollkommen klar und deutlich geworden sein, dass in der Welt des Verkaufens für Schwindler kein Platz ist. Sie werden sich in der Welt des professionellen Verkaufens einfach nicht durchsetzen können.

WIE DER KLEINE JUNGE VON NEBENAN

Von sämtlichen Verkaufsabschlüssen, die in *Der totale Verkaufserfolg* besprochen werden, erfordert der nächste mehr als jeder andere absolute Aufrichtigkeit.

Noch nie sind mir Ehrlichkeit und Integrität deutlicher zum Bewusstsein gekommen als bei einem Erlebnis, das ich vor einigen Jahren mit meinem Sohn hatte. Ein paar Tage vor Weihnachten wollte ich mit Tom ein neues Fahrrad kaufen. Wir gingen also zum Schwinn Bicycle Shop an der Ecke Valley View und Coit Road in North Dallas. Der Inhaber verhandelte eben mit einer Großmutter, die ihrem Enkel ein Fahrrad schenken wollte. Die alte Dame hatte sehr genaue Vorstellungen von diesem Fahrrad, einschließlich der Größe. Sie hatte sich alles aufgeschrieben. Der Inhaber schaute sich den Zettel an und sagte: «Ja, wir haben dieses Fahrrad, und es ist in zwei Größen erhältlich. Ist es für diesen kleinen Jungen hier?» Die Großmutter antwortete: «Ja. Der kleine Junge von nebenan hat genau so eines, und ich will genau das gleiche für meinen Enkel.» Inhaber: «Gute Frau, Ihr Enkel ist viel zu klein für dieses große Fahrrad, und es wäre nicht sicher, ihn damit fahren zu lassen. Sie sollten ihm das andere kaufen; es ist ganz genau das gleiche. Preis und Qualität sind identisch, nur ist es eben kleiner, und ihr Neffe könnte viel leichter damit umgehen. Es dauert noch mindestens drei Jahre, bis er mit dem größeren sicher fahren kann.»

Großmutter: «Kommt nicht infrage. Ich will genau das gleiche Fahrrad, wie es der kleine Junge von nebenan besitzt. Ich will nur das beste für meinen Enkel.» Wieder versuchte der Inhaber ihr zu erklären, es *sei* das beste, nur sei es eben kleiner, und wenn ihr Enkel das größere fahren würde, müsste er so sehr auf ihm hin- und herrutschen, dass er es gar nicht richtig beherrschen könnte. Geduldig erklärte er ihr, ihr Enkel könnte stürzen, und wenn es mitten auf der Straße geschähe, könnte das böse Folgen haben. Aber die Großmutter war unnachgiebig: «Nein, ich will *dieses* Fahrrad hier, wie es der kleine Junge von nebenan hat. Wenn ich das nicht haben kann, will ich keins!»

Und dann tat der Inhaber etwas vom Schönsten, was ich jemals einen professionellen Verkäufer habe tun sehen. Es setzte gewissermaßen den Maßstab für das, was ich in der Welt des Verkaufens für *professionell* halte. Er sah die Großmutter an und sagte: «Gute Frau, Sie werden mich wahrscheinlich für verrückt halten, aber ich kann Ihnen das Fahrrad, das Sie haben wollen, nicht verkaufen. Es wäre für Ihren Enkel nicht sicher, und falls ihm etwas zustoßen sollte, weil ich Ihnen ein Fahrrad verkauft habe, das er nicht beherrschen kann, hätte ich es auf meinem Gewissen.» Unglaublich, aber wahr: die Großmutter verließ das Geschäft beleidigt und verärgert.

Der «Integritäts»-Abschluss

Hoffentlich glauben Sie nun nicht, der Inhaber des Fahrradgeschäftes sei mit seiner Integrität zu weit gegangen. In meinem tiefsten Innern habe ich das Gefühl, dass wohl kaum jemand dieser Ansicht ist, der am Aufbau einer echten Laufbahn als Verkäufer interessiert ist.

Dies ist ein Mann, dem man vertrauen kann. Ich würde meinen Sohn ohne weiteres mit einem Blankoscheck zu ihm ins Geschäft schicken. Dieser Mann hat Integrität und kümmert sich wirklich um seine Kunden. Er mag jenes Geschäft verpasst haben, aber wer weiß, wie viele andere Geschäfte er deswegen mehr gemacht hat.

Der «Endgültige» Abschluss

Wenden wir uns noch dem «Unterschriften»-Abschluss zu, den ich heute für den wirksamsten aller Abschlüsse halte. Da er von mir stammt, klingt diese Aussage wohl nicht allzu bescheiden, aber ich hoffe, Sie gönnen mir ein bisschen Stolz darauf.

Dieser Abschluss eignet sich nicht für jeden Fall. Er wäre im Zusammenhang mit preislich eher bescheidenen Artikeln, mit Kosmetika, Haushaltgeräten oder Bürsten etwa, fehl am Platz. Die meisten Firmen, die solche Artikel verkaufen, brauchen aber sehr viele Verkäufer, und mit einigen Abänderungen im Wortschatz, auf die ich ebenfalls eingehen werde, ist er in hohem Maße dazu geeignet, Zauderer zu einer Entscheidung zu veranlassen.

Dieser Abschluss bedeutet das endgültige Ende eines Verkaufsgespräches. Er ist ohne Wirkung, wenn Sie während der ganzen Zeit gelacht und gescherzt haben. Sie müssen ernst sein und als ernster Mensch auftreten. Er ist auch ohne Wirkung, wenn Sie ihn zu früh anwenden, bevor Sie dem Kunden den Wert Ihres Produktes «verkauft» haben. Sie müssen eine Reihe anderer Abschlüsse versuchen, um den Kunden auf diesen vorzubereiten. Er stellt Ihre letzte Bemühung dar, doch noch zu einem Geschäft zu kommen, und nach dem «Unterschriften»-Abschluss bleibt Ihnen nichts mehr. Entweder – oder.

FÜHLEN – FÜHLTE – FESTGESTELLT

Diesen Abschluss *müssen* Sie immer und immer wieder üben, *bevor* Sie ihn bei einem Kunden ausprobieren. Ich nenne ihn «Unterschriften»-Abschluss, weil es sehr oft vorkommt, dass ein Kunde nichts *unterschreiben* will, bevor er mit seiner Frau, seinem Anwalt oder seinem Bankier gesprochen oder es sich nochmals überlegt hat. Dann sagen Sie: «Ich weiß genau, wie Sie sich *fühlen*, denn ich *fühlte* lange Zeit genau gleich. (Pause.) Aber dann habe ich *festgestellt*, dass ich alles, was ich habe oder was für mich irgendwie wertvoll ist, erst bekam, nachdem ich meine *Unterschrift* geleistet hatte.»

(An dieser Stelle möchte ich darauf hinweisen, dass ich Ihnen viel mehr Beispiele gebe, als Sie verwenden sollen. Benutzen Sie nie mehr als drei, und wenn eines nicht zu Ihrer Persönlichkeit oder zu Ihrem Glauben passt, lassen Sie es lieber weg. Vorsicht: Praktisch alles, was in einer Spannungssituation wie bei einem Abschluss neu ist, macht Sie ein wenig nervös, bis Sie es beherrschen und zu einem Teil Ihrer selbst werden lassen. Seien Sie nicht *allzu* kritisch bei der Auswahl. Versuchen Sie es – vielleicht gelingt es Ihnen!)

BETONUNG AUF «UNTERSCHRIEBEN»

Nun knüpfen Sie an die vorherige Einleitung an, so wie ich es tue: «Vor mehr als 37 Jahren gab Gott mir eine schöne Frau, und ich gehöre insofern zu den ganz Glücklichen, als ich sie heute unendlich viel inniger liebe als damals. Und sie wurde eines Tages die meine, weil ich in Gegenwart von Zeugen, Pfarrer und Gott mit meinem Namen *unterschrieb*.

Ich habe vier prächtige Kinder – drei erwachsene Töchter und einen 19-jährigen Sohn. Sie sind alle mein, aber der Arzt erlaubte nicht einmal, dass ich sie aus dem Spital nach Hause hole, bevor ich nicht mit meinem Namen *unterschrieben* hatte.»

NICHTS GESCHIEHT – BIS JEMAND ETWAS UNTER-SCHREIBT

«Ich habe eine sehr gute Lebensversicherung. Ich entschloss mich dazu, weil ich sicher sein wollte, dass – falls mir etwas zustoßen sollte – meine Familie ihren Lebensstandard beibehalten könnte und dass meine Frau nicht wieder arbeiten müsste, wenn sie nicht wollte. Ich konnte die finanzielle Zukunft meiner Familie nur sichern, indem ich mehrmals in Anwesenheit eines kompetenten Versicherungsagenten mit meinem Namen *unterschrieb*.

Ich habe mir gewisse Vermögenswerte angelegt. Ich besitze ein wenig Land, ich habe ein paar Depotscheine für Notfälle, Anteile an einer Ölquelle und ein paar andere Investitionen. Ich traf all diese Investitionen aus einem Grund. Ich wollte sicher sein, eines Tages – wenn ich nicht mehr tun kann, was ich jetzt tue – das Leben von der leichten Seite nehmen zu können, ohne jemandem finanziell zur Last fallen zu müssen. Und heute bin ich dazu in der Lage, weil ich mehrmals in Anwesenheit eines Verkäufers mit meinem Namen *unterschrieben* habe.»

Nun wiederhole ich mich und sage: «Im Grunde genommen bin ich nie zu einer Sache oder in einer Angelegenheit weiter gekommen, wenn ich mich nicht durch meine *Unterschrift* zu etwas verpflichtet habe. Wenn ich Sie richtig einschätze, lieber Kunde – und ich glaube, das tue ich –, dann gehören auch Sie zu den Leuten, die nicht nur gern vorankommen, sondern auch gern etwas für ihre Familie tun. Beides können Sie in diesem Augenblick tun, wenn Sie hier mit Ihrem Namen *unterschreiben*.» (Deuten Sie auf die Stelle auf dem Bestellformular und halten Sie ihm Ihren Kugelschreiber hin.)

SIE FÜHLEN SICH GUT – AUCH WENN ES MISSLINGT

Wenn Sie den «Unterschriften»-Abschluss richtig anwenden, bleibt nichts mehr zu sagen übrig. Das ist dieser *eine* Fall, in dem Sie nicht mehr reden, bevor der Kunde etwas sagt. Es herrscht absolutes Schweigen, aber in diesem Fall stehen Ihre Aussichten besser, je länger der Kunde schweigt. Wenn ein wichtiger Einwand vorhanden wäre, würde er ihn sofort vorbringen.

Ich habe mich jedes Mal nach dem «Unterschriften»-Abschluss gut gefühlt, unabhängig davon, ob er Erfolg brachte oder nicht. Natürlich fühlte ich mich besser, wenn ich ein Geschäft machen konnte; aber auch sonst fühlte ich mich wohl, weil ich wusste, dass ich alles unternommen hatte, um den Kunden zu einer positiven Entscheidung zu veranlassen. Es ist wichtig für das Ego und das Gefühlsleben eines Verkäufers zu *wissen*, dass er alles in seiner Macht Stehende getan hat. Er ist also mit sich selbst zufrieden. Und das ist sehr wichtig für die folgenden Verkaufsgespräche.

Der «Unterschriften»-Abschluss bei Einstellungsgesprächen

In diesem Fall haben Sie Ihren zukünftigen Angestellten gründlich befragt und sind überzeugt, dass er seine Arbeit zu Ihrer Zufriedenheit ausführen wird. Er zögert aber noch und möchte es «sich noch einmal überlegen», bevor er «unterschreibt». Sie sagen: «Ich weiß genau, *wie Sie sich fühlen*, und ich bin froh, dass Sie sich Ihre Entscheidung so gründlich überlegen, denn wenn Sie die falsche Entscheidung treffen, verlieren wir beide. Ehrlich gesagt, *ich fühlte* mich damals genau gleich, als ich vor vielen Jahren vor der gleichen Entscheidung stand. (Pause.) Ich habe dann aber *festgestellt*, dass viele Angestellte der Firma weniger qualifiziert waren als ich, dass sie aber hervorragende Leistungen erbrachten, weil sie zu sich selbst ja gesagt haben. Sie besaßen keine größeren Fähigkeiten, aber sie hatten eine bessere Gelegenheit.

Überlegen Sie es sich. Durch Stillstehen und Neinsagen sind Sie in Ihrer beruflichen Laufbahn noch keinen einzigen Schritt vorangekommen. Ihre Frau, Ihre Kinder, Ihr Zuhause, Ihr Sparkonto gehörten erst Ihnen, nachdem Sie *unterschrieben* haben. Jeder einzelne Schritt nach vorn – egal in welcher Beziehung – verlangt von Ihnen eine Verpflichtung. In diesem Fall bedeuten Ihre und meine Unterschrift, dass wir beide auf *Ihren* Erfolg setzen. Sobald Sie unterschreiben, öffnet sich die Tür, damit Sie Ihre Chance wahrnehmen können; bis Sie unterschreiben, bleibt sie aber geschlossen, und es kann oder wird nichts passieren. Also, öffnen Sie die Tür jetzt, indem Sie mit Ihrem Namen *unterschreiben*.» (Sagen Sie nichts mehr. Der Ball liegt jetzt bei ihm.)

Es gibt Hunderte von Abschlüssen und Varianten, die sich eignen, ob Sie nun Produkte oder Dienstleistungen verkaufen oder neues Personal einstellen. Vor allem im letzten Fall müssen sie natürlich auf die jeweilige spezifische Situation angepasst werden.

Auf eines habe ich in *Der totale Verkaufserfolg* immer und immer wieder hingewiesen. Was am meisten zählt, wenn Sie sich ihr technisches Wissen aneignen und die richtigen Wörter zum Überzeugen Ihrer Kunden lernen, ist Ihre *Absicht*. Warum wollen Sie etwas verkaufen? Beteiligen Sie sich mit Herz und Verstand an einem Geschäft? Glauben Sie wirklich, der Kunde handle in seinem eigenen Interesse, wenn er kauft, was Sie anzubieten haben? Das ist wichtig – nein, entscheidend, denn dieser Ihr Glaube bildet den besten, vielleicht sogar den *einzigen* Weg zum Erfolg im herrlichen Beruf des Verkäufers.

DER «GESCHICHTEN»-ABSCHLUSS

Um zusammenzufassen und eine Menge Dinge miteinander zu verknüpfen, möchte ich Ihnen eine Geschichte erzählen, in der sämtliche Schlüssel, von denen wir bisher gesprochen haben, in irgendeiner Form beteiligt sind. Ich nenne dies «Schlüssel der Erzählung». Er erlaubt es, Ihren Kunden durch Beeinflussung von dritter Seite zum Handeln zu überreden. Es geht dabei um kurze Anspielungen, welche Bilder von Leuten oder Firmen malen, die «ähnliche Probleme wie Sie (der Kunde) hatten und diese Probleme mithilfe unserer Produkte lösen konnten». (Zwischen den Zeilen: Sie können unser Produkt kaufen und damit Ihr Problem lösen.) Ich möchte Ihnen mit dieser Geschichte einen Überblick über den letzten Teil von *Der totale Verkaufserfolg* geben. Sie soll Ihre Fantasie anregen und Ihr Gedächtnis auffrischen, damit Sie sich an mehr Informationen erinnern und sie zu Ihrem Vorteil anwenden können.

Es war an einem Samstagmorgen in Columbia, South Carolina, als ich ins Wohnzimmer ging und zu meinem damals dreijährigen Sohn sagte:

«Komm, Tom, ich muss noch ein paar Einkäufe besorgen.» Er antwortete: «Au fein, Daddy!», sprang auf und zog seine kleinen Schuhe an. Wir fuhren zum nächsten Lebensmittelgeschäft. Als wir den Ladenraum betraten, wandte ich mich nach rechts, um einen Einkaufskorb zu holen. Tom hatte bereits ein Gestell mit Gummibällen entdeckt und war nicht mehr zu halten. Schon lag einer im Korb.

VIER SCHLÜSSEL IN VIER SEKUNDEN

Ich habe mich mit meinem Sohn nie länger über jene Einkaufsfahrt unterhalten, aber ich habe einen ganz bestimmten Verdacht. Als ich sagte, «Komm, wir gehen in jenes Geschäft», war er unter anderem wahrscheinlich deshalb so begeistert, weil er sich klar ausrechnete, dass auch etwas für ihn herausspringen würde, wenn er mich begleiten dürfe. Er wusste vermutlich nicht, was es sein würde, aber irgendetwas würde er schon bekommen. Er benützte den «Schlüssel der positiven Projektion». Als wir im Laden drin waren, benützte er auch den «Schlüssel der selbstverständlichen Annahme», den «Schlüssel der Begeisterung» und den «Schlüssel der physischen Handlung.» Er *nahm an*, er würde den Ball bekommen, also ging er sofort mit großer *Begeisterung* zur *physischen Handlung* über. In fünf Sekunden hatte er vier weitere Schlüssel gegen mich verwendet!

WAS HÄTTEN SIE GETAN?

Ich nahm den Ball aus dem Einkaufskorb und sprach: «Sohn, Du hast schon ein Dutzend Bälle und brauchst keinen mehr; leg ihn also zurück.» Ich legte den Ball wieder in seine Hände. Er schaute mich an und fragte:

«Daddy, darf ich ihn einfach halten?»

Frage: Was hätten Sie getan? Vergessen Sie nicht: mein Sohn war genau dreieinhalb Jahre alt. Was für ein Vater wäre ich gewesen, wenn ich gesagt hätte: «Nein, mein Sohn, Du darfst ihn nicht einmal halten. Leg ihn wieder zurück!» Mein Sohn wollte den Ball nicht kaufen, er wollte ihn nur halten und er hatte mir ganz einfach eine «nebensächliche Frage» gestellt. (Sie bitten nicht um den Abschluss, sondern um eine Verabredung. Bei der Verabredung bitten Sie um den Abschluss. Sie bitten nicht um den Gutenacht-Kuss, Sie bitten um ein Stelldichein. Beim Stelldichein bitten Sie dann um den Kuss.)

Ich sagte also: «Gut, mein Sohn, Du darfst den Ball halten, aber mach Dir ja keine Hoffnungen. Du wirst ihn nicht bekommen. Du hast schon ein Dutzend Bälle und brauchst bestimmt keinen mehr.» Ich widmete mich ein paar Minuten lang meinen Einkäufen und näherte mich dann dem Gestell mit den Bällen. Ich nahm meinem Jungen den Ball aus den Händen, legte ihn ins Gestell zurück und sagte: «So, das reicht. Sonst beginnst Du damit herumzuspielen, lässt ihn fallen, machst ihn schmutzig, und dann muss Daddy ihn kaufen, und dabei brauchst Du gar keinen Ball mehr.»

DAS IST SCHON EIN ANREIZ

Offensichtlich hatte mir mein Sohn überhaupt nicht zugehört, denn er tauchte blitzschnell hinter meinem Rücken weg, schnappte sich den Ball und legte ihn wieder in meinen Einkaufskorb. Er war ein «beharrlicher» kleiner Verkäufer, in jeder Hinsicht. Nun, ich bin ebenfalls ziemlich beharrlich, nahm den Ball wieder aus dem Korb, um ihn zurückzulegen und sprach dabei: «Zum letzten Mal: Daddy hat Dir schon gesagt, Du hast schon ein Dutzend Bälle. Du brauchst keinen mehr.» Während ich ging und sprach, schaute ich zu ihm hinunter, und da stand er in seiner vollen Größe. Er schaute zu mir auf und sagte (damals noch mit einem leichten Lispeln): «Daddy, iss möchte, Du kaufsst mir den Ball. Iss gebe Dir einen Kuss.»

Wenn Sie sich das überlegen, dann war das schon ein «Anreiz». Er bot sich selbst an. Was anderes kann denn ein Dreieinhalbjähriger seinem Daddy schon anderes geben als ein Teil seiner selbst? Und da es in der unmittelbaren Zukunft stattfinden sollte, war es ein «bevorstehendes Ereignis». Und «ehrlich» – in all meinen Verkäuferjahren habe ich keinen ehrlicheren Verkäufer als meinen dreieinhalbjährigen Sohn angetroffen.

Ich glaube, es erübrigt sich, weiterzuerzählen, ich tue es dennoch: Im Ziglarschen Haushalt gibt es seit damals 13 Gummibälle!

An dieser Stelle muss ich etwas berichtigen. Im Kapitel «Vier Überlegungen und ein Schlüssel zum Verkaufserfolg» sagte ich, ich hätte noch nie erlebt. dass eine Frau einen Verkäufer zur Welt gebracht habe. Dies stimmt nicht *ganz*, denn am 1. Februar 1965 stand in der Lokalzeitung von Columbia, South Carolina, ein kleiner Artikel folgenden Inhaltes:

«Geburtsanzeige eines Verkäufers. Mr. und Mrs Zig Ziglar freuen sich über die Geburt eines Verkäufers: John Thomas Ziglar, geboren am 1. Februar um 21.08 Uhr im Provident

Hospital.» Kommen Sie aber bitte nicht auf falsche Gedanken. Ich versuche auf keine Weise, die berufliche Laufbahn meines Sohnes zu beeinflussen. Ich meine, er kann alles *verkaufen*, was er nur will!

Das ist meine Botschaft an Sie. Wenn Sie diese Ideen kaufen und die Schlüssel, Methoden und Verfahren anwenden, die ich mit Ihnen besprochen habe, dann bin ich ehrlich davon überzeugt, dass Sie mehr von dem verkaufen, was Sie anzubieten haben.

DER AUFBAU EINER KARRIERE

Vieles spielt beim Aufbau einer Karriere mit. Ich liebe diese Geschichte, die mir Elmer Wheeler kurz vor seinem Tod erzählt hat. Als er einmal jenseits der Grenze in Mexiko war, schnitt er sich in den Finger. Aus der kleinen Wunde entwickelte sich bald eine hübsche Infektion. Ein Barkeeper sah sich die Sache an und sagte: «Mann, dagegen sollten wir etwas unternehmen!» Er füllte ein Glas mit Eiswürfeln, goss etwas Tequila ein und fügte ein paar Tropfen Zitronensaft hinzu. «Baden Sie Ihren Finger mehrmals täglich in diesem Glas, und es wird Ihr Problem lösen.»

Ich bin sicher, die Herren Ärzte wären mit dieser Methode nicht hundertprozentig einverstanden, obwohl die zusammenziehende Wirkung der Zitrone bestimmt zum Heilungsprozess beiträgt. Ein alter Bauer würde sagen: «Klar, das Eis lindert die Schwellung, also ist das gar nicht so dumm!» Der Poet würde bezeugen, der Saft der Agave sei ganz sicher wertvoll. Ein paar Tage später war Elmers Finger wieder vollkommen in Ordnung.

Diese kleine Geschichte sagt doch nichts anderes als: «Man nehme ein bisschen gesunden Menschenverstand, gebe ein paar wissenschaftliche Erkenntnisse und ein wenig poetische Philosophie dazu, und schon hat man Ergebnisse.»

Um eine Verkäuferkarriere aufzubauen, benötigen Sie das Wissen, welches Verkaufsberater, Bücher, Aufnahmen und Seminare Ihnen vermitteln. Mischen Sie dieses Wissen mit einem Schuss poetischer Lebensphilosophie, die besagt: «Sie können im Leben alles erreichen, was Sie wollen, wenn Sie nur genügend anderen Menschen helfen zu erreichen, was diese haben wollen.»

Zum Wissen und zur Philosophie geben Sie den gesunden Menschenverstand des alten Bauern, der besagt: «Freund, mir ist egal, was Sie tun. Sie müssen arbeiten, und zwar hart arbeiten, um neue Kunden zu besuchen und alte Kunden zu bedienen.» Sie haben die moralische Verpflichtung, so hart an Ihrer Karriere zu arbeiten und so durch und durch professionell zu werden, dass der Spruch meines Freundes John Nevin aus Australien auch auf Sie zutrifft: «Wenn jemand Sie kommen sieht und sagt, ‹Hier kommt ein Verkäufer›, dürfen Sie ihn nicht im Stich lassen.»

Dank

Der totale Verkaufserfolg hat mir noch deutlicher zum Bewusstsein gebracht, wie tief ich in der Schuld von Zehntausenden von Verkäufern vor meiner Zeit stehe. Diese Pioniere sprengten Grenzen, öffneten Tore, ersannen neue Methoden und begründeten die Glaubwürdigkeit des Berufsstandes. Diese Männer und Frauen hinterließen ein umfangreiches Erbe, auf das ich mit Stolz Anspruch erhebe.

Ich beginne mit meinem Freund Bill Cranford, dem ich dieses Buch gewidmet habe. Er brachte mir die ersten Prinzipien des professionellen Verkaufens bei. P C. Merrell lehrte mich ebenfalls ein paar wichtige Verkaufsprinzipien und «verkaufte» mir die Idee, ich hätte das Zeug zu einem Top-Verkäufer. Mein Ersatzvater John Anderson und mein erster freiberuflicher Mentor Walton Haining zeigten mir, wie man mit Menschen umgeht und mit ihnen auf ihrer Ebene kommuniziert.

Weiter in erster Linie Mike Frank aus Columbus, Ohio, Billie Engman aus San Mateo, Kalifornien, D. John Hammond aus Phoenix, Arizona, und Bernie Lofchick aus Winnipeg, Kanada. Auf Anraten dieser vier Leute allein habe ich mein Manuskript an bestimmt 300 Stellen abgeändert. Sie geizten nicht mit Lob, waren äußerst konstruktiv in ihrer Beurteilung und machten voller Begeisterung zahlreiche Vorschläge, um das Buch für Sie noch wertvoller zu machen.

Dank schulde ich auch Mrs. Juanell Teague aus Lubbock, Texas, Gerhard Gschwandtner, dem Herausgeber von *Personal Selling Power*, Phil Lynch und Bryan Flanagan aus Dallas. Ihre Anregungen und Hinweise waren sehr hilfreich.

Großer Dank gebührt The Forum Corporation in Boston, Massachusetts, die mir ihre Studie von William M. DeMarco, Ph.D., und Michael D. Maginn, Ed.D., zur Verfügung gestellt hat. Die beiden Forscher untersuchten zwölf «Fortune 1300»-Firmen mit sehr viel Verkaufspersonal aus sechs Branchen (Technik, Bankwesen, Petrochemie, Versicherung, Pharmazeutik und Kommunikation). Ihre Studie betraf 341 sorgfältig ausgewählte Verkäufer – 173 mit Spitzenleistungen, 168 mit mäßigen Verkaufsleistungen. Sie sammelten über einen Zeitraum von vier Monaten hinweg 44 741 Informationen. Ihre Erkenntnisse werden an verschiedenen Stellen im ganzen Buch erwähnt.

Kein Dank wäre vollständig, ohne meinen jüngeren Bruder Judge ganz besonders zu erwähnen. Sein Buch *Timid Salesmen Have Skinny Kids* vermittelte mir unschätzbar wertvolle Ideen, von denen ich in meinem eigenen Buch großzügig Gebrauch mache. Jim Savage, der Vizepräsident von Corporate Training sowie meine linke und rechte Hand in The Zig Ziglar Corporation, leistete mit seinen Kommentaren, Verkaufsideen und schöpferischen Vorschlägen einen enormen Beitrag.

Mein Dank gilt auch dem ganzen Personal der Zig Ziglar Corporation, insbesondere meiner Assistentin Laurie Downing. Sie alle trugen eine doppelte Last, während ich mich in unser Heim am See zurückzog und an diesem Buch arbeitete.

Wenn Sie mich auch nur ein bisschen kennen, dann wissen Sie, dass ich nie ein größeres Projekt in Angriff nehme, ohne mich des Wissens, der Unterstützung und begeisterten Hilfe meiner Frau zu versichern. Danke, Jean, dass Du so bist, wie Du bist, dass Du mein bist und immer da bist. Ich möchte auch allen Verkäufern Amerikas danken, denn sie sind meiner Meinung nach die wahren Helden unseres Jahrhunderts. Wir haben für unseren Beruf noch viel zu tun, aber es ist auch schon viel Arbeit geleistet worden. Ich bin felsenfest davon überzeugt, dass Sie Ihren Beruf professioneller ausüben werden, wenn Sie die Prinzipien dieses Buches lesen und anwenden. Und die Folge davon wird sein, dass wir alle – auch die Verkäufer der Zukunft – davon profitieren werden.

Zig Ziglar

Stichwortverzeichnis